KB008173

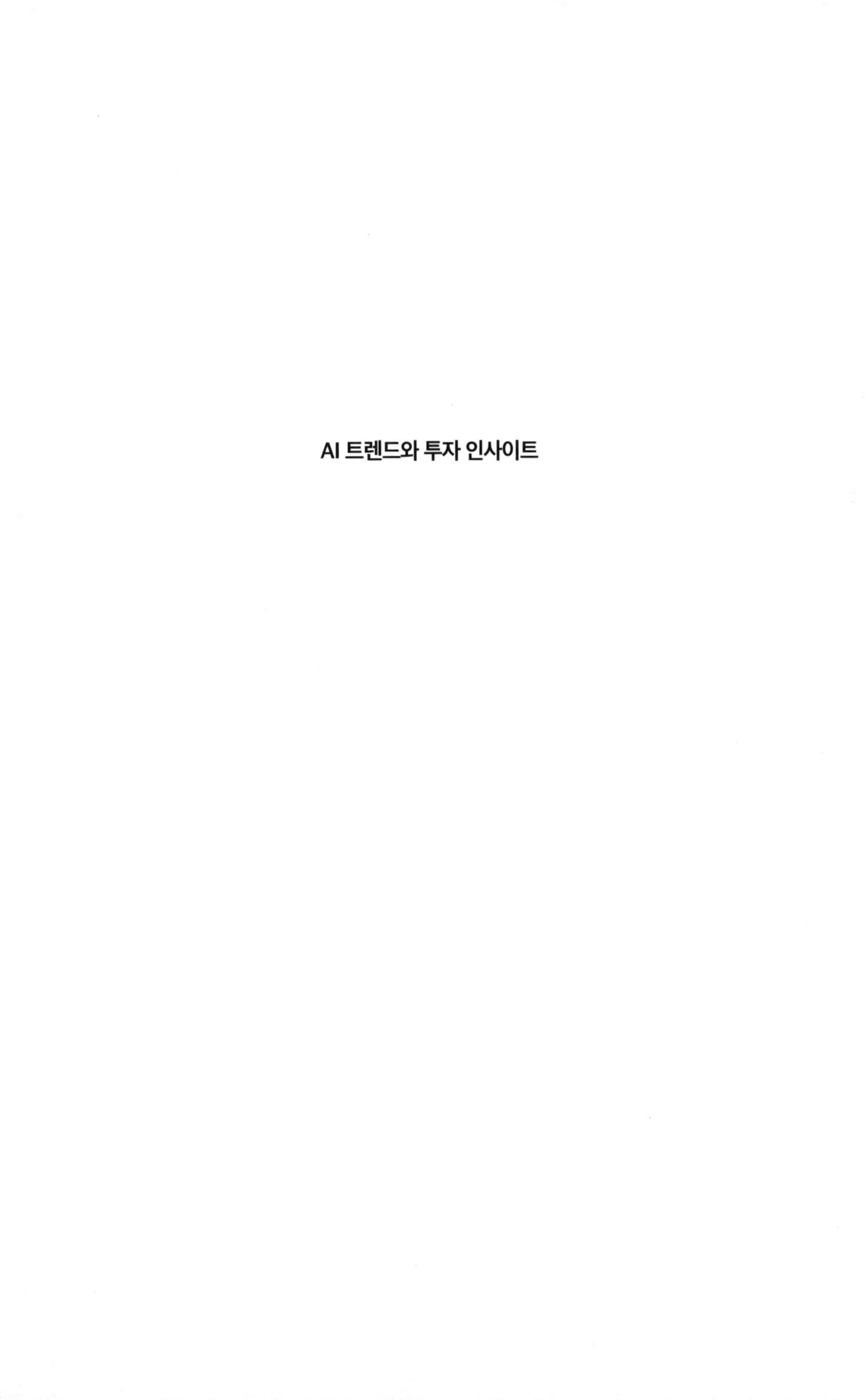

AI 트렌드와 투자 인사이트

AI 트렌드와 투자인사이트

왕웨이자 지음 | 고보혜 옮김

시그마북스
Sigma Books

AI 트렌드와 투자 인사이트

발행일 2020년 10월 12일 초판 1쇄 발행
지은이 왕웨이자
옮긴이 고보혜
발행인 강학경
발행처 시그마북스
마케팅 정제용
에디터 최연정, 장민정, 최윤정
디자인 김문배

등록번호 제10-965호
주소 서울특별시 영등포구 양평로 22길 21 선유도코오롱디지털타워 A402호
전자우편 sigmabooks@spress.co.kr
홈페이지 http://www.sigmabooks.co.kr
전화 (02) 2062-5288~9
팩시밀리 (02) 323-4197
ISBN 979-11-90257-75-6 (03320)

이 도서의 국립중앙도서관 출판예정도서목록(CIP)은 서지정보유통지원시스템 홈페이지(http://seoji.nl.go.kr)와
국가자료종합목록 구축시스템(http://kolis-net.nl.go.kr)에서 이용하실 수 있습니다. (CIP제어번호 : CIP2020038326)

* 시그마북스는 ㈜ 시그마프레스의 자매회사로 일반 단행본 전문 출판사입니다.

AI는 우리의 산업과 직업에
어떤 영향을 미칠 것인가?

이 책을 읽기 전에

그동안 인류의 지식은 명시적 지식Explicit Knowledge과 암묵적 지식Tacit Knowledge, 2가지로 분류될 수 있었다. 명시적 지식은 문자나 공식으로 분명하게 설명하고 표현할 수 있는 지식을 말한다. 암묵적 지식이란 개인이 감정적으로 파악할 수 있지만 분명하게 설명하거나 표현할 수 없는 지식을 말한다. 우리가 흔히 '느낄 수만 있지 말로 전달할 수 없는' 지식이라고 말하는 것들이다. 인류가 문자를 발명한 이래로 누적된 지식은 주로 명시적 지식이었다. 명시적 지식만이 기록하고 전파할 수 있기 때문이다. 인류가 암묵적 지식의 존재를 깨달은 것은 겨우 70년 전이다. 오늘날 인공지능, 특히 그중 중요한 가닥인 신경망은 갑자기 방대한 양의, 인류가 느낄 수도 설명할 수도 표현할 수도 없는 어두운 지식Dark Knowledge(방대한 데이터 속에 감춰진 연관성 또는 만물 간의 숨겨진 관계)을 발견했다. 이러한 어두운 지식으로 우리는 어느 날 갑자기 불가사의한 마력을 지닐 수 있게 되어 예전에는 상상할 수도 없었던 일을 할 수 있게 되었다. 이 책은 바로 머신러닝이 어떠한 어두운 지식을 발굴했는지, 어떻게 기계가 이 어두운 지식을 발견할 수 있었는지, 그리고 어두운 지식이 각각의 개인에게 어떠한 영향을 미치는지 분명하게 설명한다.

이 책은 세 부분으로 나뉜다.

1부는 1~3장이며 그중 1장은 알파고가 우리에게 안긴 충격으로 시작한다. 그 충격을 통해 바둑에 대한 기계의 지식은 인간이 전혀 이해할 수 없다는 사실을 발견한다. 이 발견은 우리가 다시 한번 '지식'의 모든 개념에 대해 생각하도록 했다. 1장에서는 2500년 동안 무르익은 인류의 모든 명시적 지식과 70년 전에서야 알게 된 암묵적 지식을 돌아본다. 수십 년의 뇌신경과학 연구성과는 지식에 대한 우리의 본질에 분명한 인식이 생겼고, 왜 인류는 기계가 발견한 어두운 지식을 느낄 수도 없고 이해할 수도 없는지에 대해 답변한다. 1장은 명시적 지식, 암묵적 지식, 그리고 어두운 지식 간의 차이를 분석하고 왜 어두운 지식의 총량이 인류가 파악하고 있는 모든 지식을 훨씬 초월하는지에 대해 논의한다.

2장에서는 기계가 어떻게 학습하는지, 어떠한 지식을 학습할 수 있는지를 소개하고 동시에 머신러닝의 5대 종목, 그리고 각 종목이 데이터에서 지식을 발굴하는 방법을 소개한다. 3장은 현재 머신러닝 중 가장 주목 받는 신경망에 대해 집중적으로 소개한다. 여기에는 신경망의 기본 원리와 현재 경제 분야에서 가장 널리 이용하고 있는 몇 가지 형태, 그것들이 적용되는 분야가 포함된다. 이러한 기초를 통해 AI(인공지능)가 각 분야에서 갖는 비즈니스 기회와 리스크를 판단할 수 있다. 이 같은 원리를 이해해야만 어두운 지식의 특징을 제대로 파악할 수 있다. 독자가 읽기 쉽게 하면서 여러 독자의 수요를 고려해 최대한 일반적인 언어로 원리를 소개했으며, 정확한 기술적 원리는 부록에 담았다.

2부(4~5장)는 AI가 경제에 미치는 영향에 대해 소개했다. 기계가 발굴해낸 어두운 지식이 우리의 생활에 미치는 직접적인 영향을 보게 될 것이다. AI의 사업적 트렌드를 파악하고자 하는 독자에게 매우 중요할 것이다. 그중 4장은 현재의 AI 산업의 생태를 설명했으며, 5장은 어떤 산업이 AI가 가져올 충격에 직면할 것인지와 서로 다른 산업의 투자 기회와 함정에 대해 자세히 다루었다.

3부(6~7장)의 내용은 AI가 미래와 사회에 가져올 영향이다. 6장에서는 현재 아직 상업화되지 않았지만 우리에게 깊은 영향을 미칠 신기한 AI 응용에 대해 다루었다. 7장은 기계와 인간의 관계, 기계가 대부분의 인간의 일을 대체하면 어떠한 사회 문제(대규모 실업 등)가 초래될지 등의 내용을 담았다. 3부의 주요 목적은 우리가 오늘날 아직 볼 수 없는 깊은 영향에 대해 개방적이고 유연하게 토론하는 것이다. 또한 인류의 궁극적 두려움, '로봇이 결국 인류를 통제할 것인가?'에 대한 답도 찾아본다.

이 책은 건너뛰어 읽어도 무방하다. 경제 부분에만 관심 있는 독자라면 2~3장은 건너뛰고 4~5장을 읽어도 된다.

필자는 미국 스탠포드대학교에서 박사학위를 공부하던 시절에 인공지능을 연구했었고, 그 후 실리콘밸리와 중국에서 IT회사를 창업했다. 현재 실리콘밸리에서 인공지능 투자에 주력하고 있다. 매년 수천 곳에 달하는 실리콘밸리와 중국의 IT회사를 방문하고 조사하며 대학의 최신 연구도 접한다. 이러한 것들은 모두 필자가 방대한 경험을 통해 분석과 통찰력을 키우는 데 도움이 된다.

필자는 인류가 어떻게 지식을 얻었는지에 대해 오랫동안 관심을 가져왔고 AI에 대한 투자, 연구, 집필을 하면서 어두운 지식이라는 인류가 이전에 발견하지 못했던 영역을 발견했다. 이 개념은 분명 논란을 일으킬 것이며, 필자는 독자들의 의견을 환영하며 비판과 토론 속에서 이 인식을 더욱 심화시킬 것을 기대한다.

이 책은 기업과 정부의 관료, 학생을 포함한 지식인을 대상으로 한다. 어두운 지식이 인류에 미치는 영향은 이제 막 시작되었다. 어두운 지식이라는 새로운 시각에서 출발한다면 AI라는 거대한 파도를 더 깊이 이해할 수 있다. 이 거대한 파도는 인터넷을 뛰어넘어 여러 산업에 큰 영향을 미칠 것이다.

이 책이 'AI가 우리의 산업과 직업에 어떠한 영향을 미칠 것인가'라는 질문에 대한 답을 주기를 기대한다. AI의 기술, 트렌드, 응용을 깊이 있게 이야기해야만 독자가 하나를 보고 열을 터득하듯이 AI가 자신에 미칠 영향을 이해할 수 있다. 이 책은 필자의 투자 경험에서 출발하였으므로 AI시대에 투자하는 데 참고가 되길 바란다. AI라는 허리케인 속에 이해와 선악, 옥석이 뒤섞여 큰 소음이 발생할 수 있다. 이 책이 독자가 진위를 판별하여 쉽게 거짓에 속지 않는 데 도움이 되길 바란다. 앞으로 5년에서 10년 후에는 벤처 투자·사모펀드나 공개 주식시장 투자에서 모두 이러한 판별 능력이 필요할 것이다. 이 책의 마지막에는 인공지능이 사회 전반에 미칠 영향에 대해 토론하면서 검증되지 않은 조언도 덧붙였다.

시중의 과학 기술 서적을 읽을 때마다 애매모호한 설명 때문에 어려움을 느꼈다. 스탠포드 대학에서 수업을 들으며 가장 인상 깊었던 것은 우리 학문의 선학들이 자신의 학문에 대한 이해의 깊이가 대단했다는 것이다. 그들은 가장 간단한 방식으로 가장 심오한 도리를 명백하게 설명하여 제자들이 한 번에 한 학문의 핵심 개념을 이해하고 한평생 잊지 않도록 했다. 가장 일반적이고 이해하기 쉬운 언어로 어두운 지식과 AI를 설명하기 위해 노력했다. 독자가 만약 이해하기 어려운 부분이 있다면 그것은 분명 필자가 명확하게 쓰지 못한 탓이다.

오늘날 모든 사람은 바다와 같은 정보와 지식에 직면해 있다. 독자가 최소한의 시간으로 최대한의 정보와 지식을 얻도록 하는 것은 분명 하나의 도전이다. 필자는 한마디의 군더더기도 없는 글과 책을 좋아한다. 필자가 이 책에서 목표로 하는 것 중 하나이기도 하다. 이 책이 공항 서점에서 사서 비행기에서 내리기 전에 다 읽을 수 있는 책이기를, 그리고 AI의 파도가 자신에게 미칠 영향을 이 책을 읽은 독자가 분명하게 판단할 수 있기를 바란다.

왕웨이자

2019년 1월 13일 실리콘밸리에서

어두운 지식과 현대사회

2017년 알파고가 중국의 바둑기사 커제에게 대승을 거둔 후, 인공지능은 대중의 시야로 들어와 곧 보편적인 열광과 우려를 불러일으켰다. 왕웨이자의 『AI 트렌드와 투자 인사이트』 출판이 요즘의 정서에 효과적인 각성제이자 해독제가 될 것이라고 생각한다.

이 책이 각성제라고 말하는 이유는 신경망 구조와 자기학습의 과정, 딥러닝, 합성곱 메커니즘을 포함한 인공지능의 과학적 원리와 그 기술 실현을 지극히 간단하고 명확하게 설명했기 때문이다. 『AI 트렌드와 투자 인사이트』는 현재 출판된 다른 어떤 책보다 더 분명하고 이해하기 쉽다. 인류의 인지를 배경으로 인공지능을 해독한 것은, 현재 인공지능 분야에 광범위하게 퍼져 있는 비이성적인 열기를 식히는 데 도움이 된다. 사실 1960년대 통제론의 창시자인 노버트 위너의 제자인 마이클 아비브Michael Arbib는 『뇌, 기계와 수학Brains, Machines, and Mathematics』이라는 책에서 이미 신경망 수학 모형과 학습기원리를 명확하게 설명하였으며, 이 원리가 '기계에서 영혼을 쫓아내는 것'에 도움이 된다고 밝혔다. 아비브가 말한 '기계'는 대뇌의 기억, 계산과 학습 등의 기능을 말한다. 데카르트 이후 이것들은 기계의 유기체(생물)요, '영혼'은 생물의 본능과 학습 능력을 말해왔다. 하지만 왕웨이자의 책은 '쫓아낸' 것이 이전에 말했던 유기체의 신비성이 아니라 인공지능에 대한 연구와 가능성 있는 상상 속의 '영혼'이라고 말한다. 즉 신경망의 연결 수량이 인간의 뇌에 근접할 때 인류와 같은 자의식과 주체성이 폭발한다고 착각한다는 것이다.

인공지능의 신경망 시스템은 무엇을 할 수 있을까? 앞에서 말한 바와 같이 그것이 만들어지기 전에 수학자는 이미 신경망이 아무리 복잡해도 유한한 자동 기계와 같으며, 하나의 환경 확실성과 상호작용(자기 결합, 피드백, 자기학습)을 할 수 있는 유한한 자동기계(신경망)는 어떤 유형의 튜링기계(일반 컴퓨터)에 불과하다는 것을 증명하였다.

다시 말해 인공지능 혁명의 기초, 신경망의 자기학습 및 환경과의 상호작용으로 도달할 수 있는 한계는 모두 튜링기계의 행위 조합을 초월하지 못한다. 20세기 후반부터 지금까지 인공지능의 신속한 발전을 따라 그것이 미래의 어느 날 의식을 가질 수 있을지에 대한 논의는 컴퓨터와 인간의 뇌의 차이라는 틀 속에서 함께 전개되어 왔다. 상응하는 수학 이론만 발전시키면 신경망학습이 이미 이룬 것과 이룰 수 있는 모든 것을 이해할 수 있다. 하지만 한 가지 의심의 여지없이 분명한 것은 인공지능은 자의식, 주체성, 자주성을 가질 수 없다는 점이다.

이 책을 해독제라고 말한 이유는 왕웨이자가 인공지능이 인간보다 더 많이 더 빠르게 지식(능력)을 장악할 수 있을 때, 인공지능이 파악한 정보를 어두운 지식이라고 정의하여 분명한 이론 설명을 도출하였기 때문이다. 우리는 우선 무엇이 지식인지 분명히 알아야 한다. 지식은 인간이 획득한 정보이다. 인간의 정보(지식) 이용은 정보 획득과 정보 표현이라는 기본 구조를 벗어날 수 없다. 인간이 정보를 얻는 것은 감각기관을 이용하여 느끼는 것(즉 경험)이며 정보를 표현하는 것은 기호(언어)와 기호 구조에 대한 연구(기호는 비경험적인 것일 수 있다)를 통해서이다. 저자는 감지 여부와 표현 여부에 따라 인간이 이용할 수 있는 지식을 다음 4가지 기본 유형으로 분류하였다.

첫째, 느낄 수 있고 표현할 수 있는 지식이다. 여기에는 지금까지의 모든 과학이 포함된다.

둘째, 느낄 수 없지만 표현할 수 있는 지식이다. 경험한 모든 것은 느낄 수 있다. 느낄 수 없는 것은 경험하지 않은 것이다. 이러한 지식이 있을까? 물론 있다. 수학을 예로 들면 추상대수학의 정리는 정확한 지식이다. 하지만 가능한 것과 경험은 무관하다. 인간이 동물과 다른 까닭은 순수한 기호의 지식을 가질 수 있기 때문이며, 그것은 이성의 중요한 기초가 된다.

셋째, 느낄 수 있지만 표현할 수 없는 지식이다. 이것은 비진술적 기억과 암묵적 지식을 포함한다.

넷째, 느낄 수 없고 표현할 수도 없는 지식이다. 이것이 바로 현재 신경망이 학습을 통해 파악한 지식이다. 왕웨이자는 개인의 능력으로는 기억하고 학습할 수 없는 지식을 어두운 지식이라고 칭했다. 어두운 지식은 철학적 공헌일 뿐 아니라, 현재 성행하고 있는 과학 유토피아에 해독제를 제공한다.

20세기 사회 인문 연구의 가장 중요한 성과는 바로 암묵적 지식과 시장의 관계를 발견한 것이다. 인류가 공유할 수 있는 지식은 기호로 표현할 수 있는 지식이다. 하지만 그것은 개인이 가진 모든 암묵적 지식을 포함할 수는 없다. 경제학자는 암묵적 지식의 존재를 이용하여 이성과 과학 지식에 기초한 계획경제가 시장 메커니즘을 대체할 수 없다는 것을 증명하였다. 인류의 지식을 충분히 이용하는 사회는 개인의 자율성과 역량과 지식을 상호 교환하며 형성한 계약 조직 위에 세워진다.

개인이 가진 암묵적 지식을 간과한 채 이성과 표현할 수 있는 지식에 기초하여 설계한 사회제도를 실천하면, 원래 의도와 상반되는 결과를 나을 수 있다. 경제학자 프리드리히 하이에크는 표현할 수 있는 지식에 대한 미신을 '이성의 오만'이라고 했다. 오늘날 이성의 오만은 빅데이터 응용에 따라 다시 한번 인공지능 분야에 나타나고 있다. 한편 어두운 지식의 제시는 기호로 표현할 수 없는 지식의 범위를 확대하고 하이에크의 정당성에 한층 힘을 실어주었다. 그러므로 이 책이 현재 이성의 오만에 대한 효과적인 해독제라고 말하는 것이다.

왕웨이자가 이 책에서 제기한 또 다른 의미 있는 문제는 '어두운 지식'이 현대사회를 어느 정도 바꿀 수 있느냐이다. 이 책에서 다루듯 새로운 지식의 대규모 사용은 전문지식과 기술을 가진 사람들의 대규모 실업을 초래할 수 있어 산업이 차례차례 사라지거나 심지어 의사와 같은 전문직조차도 대체될 수 있다. 이 같은 예측이 정확한지 확인하는 것은 잠시 미뤄두더라도, 한 가지 분명한 것은 인공지능이 우리가 생존하고 있는 사회를 바꾸어놓을 것이라는 점이다.

그렇다면 인류사회는 어디로 가게 될 것인가? 이것이 바로 인공지능 혁명이 가져올 문제 중 가장 일반적으로 우려하고 있는 문제이다. 인공지능이 시장 관리와 개인정보를 장악하면서 개인의 자유와 사생활 침해를 초래할 수 있을까? 빅데이터와 인공지능 첨단 과학에 의해 관리되는 사회는 계약 사회인가?

현대사회와 전통사회의 본질적 차이는 고도로 강조된 개인의 주체성과 창의성에 있다. 정보의 획득, 표현, 응용은 모두 개인의 주체성과 창의성을 벗어날 수 없다. 인공지능은 어두운 지식을 파악할 수 있는 능력이 있지만 자의식은 가질 수 없다. 당연히 주체성도 말할 수 없다. 그저 인간에게 소유될 뿐이다. 그러므로 지식과 기술의 무절제한 발전이 허락되는 사회는 여전히 개인의 계약 위에 세워진다. 다시 말해 과학 기술이 아무리 발전해도 현대사회의 성격은 그로 인해 바뀌지 않을 것이다.

하지만 인공지능이 현대사회 관료조직의 형식은 변화시킬 수 있다고 생각한다. 현대사회에 왜 관료조직이 필요할까? 알다시피 현대사회는 법률과 계약이 제공하는 조직 틀 외에 모든 사람에게 방범, 교통시설, 교육, 의료 등과 같이 각기 다른 유형의 공공 서비스를 제공해야 한다. 이를 위해 군대나 정부의 각 부처와 같이 각각의 사무를 처리하는 전문기관이 사회를 관리해야 한다. 이때 부처 간 기능의 실현과 조화는 기호로 표현하는 공유지식을 이용해야 한다. 분명 현대사회가 복잡해지면서 기술 관료의 팽창이 나타날 것이다. 인공지능 혁명과 어두운 지식의 활용은 사회 관리 분야에 깊이 파고들 것이다. 잘 운영되지 않는다면 현대사회에는 무능한 관료기관이 초

대형 암덩어리처럼 번질 것이다. 잘 운영된다면 사람들이 자주성과 창의성을 더 잘 발휘할 것이며 나아가 불필요한 기관을 대체할 수 있을 것이다. 그러므로 우리는 인공지능이 이 방면에서 현대사회에 커다란 영향을 미칠 것이라고 생각한다.

각 부처 조직의 형성과 이성적인 관계는 막스 베버가 현대사회를 분석하는 데 가장 중요한 공헌을 했다. 하지만 미래에 인공지능이 어두운 지식을 파악하고 사용하면서 사회 관리에 침투하고 대체하면, 막스 베버의 논리는 더 이상 성립되지 않는다는 것을 증명할 것이다. 안타깝게도 저자의 책은 인공지능 혁명과 현대사회 관료화 관계에 대한 논의가 빠져 있다. 각 부처 조직의 설립은 이성(공유지식)에 기초하며 인공지능이 잘하는 것이 바로 어두운 지식을 파악하는 것이다. 만약 사회 공공 서비스 관리에 종사하는 사람이 '어두운 지식'을 장악한 인공지능에 의해 대체된다면, 이 같은 부처 조직이 더 이상 존재할 필요가 있는가? 아니면 앞으로 어떠한 새로운 형식으로 바뀔 것인가? 만약 더 이상 필요 없게 된다면 미래 무정부 현대사회는 어떻게 운영될 것인가? 이것 역시 우리가 관심을 가져야 할 문제이며, 인문과 과학 두 분야의 대화가 필요하다.

진관타오

2019년 2월

추천의 글

이 책을 추천하게 되어 매우 기쁘다. 이 책은 머신러닝의 발명이 가져올 다음 산업혁명에 대해 상세하게 분석하였다. 나는 이 기술이 인류의 삶을 더욱 아름답고 평화롭게 하는 데 사용되기를 바란다. 더 이상의 전쟁 없이.

버나드 위드로

2019년 2월 26일 스탠포드에서

차례

이 책을 읽기 전에 7
서문_어두운 지식과 현대사회 12
추천의 글 18

1 혜성같이 등장한 AI_어두운 지식의 탄생

오만한 인류 ········ 25
천재의 눈물 ········ 28
인류가 이해할 수 없는 지식을 발견한 기계 ········ 30
이성주의 vs 경험주의 ········ 34
지식의 생물학 기초: 뉴런 연결 ········ 42
표현할 수 있는 명시적 지식 ········ 46
마음으로만 깨달을 수 있는 암묵적 지식 ········ 49
느낄 수도 표현할 수도 없는 어두운 지식 ········ 55

2 정보의 획득_기계가 학습할 수 있는 지식

기계가 학습하는 명시적 지식 ········ 65
유추주의자: 암묵적 지식의 머신러닝 ········ 72
기계가 발견한 어두운 지식 ········ 74

3 신경망_숨겨진 연관성을 추출하다

퍼셉트론에서 다층 신경망까지 ········ 83
신경망 모형: 온통 다이얼뿐인 블랙박스 ········ 88
안개 속 하산: 훈련 머신의 모형 ········ 91
신의 시선을 가진 알파고 ········ 93
국부최적: 골짜기를 찾지 못했을 때 ········ 95
딥러닝: 복잡한 것을 단순하게 ········ 97
집중된 것을 분산시키는 합성곱 신경망 ········ 99
시계열 데이터를 처리하는 순환 신경망 ········ 106
알파고와 강화학습 ········ 111
신경망의 패러독스 ········ 117
신경망의 5대 첨단 연구 ········ 120
딥러닝의 한계 ········ 125

4 실리콘밸리 각축전_AI 산업 쟁탈전

최신 기술의 거대한 파도 ··· 135
AI 혁신의 3가지 요소 ··· 136
피라미드형 산업 구조 ··· 139
왕 중의 왕, 알고리즘 ··· 140
기술의 핵심, 반도체칩 ··· 142
생태계 전쟁: 프레임워크의 사용과 선택 ··· 148
오픈소스 커뮤니티와 AI 생태계 ··· 153
치열한 AI 기술 경쟁 ··· 159
AI 업계의 다윗과 골리앗 ··· 162
AI 기술의 추진력 ··· 167
AI와 인터넷의 3가지 차이점 ··· 172

5 허리케인이 온다_세상을 바꿀 산업

자율주행, 이동 방식을 바꾸다: 10조 달러의 산업 ··· 177
의료산업: 세상에서 가장 경험이 풍부한 의사 ··· 218
스마트 금융: 화이트칼라와 골드칼라의 몰락 ··· 237
스마트 미디어 시대: 인간과 기계가 협력하는 순간이 올 것이다 ··· 249
스마트 시티: 신이 지켜보는 도시 ··· 265
육체 노동자를 대체하는 로봇 ··· 277
바벨탑: 블랙스완 킬러 애플리케이션 ··· 279
전방위적 충격: 이제 시작에 불과하다 ··· 284

6 기계는 과연 인간을 뛰어넘을 수 있는가?

딥러닝에 기초한 AI의 본질 ··· 292
가속화되는 과학연구 ··· 293
시의 고수 ··· 301
반 고흐, 진짜 같은 가짜 ··· 308
미래의 공중전 ··· 316
집단학습과 광속 공유 ··· 327
어떤 분야에서 인간이 기계보다 뛰어난가? ··· 330
인간과 기계의 협업 ··· 331

7 비범한 사람과 한가한 사람_AI 시대의 사회와 윤리

누가 먼저 실업자가 될 것인가? 345
아이들은 무엇을 배워야 할까? 347
AI 시대의 새로운 직업 348
새로운 분배제도: 무상소득이냐 무상교육이냐 353
빈부격차 해소의 길: 민간 공익 356
권력의 재분배 361
기계의 결정을 신뢰할 수 있는가? 363
데이터의 공유 365
인간 자존감의 근원 366
기계에게 자의식이 생길까? 367

종장 인류는 어떻게 해야 하는가? — 377

감사의 말 380

부록1: 고전적인 5층 신경망 르넷-5 **382**
부록2: 순환 신경망과 장단기 메모리 방식 LSTM **386**
부록3: CPU, GPU, 그리고 TPU **395**
부록4: 머신러닝의 주요 프레임워크 **405**

참고문헌 **410**

제 1 장

혜성같이 등장한 AI_어두운 지식의 탄생

인간이 세계에 대해 바다와 같이 무수한 양의 지식을 획득했다고 우쭐거릴 때, 스스로 배울 수 있는 기계가 우리에게 일격을 가했다. 기계는 인간이 느낄 수도, 이해할 수도 없는 지식을 발견했다. 이러한 지식의 발견은 과거 지식에 관한 모든 생각을 다시 돌아보도록 한다. 지식은 과연 경험을 통해 얻는가, 아니면 추론을 통해 얻는가? 우리는 무려 2500년에 걸친 논쟁을 돌아보았다. '느낄 수만 있지 말로 전달할 수 없는' 암묵적 지식의 중요성에 대해 눈을 돌리기 시작한 것이 겨우 70년 전이다. 그동안 지식에 관한 논쟁은 최근의 뇌과학 연구결과 앞에서 피상적이고 의미 없는 논쟁으로 전락했다. 최근 수십 년간의 과학연구는 인지의 기초가 뇌의 뉴런 사이의 연결이라는 것을 확인했다. 이 기초를 토대로 어떤 지식은 왜 표현할 수 없는지 쉽게 이해할 수 있으며, 또한 기계가 이제 막 발견한 어두운 지식을 인간이 어째서 이해할 수 없는지도 분명해진다. 그리고 마침내 우리는 인간이 획득할 수 있는 명시적 지식과 암묵적 지식, 그리고 오직 기계만이 획득할 수 있는 어두운 지식, 3가지 지식으로 분명하게 분류할 수 있게 되었다.

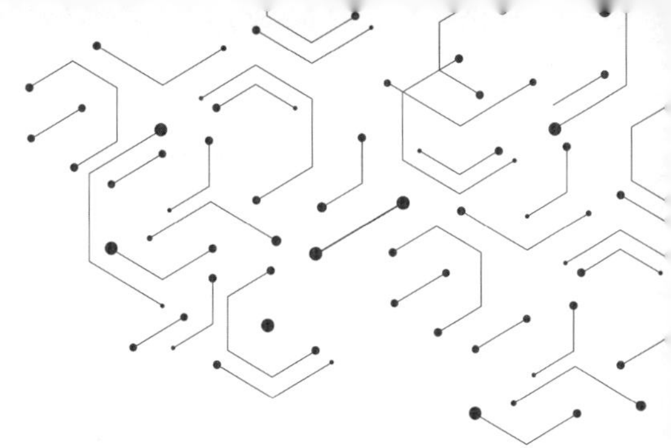

오만한 인류

인간이 일정한 의미를 가진 발음의 한 단위를, 그보다 복잡한 의미를 표현할 수 있는 발음 체계로 조합하기 시작한 것은 어쩌면 수십만 년 전 인류 조상의 어떤 유전자 돌연변이 때문이었을지도 모른다. 오늘날 우리는 이 발음 단위를 '단어'라고 부르며, 특정 내용을 표현하는 발음 체계를 '문장'이라고 부른다. 이러한 조합 능력 덕분에 인류는 유한한 단어로 가까운 의미를 전달할 수 있게 되었다. 언어는 이렇게 탄생하였다.

언어의 복잡한 표현 능력 덕분에 인류의 협업 능력은 빠른 속도로 향상되었다. 수십 명이 함께 큰 동물을 사냥하면서 인류는 빠르게 지구상 먹이사슬 꼭대기에 오를 수 있었다. 또한 기록 언어 기호인 문자 발명을 통해 인류는 더욱 편리하게 경험을 전파하고 기록하며 축적하였다. 인류가 우연히 발견한 생존에 관한 지식은 어느 지역에서 발견되었든 점차 전파되었다. 농업은 1만 년 전 오늘날의 이집트와 시리아, 이라크에 이르는 비옥한 초승달 지대에서 시작되었다. 재배 경험은 수천 년에 걸쳐 전 세계로 퍼져나갔으며 인류는 지구상의 경작할만한 모든 땅에 빠르게 정착하였다.

정착한 인류의 수가 증가하면서 인류의 조직은 더욱 크고 복잡하게 변하기 시작했다. 친족에서 부락으로, 나아가 도시국가, 그리고 국가에 이르렀다. 대규모의 복잡한 조직은 도시 건설이나 관개에 이르는 크고 복잡한 공정을 펼칠 수 있었다. 그리고 대규모 공정은 더 많은 천문학·수학적 지식을 요구했다. 거의 모든 고대 문명이 방대한 천문학 지식을 가지고 있었지만 오로지 그리스에서만 현대 과학의 초석이 된 수학이 탄생하였다. 유클리드는 기원전 300년 경에 100년 앞선 그리스 선현의 수학 성과를 집약하여 인류 역사상 가장 위대한 기하학 책인 『원론』을 집필하였다. 이 책은 중세기 페르시아계 이슬람 학자에 의해 아랍어로 번역되었다. 그리고 아랍에서 르네상스 시기의 전 유럽으로 전파되어 코페르니쿠스에서 뉴턴에 이르는 과학 혁명에 직접적인 영향을 미쳤다.

16세기에 시작된 과학 혁명의 본질은 무엇일까? 더 다양한 지식의 발견일까, 아니면 더 많은 도구의 창조일까? 아니다. 과학 혁명의 본질은 천문학자 케플러가 3가지 법칙을 발견한 과정이다. 주류를 이루었던 프톨레마이오스의 천동설로는 더 이상 천체 관측 데이터를 설명할 수 없게 되자, 코페르니쿠스는 지동설을 주장하며 새로운 모형을 통해 과거 설명할 수 없었던 대부분 데이터를 설명하였다. 갈릴레이와 동시대를 살았던 천문학자 티코 브라헤는 지동설을 받아들이지 않고 '달과 행성이 태양을 돌며 태양이 그들과 함께 지구를 돈다'는 절충설을 내놓는다. 유감스럽게도 그는 20년 동안 천문데이터 관측에 매진했지만, 관찰한 데이터와 자신의 모형이 일치되는 것을 죽을 때까지 발견할 수 없었다.

티코 브라헤가 세상을 떠난 뒤 티코의 조수였던 케플러는 그의 자료를 모두 손에 넣을 수 있었다. 코페르니쿠스의 지동설을 완전히 수용했던 케플러는 데이터와 지동설이 부합하도록 하기 위해, 코페르니쿠스의 지구 공전 원형 궤도를 타원 궤도로 수정하고 태양을 타원의 초점에 두었다. 이것이 바로 케플러의 제1법칙이다. 그는 같은 방법으로 2가지 법칙을 더 발견하였다. 케플러의 3가지 법칙은 티코 브라헤의 모든 관측 데이터뿐만 아니라 새로 관측된 데이터까지도 설명할 수 있었다.

이 발견의 과정에는 3가지 단계가 있다. 첫째, 충분한 관측 데이터를 축적한다(티코 브라헤가 20년에 걸쳐 관측한 데이터). 둘째, 선험적인 세계 모형을 제시한다(코페르니쿠스의 지동설). 셋째, 모형의 파라미터를 기존의 데이터와 새로 추가된 데이터에 완전히 부합할 때까지 조정한다(데이터에 부합하도록 원형 궤도를 타원 궤도로 수정하고 다시 타원 궤도의 축간거리를 조정). 이 모형을 검증하는 것이 어떤 쓰임이 있을까? 가장 의미 있는 쓰임은 바로 새로운 데이터와 예측을 해석하는 것이다. 케플러의 3가지 법칙이 바로 새로 발견한 지식이다. 지식을 발견하는 데 있어 신뢰할만한 방법은 바로 모형과 관측 데이터가 완전히 부합할 때까지 끊임없이 모형을 수정하는 것이다.

앞의 3단계는 현대 과학의 기본 원칙을 마련하였다. 공식적으로 과학 혁명의 시작을 알렸으며, 이후에 뉴턴의 만유인력 발견을 이끌어냈고, 오늘날까지 그 영향을 미치고 있다.

과거 500년 동안 세계에 대한 인류의 인식은 비약적으로 발전했다. 크게는 우주에서 작게는 입자물리학의 쿼크까지 모두 인류의 손에서 이루어졌다. 인류는 하늘에 오르고 땅속에 들어가고 바다를 향해 나아갔다. 이제 인류가 할 수 없는 일은 거의 없다. 세상 어디든 볼 수 있고, 어느 곳의 소식이든 들을 수 있으며, 심지어 조물주처럼 새로운 종을 설계하기 시작하며 인류 진화 과정의 변화를 시도하고 있다. 인류가 이해할 수 없고 발견할 수 없는 지식은 없다고 믿을 만했다. 2016년 3월 15일 전까지는 말이다.

천재의 눈물

2016년 3월 15일, 구글의 바둑 프로그램 알파고가 한국 세계 바둑 챔피언 이세돌과의 대국에서 5전 4승 성적으로 승리를 거두었다는 소식은 온 세상을 놀라게 했다. 전 세계 28억 인구가 대국을 지켜봤고 중국의 반응은 더욱 대단했다. 어떻게 한낱 기계가 세계 바둑 챔피언을 물리칠 수 있는지, 이건 손오공이 어느 날 갑자기 바위틈에서 튀어나온 것보다 더 이해하기 어려웠다. 바둑은 역사상 가장 복잡한 게임 중 하나로 손꼽힌다. 바둑 한 수를 두는 방법은 250가지에 이른다. 바둑 한 판을 다 두는 데 평균 150수를 둔다고 가정하면, 바둑 한 판을 두는 경우의 수는 $250^{150}=10^{360}$이 된다. 우주가 탄생 후 지금까지 시간이 10^{17}초이다. 그러므로 현재 세계에서 가장 빠른 슈퍼컴퓨터라고 하더라도 모든 경우의 수를 한 번씩 거치는 데 필요한 시간은 우주의 나이보다 긴 셈이다. 대부분 불가능한 수를 제외한다고 하더라도 감히 계산할 수 없을 정도이다. 기계는 어떻게 이렇게 복잡한 바둑을 배운 것일까?

대국 후 세계 1위 바둑기사 커제는 알파고가 이세돌은 이겼지만 자신은 이길 수는 없을 것이라고 장담했다. 하지만 2017년 5월 28일, 커제는 0대3으로 알파고에게 완패했다. 이토록 복잡한 게임에서 인류의 존엄은 처참히 무너졌다. 대국이 끝난 후 이 천재 소년은 울먹였다. 인터뷰에서는 승리에 대한 어떠한 희망도 찾아볼 수 없었다며 알파고의 완벽함에 감탄했다. 그는 눈물을 글썽이며 2000년 역사의 바둑은 아직 입문 단계에도 들어서지 못했다고 말했다. 기성이라 불리는 녜웨이핑은 알파고를 '알선생'이라 칭하며 알파고의 착수는 황홀하고 바둑이 얼마나 심오하고 신비한가를 보여주었다고 말했다. 그러면서 알파고의 착수 순서, 기회 장악력은 매우 뛰어나 그 수준이 완전히 인간을 뛰어넘었으므로 그와의 대국에 도전하는 것은 죽음을 자초하는 일이라며, 우리는 마땅히 알선생에게 바둑을 배워야 한다고 덧붙였다. 또한 알선생은 최소 20단에 해당하며 진정한 바둑의 신이라고 추켜세웠다.

사람들이 이것이야말로 대국 프로그램의 최정상이라고 감탄할 때 알파고 연구팀 딥마인드는 다시 한번 인간의 생각을 비웃었다. 2017년 12월 딥마인드 연구팀은 알파고 제로를 발표했다. 알파고 제로는 '강화학습'이라고 불리는 머신러닝 기술을 사용한 것으로, 바둑의 기본 규칙만 사용할 뿐 인류가 그동안 쌓아온 기보는 전혀 활용하지 않았다. 알파고 제로는 백지 상태에서 스스로와의 대국을 통해 부단히 발전해 대국 시작 사흘 만에, 세계 챔피언 이세돌을 무너뜨린 알파고 리 버전에게 100대0으로 완승을 거두었다. 스스로와의 대국을 시작한 지 40일 후, 알파고 제로는 당시 세계 바둑 1인자인 커제에게 완승을 거둔 알파고 마스터 버전을 뛰어넘을 만큼 강력해졌다. 이 기기와 훈련 프로그램이 세상의 모든 체스나 바둑 같은 기류 게임을 휩쓰는 것은 시간 문제였다. 4시간의 훈련으로 최강 체스 AI인 스톡피쉬를 무너뜨렸으며, 2시간 만에 일본식 장기 쇼기 최강자인 AI 엘모에게 승리를 거두었다.

알파고 제로는 과거의 경험과 지도 없이 기본적인 규칙 이외에 어떠한 분야의 지식도 제공받지 않고서도, 오로지 강화학습과 최소한의 훈련만으로 기계가 인간의 수준을 월등히 뛰어넘을 수 있다는 사실을 증명했다.

인류가 이해할 수 없는 지식을 발견한 기계

2000년 동안 대대로 쌓아온 기예가 기계의 눈에 순식간에 무용지물이 되었다는 데 놀라움을 금할 수 없다. 어떻게 이럴 수가 있단 말인가? 바둑에서 경우의 수는 우주 원자 수보다 많다. 인류의 2000년 역사 속에서 높은 수준의 대국은 매우 보기 드물었다. 기록으로 남겨진 것이 겨우 몇 만 판에 불과하다. 모든 경우의 수 중에서 이 숫자가 차지하는 비중은 태평양 속 물 분자 1개와 같다. 알파고 제로는 빠르고 정확한 계산으로 짧은 시간 안에 인류가 아직 탐색하지 않은 방대한 수까지 탐색하였다. 인간이 바둑을 두는 방식은 의존성이 매우 강하다. 인생은 유한하므로 안정적으로 고수가 되기 위한 길은 무턱대고 두는 것이 아니라 앞선 사람의 실패를 통해 배우는 길 뿐이다. 하지만 알파고 제로는 처음 바둑을 둘 때에도 임의로 결정했을 뿐 아니라 마스터 급에 오른 이후에도 일부러 무작위로 결정해 현재의 사고에서 벗어나 더 나은 길을 모색하도록 했다. 새롭게 발견된 승리의 방법은 인류가 아직 탐색해보지 않은 것들이었다. 녜웨이핑이 '이해할 수 없다'고 소리친 이유가 바로 이 때문이다.

알파고 제로가 우리에게 안겨준 놀라움은 3가지로 요약할 수 있다. 첫째, 인류가 발견할 수 있는 지식과 기계가 발견할 수 있는 지식의 차이는 전족을 한 노파가 걸어간 산길과 수백만 대의 지프차가 지나간 산길의 차이와 같다. 지프차의 속도가 바로 컴퓨터와 AI칩의 처리속도이다. 그 속도는 지금도 기하급수적으로 빨라지고 있다. 둘째, 기계가 발견할 수 있는 지식에 비해 인류의 지식은 너무 단순하고 유치하다. 이에 반해 기계의 흥미진진한 이야기는 그 수준이 터무니없이 높다. 마지막으로 기계가 발견한 지식은 인류의 경험을 뛰어넘었을 뿐만 아니라, 인류의 이성을 추월하여 인류가 완전히 이해할 수 없는 지식이 되었다.

2500년 전 가장 지혜로운 그리스 철학자 소크라테스는 결국 인생에서 한 가지 결론은 내렸다. "내가 아는 유일한 한 가지는 내가 아무것도 모른다는 사실 뿐이다." 그의 제자 플라톤은 자신의 감각기관이 관찰한 세계는 진정한 세계의 그림자에 불과하다고 말했다. 18세기 위대한 철학자 칸트는 별이 반짝이는 하늘을 우러러보며 "우리는 무엇을 알 수 있는가?"라는 원초적인 질문을 던졌다. 고대 철학자가 인류 지식의 한계를 모호하게 느꼈을 뿐이라면, 오늘날 알파고 제로는 분명하고 구체적으로 그들의 우려를 확실한 사실로 만들었다. 아마도 선현들은 인간의 인식 능력이 이토록 한계가 있을 줄 상상도 못했을 것이다.

그러나 인류는 이미 오래전부터 우리가 알고 있는 지식은 빙산의 일각에 불과하며, 아는 것보다 모르는 것이 훨씬 많다는 사실을 알고 있었다. 그렇다면 알파고 제로의 성과가 무슨 놀랄 일인가? 이 바둑의 결과가 말해주는 것은, 우리가 이미 알고 있는 것은 수만 판의 실패에 불과하며 아직 모르는 것이 10^{360}가지에 이른다는 사실이다. 둘의 차이는 수백 자릿수에 달한다(수백 배가 아니라 수백 자리수이다. 한 자릿수는 10배이다).

확률과 통계는 필요 없고, 그래도 승복할 수 없다면 한 가지 예를 더 들어볼 수 있다. 바로 조합확산Combinatorial Explosion이다. 미지의 조합확산 속에는 인류가 이미 알고 있는 지식보다 훨씬 더 심오한 지식이 있다는 사실을 부정할 수 없을 것이다. 알파고 제로는 최초로 이것을 증명했다. 화산 폭발이 일어났다는 사실을 말로 듣는 것과 현장에서 직접 느끼는 것은 천양지차이다.

가장 놀라운 것은 세 번째이다. 우리는 아직 모르는 것이 매우 많을 것이라는 사실을 알고 있다. 심지어 논리적으로 아직 밝혀내지 못한 지식 중 우리가 이미 알고 있는 지식보다 훨씬 심오한 지식이 있을 수 있다는 것도 추론해낼 수 있을지 모른다. 하지만 어째서 이 같은 지식이 인류가 근본적으로 이해할 수 없다는 사실은 생각하지 못했을까? 우리는 인류 역사상 처음으로 우리 자신에게 '신'을 만들어주는 문제에 봉착했다. 이 사건이 철학과 인식론에게 주는 충격이 전무후무한 가운데, 인류는 갑자기 어찌할 바를 몰라 당황하고 있다. 하지만 그 영향은 이미 시작되었고 결과는 헤아릴 수 없게 되었다.

'이해'는 감정적으로 사물 간의 관계를 파악하는 것일 수도 있고 개념적으로 경험을 통해 표현하는 것일 수도 있다. 또는 논리적으로 사물 간의 관계를 나타내는 것일 수도 있다. 그렇다면 '이해할 도리가 없다는 것'은 느낄 수도 표현할 수도 없다는 뜻이 된다.

다시 말해 기계는 인류가 느낄 수도 표현할 수도 없는 지식을 발견하였다. 더 쉽게 말하면 기계는 '마음속으로 깨달을 수'도 '말로 전달할 수'도 없는 지식을 발견한 것이다.

이해할 도리가 없는 지식의 표현 형식은 어떤 것일까? 이해할 수 없다면 어떻게 그것이 지식이라고 판단할 수 있을까? 이 문제에 대해 대답하려고 할 때, '지식'이 무엇인지 다시 한번 생각해봐야 한다는 사실을 깨달았다. 과거 수천 년 동안 인류는 어떻게 지식을 얻었는가, 어떤 지식을 얻었는가에 초점이 맞춰져 있었다. 과학적으로 중대한 발견을 할 때마다 과거의 습관적인 생각을 다시 성찰하도록 했던 것처럼 오늘날 기계가 던져준 쇼크는 과거 '지식'에 대한 모든 기본적인 개념을 다시 한번 성찰해보라고 요구한다.

인류가 지식을 획득하는 행위가 바로 인지이다. 과거 세계에 대한 우리의 인지는 주로 관찰 능력에 국한되었다. 망원경을 발명하기 전 티코 브라헤는 데이터를 기록하기는커녕 행성의 운동을 관측할 수도 없었다. 망원경이 없었다면 케플러 법칙과 뉴턴의 만유인력 법칙도 발견할 수 없었을 것이다. 현미경을 발명하기 전에 우리는 미생물을 발견할 수 없었다. 세포와 유전자에 관한 모든 발견은 생각할 수조차 없었다. 오늘날 1,000만 달러를 들여 냉동 전자 현미경을 살 수 있다면, 다른 사람이 볼 수 없는 분자 결정구조를 관찰할 수 있으며 어렵지 않게 학술지 〈네이처〉에 논문을 발표할 수 있을 것이다. 새로운 관측도구가 출현하고 기존의 관측도구는 개선되면서 세계에 대한 우리의 인식은 날로 심오해지고 있다.

세계에 대한 인식의 두 번째 한계는 해석 능력에 있다. 해석 능력이란 사물 간의 인과관계 또는 연관성을 발견하고 표현해내는 능력을 말한다. 비록 우리가 수많은 현상을 관찰해냈다고 하더라도, 그 현상을 해석할 수 없다면 관찰한 내용에서 지식을 획득할 수 없다. 티코 브라헤가 방대한 관측 데이터를 가지고 있었지만 평생 동안 그 데이터를 설명할 수 있는 정확한 모형을 찾지 못했던 것처럼 말이다. 또한 언어 능력이 있지만 침팬지는 언어 능력이 없다는 사실은 관찰했지만, 그 이유는 알지 못한다. 오직 현상만 알 뿐이다.

수천 년에 걸친 지식에 대한 인류의 논쟁이 바로 관찰이냐 해석이냐를 둘러싸고 진행되어 왔다.

이성주의 vs 경험주의

5000년 전 메소포타미아 수메르인이 인류 최초의 문자인 설형문자를 발명한 이후, 인류는 계속 지식을 기록하고 축적해왔다. 하지만 고대 그리스인이 체계적으로 지식에 관한 학문을 연구하기 시작한 것은 2500년 전이다. 이 문제에서는 항상 2개의 학파, 즉 이성주의와 경험주의가 존재한다.

처음 이성주의를 시작한 사람은 소크라테스이다. 이전의 대부분의 '지식'은 종교의 교의에서 나오거나 전통적인 습관에서 획득한 것이었다. 사람들은 태어나면서부터 어떠한 의심도 없이 지식을 받아들였다. 하지만 소크라테스는 지식을 하나하나 심도 있게 들여다보았다. 우리는 모두 좋은 인생을 원하지만 도대체 무엇이 '좋고' 무엇이 '나쁜' 것인가? 의심을 품지 않고 철저히 성찰하지 않는다면 어떻게 알 수 있겠는가? 그러므로 성찰과 도덕은 뗄 수 없는 관계에 있으며, 우리 주변의 세계를 성찰하지 않는다면 그것은 무지이며 부도덕이기 때문에 성찰하지 않는 삶은 살 가치가 없다는 결론을 내렸다. 그는 평소 할 일이 없으면 거리로 나가 사람들을 붙잡고 물었다. "정의란 무엇인가?" "선이란 무엇인가?" "아름다움이란 무엇인가?" 사람들이 무언가에 대한 정의를 말할 때마다 그는 반문했다. 그의 깊이 있는 사고는 많은 세대에게 영향을 미쳤다. 이후 그의 제자인 플라톤이 '인간'을 털이 없는 두 발 짐승이라고 정의 내렸을 때, 당시 또 다른 철학자 디오게네스가 즉시 털을 다 뽑은 닭을 가지고 와서 말했다. "자, 보시오. 플라톤이 말하는 '인간'이 여기 있소!" 평생에 걸쳐 성찰한 소크라테스는 '내가 유일하게 아는 한 가지는 내가 아무것도 모른다는 사실이다'라는 결론을 내렸다. 소크라테스식 사고는 당시 사회에 큰 반향을 일으켰고, 기존 세력은 이것이 사람들의 마음을 어지럽힐 것이라고 판단했다. 정치인들은 '젊은이의 사상을 타락시킨 죄'를 씌워 사형을 내리고, 그는 결국 독배를 마시고 죽었다. 소크라테스는 어떠한 저서도 남기지 않은 채 일생 대부분을 사람들과 토론하는 데 썼다. 다행스럽게도 제자였던 플라톤이 스승의 변론을 모은 책 『소크라테스의 변명』을 세상에 남겼다.

소크라테스가 논리적 사고를 통해 지식을 검증하는 그리스 전통을 연 셈이다.

소크라테스가 이성주의의 시작을 열었다면, 그의 제자 플라톤은 이성주의를 집대성한 시조라고 할 수 있다. 소크라테스의 사고는 주로 도덕, 철학 분야에 집중되어 무엇이 '공평'이고 '선'인가를 탐구했다. 플라톤은 그보다 앞선 시대를 산 피타고라스가 개척한 수학 전통에 깊이 탄복했다. 플라톤의 학설은 수학의 엄격한 추리의 영향을 깊이 받았다. 그는 심지어 자신이 세운 학교 입구에 '기하학을 모르는 자는 출입을 금함'이라는 표지판을 세워놓기도 했다. 플라톤 학설의 핵심은 이상형Ideal Type이다. 세상의 개는 모두 다르지만, 우리는 왜 그들을 모두 개라고 인식하는가? 플라톤은 인류의 마음속에 개에 대한 이상형이 이미 존재하기 때문이라고 생각했다. 우리는 삼각형 내각의 합이 180도라는 사실을 알고 있다. 하지만 완벽한 삼각형은 본 적이 없다. 그는 인류의 감각기관이 이상형에 접촉할 수 없다면, 우리가 느끼는 것은 이상형의 왜곡된 모방에 불과하다고 생각했다. 진짜 세계는 동굴 밖 한 마리 말과 같고, 인류는 동굴 입구를 등지고 동굴에 사는 사람과 같아 동굴 벽에 비친 말의 그림자만을 볼 뿐이라는 것이다. 플라톤은 지식(이상형)이란 선천적이며 감각기관은 신뢰할만하지 않다는 이성주의의 양대 기초를 세우고, 이를 통해 다음과 같이 이성주의의 결론을 내렸다. "관찰보다는 추리가 지식을 얻는 정확한 방법이다."

아리스토텔레스는 17세에 플라톤이 세운 아카데미에 들어갔다. 당시 플라톤은 이미 60세였다. 아리스토텔레스는 아카데미에 20년

간 머무르며 스승 플라톤이 세상을 떠날 때까지 그의 곁을 지켰다. 아리스토텔레스는 스승을 매우 존경했지만, 스승의 '이상형'이 선천적이라는 데는 동의하지 않았다. 그는 모든 개는 개의 속성을 가지고 있으며, 많은 개를 관찰한 결과 개의 모든 속성을 귀납할 수 있다고 생각했다. '이상형'은 완전히 후천적인 관찰로 얻을 수 있으며 선천적인 가설 따위는 필요하지 않다고 말했다. 플라톤은 수학을 사랑했고 아리스토텔레스는 자연 속에서 식물과 동물을 관찰하는 것을 좋아했다. 두 사람의 기호와 경험은 그들 사이에 이견이 생긴 중요한 원인 중 하나였다. 아리스토텔레스는 지식은 후천적으로 얻는 것이며 감각기관을 통해서만 얻을 수 있다고 생각했다. 이것이 바로 아리스토텔레스가 연 경험주의의 시작이다.

경험주의파 근대 대표 인물로는 영국의 존 로크, 조지 버클리, 그리고 데이비드 흄이 있다. 버클리는 인생이란 한 장의 백지와 같고, 모든 지식은 감각기관을 통한 경험으로부터 얻는다고 생각했다. 하지만 이성주의자는 경험이 신뢰할만하지 못하다고 주장했다. 영국의 철학자 버트런드 러셀의 '칠면조 경험론'은 매우 유명하다. 칠면조는 태어날 때부터 매일 주인이 콧노래를 부르며 먹이를 주는 경험에 따라, '앞으로도 주인은 매일 그럴 것이다'라는 결론을 귀납한다. 이 결론이 매일 검증되자 칠면조는 자신의 귀납 결론을 더욱 신뢰하다가 추수감사절 전날 밤 주인에게 잡아먹히게 된다. 이성주의자들은 묻는다. 눈으로 직접 본 것만이 사실이란 말인가? 그렇다면 〈그림 1-1〉의 가로선은 수평인가 사선인가?

이후 이성주의의 대표인물로 프랑스의 르네 데카르트와 독일의

〈그림 1-1〉 착시현상: 그림의 모든 가로선은 수평이다

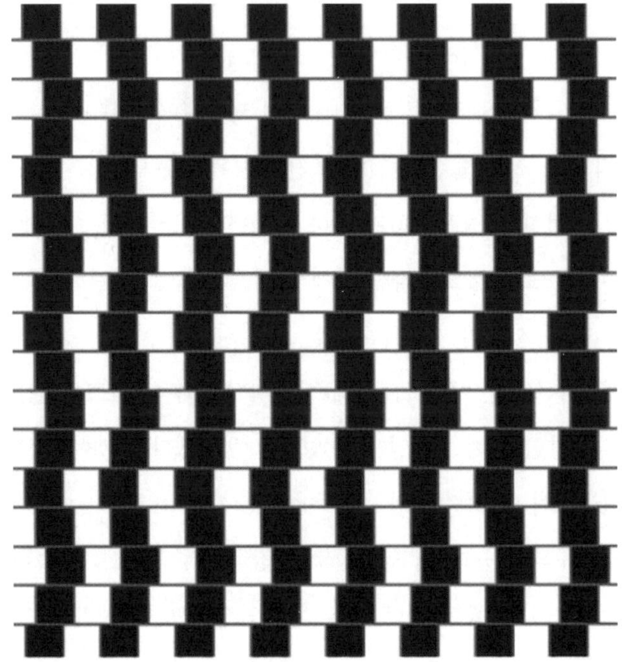

고트프리트 라이프니츠가 등장한다. 데카르트는 "나는 생각한다. 고로 존재한다"라는 명언을 남겼다. 나의 존재 자체는 경험이 필요하지 않고 다른 사람에게 배울 필요도 없이 태어나면서부터 알게 되는 것이다. 라이프니츠는 뉴턴과 같은 천재였다. 그는 이진법을 발명했고 뉴턴과 함께 미적분을 발명했다. 또한 세계 최초로 사칙연산이 가능한 계산기를 발명하였다. 그는 세상의 모든 사물에는 그 사물의 모든 특성에 대한 정의가 포함되며, 그중에는 다른 사물과의 관계도 포함된다고 생각했다. 이론상으로 우리는 추리의 방식으로 우주 전

체의 모든 점과 과거, 미래의 모든 시간의 상태를 예측할 수 있다.[1]

이성주의자는 감각기관은 애초에 신뢰할 수 없으며 이성만이 가장 신뢰할만하다고 생각했다. 공리를 바탕으로 엄격하게 유도된 기하학 정리는 결코 틀리지 않는다. 이성주의자는 더 많은 예를 들어 인류의 가장 기본적인 개념은 선천적이라고 설명했다. 자연수를 살펴보자. '1'의 개념을 어떻게 배웠는가? 사과 하나를 두고 '이것은 1개의 사과이다'라고 하거나 귤을 하나 가지고 '이것은 1개의 귤이다'라고 했을 것이다. 하지만 사과는 사과이고 귤은 귤이다. 사과와 귤은 아무런 관계도 없다. 그렇다면 어떻게 1이라는 개념을 추상해 낼 수 있을까? 또한 직각삼각형의 특징에 따라 피타고라스의 정리를 도출할 수 있고 분수를 사용하여 결코 표현할 수 없는 무리수가 존재한다는 사실도 발견했다. 이 혁명적인 발견은 감각과 경험에 의한 것이 아니었다. 아이는 태어나면서부터 이 공은 저 공이 아니며 이 개가 저 개가 아니라는 사실을 안다. '동일성'은 세상을 이해하는 가장 기본적인 개념이며 누가 가르쳐주는 것이 아니다.

이성주의에는 인과관계라는 숨겨진 가설이 있다는 점에 주목한다. 라이프니츠의 세계에서 하나의 사건은 다른 사건을 유발할 수 있기 때문에 유도할 수 있는 것이다. 경험주의자는 당연히 이를 인정하지 않았다. 흄은 하나의 사건이 다른 하나의 사건 뒤에 발생한다고 해서 두 사건에 반드시 인과관계가 있다고 할 수는 없지 않느

1 필자가 스탠포드 대학에서 박사학위를 공부할 때의 지도 교수님은 1959년 MIT공대 박사였다. 지도 교수님으로부터 6대를 거슬러 올라가면 대수학자 가우스이고, 11대까지 거슬러 올라가면 바로 라이프니츠이다. 이렇게 따지면 필자는 라이프니츠 선생의 12대 '학손'이 된다.

냐고 묻는다. 예를 들어 하나의 알람을 6시에 맞추고 다른 하나의 알람을 6시 1분에 맞춰놓았다면 나중에 울린 알람 소리가 먼저 울린 알람 소리 때문이라고 말할 수 있는가? 이성주의자는 사물 간에는 인과관계도 있지만 논리적으로 추리하여 더 많은 지식을 얻을 수 있다고 말한다. 귀납 추론을 예로 들어보자. 태양은 매일 아침 떠오른다. 하지만 이에 대해 흄은 "수학의 정리를 증명하듯이 태양이 내일 뜰 것이라는 사실을 증명할 수 있는가?"라는 질문을 던졌다. 그럴 수 없다. 그렇다면 관찰할 수 있는가? 내일이 오기 전에는 관찰할 수도 없다. 무슨 근거로 내일 태양이 뜰 것이라고 확신하는가? 내일 해가 뜨지 않을 수도 있다는 말이 어디가 틀렸는지 말할 수 있는가? 흄의 도전은 귀납의 배경인 가설에 있었다. 물체의 운동 법칙은 불변한다. 여기에서 지구와 태양계의 운동은 변하지 않는다고 말할 수 있다. 흄은 마지막에 이렇게 말했다. "물리 세계에는 인과도 필연도 없다. 당신은 그저 이전의 경험에 근거하여 말할 수 있다. 내일 아침에도 태양이 뜰 것이라고."

이성주의와 경험주의는 17세기부터 18세기까지 큰 화두였다. 이때 독일의 하이델베르크에 키 작은 시골 수재가 등장했다. 그는 이성주의와 경험주의에 대해 다 일리가 있으니 자신이 이 둘을 종합해 보겠다고 말했다. 그가 바로 역사상 가장 영향력 있는 철학자 임마누엘 칸트이다. 칸트는 감각기관을 통해서 세계를 이해해야 한다는 것은 맞는 말이지만, 사물에 대한 이해에는 이 사물의 구체적인 형태와 그 추상적인 개념이 포함된다고 말했다. 눈앞에 한 권의 책이 있다고 하자. 책의 구체적인 형태는 다양하다. 하지만 '글자가 있는 많은 페이지의 종이를 함께 철해놓은 물건'이라는 책의 개념은 변하지 않는다. '앞에 있는 이 책'의 의미는 도대체 무엇일까? 적어도 몇 월 며칠 몇 시 몇 분, 어느 시 어느 구 어느 동 몇 번지 몇 호의 어느 책상 위의 책인지 말해야 한다. 구체적인 사물을 이해한다는 것은 시간과 공간의 개념을 배제할 수 없다. 하지만 누가 시간과 공간을 알려줄 것인가? 어렸을 때부터 엄마가 가르쳐주는가? 당신의 자녀에게 가르쳐준 적이 있는가? 아마도 없을 것이다. 우리는 선천적으로 이해하고 있다. 선천적으로 알고 있는 개념이 있어야만 세계를 이해할 수 있다고 칸트는 말한다. 우리는 '책'이 '사물'이고 '사물'은 우리에게 의존하지 않고 독립적으로 존재한다는 것을 자연스럽게 알고 있는 듯하다. 누가 우리에게 사물의 개념을 가르쳐주었는가? 아니다. 그렇다면 이것도 선천적으로 알고 있는 것인가? 칸트는 경험주의와 이성주의를 종합하여 이런 말을 남겼다. "내용이 없는 사고는 공허하고 개념이 없는 직관은 맹목적이다. 이 2가지를 결합해야만 세계를 인식할 수 있다."

2500년의 논쟁에서 경험주의자는 수학에서 엄격한 추리를 통해 도출한 결론의 가능성을 부인할 수 없었다. 이성주의자 역시 감각기관 없이 물리 세계를 인지할 수 없다는 사실을 인정해야만 했다. 그렇다면 2500년에 걸친 논쟁에서 도대체 무엇을 다투었단 말인가? 문제는 이성주의자가 수학 세계의 정리 증명과 같은 절대적 신뢰성을 물리 세계에 퍼트리려 했다는 데 있다. 즉 모든 분야에 적용할 수 있는 지식을 검증하는 보편적 척도를 찾으려 한 것이다. 수학(예를 들면 기하학)은 공리 위에 세워진 자기모순이 없고 완벽한 시스템(최소한 자연수와 기하학에 대해서는 그러하다)이다. 자기모순이 없다는 것은 이 시스템이 공리에서 출발하기만 한다면, 서로 모순되는 결론을 도출할 수 없다는 것이다. 완선하다는 것은 이 시스템 안에서 모든 명제는 진실 또는 거짓일 수 있다는 뜻이다. 아리스토텔레스 시대에 자연과학의 신뢰성 판단 기준은 '관찰과 모형의 부합 여부'였다. 즉 관찰한 자연 현상과 사전에 가설한 모형의 예측 결과가 서로 부합하는지 확인하는 것이다. 이 같은 물리 진실성의 판단 기준과 수학에서의 판단 기준은 완전히 다르다. 경험주의자는 수학에서의 신뢰성 기준을 억지로 자연과학에 적용할 수 없다고 느꼈고 자연과학 분야에서는 오로지 감각기관에만 의존해야 한다고 생각했다. 그러므로 이 논쟁은 균형이 맞지 않았다. 이성주의가 수학에서 자연과학으로 쳐들어가자 경험주의는 자연과학의 진영을 고집스럽게 사수했다. 양측이 잘 구분되지 못한 또 다른 이유는 감각기관과 인지의 본질이 무엇인지, 또는 지식의 본질이 무엇인지 아무도 알지 못했기 때문이다. 1950년대 대뇌에 대한 연구가 비로소 성과를 거둘 때까지 양측은 자신의 추측과 가설에 근거하여 격렬하게 논쟁을 펼쳤다.

지식의 생물학 기초: 뉴런 연결

모든 인지의 기초는 바로 기억이다. 기억하는 능력이 없다면 관찰, 이해, 추리, 상상 등 모든 인지행위는 존재할 수 없다. 심지어 정서도 있을 수 없다. 알츠하이머를 앓고 있는 사람은 얼굴 표정조차 서서히 잃고 만다. 태아는 약 30주 후부터 처음 기억하기 시작한다. 갓난 아기는 태어나자마자 엄마의 목소리를 분별해낼 수 있다.

만약 인지의 기초가 기억이라면 기억의 기초는 무엇일까? 곰곰이 생각해보자. 기억은 사실 일종의 연관성이다. 'ㅇ'라는 자음을 배울 때 동그라미의 도형과 '이응'이라는 발음을 연관시킨다. 그렇다면 이러한 연관성은 대뇌에서 어떻게 형성될까?

이는 우리 대뇌에 있는 뉴런 간 연결로 형성된다. 대뇌에는 약 1,000억 개의 뉴런이 있고, 1개의 뉴런은 다른 수많은 뉴런으로부터 전기 펄스 신호를 받고 동시에 다른 뉴런으로 전기 신호를 출력한다.

〈그림 1-2〉와 같이 모든 뉴런은 신호를 수신하고 출력할 수 있다. 출력을 책임지는 단을 '축삭돌기'라고 하며 수신을 책임지는 단을 '수상돌기'라고 한다. 모든 뉴런은 수천 개의 수상돌기를 가지고 있으며 서로 다른 뉴런으로부터 신호를 수신하다. 마찬가지로 모든 뉴런에서 출력하는 신호는 그와 연결된 수천 개의 뉴런에게 전달된다. 그렇다면 맨 처음 신호는 어디에서 왔을까? 일반적으로 시각세포나 청각세포 같은 감각세포에서 온다.

뉴런 사이는 어떻게 연결될까? 뉴런 하나의 축삭돌기와 또 다른 뉴런의 수상돌기 사이에는 약 10nm(머리카락 굵기의 1/2000)의 작은 틈이 있는데, 이 틈을 '시냅스'라고 한다. 〈그림 1-2〉 오른쪽이 바로 시냅스를 확대한 것이다. 시냅스는 2개의 뉴런이 각자 독립적으로 존재하고 서로 붙지 않도록 해준다. 기억의 신비는 바로 이곳에 숨겨져 있다. 이 연결 부분 앞 뉴런의 전기 신호는 화학물질로 다음 뉴런에 전달되고 다음 뉴런은 화학물질을 받아들인 후 다시 전기

〈그림 1-2〉 대뇌 뉴런과 시냅스의 구조

생물 뉴런 전송 체계

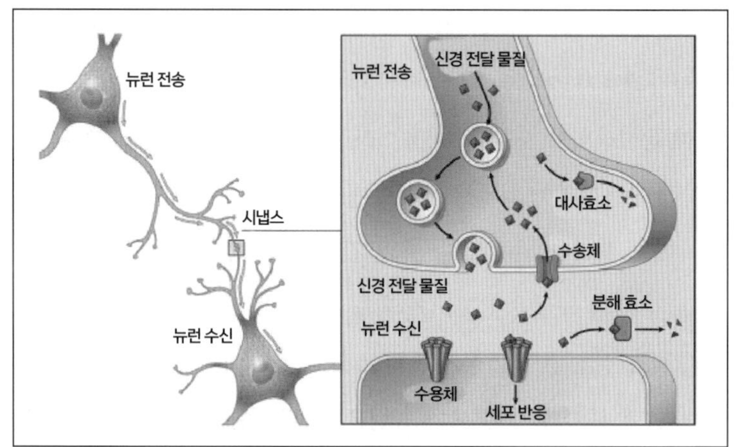

• 출처: https://www.researchgate.net/figure/Generic-neurotransmitter-system_fig1_318305870

신호로 바꾼다. 시냅스의 면적도, 화학물질의 전달속도와 양도 모두 다르므로, 만들어진 시냅스는 '비슷한 것 같지만 속은 모두 제각각'이다. 어떤 것은 서로 전기 신호가 통과되지 않기도 하고, 어떤 것은 '자주 왕래'하며 빈번히 신호가 통과된다.

러시아의 생리학자 이반 파블로프의 조건 반사 실험에 대해 들어본 적이 있을 것이다. 조건 반사로부터 영감을 받은 캐나다의 심리학자 도널드 헵Donald Hebb은 1949년 과감한 추측을 내놓았다. 그는 대뇌에 있는 2개 뉴런이 동시에 자극을 받을 때 서로 간에 연결이 형성되고, 그 후 그중 하나의 뉴런이 자극받을 때 연결로 인해 다른 뉴런 역시 자극을 받게 된다고 생각했다. 예를 들어 파블로프의 개에 대한 실험에서 먹이를 줄 때 방울을 흔들면, 방울소리가 청각 뉴런을 자극하고 먹이의 냄새가 후각 뉴런을 자극하여 타액을 분비하도록 한다. 청각과 시각 뉴런이 동시에 자극을 받으면 그들 서로 간에 연결이 형성되어 하나의 뉴런 자극이 다른 뉴런의 자극을 유발한다. 여러 차례 반복하면 그들의 연결은 점점 더 안정된다. 안정된 후에는 먹이를 주지 않고 방울소리만 울려도 개는 먹이 냄새를 맡았을 때와 같이 타액이 분비되었다. 사람도 마찬가지이다. 어린아이가 한 번 불에 데고 나면 '불'과 '아프다'를 연결하게 된다. 아이가 불을 보았을 때 그 대뇌에서 시각신호를 수신하는 뉴런이 자극을 받게 되는 동시에 손에서는 데인 느낌을 받게 된다. 그러므로 그 대뇌에서 피부 감각 수신 세포 뉴런 역시 자극받게 된다. 만약 불을 보고 통증을 느끼는 2가지 사건이 동시 발생하면, 2개의 뉴런 세포는 연결된다. 다시 말해 신호가 통하게 된다. 다음에 아이가 불을 보면 곧바로 아프다고 생각할 것이다. 불을 보는 뉴런이 자극된 후 곧바로 신호를 '아프다'는 감각을 책임지는 뉴런에 전송하기 때문에 아프다고 생각하는 것이다. 자극이 강할수록 뉴런의 연결은 더욱 견고해진다. 불에 덴 기억이 사라지지 않는 한 아이는 다시는 불에 손대지 않을 것이다. 자극이 약하다면 연결은 느슨해지고 오랜 시간 반복하지 않으면 단절된다. 영어 단어를 외울 때 반복하는 자극이 많을수록 신호의 전달속도는 빠르다. 날아오는 농구공에 대한 농구선수 반응은 일반인보다 훨씬 빠르다. 비행기에 대한 공군 비행기 조종사의 자세는 남다르다. 그들은 적군의 미사일에 대해 일반인보다 훨씬 빠르게 반응한다. 이는 모두 반복된 훈련으로 생긴 것이다. 헵의 추측은 본질적으로 뉴런 간 연결 형성이 서로 다른 사물과의 관계를 만든다는 것이다. 훗날 이 추측은 과학자의 반복된 실험으로 증명되었고 오늘날 헵의 법칙이라고 부르게 되었다.

헵의 법칙은 기억 또는 관계의 미시적 메커니즘을 밝혀냈으며, 몇 대에 걸친 컴퓨터 과학자들에게 영감을 주었다. 그들은 전자회로를 사용하여 뉴런을 모방하기 시작했고, 전자 뉴런으로 점점 더 큰 뉴런 네트워크를 만들었다. 오늘날 기계의 신경망 기억과 연관성은 이미 인류의 것을 훨씬 뛰어넘었다. 수많은 기계의 '기적'은 초강력 기억과 연관성이 있다. 제3장에서 신경망의 초강력 기억과 연관 능력이 왜 불가사의한 '슈퍼맨' 능력으로 바뀌는지 설명할 것이다.

뇌에서 뉴런의 연결로 형성된 연관 기억들은 표현할 수 있는 것과 표현할 수 없는 것, 2가지로 나눌 수 있다.

표현할 수 있는 명시적 지식

뇌신경 과학의 최신 연구에 따르면 표현할 수 있는 기억은 고정된 뉴런의 연결에 대응하는 것이 아니라 대뇌 피질 곳곳에 퍼져 있는 몇몇 연결에 대략적으로 대응하는 것이라고 한다. 그 원인은 표현하는 데 쓰이는 언어와 문자는 단지 실제의 체험을 요약하거나 근사치일 뿐이기 때문이다. 언어로 표현하거나 수학 공식으로 설명할 수 있는 지식이 바로 인류가 축적한 대량의 '공식적 지식', 즉 '명시적 지식'이라고 할 수 있다. 명시적 지식은 서적, 잡지, 글, 오디오 등 여러 매체에 담겨 있다.

어떤 연관성을 표현하려고 할 때 인류의 유일한 방법은 언어와 기호를 사용하는 것뿐이다. 언어와 기호를 통한 표현의 첫 번째 전제는 바로 개념이 있어야 한다는 것이다. 소위 개념이란 어떤 특정한 발음 또는 기호가 안정적으로 하나의 사물 또는 행위에 대응하는 것을 말한다. 대부분의 명사와 동사는 모두 이 같은 개념이다. 두 번째 전제는 모든 개념이 다른 개념과 같지 않아야 한다는 것이다. 고양이는 고양이이고 개는 개지, 고양이를 개라고 부르거나 개를 고양이라고 부를 수 없다. 2가지는 분명이 구분되어야 한다. 이를 동일률Principle of Identity라고 한다. 세 번째 전제는 고양이는 동시에 고양이가 아닐 수 없고 검은 색은 동시에 흰색일 수 없다는 것이다. 이를 비모순율Law of Noncontradiction이라고 한다. 이와 같은 기본 전제 아래 이미 알고 있는 사물 간의 관계에 근거하여 우리는 새로운 지식을 유도하거나 어떠한 결정의 합리성을 입증할 수 있다. 추리, 가설, 연상 등은 모두 본질적으로 언어 위에 세워진 사고 활동이며 언어 없이는 전혀 생각할 수 없다. 모든 정상적인 사고는 개념의 힘을 빌리고 동일률과 비모순율을 따른다. 언어는 인류를 다른 동물과 구분 짓는 가장 대표적인 특징이다. 침팬지는 '나', '먹다', '바나나' 등 많은 개념을 배울 수 있다. 하지만 아무리 훈련을 시켜도 '나는 바나나를 먹고 싶어요'라는 문장을 조합해내지는 못했다. 사람의 언어 능력의 본질은 무엇일까? 그 생물학의 기초는 무엇일까? 언어와 자의식은 어떤 관계에 있을까? 이것들은 아직까지 밝혀지지 않았다. 하지만 인류의 언어가 정확하지 않다는 것은 알고 있다. 공평이나 이성과 같이 가장 기본적인 개념일수록 정확하게 정의내리기는 더욱 어렵다. 인류 언어에는 모호하고 다중적인 의미가 있는 설명이 많이 포함되어 있다. '오늘 자전거를 타다가 하마터면 넘어질 뻔했는데 다행히 내가 홱 잡아당겼다'처럼 말이다.

영국의 철학자 러셀은 언어를 정확한 논리의 기초 위에 두려고 수백 페이지에 달하는 종이를 사용해 1+1=2를 증명했다. 철학자 비트겐슈타인은 인류 역사가 시작된 이래로 모든 철학적 변론이 언어의 모호함에서 비롯되었기 때문에 아무런 의미가 없다고 생각했다. 그는 오직 사실만이 의미가 있으며, 언어에 진위를 판단할 수 있는 결론이 있어야 사실을 반영할 수 있다고 했다. 그래서 "언어의 한계는 세계의 한계다"라는 결론을 내렸다.

언어의 표현 능력에는 왜 한계가 있을까? 정보론의 방법으로 더 정확히 볼 수 있다. 우리의 대뇌가 수용하는 환경의 정보양은 얼마나 클까? 한 그루의 나무, 하나의 돌, 한 마리의 개 모두 수십 메가바이트에서 심지어 수십 기가바이트의 데이터를 포함한다. 우리의 감각이 수신하는 이 정보들을 뉴런은 간소화하지만, 대뇌에 전달하는 정보량은 여전히 많다. 〈도표 1-1〉은 각 감각기관이 대뇌에 전달하는 초당 정보량이다.

대뇌에 정보를 저장하는 방식은 뉴런 간의 연결이다. 대뇌는 정보를 저장할 때 한층 더 간소화한다. 하지만 그 정보량은 여전히 우리 언어로 표현할 수 있는 양을 훌쩍 뛰어넘는다. 인류 언어의 한계는 우리의 혀가 1초에 겨우 몇 번 중얼거릴 수 있고 많아야 수십 비트(책을 읽을 때 평균적으로 1분에 300자 정도를 읽을 수 있으며 1초에 5글자를 읽으므로 40비트에 해당한다)의 의미를 표현할 수 있다는 데 있다. 이

〈도표 1-1〉 인체의 각 감각기관이 대뇌에 전달하는 정보의 속도

감각기관	비트/초
눈	10,000,000
피부	1,000,000
귀	100,000
후각	100,000
미각	1,000

• 출처: https://www.britannica.com/science/information-theory/Physiology

렇게 대뇌가 받아들이고 저장하는 정보와 언어로 표현해낼 수 있는 정보량은 6자릿수 차이가 난다. 다시 말해 극도로 풍부한 세계를, 극도로 빈곤한 언어로 표현할 수밖에 없다는 뜻이다. 엄청난 양의 복잡한 사물과 행위를 간소화한 개념과 논리로 표현하는 것이다. 이것이 바로 인류의 언어가 직면한 처지이다.

마음으로만 깨달을 수 있는 암묵적 지식

말하는 속도의 한계로 인해 뉴런의 연결 형식으로 대뇌에 저장되는 인류의 지식은 아주 적은 일부분만을 표현할 수 있다. '말을 타다', '쇠를 두드리다', '자전거를 타다', '거문고를 타고 바둑을 두며 글씨를 쓰고 그림을 그리다', '상대방의 말과 안색을 살펴보고 그 의중을 헤아리다', '사람을 대하는 태도', '기회와 위험을 판단하다' 같은 대

부분의 지식은 언어로는 표현할 수 없는 것이다. 이러한 지식은 기록할 수 없기 때문에 전파하고 축적하기가 어렵고, 한데 모으는 것은 더더욱 어렵다. 유대계 영국인 과학자이자 철학자인 마이클 폴라니는 이 같은 지식을 '암묵적 지식' 또는 '암묵지Tacit Knowledge'라고 정의했다. 폴라니는 자전거를 타는 것을 예로 들었다. 만약 자전거를 타는 모든 사람이 어떻게 넘어지지 않는 것인지 묻는다면, "한쪽으로 넘어지려고 할 때 반대쪽으로 핸들을 잡아당기는 것"이라고 대답할 것이다. 물리적으로 한쪽 방향으로 핸들을 돌릴 때 반대 방향에 대한 원심력으로 자전거의 균형을 맞춘다. 심지어 자전거 핸들의 회전반경 속도의 제곱과 반비례해야 한다는 계산도 정확하게 할 수 있다. 하지만 자전거의 속도를 재면서 자전거를 타는 사람이 어디 있겠는가? 속도를 안다고 해도 회전 반경을 속도의 제곱에 반비례하도록 통제할 수 있는 사람이 있을까? 자전거를 타는 모든 사람은 자신의 평형감각에 의지해 왼쪽, 오른쪽으로 움직이며 앞으로 갈 뿐이다. 아마 세상에서 자전거를 글로 배운 사람은 없을 것이다. 자전거 타기 매뉴얼 따위도 없다. 기능을 알려주는 대부분의 지식이 그렇다.

암묵적 지식과 명시적 지식은 4가지 차이가 있다.

(1) 암묵적 지식은 언어와 문자로 설명할 수 없으므로 전파하고 기록, 축적하기가 쉽지 않기 때문에 제자가 스승에게 배워 전달될 뿐이다. 수많은 전통 공예와 기능이 이에 속한다. 만약 한 세대 동안 아무도 배우지 못한다면 역사에서 사라지고 만다.

(2) 암묵적 지식을 획득하기 위해서는 몸소 체험해보는 방법밖에 없다. 사

람과 사람과의 긴밀한 상호작용을 통해서만 전파된다(자전거를 처음 배울 때 아버지가 뒤에서 잡아주던 것을 기억할 것이다). 상호작용의 전제는 서로 간의 신뢰이다(낯선 사람에게 자전거를 배울 수 없는 노릇이다). 암묵적 지식을 획득할 때 반드시 피드백 회로가 있어야 한다(자전거를 타다가 넘어졌다면 자세가 틀렸다는 뜻이고, 넘어지지 않았다면 자세가 옳다는 뜻이다).

(3) 암묵적 지식은 수많은 사람들에게 흩어져 있어 한데 모을 수 없고 통합하기 어렵다. 통합된 암묵적 지식을 사용하려면 여러 사람이 긴밀하게 조율하여 상호작용해야 한다. 언어로 전파할 수 없기 때문에 협조는 매우 중요하다(서커스의 텀블링을 떠올려보자).

(4) 암묵적 지식은 매우 개인적이다. 각각의 일에 대한 느낌은 모두 다르다. 표현할 수 없기 때문에 각자 느낌이 같은지 다른지도 판단할 수 없다.

암묵적 지식의 이해에 기초해 오스트리아의 경제학자 프리드리히 하이에크는 시장이야말로 가장 효과적인 자원 분배 방식이라는 것을 입증했다. 시장의 모든 사람에게는 자신이 표현할 수 없는, 정교한 기호와 섬세한 수요가 있다. 그리고 다른 사람의 기호와 수요를 정확하고 완벽하게 알 수 있는 사람도 없다. 다시 말해 공급과 수요 양측이 실제로 직접적으로 소통할 수 없다. 그래서 공급과 수요 양측의 아주 간략하고 효과적인 소통방식이 바로 상품의 가격인 것이다. 자유로운 매매라는 전제로, 시장의 모든 사람은 가격 신호에 따라 결정을 내릴 수 있다. 가격은 자동적으로 공급과 수요 양측의 기호와 수요의 균형점에 도달할 수 있다. 가격의 숫자는 공급과 수요 양측의 표현할 수 없는 수많은 정보를 망라한다. 그렇다면 이러한

'소통'은 얼마나 간결하고 '협조'는 얼마나 효율적인가? 그리고 자발적 형식의 질서는 얼마나 자기일관성이 있는가? 하이에크는 같은 이치에 따라 국가 또는 정부가 결코 표현할 수 없는 분산된 정보를 한데 모을 수 없다는 사실을 입증했다.

머신러닝을 대규모로 사용하기 전, 인류는 암묵적 지식에 대해 체계적인 연구를 하지 않았다. 하지만 이제 우리는 기계가 암묵적 지식을 배우는 데 매우 뛰어나다는 것을 발견했다. 이는 우리에게 매우 진지한 3가지 질문을 던졌다.

(1) 암묵적 지식이 모든 지식에서 차지하는 비중은 얼만큼인가?

(2) 암묵적 지식이 인류 사회와 생활에서 얼마나 유용한가?

(3) 암묵적 지식을 어떻게 사용할 것인가?

첫 번째 질문에 대해서는 '암묵적 지식의 양이 표현할 수 있는 명시적 지식보다 훨씬 많다'라고 대략적으로 대답할 수 있다. 사물의 상태가 대부분 관찰하기 어렵고 설명하기는 더더욱 어렵기 때문이다. 인간의 설명 능력은 매우 제한적이다. 표현 능력이 극히 제한적인 1차원적 언어 문자로 제한된다. 이미 생산된 모든 정보 중 문자는 극소수를 차지할 뿐이다. 대부분의 정보는 그림과 영상의 방식으로 보여준다. 인류가 현대에 들어서 매년 생산하는 각종 문자는 대략 160TB(테라바이트)이다. 세계 최대 규모인 미국 국회도서관에는 2,000만 권의 책이 소장되어 있으며, 여기에는 인류 역사 이래 보존할 수 있는 각종 문자 기록이 거의 모두 포함되어 있다. 책 1권이 100만 글자라고 계산해도, 이 책들의 총 정보량은 20TB에 불과하다. 현재 1분마다 유튜브에 업로드되는 영상은 300시간에 달한다. 1시간의 영상을 1GB라고 계산하면 1년 동안 업로드하는 양은 157,680TB에 달한다. 모든 사람의 휴대폰 속에 저장된 영상까지 계산하면, 동영상 정보는 문자 정보의 수억 배에 달한다. 앞으로 이 비율은 점점 확대될 것이다. 영상이나 사진이 모두 정보일 뿐 지식은 아니라 하더라도, 영상과 이미지 속에서 추출할 수 있는 숨겨진 연관성의 양이 모든 문자 지식보다 훨씬 많을 것이라는 사실은 충분히 추측할 수 있다.

첫 번째 질문에 대한 답을 얻었으니, 두 번째 질문에 대한 답은 더 쉽다. 머신러닝을 통해 영상과 이미지 속에서 추출한 지식을 기계로 배우는 것은 인류 지식 세계의 새로운 혁명이다. 사물의 상태를 사진이나 영상으로 기록할 수 있다면 그 안에서 지식을 획득할 수 있다. 영상과 이미지의 정보량이 문자의 수억 배에 달한다면, 그 안에서 추출한 지식이 폭발적으로 증가할 것이다. 또한 사회와 생활 속에서 핵심적인, 나아가 주도적인 역할을 할 것이라는 것도 충분히 기대할 수 있다. 인공지능은 인류 역사와 관련된 수많은 영화와 텔레비전 작품을 보고 영상 속의 고전적 갈등 요소를 추출하여 새로운 배경음악과 대사, 예고편을 만들어 인간이 참고하거나 사용할 수 있도록 할 수 있다. 2016년 IBM의 인공지능 시스템 왓슨Watson은 20세기 폭스의 SF영화 「모건」의 예고편을 만들었다. IBM의 엔지니어는 왓슨에게 공포영화 100편의 예고편을 보여주었고 왓슨은 이 예고편의 화면, 소리, 작품 구성을 분석해 이에 대응하는 감정을 표시했다. 심지어 인물의 어조와 배경음악까지도 분석해 소리와 감정의 관계까지 판단했다. 왓슨이 학습을 끝낸 후 스태프가 제작이 완료된 영화 「모건」을 불러오자, 왓슨은 빠르게 10개 장면을 뽑아 6분짜리 예고편을 만들었다. 왓슨의 도움으로 평균 10일에서 한 달이 소요되었던 예고편 제작시간이 24시간으로 줄어들었다. 이대로라면 머신러닝으로 엄청난 용량에 달하는 생태, 생산, 사회 환경 데이터 속에서 아직 발견되지 않은 방대한 지식을 추출할 수 있다.

가장 의미 있는 것은 세 번째 질문이다. 기계가 추출한 지식은 신경망 파라미터 집합 형식으로 저장되기 때문에 인류에게는 여전히 설명할 수 없고 인류 사이에 전파되기 어렵다. 하지만 이러한 지식은 기계 사이에서는 쉽게 전파될 수 있다. 운전할 줄 아는 자동차 1대는 순식간에 다른 100만 대의 차량을 '가르칠 수' 있다. 자신의 파라미터 집합을 다른 기계에 복사하기만 하면 된다. 기계 간의 협동도 쉬워져 한 그룹의 피드백 신호로 협동에 참가하는 기기의 파라미터만 계속 조정하면 된다.

폴라니의 말을 인용하여 암묵적 지식과 명시적 지식의 차이를 한마디로 요약할 수 있다. "우리는 말할 수 있는 것보다 더 많은 것을 알고 있다." 명시적 지식이 물 위로 모습을 드러낸 빙산의 일각이라면, 암묵적 지식은 바로 물 아래 숨겨진 거대한 빙산이다. 2가지 지식이 아직 밝혀지지 않은 지식을 포함한다. 일단 밝혀지면 인류는 에베레스트에 처음 오른 사람이 산소 부족을 느끼듯 감정적으로 느끼거나, 새로운 수학의 정리를 유도하는 과정을 이해하듯 이성적으로 이해할 수 있을 것이다.

느낄 수도 표현할 수도 없는 어두운 지식

느낄 수 있는 것이 암묵적 지식이고 표현할 수 있는 것이 명시적 지식이라면, 기계가 이제 막 발견한 느낄 수도 없고 표현할 수도 없는 지식은 '어두운 지식'이다. 우리는 느낄 수 있는지와 표현(또는 설명)할 수 있는지 여부 각각을 좌표축으로 하여, 〈그림 1-3〉을 통해 3가지 지식의 정의를 명확하게 표현할 수 있다. 그림에서 명시적 지식은 2종류로 나눌 수 있다. 첫 번째는 아르키메데스의 원리나 작용 반작용의 법칙과 같이 느낄 수 있으며 표현할 수 있는 것이다. 두 번째는 대부분의 수학과 완전히 수학에서 도출되었지만 결국 실험으로 검증된 물리 법칙, 상대성 이론과 양자역학 등 느낄 수 없지만 표현할 수 있는 것이다.

어두운 지식의 본질을 이해하기 위해서는 우선 '지식'이 우리가 평소 자주 사용하는 '정보'나 '데이터'와 어떻게 다른지를 알아야 한다. 조금 더 생각하면 정보, 데이터, 지식의 정의가 매우 복잡하다는 것을 알 수 있다. 필자는 다음과 같이 정보론과 뇌신경과학 연구결과에 부합하는 간단하고도 자기모순이 없는 정의를 내렸다.

정보는 사물이 관찰할 수 있는 표징, 또는 사물의 외적인 표현, 즉 그러한 관찰 가능한 표현이다. 망원경이 없을 때 육안으로 별이 총총한 밤하늘의 정보를 논하는 것은 무의미하다.

데이터는 이미 설명한 정보의 일부이다. 모든 물체의 정보량은 매우 크다. 정확하고 완전하게 돌 하나를 설명한다고 해보자. 그러면 그 돌 속의 모든 기본 입자의 상태와 그들 간의 관계를 모두 설명해

〈그림 1-3〉 지식의 분류

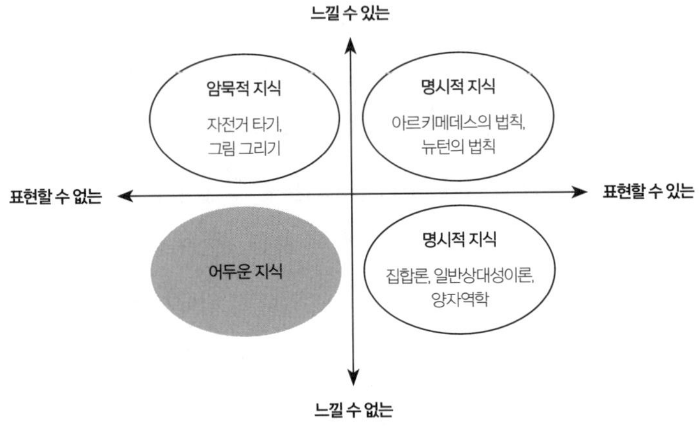

야 하며, 돌과 주변 환경 그리고 물체와의 관계를 설명해야 한다. 하지만 일반적으로 형태, 중량, 색상, 종류 등 돌에 관한 데이터는 매우 적다.

지식은 시간과 공간 속 데이터의 관계이다. 지식은 데이터와 시간의 관계일 수 있고 데이터와 공간의 관계일 수 있다. 시간과 공간을 데이터의 일부 속성으로 본다면 모든 지식은 데이터 간의 관계이다. 이 관계는 어떤 양식(양식이 바로 한 가지의 관계라고 할 수 있다)으로 표현된다. 양식에 대한 식별이 바로 인지이며 식별해낸 양식이 바로 지식이다. 그리고 양식으로 예측하는 것이 지식의 응용이다. 케플러의 행성운동법칙은 관측한 데이터에서 나타나는 시공의 관계이다. 뉴턴 법칙의 최대 공헌은 기존 행성의 운동을 해석한 것이 아니라 해왕성을 발견한 데 있다. 데이터의 시간과 공간에서의 관계는 극소수의 상황에서만 간결하고 아름다운 수학 방정식으로 표현할 수 있다. 대부분의 상황에서 지식은 데이터 간 연관성의 집합으로 표현된다. 이 연관성 중에 극소수만이 느낄 수 있고 이해될 수 있는 것이며, 절대 다수는 우리가 느끼고 이해할 수 있는 능력을 넘어선다.

인간의 이해 능력은 느끼는 능력과 표현하는 능력으로 구성된다. 인간이 느끼는 능력은 한계가 있다. 그 한계는 2가지에서 나온다. 하나는 일부 외부의 정보만을 느낀다는 것이다. 인간의 눈은 가시광을 제외한 대부분의 전자파 스펙트럼을 볼 수 없다. 많은 물리, 화학, 생물, 환경의 정보는 더더욱 느낄 수 없다. 다른 하나는 인간의 감각기관 경험이 3차원의 물리 공간과 1차원의 공간에 국한된다는 것이다. 고차원의 시공에 대해 인간은 '차원축소Dimension Reduction'로 상상하고 3차원의 공간으로 유추할 뿐이다. 데이터의 관계에 대해 인간은 감각으로 한 층 또는 선형적인 관계만 파악할 수 있다. 지구의 자전이 선형적이기 때문에 '시간'은 선형적이다. 수도관의 물줄기가 물통 안으로 들어가는 것을 볼 때 수면의 상승과 시간의 관계는 선형적이며, 우리는 감각으로 얼마 동안의 시간이 흐르면 물통이 꽉 찰지 예측할 수 있다. 하지만 인간의 감각기관은 2개 층 이상의 비선형 관계에 대해서는 파악하기 어렵다. 예를 들어 물통의 지름을 2배로 늘리면 물통에 담을 수 있는 물이 4배로 늘어난다는 사실을 직감적으로 알기는 어렵다.

인간의 표현 능력은 정확하고 간단한 관계에 국한된다. 소수 몇몇 변수 간의 관계 또는 수학에서 해석적으로 표현(해석적 표현이란 변수 간의 관계를 하나의 방정식으로 표현할 수 있는 것을 의미)할 수 있는 관계 데이터 속의 변수가 증대할 때, 또는 데이터 간의 관계가 고차원의 비선형일 때 절대 다수의 상황에서 이 같은 관계는 하나의 방정식으로 해석할 수 없다. 데이터를 느낄 수 없어 그들 간의 관계를 방정식으로 해석적으로 표현할 수 없을 때, 데이터 간의 관계는 인간의 감각기관과 수학의 이해 능력 밖의 어두운 지식의 바다에 빠지고 만다.

우리는 이제 "인간이 이해할 수 없는 어두운 지식의 표현 형식이 어떤 모양인가?"라는 질문에 대답할 수 있다. 현재 어두운 지식의 주요 표현 형식은 알파고 제로 안에 있는 '신경망'의 전체 파라미터와 유사하다. 3장에서 신경망을 상세히 소개하기 전에, 잠시 이 신경망을 다이얼이 있는 블랙박스로 간주해보자. 블랙박스는 정보를 수신할 수 있고 결과를 출력할 수 있다. 블랙박스는 일반적인 수학 함수 $Y=f_w(X)$로 나타낼 수 있다. 이 안의 Y는 출력 값이고 $f_w(X)$는 블랙박스 본체, X는 입력 신호, w는 파라미터 집합, 그리고 그 다이얼이 바로 어두운 지식이다.

이 함수가 지식을 대표한다는 것을, 즉 유용하다는 것을 어떻게 알 수 있을까? 여기에서 판단 기준은 현대 과학 실험의 기준과 같다. 즉 실험 결과가 중첩될 수 있다는 것이다. 알파고 제로에게 있어 항상 이길 수 있다는 것은, 엄격한 과학 언어로 말하자면 모든 실험 조건이 같을 때 실험 결과는 영원히 중첩될 수 있다는 것이다. 3장을 다 읽고 나면 독자는 구체적인 부분에서 어두운 지식이 어떻게 증명되는지 알게 될 것이다.

어두운 지식은 인류가 아직 발견하지 못했지만, 일단 발견되면 이해할 수 있는 지식이라는 점에 주의해야 한다. 뉴턴이 상대성이론을 발견하지는 못했지만 아인슈타인이 시공을 뛰어넘어 그에게로 가 설명해준다면, 그는 완전히 이해할 수 있을 것이다. 왜냐하면 뉴턴은 미적분과 같이 상대성이론을 이해하는 데 필요한 수학적 지식을 이미 알고 있기 때문이다. 설령 아인슈타인이 미적분이 생기기 전인 2000년 전으로 날아가 아리스토텔레스에게 상대성이론을 설명해줘도 그 역시 이해할 수 있을 것이다. 최소한 특수상대성이론 배경의 물리적 직감은 이해할 수 있을 것이다. 하지만 아리스토텔레스에게 양자역학을 설명한다면 이해하지 못할 것이다. 왜냐하면 그의 경험에는 슈뢰딩거의 고양이(양자역학의 불확정성을 비유하는 것으로, 폐쇄된 상자 안의 고양이는 상자가 열리기 전에는 죽은 것인 동시에 산 것이다. 하지만 일단 상자를 열어서 확인하면 반드시 살아 있는 고양이나 죽은 고양이를 보게 된다)도, 없고 그의 수학 수준으로는 파동방정식을 이해하기도 어렵기 때문이다. 그렇다면 우리는 아리스토텔레스에게 양자역학이 어두운 지식이라고 말할 수 있을까? 양자역학에 대한 경험적 기초도 없고 심지어 경험과 모순된다. 양자역학이 막 세상에 등장했을 때 거의 모든 물리학자가 '이해할 수 없다'고 소리쳤다. 지금까지도 완전하고 철저하게 이해한 사람은 극히 드물다. 심지어 아인슈타인마저도 불확정성의 원리를 받아들이지 못했다.

인류가 과거 축적한 명시적 지식은 완벽한 구조를 보여주었다. 수학 전체는 몇 개의 공리 위에 세워졌고, 물리 전체는 몇 가지 법칙 위에 세워졌으며, 화학은 물리의 응용으로 간주되었고, 생물은 화학의 응용으로 간주되었다. 인지과학은 생물학의 응용으로 심리학, 사회학, 경제학 모두 기초과학의 응용 조합이라고 할 수 있다. 지식의 모듈 사이사이에는 명확한 관계가 있다. 하지만 기계가 발굴한 어두운 지식은 커다란 자루 안의 콩과 같이, 서로 간에 아무런 관계도 없다. 더 정확히 말하면 그들이 서로 간에 어떤 관계가 있는지 우리는 알지 못한다.

우리는 미래 세계의 지식 지도를 예측할 수 있다. 모든 지식은 경계가 분명한 2가지 지식, 즉 인류의 지식과 기계의 지식으로 나누어진다. 인류의 지식은 설명할 수 없다면 기록할 수도 전파할 수도 없다. 하지만 기계가 발굴한 지식은 설명할 수도 이해할 수 없더라도, 기록할 수 있고 기계 사이에 전파될 수 있다. 이 어두운 지식의 표현 방식이 바로 무작위로 보이는 숫자이다. 예를 들면 하나의 신경망의 파라미터 집합인 것이다. 이러한 어두운 지식은 네트워크를 통해 빛의 속도로 다른 동종 기계에 전파된다.

어두운 지식이 우리에게 안긴 충격은 이제 시작되었다. 2012년에 시작되어 겨우 몇 년 만에, 기계는 이미 '신의 기적'까지 이루었다. 복잡한 질병의 원인에 대한 판단에서 그 정확도가 의사를 뛰어넘었으며, 대가의 그림이나 작곡을 감쪽같이 모방하는 것을 넘어 완전히 새로운 창작을 해내기도 해 인간은 그 진위를 구분하기 어려울 정도이다. 비행기 조종 로봇이 인간 조종사와 모의 공중전을 펼친 결과는 백전백승이었다.

이러한 사례를 6장에서 많이 만나볼 수 있다. 인류는 지식의 대항해 시대에 진입하고자 한다. 우리는 매일 새로운 대륙과 무수히 많은 금은보화를 발견할 것이다. 우리가 오늘 직면한 수많은 문제는 바둑과 같이 수많은 변수가 있다. 이 문제를 해결하는 것은 바둑과 마찬가지로 조합확산 속에서 가장 좋은 방법을 찾는 것이다. 지구 온난화의 예측과 예방, 암의 치료, 중요한 경제·사회 정책의 실시 효과, '사막의 폭풍 작전'과 같은 대규모 군사 행동과 같이 말이다. 시스템이 복잡해질수록 변수는 많아지고 인간이 파악하기 어려워지지만, 머신러닝만은 더욱 순조롭게 진행된다. 수많은 기계가 피곤한 줄도 모르고 밤낮없이 일을 하면, 기계가 새로 발굴한 어두운 지식이 신속하게 축적된다는 것을 곧 발견하게 될 것이다. 바둑을 두는 것과 같이 어두운 지식의 질과 양은 우리가 어떤 분야에서 축적한 수백 년 아니 수천 년에 이르는 지식을 빠른 속도로 능가할 것이다. 명시적 지식은 오늘날의 대륙과 같고, 어두운 지식은 바다와 같다. 해수면은 빠르게 솟아올라 명시적 지식은 곧 바닷물로 둘러싸인 외로운 섬이 될 것이다. 마지막에는 에베레스트산 정상까지도 바다 속으로 사라지고 말 것이다.

이러한 인류 지식 혁명의 의의는 인쇄술 발명과 문자 발명을 넘어 인류만이 탄생시킨 언어에 맞먹을 만하다. 안전띠를 단단히 메고 점점 더 이해할 수 없는 세계를 맞이해보자!

제2장

정보의 획득_기계가 학습할 수 있는 지식

기계가 어떻게 어두운 지식을 습득하는지 깊이 있게 이야기하기 전에, 우리는 먼저 기계도 스스로 명시적 지식과 어두운 지식을 습득할 수 있다는 사실을 알아야 한다. 2장에서는 머신러닝의 5대 종족의 기초 논리와 각각의 선험 모델을 소개한다. 현재는 신경망에 대한 관심이 폭발적이지만 다른 4대 종족 역시 눈여겨볼 만하다.

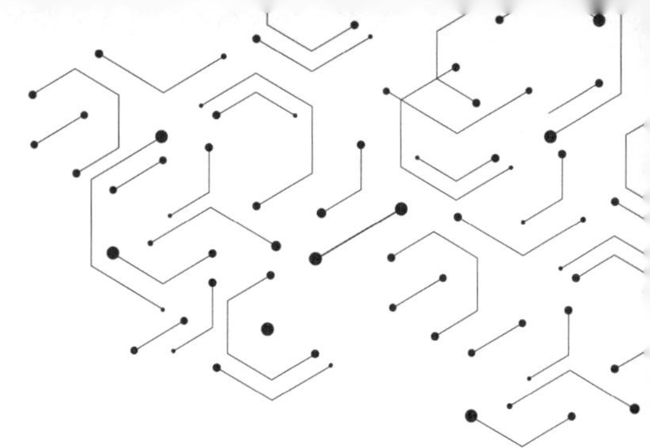

1장에서 인류가 감각기관과 논리를 통해 명시적 지식과 암묵적 지식을 획득할 수 있다는 사실을 설명했다. 하지만 인류는 어두운 지식에 대해 느낄 수도 이해할 수도 없다. 이제 우리는 기계가 어떤 지식을 획득할 수 있는지, 어떤 지식을 획득하는 데 유리한지 살펴보고자 한다.

기계가 학습하는 명시적 지식

컴퓨터 과학자들은 처음에는 표현할 수 있는 상식과 경험을 포함한 자신의 명시적 지식을 거대한 데이터베이스에 넣고, 자주 사용하는 판단규칙을 이용해 컴퓨터 프로그램을 만들 생각이었다. 이것이 바로 1970년대에 일어나 1980년대에 정점에 이른 '지식공학'과 '전문가 시스템'이다. 자율주행의 전문가 시스템은 자동차에게 '빨간불이 들어오면 자동차를 멈추고 모퉁이를 돌 때 직진차량을 만나면 일단 양보'하라고 알린다. 이렇게 자동차는 사전에 짜인 프로그램에 따라 자율주행을 완수했다. 이때 모든 도로 상황과 장면을 샅샅이 파헤쳐 알아낼 수 없다는 것쯤은 충분히 예상할 수 있다. 전문가 시스템은 사람이 가르쳐준 적이 없는 복잡한 상황 앞에서 속수무책이었다. 또 다른 문제는 인류의 모든 지식을 명시적 지식이라고 가정한 것이다. 인간은 암묵적 지식의 존재 사체를 의식하지 못했다. 가장 전형적인 예가 1980년 중국의 '한의 전문가 시스템'이다. 당시 컴퓨터 전문가는 유명한 한의사를 찾아 인터뷰를 통해 그의 진료 방법과 경력을 기록했다. 그리고 프로그램으로 만들어 컴퓨터에 입력했다. 의사의 눈에 모든 환자는 다 특별하다. 환자를 볼 때 경험에 근거해 전체적이고 종합적인 판단을 내린다. 이러한 경험은 한의사 자신도 때로 명확히 설명할 수 없는 전형적인 암묵적 지식에 속한다. 한의학의 진단은 혓바닥 색깔만 보고 몇 가지로 구분할 수 있는 것이 아니다. 맥을 잡아서 수십 종류로 나누고 다시 문진을 통해야만 진단할 수 있다. 전문가 시스템은 기계에 충분한 명시적 지식을 입력할 수도 암묵적 지식을 정확하게 표현하여 입력할 수도 없었다. 결국 전문가 시스템과 '지식공학'은 1980년대 이후 자취를 감추었다.

한 분야 안의 모든 경험과 규칙을 전부 써놓는다면 얼마나 많은 시간과 인력이 필요하겠는가? 설령 가능하다고 하더라도 아무도 경험해보지 못한 상황은 기록할 수조차 없다. 컴퓨터 정보 처리 속도는 인간의 뇌보다 훨씬 빠르다. 그렇다면 여러 상황 속에서 발생한 대용량 데이터를 기계에 전달하여 기계가 학습하도록 할 수 있을까? 이것이 바로 지금 유행하고 있는 '기계학습', 즉 '머신러닝'이다.

오늘날 기계는 논리적으로 표현할 수 있는 판단 규칙과 확률로 표현할 수 있는 사물 간의 연관성, 2종류의 명시적 지식을 학습할 수 있다.

| 기호주의자: 기계 스스로 결정 논리를 모색 |

앞에서도 언급했듯이 이성주의는 사물 간에 항상 인과관계가 있으며, 인과관계에 기초하여 논리적으로 입증하고 추리하면 새로운 지식을 얻을 수 있다고 생각했다. 머신러닝에서는 이들을 기호주의자라고 부른다. 그들은 논리 관계에서 찾은 새로운 지식을 기하학 법칙의 추리와 같이 기호에 대한 연산과 조작으로 귀결할 수 있다고 생각했다. 이 같은 지식은 일반적으로 논리 의사결정트리로 표시할 수 있다. 의사결정트리는 사물의 속성에 따라 사물을 분류한 트리형 구조이다. 예를 들어 겨울철에는 병원을 찾는 환자가 많다. 체온을 재고 의사가 "어디가 아프십니까?" 하고 물으면 환자는 "머리가 아프고 기침이 나요"라고 대답한다. 의사는 청진기를 대고 숨소리를 들어본다. 감기, 독감, 폐렴 등에서 모두 같은 증상이 나타난다. 증상을 보고 환자가 무슨 병에 걸렸는지 판단해야 하는데, 이렇게 결과에서부터 인과사슬을 거꾸로 찾는 과정을 '역연역법'이라고 한다. 이때 의사가 사용하는 것이 의사결정트리이다. 체온이 38.5℃ 이상이고 기침이 심하며 호흡이 곤란하다면 폐렴일 가능성이 있다. 한편 기침이 심하지 않다면 독감을 의심해볼 수 있다. 물론 실제로는 이보다 훨씬 복잡하지만 관찰한 증상에 따라 항목별로 배제하여 분류하는 방법으로 병의 원인을 찾는다는 것이 원리의 핵심이다.

이때 진료실에 새로 온 인턴이 짧은 시간 안에 전문의의 진단 방법을 배우려고 한다. 전문의는 시간에 쫓겨 따로 가르칠 시간이 없으니 환자의 병력과 진단결과만을 던져주고 스스로 연구해보도록 했다. 인턴은 수십 명에 달하는 환자의 각종 지표와 진단결과를 보고는 어디에서부터 손을 대야 할지 막막했다. 이때 얼마 전 의사결정트리를 알게 된 다른 의사가 인턴 곁을 지나가다 이를 보고 도와주겠다고 한다. 먼저 그 의사의 판단 논리를 추측해보자. 기침을 하는지 확인한 후 열을 재본다. 그리고 증상을 논리적으로 추론한다. 만약 논리의 판단 결과가 의사의 진단 결과와 일치한다면 추측이 맞는 것이다. 만약 일치하지 않는다면 논리를 바꾼다. 판단 기준을 바꿔보는 것이다. 처음에 체온 기준을 37.5℃에 맞춰서 일반 감기를 독감으로 판단했을 수 있다. 또한 39℃로 정하면 독감을 일반 감기로 판단할 수 있다. 몇 번의 테스트 후 38.5℃라는 가장 이상적인 값을 찾게 된다. 마지막으로 찾은 논리로 모든 증상에 대한 판단이 전문의의 진단과 일치하게 된다.

이렇게 의사결정트리 학습은 이미 알고 있는 데이터의 분류와 이미 알고 있는 결과에 가장 근접한 의사결정트리를 먼저 찾는 일이다. 좋은 분류 모형은 매 단계마다 다음 단계의 '혼잡도'를 최소화한다. 실제 머신러닝에서 의사결정트리는 추측하는 것이 아니라 계산하는 것이다. 모든 분류의 혼잡도 저하 정도를 계산하고 비교하여 각 단계에서 혼잡도를 최대한 낮출 수 있는 과정, 즉 이 의사결정트리 머신러닝의 과정을 찾는다. 그러므로 머신러닝 의사결정트리의 원리는 이미 알고 있는 결과에 근거하여 역으로 사물 간의 논리 관계를 추론한 후, 이 논리 관계를 사용해 새로운 결과를 예측하는 것이다.

예시 속 의사의 진단 방법이 바로 '지식'이다. 이는 명시적 지식으로서 명확하게 의사결정트리로 표현된다. 이렇게 혼잡도를 계산하고 비교·분류하는 방법이, 기계에게 자동으로 의사의 진단 지식을 학습하도록 하는 방법이다.

| 베이즈주의자: 기계가 결과에서 원인을 도출할 확률 |

기호주의자는 원인이 있다면 반드시 결과가 있고, 결과가 있다면 반드시 원인이 있다고 생각했다. 하지만 베이즈주의자는 원인이 발생한다고 해서 반드시 결과가 있어야 하는지에 대해 반문했다. 감기는 발열의 원인 중 하나이다. 하지만 감기에 걸렸다고 해서 반드시 열이 나는 것은 아니다. 베이즈주의자는 원인과 결과는 인정하지만 원인과 결과 간의 연관성은 확정할 수 없으며, 그것은 단지 확률일 뿐이라고 생각했다.

감기에 걸렸을 때 열이 날 확률과 같이, 우리는 일상적으로 하나의 원인이 발생했을 때 결과가 나타날 확률에 익숙하다. 하지만 우리의 직감은 역확률Inverse Probability, 즉 결과를 이미 알고 있는 상태에서 원인을 추론하는 확률, 다시 말해 열이 나는 것을 보고 감기라고 판단하는 확률에는 익숙하지 않다. 베이즈 정리가 바로 확률을 어떻게 계산하는지 가르쳐준다. 예를 들어 어떤 사람이 병원에 가서 건강검진을 받았는데, 에이즈 바이러스가 양성으로 나타난 것을 발견하였다. 에이즈에 걸린 사람이 검사 결과에서 양성으로 나올 확률은 99%이다. 다시 말해 에이즈에 걸렸다면 검사 결과는 거의 모두 양성이다. 세계 인구 중 에이즈 환자는 0.3%이다. 하지만 모든 사람 가운데 양성인 사람은 2%이다. 그렇다면 에이즈에 걸릴 확률은 얼마인가? 직감적으로 큰일 났다고 느낄 것이다. 그렇다면 베이즈의 정리는 어떤 결과를 보여주는지 살펴보자. 베이즈의 정리는 다음과 같다.

P(실제 에이즈에 걸릴 확률 | 양성 판정을 받을 확률)

=P(실제 에이즈에 걸릴 확률)×P(양성 판정을 받을 확률 | 실제 에이즈에 걸릴 확률)

÷P(양성 판정이 나올 확률)=99%×0.3%÷2%=14.85%

다시 말해 검사에서 양성 판정을 받았더라도 실제로 질병에 걸릴 확률은 15%도 되지 않는다. 그렇다면 원인은 어디에 있는가? 양성 판정을 받을 확률이 실제로 에이즈에 걸릴 확률보다 훨씬 높다. 많은 사람을 '억울'하게 만든 것은 아마도 검사 수단이 정확하지 않기 때문일 것이다. 그러므로 이후 어떤 질병에 대해 양성 판정을 받는다면 우선 양성 판정을 받는 것과 실제로 질병에 걸릴 비율이 얼마나 차이 나는지 물어야 한다. 이 비율이 높을수록 침착할 수 있다. 따라서 베이즈 정리가 알려주는 기본 이치는 하나의 결과는 여러 가지 원인으로 생길 수 있다는 것이다. 하나의 결과가 어떤 원인으로 생긴 것인지 알려면, 반드시 먼저 그 원인이 모든 원인 중에서 차지하는 비중을 알아야 한다.

환자가 감기에 걸렸는지 판단하려면 발열 증상만으로는 부족하다. 기침이 나는지 목이 아픈지 콧물이 흐르는지 머리가 아픈지 등의 증상을 살펴봐야 한다. 다시 말해 P(발열, 기침, 인후통, 콧물, 두통 등 | 감기)를 알아야 한다. 앞의 확률을 구하면 P를 계산하여 얻을 수 있다. 간소화하여 계산하기 위해서 발열, 기침, 인후통, 두통 등의 증상이 모두 독립적이며 서로 원인이 되지 않는다고 가정(현실적으로 맞

지 않는 가설이지만, 인후통은 기침으로 인할 가능성이 크기 때문이다)한다. 'P(발열, 기침, 인후통, 두통 등 | 감기)=P(발열 | 감기)×P(기침 | 감기)×P(인후통 | 감기)×P(두통 | 감기)×……'로 나타낼 수 있다.

이렇게 하면 각각의 확률을 쉽게 얻을 수 있다. 머신러닝에서 이를 나이브 베이즈 분류기Naive Bayes Classifier, 또는 단순 베이즈 분류기라고 한다. 이 분류는 스팸메일 필터에 자주 사용된다. 스팸메일에는 종종 '무료, 당첨, 비아그라, 대박' 등의 단어가 등장한다. 이 단어들이 감기에 걸렸을 때 나타나는 증상이고, 스팸메일이 감기에 해당한다. 스팸메일 필터는 이러한 단어들이 등장하는 상황에서 해당 메일이 스팸메일인지 아닌지 판단하는 확률이 된다. 다시 말해 통계 P('무료' 등장 | 스팸메일), P('당첨' 등장 | 스팸메일) 등의 확률을 통해서 P(스팸메일 | '무료, 당첨, 비아그라, 대박' 등 등장)의 확률을 계산하는 것이다.

같은 원리로 언어 식별에 광범위하게 사용된다. 하나의 단어는 여러 가지 발음이 있다. 음성 식별은 하나의 발음을 듣고 어떤 단어인지를 판단하는 확률이다. '밥을 먹다'라는 표현에 대해 남녀노소 여러 지역 사람들의 발음을 모아 '밥을 먹다'라는 표현과 여러 발음의 빈도를 통계 낸다. 우리는 '바블 먹다'라고 발음하는 것을 들을 때, '밥을 먹다'라고 말한 것이라고 판단할 수 있다. 그렇다면 단순 베이즈 분류를 어떻게 머신러닝이라고 할 수 있는가? 대량의 데이터를 수집해 모든 단어와 각각 대응하는 발음의 빈도를 통계를 내 하나의 발음이 어떤 단어인지 판단하는 것이기 때문이다. 데이터가 많을수록 판단은 정확해진다.

이러한 사례에서 하나의 결과가 발생했을 때 어떤 원인에 의한 것인지 아는 것이 바로 '지식'이다. 이 지식은 어떤 조건의 확률로 명확하게 표현된다. 기계는 모든 원인이 각각 차지하는 비율을 집계함으로써 결과부터 원인까지 확률을 계산해낸다.

유추주의자: 암묵적 지식의 머신러닝

많은 경험은 유추에서 온다. 의사는 환자의 얼굴 표정과 걷는 자세만 봐도 기본적으로 일반 감기인지 독감인지 판단할 수 있다. 독감의 증상은 일반 감기보다 훨씬 심하기 때문이다. 과학적으로 많은 중요한 발견 역시 이런 유추를 통해서 이루어졌다. 다윈은 토머스 로버트 맬서스의 『인구론』을 읽고 인류 사회와 자연계의 격렬한 경쟁의 유사성에 대해 충격을 받았고, 닐스 보어의 전자궤도 모형은 직접적으로 태양계의 모형을 참고한 것이다. 머신러닝에서 유추 방법을 이용하는 자를 유추주의자라고 하며, 그들의 논리는 매우 간단하다. 첫째, 2개 사물의 어떤 속성이 같을 때 그 사물들을 비교한다. 둘째, 만약 이미 알고 있는 사물들의 속성이 같다면, 아직 모르는 속성도 같을 것이라고 생각한다. 좋은 차를 타고 출퇴근하는 사람은 애플 휴대폰을 사용할 수도 있다. 「스타워즈」를 좋아하는 사람은 중국 소설가 류츠신의 SF소설 『삼체』를 좋아할 것이다. 유추의 논리는 명확하게 표현되지만 구체적인 유추는 종종 암묵적 지식에 속한다. 예를 들어 베테랑 경찰은 한눈에 도둑을 눈치챌 수 있지만, 그 이유를 명확하게 설명하지는 못한다.

유추주의자의 가장 기초적인 알고리즘은 최근린법Nearest Neighbor Method이다. 최근린법은 1984년 런던 콜레라 창궐 때 처음으로 응용되었다. 당시에는 콜레라가 '나쁜 공기'에 의한 것이라고 생각했다. 하지만 이 이론으로는 질병을 통제할 수 없었다. 내과 의사였던 존 스노우 박사는 런던에서 발생한 콜레라 발생을 모두 지도에 표시하였다. 그리고 콜레라가 모두 공용 물 펌프 근처에서 발생했다는 것을 발견하게 되었고, 마침내 병의 원인이 물 펌프 수원 오염에 의한 것이라고 추론할 수 있었다. 그가 물 펌프의 물을 사용하지 않도록 권고하자 질병은 통제되었다. 이 데이터의 유사점이 물 펌프와의 거리이다. 최근린법은 인터넷 사진검색에도 사용된다. '고속철 점거남'에 대해 분노하며 해당 인물의 사진을 인터넷에 올렸더니, 인터넷은 그와 비슷한 사진 몇 장을 보여준다. 자세히 보니, 세상에! 이런 사람이 대학원생이라니! 순식간에 그가 모 대학원 박사생이라는 사실까지 알게 되었다. 같은 원리로 요즘 나오는 대부분 스마트폰에도 자동 분류 기능이 있어, 휴대폰 속 사진의 인물별로 자동 분류가 된다.

유추주의자의 첫 번째 임무는 '유사점'에 대해 정의내리는 것이다. 유사점은 키, 수입 등 연속변수일 수도 있고 어떤 종류의 책을 구입했는지에 대한 횟수 통계변수일 수도 있다. 또 성별과 같은 이산변수Discrete Variable일 수도 있다. 유사점에 대해 정의를 내려야만 어떤 분류 방법이 가장 적합할지 가늠할 수 있다. 사람은 유사점을 느낄 수 있다. 하지만 인간의 감각기관이든 대뇌이도 모두 유사점을 계량화할 수는 없다. 인간이 유사점을 비교할 때 심지어 자신이 어떤 특징과 속성을 비교하는지조차 모를 때도 있다. 하지만 기계는 유사점을 쉽게 계량화할 수 있다. 그러므로 기계가 특징과 속성을 파악하기만 한다면 인간보다 훨씬 정확하게 판단할 수 있다.

유추 알고리즘은 영역을 초월한 학습에 응용될 수 있다. 한 소비품 회사의 고위급 임원은 인터넷 매체 회사에서 처음부터 일을 배울 필요가 없다. 월스트리트에서 많은 물리학자를 고용하여 교역 모델을 연구하도록 하는 것은, 다른 분야 문제라도 그 내재적 수학 구조가 유사하기 때문이다. 유추 알고리즘에서 가장 중요한 것은 유추를 통해 새로운 지식을 추론해낼 수 있다는 것이며, 이것이 바로 앞서 언급한 다윈이 『인구론』에서 받은 영감이다.

기계는 명시적 지식과 암묵적 지식을 모두 학습할 수 있다. 하지만 가장 주목해야 할 것은 바로 어두운 지식을 학습한다는 점이다.

기계가 발견한 어두운 지식

어두운 지식은 인간이 느낄 수도 표현할 수도 없는 지식이다. 다시 말해 인간은 아예 이해할 수도 파악할 수도 없는 지식 말이다. 하지만 기계는 할 수 있다. 기계는 인간의 뇌를 모방하는 방법과 진화를 모방하는 방법, 2가지 방법으로 어두운 지식을 파악할 수 있다.

| 연결주의자 |

연결주의자는 인간 뇌의 뉴런 원리를 모방한다. 모든 양식에 대한 인간의 식별과 기억은 뉴런의 서로 다른 연결 조합 방식 위에 세워졌다. 또는 하나의 양식이 한 종류의 뉴런의 연결조합에 대응된다고 할 수 있다. 연결주의자는 최근 가장 이슈가 되고 있는 신경망과 딥러닝으로, 5대 종족 중 절대적인 위치를 차지하고 있다. 현재 AI의 첨단기술 회사 중 절대 다수가 신경망을 위주로 하고 있다. 신경망은 3장에서 중점적으로 다루게 될 것이다.

| 진화주의자 |

머신러닝의 5대 종족 중 마지막은 진화주의자이다. 그들은 급진주의 경험파로 철저한 불가지론자이다. 진화주의자는 인과관계가 선험적 모형이며 심지어 유추라고 느낀다. 뉴런의 연결 역시 선입견에 치우쳤다고 생각했다. 그들은 어떤 선험적 모형을 선택하더라도 신 앞에서는 한낱 인간의 재롱에 불과하다고 생각했다. 세상은 상상을 초월할 만큼 복잡하여 모형을 찾을 수 없다는 것이다. 진화주의자는 자연계의 진화를 모방한다. 임의의 유전자 변이가 환경에 의해 선택되면, 적응하는 자만이 생존한다. 그들의 방법은 하나의 알고리즘이 유전자와 같은 문자열로 표현될 수 있다. 서로 다른 알고리즘의 유전자를 교배하여 탄생한 자녀 알고리즘으로 문제를 해결하면, 부모보다 나은 종은 손자를 낳고 부모보다 못한 종은 도태시키는 식이다.

예를 들면 진화 알고리즘으로 가장 이상적인 스팸메일 필터 알고리즘을 찾는다고 하자. 모든 스팸메일이 '무료', '당첨', '대박' 등의 단어 또는 문구 1,000개를 포함한다고 가정한다. 모든 단어에 대해 삭제 또는 보류(보류는 스팸메일에 해당하는 단어가 있는지 한 번 더 살펴보는 것)와 같은 규칙을 세울 수 있다. 규칙이 이 2가지라면 1은 삭제, 0은 보류라는 비트로 표시할 수 있다. 1,000개의 스팸 단어가 있는 알고리즘에 대응하여 1,000비트의 문자열로 표시할 수 있다. 이 문자열은 알고리즘의 유전자에 해당한다. 임의의 1,000비트 길이의 문자열에서 시작한다면, 각각의 문자열이 대표하는 알고리즘의 적합도를 측정할 수 있고 그것이 바로 그들이 걸러낸 스팸메일의 유효성이 된다. 가장 잘 표현된 문자열로 남긴 상호 '교배'로 제2대 문자열을 생성하고 계속 테스트한다. 그리고 앞뒤 세대의 적합도가 개선되지 않을 때까지 반복한다. 여기에는 생물의 진화와 본질적인 차이가 있는데 모든 알고리즘이 '불로장생'한다는 데 주의해야 한다. 그러므로 기성세대의 훌륭한 알고리즘은 같은 세대의 알고리즘과 경쟁할 수 있을 뿐만 아니라 그 아들, 손자, 자자손손과도 서로 경쟁할 수 있다. 최후의 승자가 반드시 같은 세대의 알고리즘일 필요는 없다.

진화 알고리즘의 문제는 그 '진화'가 방향감각이 전혀 없어 추측할 수 없다는 점이다. 앞의 스팸메일 필터 예에서 1,000비트의 문자열 전체의 가능성은 2^{1000}, 즉 10^{300}이다. 현재 세계에서 가장 빠른 슈퍼컴퓨터를 사용해서 지구가 폭발할 때까지의 모든 가능성을 '진화'하는 것은 불가능하다. 제한된 시간 안에 탐색할 수 있는 공간은 가능한 모든 공간의 극히 일부일 뿐이다. 지구는 40억년에 걸쳐 현재의 모든 생물을 진화시켰다.

〈그림 2-1〉은 미국 워싱턴대학교 페드로 도밍고스 교수가 종합한 머신러닝 5대 종족이다.

머신러닝에서의 기호주의자와 베이즈주의자, 유추주의자, 연결

〈그림 2-1〉 머신러닝의 5대 종족

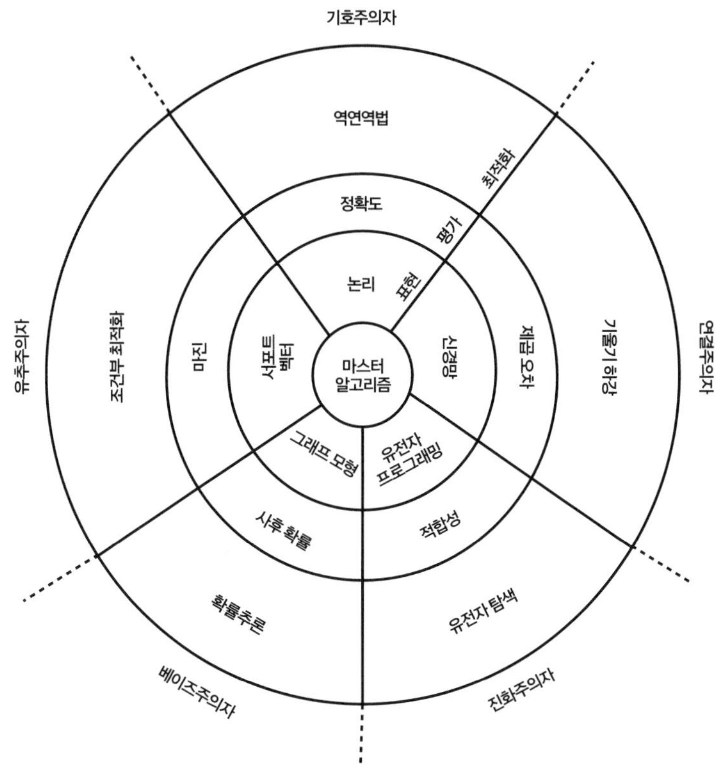

• 출처: 페드로 도밍고스, 『마스터 알고리즘』, 비즈니스북스, 2016

주의자의 공통점은 이미 발생한 사건 또는 결과에 근거하여 하나의 예측 모델을 만들고, 파라미터를 반복적으로 조정하여 그 모델이 기존 데이터에 부합하도록 해 새로운 사건을 예측하는 것이다. 다른 점은 각자의 배후에 세계 선험적 모형이 있다는 것이다. 기호주의자는 사물 간에 엄격한 인과관계가 있기 때문에 논리적으로 추론할 수 있다고 믿는다. 베이즈주의자는 원인이 있다고 해서 반드시 결과가 발생하는 것이 아니며, 확률로써 발생한다고 생각한다. 유추주의자는 이 세계는 어쩌면 원인 없이 결과의 유사성만을 관찰할 수 있을지 모른다고 생각한다. 만약 어떤 새가 걷는 모습이 오리 같고 우는 소리가 오리 같다면 그것은 그저 오리인 것이다. 연결주의자는 유사성은 연관성이 이해되는 표층일 뿐이라며 숨겨진 연관성은 언어나 논리로 표현할 수 없을 정도로 심오하다고 생각한다. 마지막으로 진화주의자는 인과와 연관성은 전혀 상관없고 모형이 없는 것이 바로 우리의 세계 모형이라고 말한다. 그들은 무에서 시작하여 부단히 시행착오를 거치면 문제는 결국 해결된다고 믿는다.

우리는 마침내 세상을 가득 메운 단어를 명확히 정리할 수 있게 되었다. 요즘 매체에서 가장 많이 듣는 단어는 바로 AI, 머신러닝, 신경망, 그리고 딥러닝이다. 4개 단어의 관계는 〈그림 2-2〉와 같다. AI가 가장 큰 원이고, 그 안에 앞서 설명한 전문가 시스템이자 기계가 스스로 학습하는 머신러닝이 있다. 머신러닝 안에는 신경망이 포함되며, 신경망 안은 다시 딥러닝Deep Learning과 쉘로우 러닝Shallow Learning, 두 부분으로 나뉜다. 과거 칩 집적도가 낮을 때는 아주 적은 뉴런만을 모방할 수 있었다. 이제는 집적도가 높아졌기 때문에 많은 뉴런을 모방할 수 있다. 많은 뉴런이 여러 층의 네트워크로 집적될 때, 이를 딥러닝이라고 부른다. 그러므로 AI, 머신러닝, 신경망, 딥러닝의 관계는 사실 겹겹이 쌓인 양파와 같다. 가장 바깥쪽이 AI이고 그다음이 머신러닝, 또 그다음이 신경망, 마지막으로 딥러닝이 자리 잡은 모양이다.

〈그림 2-2〉 AI 관련 4가지 개념의 포함관계

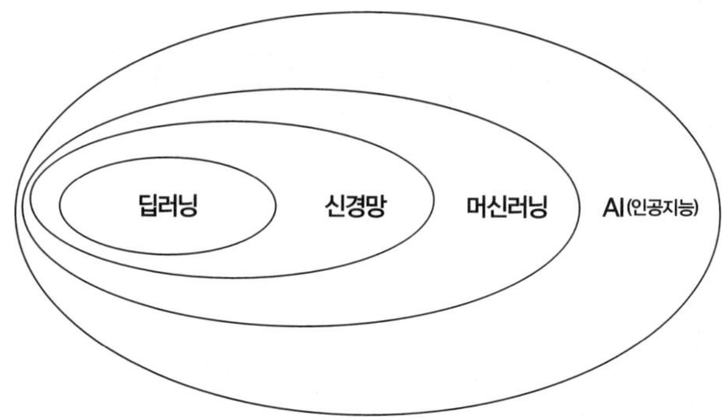

4개 단어는 다음과 같은 포함관계를 갖는다. AI 〉 머신러닝 〉 신경망 〉 딥러닝과 같이 말이다. 오늘날 우리가 말하는 AI는 머신러닝 안에 신경망과 딥러닝을 포함한다. 하지만 일반적으로는 혼용하여 사용한다.

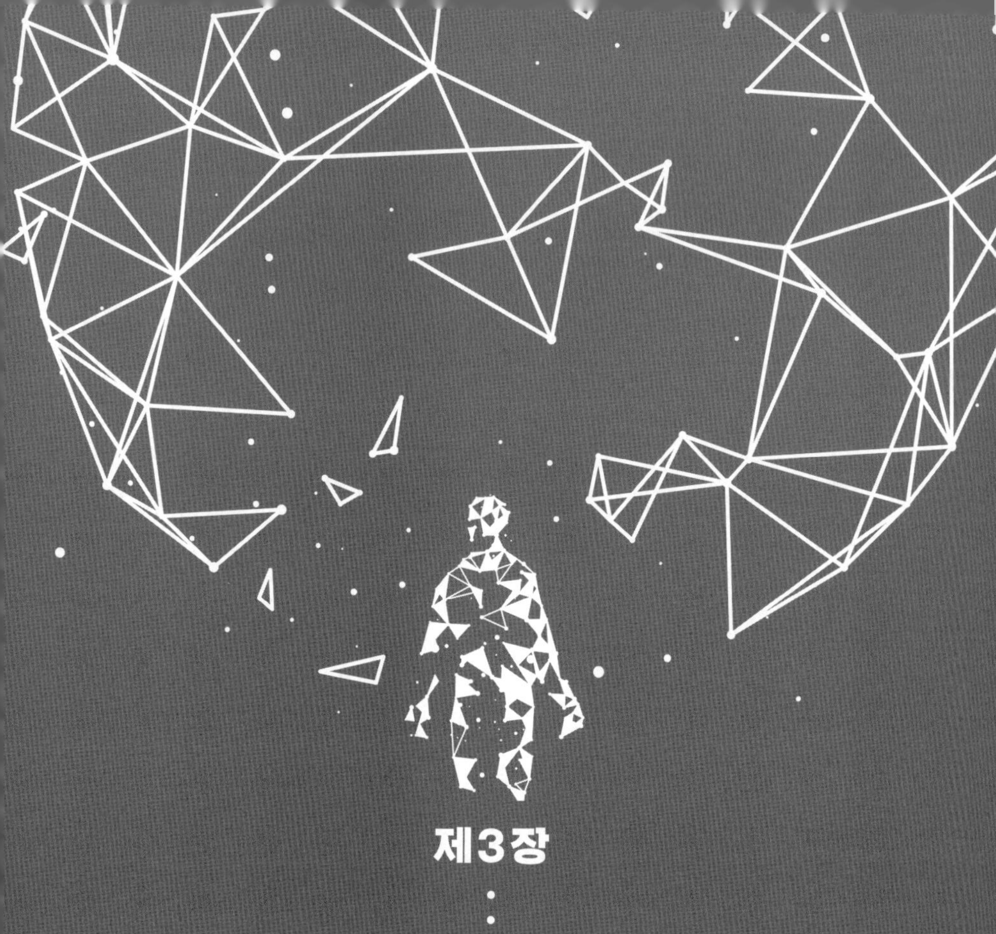

제3장

신경망_숨겨진 연관성을 추출하다

이 책의 주인공인 신경망을 소개한다. 3장에서는 신경망학습의 원리와 상업적 응용이 가장 활발한 형태 및 적용범위를 심층적으로 소개한다. 이러한 기초를 토대로 알파고 제로가 어떻게 신의 영역과 같은 어두운 지식을 발견했는지 이해할 수 있다. AI의 상업적 전망만을 알고 싶은 독자라면 이 장을 건너뛰어, 뒤에 나오는 머신러닝의 놀라운 활용 부분을 먼저 읽은 후 다시 되돌아와 그 원리를 이해하는 것도 무방하다.

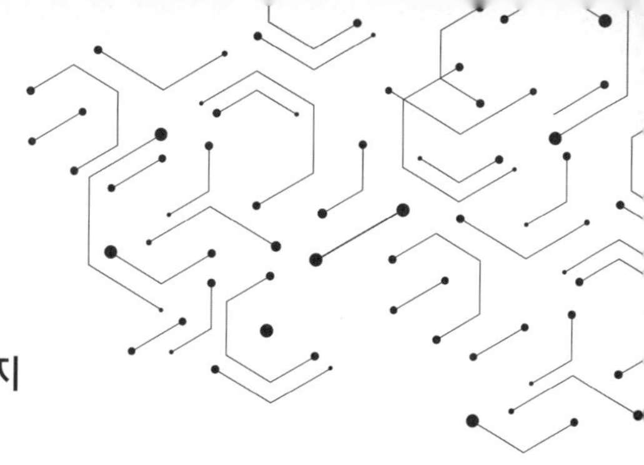

퍼셉트론에서 다층 신경망까지

1943년 심리학자 워렌 맥컬록과 수리 논리학자 월터 피츠는 인공 신경망의 개념과 인공 뉴런의 수학 모형을 제시하며 인류 신경망 연구의 문을 열었다. 세계 최초의 인공 뉴런을 TLUThreshold Linear Unit(임계 논리 유닛)라고 한다. 최초의 모형은 몇 개의 입력단과 출력단만이 있을 정도로 단순했고, 가중치 설정과 임계값 조정이 비교적 간단했다.

그 후 1957년 코넬항공연구소에서 획기적인 인공 신경망이 탄생하였다. 퍼셉트론이라는 이 인공 신경망은 프랭크 로젠블라트가 고안하였다. 세계 최초로 전자회로를 사용하여 뉴런을 모방한 그의 구상은 매우 간단했다. 〈그림 3-1〉과 같이 다른 전자 뉴런의 몇 가지 입력을 해당하는 가중치에 따라 합한다. 이들의 합이 하나의 미리 주어진 값보다 크면 출력이 켜져서 전류가 다음 뉴런으로 흐르도록 하고 미리 주어진 값보다 작으면 출력은 닫히고 다음 뉴런으로 전류가 흐르지 않는다.

1960년 스탠포드대학교 버나드 위드로Bernard Widrow 교수와 그의 제자 테드 호프Ted Hoff는 적응형 선형 뉴런, 아달라인(ADaptive Linear NEurons, ADLINE)을 선보였다. 그들은 자동으로 뉴런 계수를 업데이트하는 방법(기계 자기학습의 원시 시작점)을 처음으로 제시했다. 출력 신호와 목표값의 오차가 최소화될 때까지 출력오차의 최소자승법

〈그림 3-1〉 퍼셉트론의 전자회로

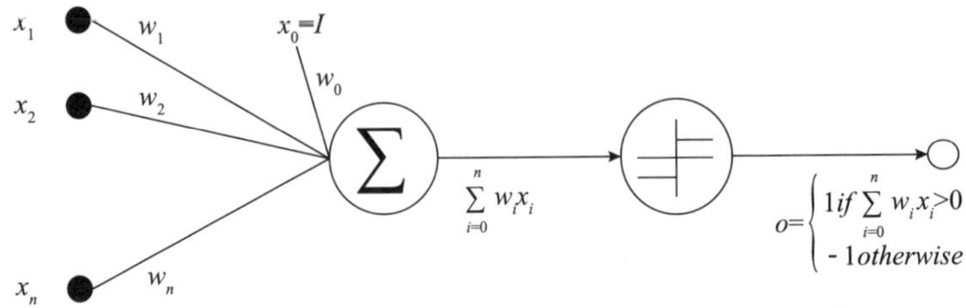

으로 뉴런 가중치를 자동으로 업데이트한다. 이렇게 되면 가중치가 연속적으로 자동 조절되는 뉴런이 실현된다. 아달라인의 가장 중요한 공로는 최초로 출력신호와 목표값의 오차가 자동으로 피드백되어 가중치를 조정한 것이며, 이는 이후 신경망 역사의 기념비적인 발견인 역전파 알고리즘을 발전시킬 수 있는 토대를 마련하였다.

이 단층의 신경망은 적응형 신호 프로세서라고도 불리며 통신과 레이더 분야에 광범위하게 응용되었다. 테드 호프는 인텔에 입사한 후 1971년 세계 최초의 마이크로프로세서 인텔 4004를 개발했다. 버나드 위드로는 필자가 1980년 대 후반 스탠포드대학교에서 박사학위를 공부하던 시절 교수님이기도 하다. 필자 역시 그의 지도로 신경망을 연구했었다. 〈그림 3-2〉는 필자가 2016년 위드로 교수와 신경망의 미래 발전에 대해 토론하면서 찍은 사진이다. 사진에서 손에 들고 있는 블랙박스가 바로 1960년대에 위드로 교수가 만든 아달라인 단층 신경망이다. 이 상자는 아직까지도 작동되는데, 미국 국립박물관에서 전시하기를 원했지만 위드로 교수가 아직 학생들을

〈그림 3-2〉 신경망의 창시자 중 한 명인 버나드 위드로 교수와 함께

지도하는 데 필요하다며 거절했다고 한다.

버나드 위드로 교수는 1962년 3층의 신경망인 마달라인(Multi-Layer Adaptive Linear Neurons, MADALINE)을 구현했지만, 임의의 다층 신경망에 사용 가능하면서 가중치를 간소하게 업데이트할 방법을 찾지 못했다. 단층 신경망은 광범위하게 응용된 반면, 다층 신경망의 연산속도는 너무 느려서(당시 컴퓨터 연산속도는 지금의 100억 분의 1에 불과하다) 마달라인 이후 아무도 다층 신경망에 대한 연구를 계속하지 않았다. 인간 뇌의 작동 패턴에 대한 이해가 부족한 탓에 신경망 연구의 진전은 더디었다. 그러다 의학 분야의 한 발견이 빠른 발전기에 접어드는 기폭제가 되었다. 1981년 노벨 생리의학상은 미국 신경 생물학자 데이비드 허블과 토르스튼 위즐, 그리고 로저 스페리에게 돌아갔다. 데이비드 허블과 토르스튼 위즐은 인체 시각계의 정보 처리 방식에 관한 연구로 노벨상을 받았다. 인간의 대뇌피

질에는 여러 개의 시각 기능 영역이 있다. 이를 낮은 층에서 높은 층까지 V_1~V_5로 영역을 나누고 낮은 층의 출력을 높은 층의 입력으로 하였다. 인간의 시각계는 망막에서 출발하여 낮은 층의 V_1 영역에서 가장자리 특징을 추출하고, V_2 영역에서 기본 형태나 타깃의 국지적 부분을 추출하고, 다시 높은 층인 V_4에 이르러서는 전체 목표(사람의 얼굴을 판정함)를 이루고 더 높은 층에 이르러 분류 판단 등을 한다. 높은 층의 특징을 낮은 층의 특징과 조합하여 낮은 층에서 높은 층까지의 특징 표현이 점차 추상화되고 개념화된다. 이로써 대뇌는 다층의 심층 구조이며, 인지 과정 역시 연속적이라는 사실을 깨닫게 되었다.

신경망학습의 본질은 대량의 뉴런이 복잡한 연결을 통해 기억을 형성하는 것이다. 분석이 간단하고 전자소자로 쉽게 구현되기 때문에 맨 처음 인공 신경망은 〈그림 3-3〉과 같이 층층으로 구성되어 있었다. 사실 뇌의 뉴런 연결은 매우 복잡하며 그렇게 한 층 한 층 분명하고 질서정연하지 않다. 하지만 지금과 같이 인간 뇌의 뉴런 연결방식을 정확히 알지 못하는 상황에서는 먼저 간단한 가설부터 손을 대는 것이 일반적인 과학적 방법이다.

1980년대에 또 한 번의 중대한 신경망 혁신이 일어났다. 당시 캘리포니아대학교 샌디에이고캠퍼스의 미국 심리학자 데이비드 럼멜하트와 카네기멜론대학교 컴퓨터 과학자 제프리 힌튼이 제시한 다층 신경망과 보편적인 자동 가중치 업데이트 방법이다. 앞서 언급했듯이 버나드 위드로 교수는 1962년에 3층 구조의 신경망을 구현했었다. 하지만 성공을 눈앞에 두고 간결한 임의의 다층 가중치 업

〈그림 3-3〉 한 층의 신경망: 각각의 사각형은 뉴런을 가리킨다

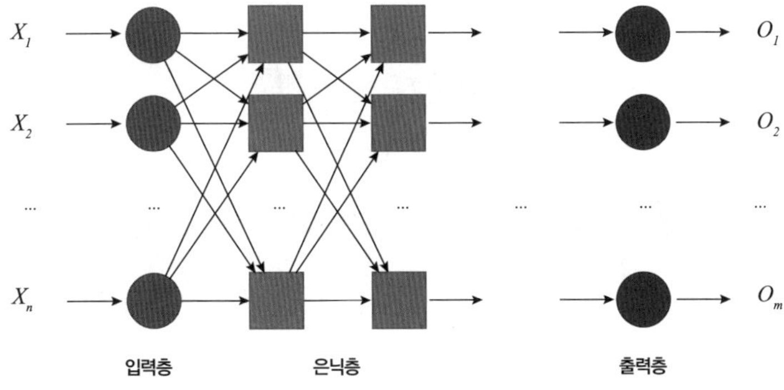

데이트 방법을 찾는 데 실패했다. 그런데 1986년 럼멜하트와 힌튼이 이 문제를 해결했다. 그들은 단층 신경망에서의 위드로-호프의 피드백 알고리즘 발상을 참고해 출력오차의 균일한 값을 각 층의 신경망에 한 층씩 전달하여 가중치를 업데이트했다. 이 알고리즘이 현재 거의 모든 신경망에서 사용하고 있는 '역전파 알고리즘'이다. 역전파는 듣기에 매우 고급스럽게 느껴지지만, 실제로는 자동제어와 시스템 이론 안에서 다년간 사용해오던 '피드백'이다. 단지 다층 신경망의 피드백이 한 층씩 들어오는 것이다. 왜냐하면 다층 신경망은 수천수만 번에 걸쳐 '출력오차 피드백을 사용하여 계수를 조정'하기 때문에 연산량이 엄청나다. 1980년대에는 컴퓨터 성능의 한계 때문에 신경망 규모가 매우 작을 수밖에 없었다(3층 구조로 각 층에 수십 개의 뉴런이 있는 정도). 소규모의 신경망은 아무리 신비한 능력(0에서 9까지 총 10개의 필기체 숫자를 식별)이 있어도 진정한 상용화는 기대하기 어려웠다.

〈그림 3-4〉 1940-2010 신경망에 기초한 AI 발전사에 지대한 공헌을 한 과학자들

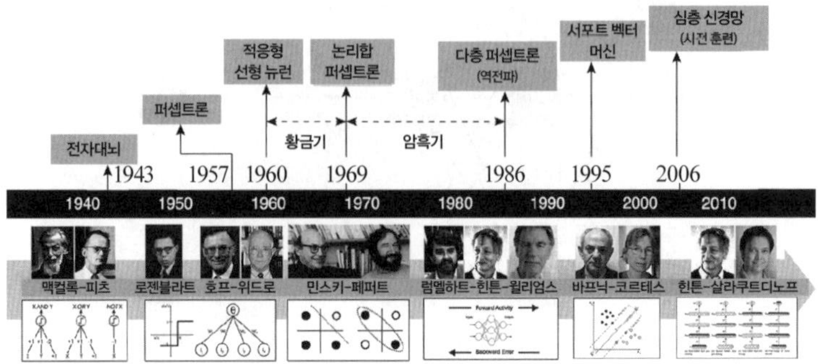

• 출처: https://beamandrew.github.io/deeplearning/2017/02/23/deep_learning_101_part1.html

첫 번째 뉴런 퍼셉트론의 발명이 있던 1957년에서 신경망의 대규모 응용이 이뤄지는 2012년까지 55년의 시간이 걸렸다. 수많은 천재 과학자는 거듭되는 실패와 주변의 비아냥거림에도 불구하고 그 길이 옳다고 굳게 믿었다. 〈그림 3-4〉는 이러한 탐색 여정에서 큰 공헌을 한 과학자들이다.

신경망 모형: 온통 다이얼뿐인 블랙박스

이제 가장 간단한 방법으로 머신러닝의 메커니즘을 소개하려고 한다. 앞에 나온 〈그림 3-3〉과 같이 하나의 다층 신경망의 왼쪽 끝은 입력단으로 식별할 정보를 여기에 입력한다. 예를 들어 하나의 이미지를 식별하려면 X_i는 그 이미지 한 픽셀의 그레이스케일 값(쉽게 설

명하기 위해 이미지가 흑백이라고 가정한다. 컬러인 경우 3개의 네트워크를 중첩하여 사용한다고 상상할 수 있다)이다. 입력층의 모든 뉴런에서 다음 층의 모든 뉴런까지 전부 연결되어 있고, 입력층의 제i 뉴런에서 다음 층의 제j 뉴런의 연결에는 모두 곱셈인자 W_{ij}가 있다. 각 층에서 다음 층까지는 모두 유사하다. 출력단에서 각 선은 식별된 사물 하나에 대응한다. 우리는 각각의 출력을 하나의 전구로 상상할 수 있다. 기계가 어떤 사물이 입력된 것을 발견했을 때, 그 사물에 대응하는 전구는 모든 출력 전구 중에서 가장 밝다.

그렇다면 다층 신경망은 어떻게 학습할까? 우리는 다층 신경망을 하나의 블랙박스로 볼 수 있다. 〈그림 3-5〉와 같이 상자 바깥쪽에는 조절할 수 있는 많은 다이얼이 있다.

〈그림 3-5〉 머신러닝: 블랙박스 외부의 다이얼을 조절

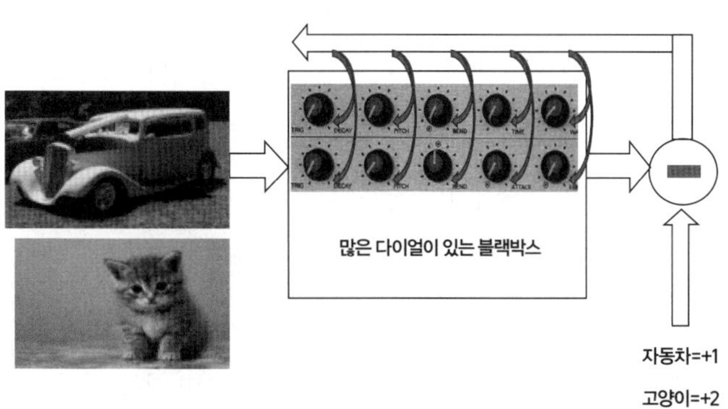

- 기기에는 조절이 가능한 많은 다이얼이 있다(뉴런 간 연결의 가중치).
- 각각의 입력에 대응하여 하나의 전구를 출력한다(각각의 데이터에 출력 목표값을 부여한다. 자동차=+1, 고양이=+2).
- 한 종류의 데이터를 기계에 피딩하고 이 데이터에 대응하는 전구의 불이 켜질 때까지 다이얼을 조절한다(목표값까지 출력한다).
- 데이터 피딩, 다이얼 조절을 모든 유형의 입력이 출력 목표값에 도달할 때까지 반복한다.

우리의 첫 번째 임무는 이 블랙박스가 이미지 속의 사물을 식별할 수 있도록 훈련하는 것이다. 예를 들어 〈그림 3-5〉의 입력단에는 자동차와 고양이, 2개 이미지가 1장씩 있다. 각종 자동차 이미지를 입력하면 기계가 '이 이미지는 자동차입니다'라고 알려줄 수 있도록 하는 것('자동차'라는 사물에 대응되는 출력단의 전구가 가장 밝다)이 훈련 목적이다. 마찬가지로 고양이의 이미지를 입력하면 기계는 '이 이미지는 고양이입니다'라고 알려준다('고양이'에 대응하는 전구가 가장 밝다). 훈련은 먼저 출력하는 전구가 가장 밝은 것이 자동차 식별에 대응되고, 두 번째 전구가 가장 밝은 것이 고양이에 대응되는 등을 지정하는 것으로 진행된다. 먼저 다양하고 충분한(예를 들면 1만 장 정도로, 훈련 이미지가 많을수록 훈련한 기계의 판단이 정확해진다) 자동차 이미지를 찾는다. 기계에게 한 장 한 장 '보여주고(실제 훈련은 1조씩 기계에게 보여준다)' 훈련이 되지 않았을 때 자동차 이미지를 입력한다면 출력하는 전구는 엉망으로 켜진다. 이때 인내심을 가지고 '자동차'에 대응하는 전구만 켜질 때까지 다이얼들을 조절한다. 그리고 다음 자동차 이미지를 입력하고, 대응하는 자동차에 대응하는 전구만 켜질 때까지 조절한다. 이렇게 1만 장까지 한다. 그러고 나서 첫 번째 고양이 사진을 입력하고 대응하는 '고양이'의 전구만이 켜질 때까지 다이얼을 조절한다. 이렇게 1만 장의 고양이 사진을 모두 입력할 때까지 계속한다. 만약 우리가 1,000가지 사물의 이미지를 머신러닝한다면, 각 사물의 이미지에 대해 같은 방법으로 출력단에서 이 사물에 대응하는 전구만 켜지도록 해야 한다. 때문에 머신러닝에서 '훈련'에 가장 많은 시간이 소요된다. 훈련 과정에서는 우리가 이미 무엇인지 알고 있거나 라벨링Labeling한 이미지를 사용한다. 그리고 훈련이 끝나고 나면 테스트를 통해 훈련 집합 안에 없는 이미지를 머신이 식별하도록 한다. 만약 기계가 모두 식별해낸다면 해당 머신은 훈련이 잘된 것으로 판단되며 실제 사용에 투입될 수 있다. 훈련과 테스트가 끝나면 머신의 파라미터 집합은 바뀌지 않고 모든 다이얼은 고정되어 움직이지 않는다. 훈련된 종류를 입력한다면 머신은 모두 식별할 수 있어야 한다.

기계 1대가 1,000가지 사물의 이미지를 식별하려면, 최소 1,000개의 출력단(각 출력단은 하나의 사물에 대응)이 있어야 한다. 이미지의 해상도가 100×100=10,000화소(매우 낮은 분율)이고 이 머신이 3층 신경망(심도가 가장 낮은 '딥'러닝망)이라면, 입력단과 중간층 사이, 중간층과 출력 사이의 연결은 10,000×10,000+10,000×1,000=1억 1,000만 개가 넘는다. 다시 말해 해당 머신에는 1억 개가 넘는 다이얼이 있다는 뜻이다. 2017년까지 최대 신경망은 수조에 이르는 파라미터, 즉 수억 개의 다이얼을 가지고 있었다. 이렇게 많은 다이얼을 인공적으로 조절할 수 없다는 것은 분명하다.

안개 속 하산: 훈련 머신의 모형

다행히도 수학에서는 이미 200년 전부터 '자동'으로 다이얼을 조절하는 방법이 있었다. '경사 하강법'이라 하며, '안개가 자욱한 산 중턱에서 하산하기'라고 비유한다. 머신러닝 모형 하나를 훈련할 때 사

〈그림 3-6〉 경사 하강법으로 찾은 오차가 가장 작은 골짜기

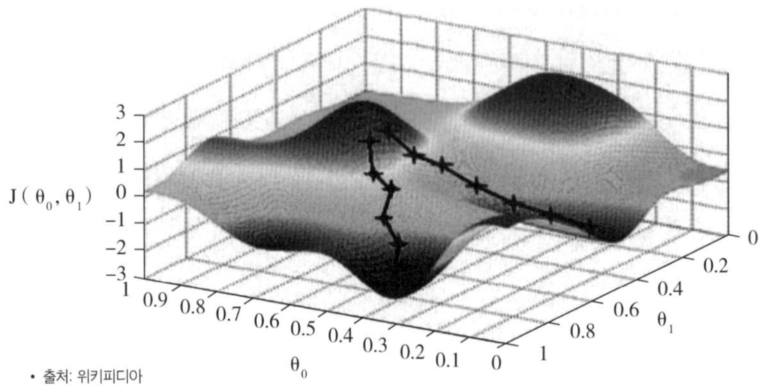

• 출처: 위키피디아

전에 모든 이미지가 어떤 사물(자동차, 고양이 등 이미 라벨링 된 이미지)인지 알고 있고, 자동차 이미지를 입력할 때 '자동차'에 대응하는 전구만이 켜지도록 했다. 다이얼을 조절하기 전에 전구는 혼란스럽게 점멸했고 우리의 요구와는 큰 오차가 있었다. 이 오차는 다이얼 게이지 값에 의해 결정된다. 오차를 그림으로 그리면 〈그림 3-6〉과 같이 많은 봉우리가 생긴다. 오차가 바로 봉우리 높이인 것이다. 그리고 그림의 가로축과 세로축이 다이얼 값이다.

첫 번째 이미지를 입력할 때 우리는 무작위의 위치에 있을 수 있다. 예를 들어 어떤 봉우리의 정상 또는 산 중턱에 있다면, 우리의 임무는 가장 낮은 바닥(오차가 가장 작은 곳)까지 가는 것이다. 마치 안개 속에 갇혀 눈앞의 언덕만 보이는 것과 같은 이때, 가장 바보 같은 방법이 바로 '경사 하강법'이다. 원래의 자리에서 한 바퀴를 돌아 가장 가파른 하산 방향을 찾아서 한 걸음 가고, 다시 한 바퀴를

돌아 그중 가장 가파른 하산 방향으로 한 걸음, 이런 식으로 무사히 산 아래로 내려올 때까지 반복한다.

'경사 하강법'에서 한 바퀴를 돌아 가장 가파른 하산 경로를 찾는 것은 오차함수의 편미분방정식으로 경사도를 구하는 것과 같다. 간단히 말해, 다이얼 각 스텝의 조절값을 계산할 수 있다. 그러면 출력한 오차를 근거로 만족스러운 값을 얻을 때까지 한 걸음씩 다이얼의 조절값을 계산한다. 오차에 따라 다이얼을 돌려 조절하는 이런 방법을 출력오차로 출력단에서 입력단까지 각 층별 가중치를 계산하는 역전파라고 한다.

신의 시선을 가진 알파고

이제 알파고가 왜 그렇게 대단한지 이해할 수 있을 것이다. 바둑판에는 19×19=361개의 교차점이 있고 각각의 교차점은 백이나 흑의 양자택일이 가능하다. 가능한 모든 배열법은 2^{361}, 또는 10^{108}이다. 인류가 2000년 동안 두었던 바둑은 3,000만 판이다. 인류가 둔 바둑 대결은 거대한 바닷속 물 한 방울(의미가 없는 판은 제외)과 같다. 바둑기사 한 명이 매일 2판씩 50년 동안 두어도 평생 둘 수 있는 바둑은 36,500판에 불과하다. 〈그림 3-7〉은 '안개 속 하산'의 설명도이다. 바둑을 두는 궁극적인 목표는 수많은 산 중 가장 낮은 바닥을 찾는 것(가장 이상적인 방법)과 같다. 만약 모든 가능한 방법이 수천 리에 걸친 거대한 산이라면 인류의 바둑기사는 2000년 동안 작은 산속의

〈그림 3-7〉 머신러닝이 순식간에 산을 훑어 찾은 가장 낮은 곳

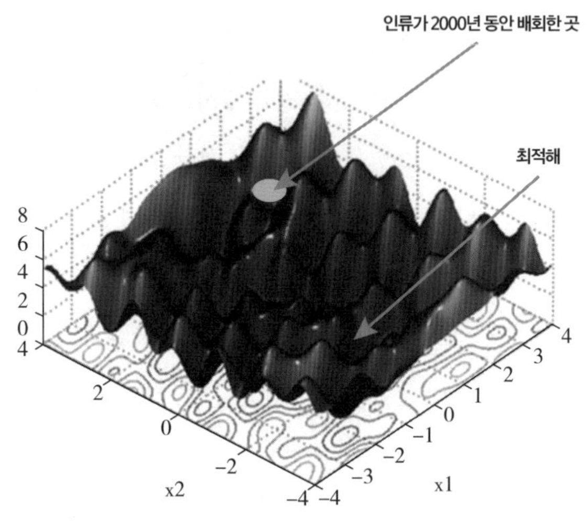

같은 곳을 맴돌고 있었던 셈이다. 첫 번째 기사의 우연한 수가 그의 제자에게 영향을 미치고, 그 후대는 결국 작은 산의 언덕 근처만을 배회한 꼴이 된다. 반면에 머신러닝은 '신의 걸음'과 같다. 인간보다 100만 배 빠른 속도로 산을 훑어 순식간에 2000년 동안 인간이 배회했던 골짜기보다 더 깊은 골짜기(절대적으로 낮다고 할 수 없지만 인간이 배회한 곳보다는 낮은)를 찾을 수 있다. 이것이 기성이라 불리는 녜웨이핑마저 알파고의 수를 보고 "보고도 이해할 수 없다"고 소리친 이유이다.

이 원리는 유사한 많은 문제를 해결하는 데 사용할 수 있다. 변수가 많다는 특징 때문에 경제, 사회 정책, 군사행동 전략 등 천문학적인 수의 답을 얻을 수 있다.

국부최적: 골짜기를 찾지 못했을 때

경사 하강법에는 한 가지 문제가 있는데, 가장 낮은 골짜기가 아닌 곳으로 가서 다시 나오지 못할 수도 있다는 것이다. 1차 함수를 통해 이 문제를 확인할 수 있다. 〈그림 3-8〉에는 1차 함수 A와 B인 2개의 골짜기가 있다. A까지 내려갔을 때 보폭이 아주 크지 않다면 왼쪽으로 가든 오른쪽으로 가든 항상 A로 돌아오게 된다. 수학에서는 이를 지역 최소값Local Minimum이라고 부르며, B가 전역 최소값Global Minimum에 해당한다.

하지만 1차에서 2차로 확대하면 지역 최소값을 벗어날 수 있다. 〈그림 3-9〉에서 함수1이 X축을 따라 자른 1차 함수라고 가정하면, A는 함수1의 하나의 지역 최소값이다. 구슬 한 알을 X축을 따라 굴리면 A에 빠져 헤어 나올 수 없게 되는 것이다. 하지만 〈그림 3-9〉의 2차원 곡면에서 구슬은 Y측 방향으로 굴러가 C에 도착한다. C에서

〈그림 3-8〉 2개의 골짜기가 있는 1차 함수

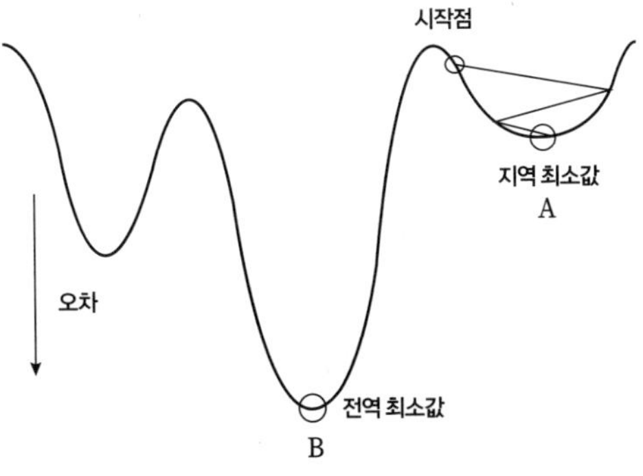

〈그림 3-9〉 1차원 공간에서 2차원 공간으로 확대하면 오차함수가 '전역 최소값'을 찾을 확률이 커진다.

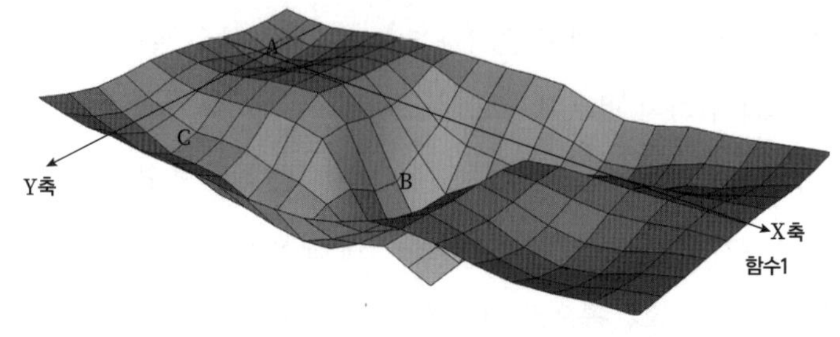

출발하면 전체 곡면의 전역 최소값인 B에 도착할 수 있다. 오차함수의 차원이 증가할 때 지역 최소값에서 탈출할 가능성은 커진다. 우리는 3차원 이상의 그림을 그릴 수는 없지만, 모든 지역 최소값 근처에 많은 웜홀이 있다고 상상하면 쉽게 빠져나올 수 있다. 웜홀이 밀집될수록 지역 최소값에 쉽게 빠지지 않는다.

〈그림 3-9〉를 한눈에 이해하기 어렵다면 숫자 배열로 표현할 수 있다. 우선 지형을 하나의 1차 함수이며 각각의 숫자는 그 해발고도를 나타낸다고 가정한다. 〈그림 3-10〉을 보면 0과 5, 2개의 최저 해발이 있다. 하지만 어디에서 시작해서 산을 내려가든 한 걸음 걸으면 고도 5라는 지역 최소값에 빠져 나올 수 없어 절대 최소값 0으로 갈 수 없다.

〈그림 3-10〉 지형 함수의 숫자 배열

6 →	5	← 6	0	6 →	5	← 6

〈그림 3-11〉 지형을 2차 함수로 중첩

6	6	6	6	6	6	6
6	4	6	1	2	3	6
6	5	6	0	6	5	6
6	3	2	1	6	4	6
6	6	6	6	6	6	6

하지만 이 지형을 2차 함수로 중첩해보자. 마찬가지로 숫자로 해발 고도를 표시하면 어디에서 시작해서 내려가더라도 한 걸음 걸으면 1차 함수에서 갔던 지역 최소값 5에 이른 후에 다른 1차 함수에서 더 낮은 해발까지 갈 수 있으며, 전역 최소값 0에 도착할 때까지 계속 갈 수 있다. 이 같은 원리로 차원이 높을수록 어떤 한 차원에서 지역 최소값에 도달한 후 선택할 수 있는 다른 차원과 경로가 많아지므로, 지역 최소값에 갇힐 확률은 낮아진다(〈그림 3-11〉).

딥러닝: 복잡한 것을 단순하게

딥러닝에 왜 다층의 뉴런이 필요할까? 이는 세상의 많은 정보와 지식이 층별로 표현될 수 있기 때문이다. 인간의 얼굴은 매우 복잡한 한 폭의 그림이다. 하지만 먼저 5개 기관으로 분해할 수 있다. 5개 기관은 얼굴 전체보다는 훨씬 덜 복잡하다. 5개 기관은 다시 선으로 분해할 수 있다. 딥러닝이 바로 한 층의 뉴런으로 한 계층의 정보를

〈그림 3-12〉 딥러닝 신경망학습으로 얻은 각각 다른 층의 특징

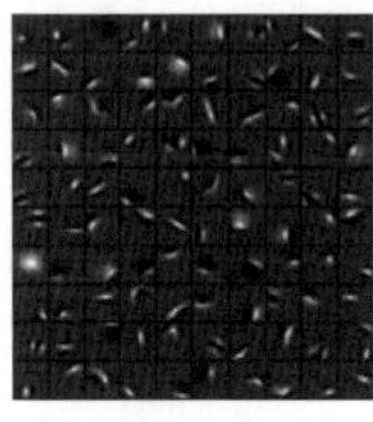
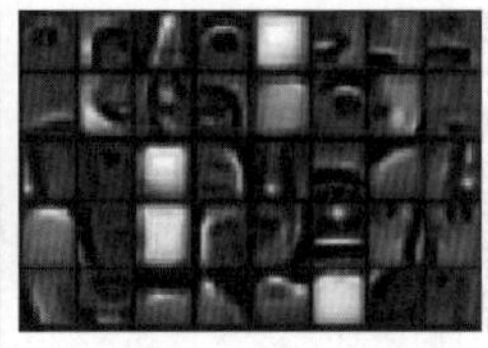
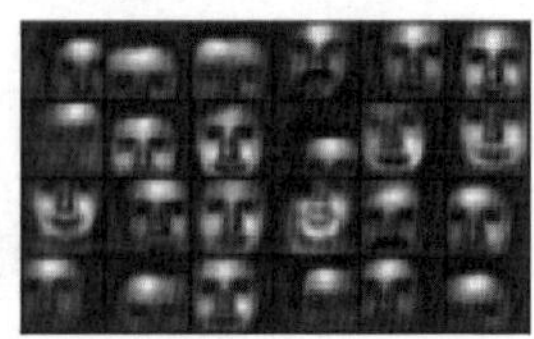

• 출처: 위키피디아

식별하는 것이다. 〈그림 3-12〉에서 왼쪽 그림은 제1층의 신경망으로 얼굴의 선을 식별한 것이다. 가운데 그림은 제2층의 신경망이 선을 식별한 기초 위에서 각 기관을 식별한 것이다. 그리고 오른쪽 그림은 제3층 신경망이 기관을 식별한 기초 위에서 생김새를 식별한 것이다. 마찬가지로 언어처럼 같은 시계열의 정보도 문장, 단어, 음절 등으로 점진적으로 분해가 가능하다. 층별 분류의 가장 큰 장점은 연산량을 크게 낮추어 원래 N회 계산해야 할 것을 m×logN회 계산으로 바꾸는 것이다. 여기서 m은 층의 숫자이다. 처리해야 하는 정보를 계층으로 표현하는 것 외에 연산량을 낮추는 또 다른 방법은 '큰 조각'의 정보를 작은 조각으로 분해하여 처리하는 것이다. 화소가 매우 큰 이미지에서 작은 삼각형을 식별하려면, 이 작은 삼각형의 필터를 가지고 큰 그림에서 움직이며 비교하기만 하면 된다. 예를 들어 화소가 1,000×1,000=1,000,000인 사진 1장이 있다고 하자. 만약 1,000×1,000화소의 필터로 비교하면, 연산량은 대략 1,000,000×1,000,000이 된다. 이 삼각형의 크기가 10×10일 때 10×10의 '필터 슬라이딩법'을 사용하면, 연산량이 10×10×1,000,000으로 원래

의 1만 분의 1로 줄어든다.

기계가 처리해야 하는 정보에는 그림과 같은 공간 정보도 있고 음성과 같은 시간 정보도 있다. 서로 다른 정보에 따라 신경망의 구조가 달라진다. 가장 흔히 볼 수 있는 것이 공간 정보를 처리하는 합성곱 신경망(Convolutional Neural Network, CNN)과 시간 정보를 처리하는 순환 신경망(Recurrent Neural Network, RNN)이다. 다음에서 자세히 설명하려고 한다.

집중된 것을 분산시키는 합성곱 신경망

'합성곱'이란 단어에 대한 설명은 잠시 뒤로 미루고, 바둑에서부터 자율주행, 그리고 안면인식까지 AI와 머신러닝이 만든 기적의 배경에 모두 합성곱 신경망이 있다는 사실은 지금 당장 확실하게 말할 수 있다. 합성곱 신경망의 작동 원리를 이해한다면, 주변에서 AI 관련 도서 몇 권을 읽은 사람보다 차원이 높다고 말할 수 있다. AI와 관련된 업종에 종사하지 않더라도 합성곱 신경망이 문제를 해결한다는 발상에 누구라도 놀라지 않을 수 없을 것이다. 처음으로 합성곱 신경망을 제시한 사람은 앞서 설명한 신경망의 대부 제프리 힌튼 교수의 학생이었던 얀 르쿤이다. 그는 현재 페이스북 AI 연구소 총괄을 맡고 있으며 힌튼 교수와 함께 신경망계 4대 선구자 중 한 명으로 손꼽힌다.

| 연산량을 줄이는 것이 원가를 낮추는 것 |

신경망 각 층의 모든 뉴런은 다음 층의 뉴런과 서로 연결된다. 1층에 1만 개의 뉴런이 있다면 2층에도 역시 1만 개가 있어 두 층 사이의 연결은 총 1억 개가 되는 것이다. 마이크로소프트의 안면인식 이미지 성능을 능가하는 레스넷(Residual Network, ResNet)에는 152개 층이 있으며 총 151억 개의 연결이 존재한다. 다시 말해 우리가 조절해야 하는 블랙박스에 151억 개의 다이얼이 있어야 한다는 뜻이다. 10종류의 동물을 식별하기 위해서 훈련 머신에게 10만 장의 동물 이미지를 보여줘야 하고 사진 1장당 151억 번의 곱셈과 덧셈을 해야 한다. 10만 장이면 적어도 1,500조 번이나 계산을 해야 한다. 10종류의 동물을 식별하는 데 필요한 훈련 연산량이 이 정도인데, 1만 종의 동물을 식별하려면 얼마나 많은 계산이 필요하겠는가?

오늘날의 가장 빠른 컴퓨터의 CPU(중앙처리장치) 또는 GPU(그래픽 프로세서)라도 몇 개월에서 몇 년이 걸린다. 연산량이 더 요구되는 것은 식별이다. 한 장의 사진을 식별하는 데 150억 번을 계산하는 것은 어려운 일이 아니다. 하지만 페이스북에 매일 업로드되는 사진이 어디 수억 장뿐이겠는가? 연산량을 줄이는 것이 바로 비용을 절감하는 것이다.

연산량을 줄이는 첫 번째 방법은 바로 문제 분류이다. 어떤 한 종류의 문제만 처리한다면 같은 문제의 공통적 특징에 대해 간소화하여 계산할 수 있다. 외부에서 얻는 정보의 90% 이상은 시각 정보이다. 시각 정보 대부분은 이미지이며 동영상 역시 빠르게 움직이는 이미지로 분해될 수 있다. 그 이미지에는 어떤 특징이 있을까? 하나의 이미지는 많은 정보를 가지고 있다. 당신의 주의를 끄는 것은 종종 작은 것들, 하늘의 새, 땅 위의 꽃들이다. 하지만 풍경이든 인물이든 화면에는 대부분 하늘과 같이 아무것도 변하지 않는 구역이 있다. 이미지의 두 번째 특징은 더 단순한 원소로 분해할 수 있다는 점이다. 풍경은 하늘, 땅, 식물, 동물, 인물, 5가지로 분해할 수 있다. 합성곱 신경망이 바로 그래픽의 2가지 특징을 이용하여 계산을 대폭적으로 간소화한 것이다.

안면인식의 경우 사람을 식별하는 첫 번째 단계가 바로 오관을 찾아내는 것이다. 먼저 짙은 눈썹과 큰 눈, 오뚝한 코와 같이 그 특징을 잡아야 한다. 경찰은 범죄 용의자를 잡는 데 이미 이 방법을 사용하고 있다. 경찰서에서는 목격자를 통해 범죄 용의자의 성별, 연령, 신장, 인종 등을 알아내고 용의자의 오관이 어떤 모양인지 묻는다. 목격자가 묘사할 수 있는 오관 종류는 매우 제한적이다. 큰 눈 아니면 작은 눈, 거기에 하나 더 보태봤자 쌍꺼풀이 있는지 없는지 정도이고 오뚝한 코 아니면 벌렁코이다. 목격자의 묘사를 근거로 그린 얼굴을 토대로 목격자가 다시 눈꼬리가 아래로 쳐져 있다거나 눈이 그리 크지 않다고 진술하면 수정한다. 목격자가 자신의 기억과 일치한다고 느낄 때까지 그림을 고친다. 사람의 얼굴은 이렇게 복잡해서 말로 묘사할 수는 없지만 각각의 오관을 조합하여 그리면 훨씬 수월하다. 오관을 10가지 유형으로 나눌 수 있다면, 총 1만 종의 얼굴로 조합할 수 있다. 거기에 연령, 성별, 인종을 더하면 조합할 수 있는 얼굴은 수십만 개에 달한다. 70억 명 중 1명의 얼굴을 찾는 임무는 10가지 눈에서 1개의 눈을 찾고 다시 10개의 코에서 하나의 코를 찾는 방법으로 분해하면 훨씬 간단해진다.

| 합성곱 신경망은 어떻게 작동되는가? |

합성곱 신경망은 경찰이 범죄자를 잡는 것과 같다. 베이징의 크고 작은 거리에 배치된 카메라의 영상에서 100명의 중요한 범죄 용의자를 발견하려고 한다면, 그 첫걸음은 용의자들의 기존 사진들로 머신을 훈련시키는 것이다. 훈련의 첫 단계는 이 같은 사진에서 오관의 특징을 추출하는 것이다. 오관은 사진에서 작은 부분을 차지한다. 이목구비를 찾는 작은 커널, 전문용어로는 필터라고 한다. 이 작은 필터를 사용하여 왼쪽에서 오른쪽으로, 위에서 아래로 처리하려는 이미지를 스캔하며 눈을 발견할 수 있는지 본다. 그리고 또 다른 필터는 코의 발견을 책임진다. '코를 발견하다'는 것은 무슨 뜻일까? 바로 코를 발견하는 필터가 코와 비슷한 도안으로, 이 도안이 코가 있는 부분을 스캔할 때 중합도가 가장 커진다. 그렇다면 특징을 추출한다는 것은 무슨 뜻일까? 처음에 코 도안은 임의 도안이었고 무작위였다. 스캔을 한 번 하고 나서 일치되는 부분을 전혀 발견하지 못했다면 도안을 바꾼다. 마지막으로 범죄 용의자의 코와 매우 닮게 되었을 때 일치율은 가장 높게 된다. 코, 눈, 입 등의 필터 도안이 범죄 용의자와 맞아 떨어지게 되면 훈련은 성공한 것이다. 나중에 사진 한 장을 입력하면 머신은 순식간에 이것이 범죄 용의자인지 아닌지를 알려줄 수 있다.

머신러닝에서 머신은 스스로 특징을 찾아낸다. 처음에 머신은 어떤 특징을 찾아내야 할지 속수무책이었다. 필터는 코나 눈을 찾아야 한다는 것을 알지 못했다. 처음 시작할 때 무작위의 모양에서 결국 이목구비로 바뀔 수 있을까? 이목구비가 얼굴에서 가장 중요한 특징이라면 이 필터는 마지막에 반드시 이목구비 모습으로 바뀐다. 신기하게도 머신은 인간이 알아채지 못한 인간의 얼굴에 있는 중요한 특징들을 발견할 수 있다. 필터를 하나 추가하여 6개가 되면, 6개 중 5개는 각각의 기관에 대응하고 하나는 미간이나 인중의 길이 등 새로운 특징을 찾을 수 있다. 찾은 특징이 많을수록 식별은 정확해진다.

작은 필터가 코를 발견하는 것과 앞서 설명한 신경망 블랙박스의 다이얼 조절이 무슨 관계냐고 물을지도 모르겠다. 사실 이 필터가 바로 하나의 다이얼이다. 5×5=25개 픽셀의 필터가 25개의 다이얼에 해당한다. 각각의 픽셀의 색상과 농도는 하나의 다이얼의 위치에 대응되며, 다이얼 조절은 필터의 도안이 점점 용의자의 코와 비슷해지도록 하는 것이다. 앞서 설명했듯이 이 '다이얼 조절'은 인공적으로 조절하는 것이 아니라 계산된 것이다.

도대체 얼마큼의 연산량을 줄일 수 있을까? 1장의 이미지가 1,024×1,024≈100만 화소라면 각각의 화소가 수신 뉴런 1개에 대응하면 각 층에 100만 개의 뉴런이 있고, 이렇게 모두 연결된 신경망 각 층에는 100만×100만=1조 회로 계산할 수 있다. 지금 5개의 작은 필터만 있으면 각각 오관 중 하나를 찾을 수 있다. 필터마다 이미지를 상하좌우로 스캔하는 연산량은 5×5×100만=2,500만 회, 5개의 필터면 총 1억 2,500만 회가 된다. 놀랍게도 연산량은 원래의 만분의 1로 줄어든다!

그럼 이제 '합성곱'이 무엇인지 설명할 수 있다. 앞서 설명한 필터가 이미지를 상하좌우로 스캔하여 일치율을 발견하는 과정이 바로 합성곱, 즉 콘볼루션Convolution이다. 인간을 위협하는 검은 과학의 기술 명사가 사실은 이렇게 단순하다.

이상은 합성곱 신경망의 기본적인 원리에 대한 일반적 해석이다. 더 깊이 이해하고자 하는 독자를 위해 〈부록 1〉에 전형적인 합성곱 신경망에 대한 정확한 설명을 추가했다. 〈부록 1〉을 보면 합성곱 신경망이 고차원의 비선형 네트워크일 뿐만 아니라, 방정식으로 표현할 수 없는 함수라는 것을 알 수 있다. 훈련 데이터 집합을 하나 지정하면, 마지막 데이터 간의 연관성이 네트워크 파라미터에 결속된다. 혹은 신경망이 데이터 연관성의 '추출기'라고 할 수 있다. 그러나 어떤 연관성을 추출했는가? 왜 연관성을 추출했는데 인간은 이해할 수 없다고 말하는가? 예를 들어 안면인식의 경우, 기계가 잡아낸 식별에 사용하는 얼굴의 특징이 인간에게 익숙하지 않은 특징일 수 있고, 심지어 전혀 의식하지 못한 특징일 수도 있다. 어떤 원자력 발전소 수천 개의 서브시스템 데이터와 그들 간의 연관성처럼, 인간의 감각기관은 복잡한 데이터 집합을 느낄 수 없으며 이해하는 것은 더더욱 불가능하다.

| 합성곱 신경망은 어떤 일을 하는가? |

우선 이미지 분류, 안면인식, X선 판독과 같이 거의 모든 이미지류 처리에 합성곱 신경망이 적용된다. 이미지 분류에서 가장 유명한 대회는 바로 스탠포드대학교 리 페이페이Li Fei-Fei 교수가 만든 이미지넷

Image Net(컴퓨터 시각계 식별 프로그램으로 현재 세계에서 가장 큰 이미지 식별 데이터베이스) 대회이다. 이 대회에서는 총 1,000가지 다른 사물에 대한 수백만 장의 이미지를 참가자에게 제공해 자신의 모델을 훈련하도록 한다. 그리고 경기에 참가할 때 누가 이미지를 더 정확히 식별하는지를 볼 수 있는 새로운 이미지를 제시한다. 2012년 힌튼의 제자인 알렉스 크리제브스키가 처음으로 5개 층 합성곱 신경망을 이용하여, 지난 몇 년간 74%대를 배회하던 정확도를 단숨에 84%까지 끌어올리면서 업계를 놀라게 했다. 2015년에 마이크로소프트의 152층 레스넷은 정확도를 96%까지 끌어올리며 인간의 정확도인 95%를 뛰어넘었다. 그 이후로 발전의 폭은 점점 줄어들었다. 이제는 많은 인력을 동원하고 더 많은 훈련 이미지를 사용하며 더 많은 필터를 시도해 좀 더 세심하게 다이얼을 조절함으로써, 기존 결과보다 겨우 0.1% 나아진 결과를 얻고서도 자신이 세계 최고라고 선언할 수 있게 되었다. 하지만 세계 1위라는 것은 이제 그다지 의미가 없다. 네트워크 구조와 알고리즘에 어떠한 혁신도 없었기 때문이다. 학생이었던 알렉스 혼자서 10%를 향상시켰는데, 수백 명이 달려들어 겨우 0.1%를 향상시킨 것에 놀랄 수는 없다. 합성곱 신경망을 모르는 투자자, 주주, 정부 관료들에게 '세계 최고'란 타이틀은 매우 매력적일 것이다. 하지만 여기까지 읽은 독자라면 그다지 흔들리지 않을 것이다.

더욱 유용한 것은 사진 한 장에 있는 모든 사물과 심지어 사물 간의 관계를 발견함으로써, 이 사진을 '이해'하는 것이다. 예를 들어 머신이 한 장의 사진을 보고 '흰 구름이 떠 있는 파란 하늘 아래 밀짚모자를 쓴 젊은 엄마가 잔디 위에서 아이에게 걸음마를 가르치고 있으며 그 옆에는 그들의 새끼 삽살개가 누워 있다'라고 말할 수 있다.

X-레이 사진 역시도 합성곱 신경망이 응용되는 분야이다. 흉부 사진에서 초기 폐암을 발견하려면, 이미 확진을 받은 대량의 초기 폐암 사진을 가지고 머신을 훈련시켜야 한다. 이렇게 훈련된 머신은 빠르게 폐암을 발견할 수 있다. X-레이, CT 등 의료 영상 기기가 대중화된 데 비해 경험 있는 판독 의사는 매우 부족해졌다. 특히 소도시나 지방에는 경험이 풍부한 의사가 드물다. 만약 판독기가 베이징이나 상하이의 대형병원에 있는 권위 있는 의사 수준에 근접하거나 그 수준을 능가하게 된다면, 의료서비스의 획기적인 발전을 기대할 수 있다. X-레이 판독의 현황과 도전을 포함한 의료산업의 AI 응용에 대해서는 6장에서 자세히 살펴보기로 하자.

합성곱 신경망을 광범위하게 응용할 수는 있지만, 주가 예측이라든지 자연어 이해 등 일부 중요한 문제는 해결하지 못한다. 이번에는 이러한 같은 문제를 해결할 수 있는 또 다른 신경망을 소개해보려고 한다.

시계열 데이터를 처리하는 순환 신경망

| 순환 신경망은 왜 필요할까? |

합성곱 신경망은 이미지를 분류하고 식별할 수 있다. 이미지 정보 처리의 특징은 한 장의 이미지에 들어 있는 모든 정보를 동시에 제공한다는 점이다. 앞과 뒤의 이미지는 아무런 관계가 없을 수도 있다. 마치 만두 한 판을 먹는 것처럼 말이다. 어떤 것을 먼저 먹고 어떤 것을 나중에 먹을지는 아무런 상관이 없다. 하지만 이미지와는 다르게 자연어와 주가의 곡선, 일기예보 데이터와 같이 자연계에는 정보의 순서가 중요해 앞뒤가 뒤바뀌면 안 되는 데이터도 있다. 이미지 데이터와 또 하나 다른 점은 이러한 정보들이 연속적으로 발생하고 한 덩어리 한 덩어리로 나눌 수 없다는 점이다. 맥주 한 잔을 마실 때 그저 연속해서 벌컥벌컥 마시지 정확하게 몇 '모금'으로 나누어 마시지 않듯이 말이다. 우리는 이미지처럼 선후가 없는 정보를 '공간 정보'라고 부르고, 연속적이며 선후 순서가 있는 것을 '시간 정보' 또는 '시계열 정보'라고 한다. 합성곱 신경망이 매번 처리하는 정보는 모두 고정된 양이므로 연속적으로 발생하는 정보를 처리하기에는 적합하지 않다. 그래서 또 다른 신경망인 순환 신경망이 탄생한 것이다.

순환 신경망의 구조는 합성곱 신경망보다 복잡하지만, 순환 신경망 배경과 원리는 이해하기 어렵지 않다. 사실 한 분야의 과학을 파악하는 데 가장 중요한 것은 배경을 이해하는 직감이다. 많은 방정식을 외우고 수많은 프로그램을 작성할 수는 있지만, 배경의 직감이 명확하지 않은 학생이나 엔지니어들이 있다. 이는 그들의 상상력과 창의력을 크게 제한한다. 이 책의 목적은 독자들을 엔지니어로 훈련시키는 것이 아니다. 이면의 원리를 파악함으로써 미래의 큰 흐름에 대한 이해를 높이고 전반적인 파악을 가능하게 하는 데 있다.

순환 신경망을 소개하기 전에 우선 하나의 예를 살펴보자. 다음 문장에서 빈칸에 알맞은 단어를 추측해보자. "나는 한국인입니다. _____ 어를 할 줄 압니다." 만약 앞의 '나는 한국인입니다'를 보지 못했다면, 빈칸을 채우기 어려웠을 것이다. 이는 앞에 나온 정보에 근거하여 뒤에 나올 정보를 예측하는 전형적인 문제이다. 순환 신경망은 이런 종류의 문제를 처리하는 데 특히 적합하다. 이 신경망은 2가지 특징이 있다. 각각 시간 순서 정보에 대응하는 2개의 특징, 입력단이 연속된 입력을 수신할 수 있다는 것과 정보의 선후 순서를 기억할 수 있다는 것이다.

| 순환 신경망 이면의 직감 |

이제 순환 신경망이 어떻게 이런 예측을 할 수 있는지 살펴보자. 다른 신경망과 마찬가지로 첫 번째 단계는 머신을 훈련시키는 것이다. 우선 한마디씩 훈련하는데 훈련의 첫 문장이 "나는 한국인입니다. 한국어를 할 줄 압니다"라고 하자. 그렇다면 머신을 훈련하는 초기에 기계에게 '나는'이라는 글자를 주면, 기계는 무작위로 다음 단어를 예측할 것이다. 다음 단어를 '하지만'이라고 예측했다고 하자. '나는 하지만'은 아무런 뜻도 없다. 훈련 샘플을 비교해 자신이 틀렸다는 것을 알면, 곧 '나는' 뒤에 '한국'을 예측할 수 있을 때까지 머신은 블랙박스의 다이얼을 조절한다. 훈련은 이렇게 머신에게 수없이 다양한 구절을 읽어주고, 머신이 수많은 '나는'으로 시작하는 구절을 읽으면, '나는' 뒤에 목적어나 보어 또는 부사어가 온다는 것을 발견할 수 있다. 이때 앞에 나온 정보가 필요하다. 그러므로 순환 신경망은 앞의 정보를 저장해야 한다. 머신이 "나는 한국인입니다. 한국어를 할 줄 압니다" "나는 일본인입니다. 일본어를 할 줄 압니다"와 같은 종류의 문장을 많이 읽고 나면 천천히 규칙을 발견할 수 있다. 그러면 "나는 한국인입니다. _____ 어를 할 줄 압니다"의 빈칸에 '어디' 사람의 '어디'를 알맞게 넣을 수 있게 된다.

모든 단어 뒤에 오는 단어의 확률을 통계낸 후 확률이 제일 높은 것을 예측하면, 굳이 이렇게 복잡한 신경망을 이용할 필요가 없다고 생각할 수도 있다. 한때는 이 같은 방법을 실제로 사용했었지만 효과는 기대 이하였다. 우리가 앞서 예를 든 것처럼 '나는' 뒤에 올 수 있는 단어가 너무나 많은 것이다. '앞에 올 단어를 더 많이 통계내면 되지 않느냐?'라고 되물을 수도 있다. 하지만 앞에 몇 단어가 올 수 있는지 통계 내는 것이 가능할까? 구와 단문까지도 하나의 단위로 통계내야 할까? 하지만 구와 단문은 셀 수 없을 정도로 많다. 기계에게 어떤 것이 구인지 가르칠 수 있을까? 파고들수록 문제가 많아진다. 게다가 어떤 특징을 추출해야 할지 모를 정도로 문제가 무궁무진하게 복잡해진다. 하지만 신경망은 인류가 찾지 못한, 또는 아예 의식하지 못했던 앞뒤 정보 간의 연관성을 자동으로 찾아낼 수 있다. 우리가 앞서 설명한 합성곱 신경망이 얼굴의 이목구비 특징을 찾아내고, 미간과 같이 인간이 평소 주의하지 못했던 다른 특징까지 찾아내는 것처럼 말이다.

관심 있는 독자는 〈부록 2〉에서 설명한 순환 신경망에 관한 내용을 읽어봐도 좋다. 〈부록 2〉에서 순환 신경망에 피드백 회로가 있기 때문에 전체 네트워크가 고도의 비선형성, 해석 불가능한 신경망이 된다는 사실을 확인할 수 있다. 순환 신경망이 추출한 데이터의 시간 연관성은 인간이 느낄 수도 이해할 수도 없는 어두운 지식에 속한다. 인간의 뇌는 오랜 시간 동안 정보를 저장하지 못하기 때문이다.

| 순환 신경망의 놀라운 활용 사례 |

순환 신경망의 첫 번째 중요한 활용 사례는 기계번역이다. 맨 처음 기계번역은 언어학자가 손수 문법을 작성해 단어가 나오는 순서에 따라 문법에 맞게 조합한 것이었다. 전형적인 '전문가 시스템'에 속한다. 하지만 앞서 설명했듯이 이런 수작업으로는 변화무쌍한 자연어에 대응할 수 없다. 나중에 나온 머신러닝 번역은 앞서 설명한 통계 방법으로 수많은 문장에서 각 단어가 다른 한 단어 뒤에 올 빈도를 통계 낸 후 가장 어울리는 단어를 선택하였다. 이미 앞에서도 이 방법의 한계에 대해 이야기했다. 가장 최신의 그리고 가장 잘나가는 구글, 페이스북, 마이크로소프트, 바이두의 기계번역은 모두 순환 신경망을 사용하고 있다. 예를 들어 영어 "I am Chinese, I can speak mandarin"을 번역하면 "나는 중국인입니다. 만다린어를 말할 수 있습니다"가 된다. 기계번역은 앞에 등장한 단어에 따라 뒤에 올 단어를 예측한 뒤, 전체 영어 문장과 한글 문장의 대응 관계에 따라 예측의 정확도를 높인다. 이것이 바로 현재 가장 광범위하게 사용하고 있는 '인코더-디코더' 번역 구조이다. 여기에는 2개의 순환 신경망이 사용된다. 먼저 하나의 신경망이 전체 영어 문장 구조 정보를 하나의 문자로 압축한 후, 두 번째 신경망이 한 글자씩 예측할 때 전체 문장을 포함하는 구조 정보에 따라 보조적 판단을 한다. 기계번역은 현재 기술 혁신의 문턱에 와 있다. 일단 혁신의 벽을 넘으면 우리 삶에 커다란 변화를 가져올 것이다.

머신러닝은 과학 기술 발전에 신과 같은 위력을 떨치는 정도를 넘어 인문 분야까지 진입하고 있다. 순환 신경망의 두 번째 흥미로운 활용 사례는 시를 쓰는 것이다. 같은 원리로 소설도 쓸 수 있다. 6장에서 자세히 설명하겠지만 간단히 소개하면 이렇다. 기계에게 한 작가의 작품을 여러 편 읽게 하면, 해당 작가의 스타일을 배울 수 있다. 심지어 헤밍웨이 스타일의 『홍루몽』, 또는 청나라 때 문학가 조설근 스타일의 『노인과 바다』도 쓸 수 있다. 놀랍지 않은가? 하지만 다음에 소개할 '강화학습'은 입이 떡 벌어질 정도로 더 신기하다.

알파고와 강화학습

머신러닝이 인류를 가장 놀라게 한 사건은 바둑이었다. 바둑의 핵심은 '한 걸음 걸을 때마다 마지막에서 이길 확률을 어떻게 극대화하는가?'이다. 150걸음이 아니라 단지 두 걸음만 걷고 한 걸음에 쌍방은 임의로 5가지 선택을 할 수 있다고 하자. 첫걸음을 걸을 때 5가지 선택이 있다. 상대방 또한 나의 5가지 선택에 대해 각각 5가지 선택을 한다. 두 번째 걸음을 걸으면 총 '5×5×5=125가지'의 선택이 주어진다. 하지만 일반적으로 두 걸음만으로는 끝을 알 도리가 없다. 두 걸음을 마친 후, 125개 위치에 '정찰병'을 파견한다. 모든 정찰병은 자기 길만 보고 갈림길에서는 임의로 한쪽 길을 선택하여 빠르게 종국에 이른다. 만약 예측이 맞는다면 이 출발점에게 1점을 주고, 틀렸다면 1점을 감점한다. 각각의 위치에서 파견된 정찰병이 많을수록 125개의 출발점에서 종국에 이르는 승리 확률은 정확해진다. 이러한 '유한한 출발점과 임의 정찰' 방법이 인간을 위협하는 '몬테카를로 트리 탐색(Monte Carlo tree search, MCTS)'이다. 몬테카를로는 도박으로 유명한 모나코의 도시명인데, 즉 '무작위'라는 뜻이다.

하지만 이 바둑 전략은 겨우 1~2단 정도의 아마추어 수준에 불과해 바둑 대가들에게 비하면 턱없이 부족하다. 왜 그럴까?

정찰병이 앞으로 갈 때 무작위로 갈림길을 선택하는 것은, 사실상 임의로 상대를 대신하는 방법이기 때문이다. 갈림길을 만났을 때 햇빛과 이끼, 족적 등에 따라 판단할 수도 있는데, 무작위로 선택하는 것이 얼마나 어리석은가? 그러면 정찰병은 억울한 듯이 말할 것이다. "내가 어떻게 판단해야 할지 무슨 수로 알겠어요?" 알파고는 생각했다. '인류가 2000년 동안 그토록 많은 바둑을 두었으니 우리가 먼저 배우면 어떨까?' 이때 알파고가 대법기를 꺼내들고 나온다. 그것이 바로 앞서 설명한 합성곱 신경망이다.

합성곱 신경망은 이미지를 처리하는 데 가장 적합하다. 방대한 양의 이미지 훈련을 거친 후 새로운 이미지를 보여주면 그것이 고양이, 개, 자동차일 확률이 각각 얼마씩인지 알려준다. 바둑에서 문제는 이렇게 변한다. 바둑에서 본격적인 대전에 들어가는 중반에 어떤 수를 두어야 이길 확률이 가장 높은지 판단하도록 하는 것이다. 인류가 둔 바둑에서 모든 중반은 하나의 수에 대응된다. 하나의 중반을 한 폭의 이미지라고 보고 대응하는 수를 이 이미지와 대응되는 사물이라고 본다. 이제 중반에서 가장 좋은 수를 찾는 것은 이 이미지가 어떤 사물과 가장 흡사한지 판단하는 것과 같아진다. 그렇다면 인간이 둔 바둑 대국으로 알파고에서 수를 담당하는 합성곱 신경망, 즉 의사결정망을 훈련시키면 된다. 지금까지 인류가 둔 3,000만 판의 중반을 의사결정망에 입력하고, 네트워크의 수와 인간의 수가 비슷해질 때까지 의사결정망의 다이얼을 조절한다. 지금 알파고는 이미 7~8단의 수준이다. 하지만 아직 국수의 수준에 오르지 못했다. 현재 정찰병의 한 수 한 수가 모두 인류의 방법에 의한 것이지만, 정찰병의 모든 수는 상대를 대신해 무작위로 선택한 것에 불과하기 때문이다. 만약 상대방 역시 인류의 방법대로 선택한다면 이 대결은 더욱 실감날 것이다. 이때 알파고가 털을 한 올 뽑아 기를 불어넣고 '변해라!'라고 하자 알파고와 똑같은 모습으로 변한다. 8단 수준인 둘이 다시 100만 대국을 거쳐 인류가 가지 않은 경로를 탐색하여 다시 수많은 데이터를 만들고 계속해서 의사결정망을 훈련한다. 얼마 지나지 않아 이세돌을 이겼고, 또 한 번의 연습 후 인터넷에서 마스터라는 이름을 걸고 천하의 고수들을 쓰러뜨렸다. 커제를 끌어내릴 때까지 한 치의 실수도 없었다.

앞서 소개한 합성곱 신경망이나 순환 신경망 모두 방대한 양의 훈련 데이터가 필요하다. 이를 '지도학습'이라고 한다. 지도학습에서는 대부분 유일하거나 명확한 답이 있다. 고양이면 고양이, 강아지면 강아지인 것이다. 하지만 현실 속에서는 정답이 없는 문제도 많다. 예를 들어 자전거를 배울 때 자전거를 타는 자세를 정확하게 말할 수 있는 사람은 없다. 자세가 아무리 볼품없어도 넘어지지 않고 타기만 하면 맞는 것이다. 이 문제의 특징은 정답이 유일하지는 않지만 결과의 옳고 그름은 확실히 안다는 것이다. 모든 결과의 피드백으로 차츰 옳은 '행위'를 배우는 알고리즘을 '강화학습'이라고 한다. 강화학습 알고리즘에는 '보상 함수'라는 것이 있다. 서로 다른 행위에 대해 다른 상벌을 받는 것이다. 예를 들어 우리가 건물 안에서 전화를 걸 때 신호가 좋지 않으면 휴대폰을 들고 나가면서 묻는다. "들려?" 어디가 신호가 좋은지 아닌지 직접적으로 알려주지도 않고 어느 쪽으로 움직여야 하는지 알려주지도 않지만 각 단계의 정보는 현재의 상태가 더 나은지 아니면 더 나쁜지만을 평가하게 할 수 있다. 우리가 움직여야 하고 어느 쪽으로 걸어야 하는지 결정할 수 있는 정보를 얻은 것이다. 알파고의 랜덤 트리 검색이 바로 강화학습이다. 정찰병 파견으로 어떤 수의 이길 확률을 테스트한다. 이기면 1점 가점, 지면 1점을 감점한다. 이것이 강화학습의 보상함수이다. 여러 수의 승패 점수 네트워크를 가치망Value Network라고 한다. 이 둘의 대국이 인류 어깨에 올라선 강화학습이다. 그러므로 알파고는 지도학습과 강화학습의 혼합방식인 셈이다.

알파고의 학습 방식에서 인류가 둔 3,000만 판의 중반은 그를 바둑 입문에 들게 한 것에 불과하다. 발전의 대부분은 그들 둘 간의 싸움에서 이루어졌다. 예를 들면 이렇다. 바둑을 배울 때 처음에는 아빠에게 배운다. 2주 동안 배웠지만 아마추어인 아빠에게는 배울 만한 것이 별로 없자, 이후 스스로 궁리해보는 것이다. 알파고가 그랬다. 정확히 알고 싶다면 아예 0부터 시작하자. 인류가 2000년 넘게 축적해온 것은 아빠가 아마추어로 익힌 수준으로 배우나 마나인 것이다. 그때 알파고 제로가 혜성처럼 등장했다. 여기서 '제로'는 0

부터 배운다는 뜻이다. 처음에는 둘이 즐겁게 바둑을 두었다. 알파고와 달리 알파고 제로는 매번 수를 두기 전에 125개의 출발점을 임의로 선택할 필요가 없었다. 알파고 제로는 현재 길목의 '표시'와 점수에 따라 먼저 중반에서 이길 확률이 가장 큰 수를 선택해 '쌍둥이 동생'과 종국까지 가본다. 테스트 과정에서 쌍방은 동일한 의사결정망의 지도로 어떻게 가야 하는지 시험해본다. 의사결정망의 기능은 매우 간단하다. 중반을 제시하면 모든 수의 승률을 알려준다. 이렇게 한 번 종국까지 이른 후에는 해당 수에서 시작한 길이 이길 수 있는지에 대한 정보가 생긴다. 그리고 수를 두면서 다음과 같이 표기한다. 첫째는 이 길을 간 적인 있는지 없는지, 둘째는 종국에 이른 후 승패에 따라 이 길의 장단점을 기록한다. 기록이 바로 가치망을 계속 업데이트하는 것이다. 이렇게 형제는 같은 중반에서 종국까지 수십만 번 겨뤄본다. 기본적으로 어느 길이 옳고 어느 길이 그른지 감을 잡을 수 있다. 중반에 대해 이미 모든 수의 승률을 가늠한 것이다. 이때 수만 번의 시도에서 나온 승률로 의사결정망을 업데이트한다. 업데이트 방법은 바로 이 중반을 신경망의 입력으로 삼고, 신경망의 가중치를 조절하여 출력하는 각 수의 승률을 테스트로 얻은 승률에 근접하도록 한다. 모든 것이 끝난 후 다시 측정한 승률에 따라 신중하게 정식으로 한 수를 둔다. 형이 한 수를 두면, 다음은 아우 차례이다. 아우와 형의 프로그램은 완전히 일치한다. 먼저 여러 번 시험해보고 측정한 승률로 의사결정망을 업데이트하고, 다시 측정한 승률에 따라 한 수를 두는 방식이다. 이후에도 형제는 끊임없이 반복한다. 알파고 제로 탄생 후 첫 번째 대국의 중반은 완전히 난장판이었지만, 첫 판이 끝나자 아주 조금 더 알게 되었다. 형제는 이 미약한 지식을 이용해 첫 번째 판보다 조금 더 신뢰할만한 두 번째 판을 눈다. 계산력이 강력해진 알파고 제로는 1초에 8만 수를 둘 수 있고 바둑 한 판을 끝내는 데 평균적으로 400수를 넘지 않으므로, 형제는 1초에 200판의 바둑을 둔 셈이다. 실제 바둑 한 판이 길어지면 7시간이 걸리는데, 이는 알파고 형제가 500만 판의 대결을 거쳐 제법 그럴듯하게 바둑을 두게 되는 시간이다. 하루 반이 지나 2,600만 판의 바둑을 두고 나서는 이세돌을 이긴 알파고 리를 능가하게 되었고, 3일 후에는 알파고 제로가 알파고 리에게 100대0으로 이겼다. 알파고 리는 3,000만 판의 중반을 학습했는데 이는 대략 '3,000만÷400=8만 판'에 해당하며, 이때 알파고 제로는 이미 5,100만 판의 바둑을 둔 셈이다. 21일 후 천하무적 알파고 마스터를 상대로 승리를 거두었고, 40일 후 형제는 천하를 제패했다. 그제야 알파고 팀은 인류의 데이터를 사용하지 못하고 0부터 배워야 하는 이 형제가 숲을 헤매다 길을 잃거나 몽유병 환자처럼 제자리에서 돌기만 하고 영원히 빠져나오지 못하면 어쩌나 했던 처음의 우려를 내려놓고 한숨을 돌리게 되었다. 형제는 강화학습을 통해 모든 수에서 옳고 그름을 알고 상벌을 준다면, 분명 가서는 안 될 절대다수의 길을 버리고 재빨리 옳은 길을 찾을 수 있다는 것을 증명했다. 알파고는 1,200개의 CPU와 176개의 GPU를 사용했으며, 알파고 제로는 단 4개의 TPU Tensor Processing Unit(구글이 개발한 인공지능 전문 칩)만을 사용했다. 계산 자원의 대폭적인 감소는 주로 알고리즘 간소화에서 비롯되므로 인류의 데이터로 훈련할 필요가 없다. 서로 다른 응용에서 데이터가 그렇게 중요한 것은 아님을 알 수 있다. 바둑에서는 인류의 경험이 오히려 발목을 잡았다. 알파고 제로가 우리에게 준 가장 큰 깨달음에 대해 커제가 말했다. "인류가 2000년 동안 둔 바둑은 정상은 커녕 그 가장자리에도 닿지 못했다." 매우 원시적인 이 기계는 36시간 동안 스스로 모색한 후, 전 인류가 2000년 동안 탐색하여 축적한 모든 바둑 지식을 능가했다.

다음 3가지 질문에 대해 생각해보기 바란다.

- 왜 알파고 제로는 0부터 배우기 시작했는데, 오히려 인간보다 강해졌을까?
- 알파고 제로가 처음부터 다시 배우면 실력은 처음과 같을까?
- 알파고 제로를 이길 수는 없을까?

신경망의 패러독스

여기까지 읽은 후 한 가지 모순을 발견한 독자가 있을 수도 있다. 신경망이 인간의 뇌를 모방한 것인데, 인간의 뇌가 파악할 수 없는 지식을 어떻게 발견하고 파악할 수 있단 말인가? 현재의 반도체칩에 있는 인공 신경망이 대뇌를 대략적으로 모방한 것이라는 사실은 잘 알 것이다. 뉴런의 수량이나 연결의 복잡함에 있어서 감히 인간의 뇌를 따라갈 수 없다. 그렇다면 도대체 어떤 연유로 인공 신경망이 숨겨진 연관성을 발견하는 데 인간의 뇌를 초월하여 기적에 가까운 많은 성과를 이루어낼 수 있었을까?

첫 번째 이유는 인간의 감각기관이 기계의 감각기관에 비해 형편없기 때문이다. 인간의 감각기관은 수억 년 동안 진화 과정에서 자연계에서 먹이를 찾거나 짝을 찾는 데 주로 사용되었다. 때문에 외부 세계 중 일부의 정보만을 느낄 수 있다. 눈은 스펙트럼의 가시광이라는 작은 부분만 볼 수 있다. 무선 전파에서 밀리미터파까지, 그리고 적외선 밖의 전자파도 '볼 수' 없으며 자외선에서 X선, 그리고 감마선 역시도 '볼 수' 없다. 인간의 귀는 20헤르츠 이하의 저음파와 2만 헤르츠 이상의 초음파는 들을 수 없다. 인간의 촉각, 후각, 미각의 해상도는 더욱 거칠다. 하지만 기계의 감각기관, 즉 물리, 화학, 생물에 해당하는 센서는 인간의 감각기관보다 훨씬 정밀하다. 인간이 느낄 수 없는 정보를 느낄 수 있을 뿐만 아니라 정보에 대한 해상도가 인간을 훨씬 능가한다. 만약 이 센서 신호를 인간의 감각기관을 거치지 않고 바로 대뇌로 입력할 수 있다면, 인간의 대뇌 역시 기계처럼 데이터 간의 복잡하고 숨겨진 연관성을 발견할 수 있을까? 대뇌가 고해상도의 외부 정보를 처리할 수 있을까? 우리는 대뇌의 진화가 감각기관과 맞아야 한다는 것을 합리적으로 추측할 수 있다. 만약 감각기관이 저해상도의 정보만을 제공한다면, 고해상도의 정보를 처리하는 대뇌의 능력은 낭비될 뿐이다. 이 같은 기능은 진화가 불가능하거나 우연히 변이되더라도 진화에 의해 무자비하게 소멸될 것이다.

두 번째 이유는 전자 뉴런이 생물 뉴런의 신호 전송 속도보다 빠르고 정확하기 때문이다. 뇌의 뉴런 돌기 정보는 화학 분자 전달에 의한 것이기 때문에(세포막 내외의 전기를 띤 이온 농도 차에 의한 전압 차), 초당 대략 400회의 신호만을 전달할 수 있다. 전자 뉴런 간의 전송 속도는 칩 위의 서로 다른 트랜지스터 간의 전송 속도로 뇌의 뉴런보다 수만 배나 빠르다. 뇌의 뉴런 돌기 간의 전송은 매우 부실해서 전송 성공률이 평균 30%(임의성 역시 의식 '창발Emergence'의 중요한 조건 중 하나)에 불과하지만 전자 뉴런 간의 전송 신뢰도는 거의 100%에 가깝다. 인간의 뇌 뉴런은 구조가 복잡하기 때문에 서로 다른 뉴런 간의 전기신호가 서로 간섭을 일으키는 반면, 전자 뉴런 간의 간섭은 무시해도 된다. 그러므로 굼뜬데다가 오류가 나기 일쑤인 인간의 뇌 뉴런과 비교하면, 전자 뉴런은 고속의 정밀 시스템인 셈이다.

세 번째 이유는 현재 대뇌 안 각각의 뉴런의 연결 강도를 얻는 방법이 아직 없기 때문이다. 외부 센서 신호를 직접적으로 대뇌에 입력할 수 있고 대뇌 역시 이 정보를 처리할 수 있다고 하더라도, 정보는 눈 속에 파묻힌 듯 뇌에 숨겨진 정보에 불과해서 소통할 수도 전파할 수도 없고 기록할 수도 없는 암묵적 지식일 뿐이다. 하지만 전자 신경망 안의 모든 뉴런 간의 연결 강도, 즉 시냅스 가중치는 저장하고 추출할 수 있다. 그래서 기계가 얻은 어두운 지식은 전파하고 복사하고 기록할 수 있는 것이다.

그러므로 인공 신경망이 대뇌를 모방하기는 했지만 인간이 가지지 못한 3가지 장점이 있다. 즉 인간이 느끼지 못하는 정보를 느낄 수 있고, 인간의 뇌보다 빠르고 정확하며, 모든 뉴런의 상태가 측정 가능하다는 장점이 있다는 것이 이 역설에 대한 답이다.

신경망의 5대 첨단 연구

앞서 소개한 몇 가지 신경망은 모두 현재 상용중인 주요 알고리즘이다. 하지만 머신러닝의 잠재력은 아직 무궁무진하며 현재 머신러닝에 관한 논문이 기하급수적으로 늘어나고 있는 추세이다. 연구형 대학에서 머신러닝에 관한 수업이 학생들로 가득 찬다. 앞으로 3년에서 5년 동안 새로운 알고리즘의 혁신이 계속될 것으로 예상된다. 다음에서 소개할 내용 역시 현재 뜨거운 이슈가 되는 연구 방향이다. 모든 방향의 혁신을 통해 엄청난 경제적 가치가 발생할 것이다.

| 비지도학습 |

앞서 설명한 머신러닝 알고리즘에서는 항상 '라벨링 데이터'라는 훈련 데이터 집합을 가지고 있었다. 모든 자동차 이미지에 '자동차'라고 표시하고, 모든 고양이 이미지에 '고양이'라고 표시하는 것이다. 이렇게 하면 훈련의 출력단에서 결과가 정확한지 확인할 수 있다. 정확한 결과와 출력된 결과의 차이를 통해, 마치 엄마가 아이에게 글자를 가르치듯이 기계를 훈련(각 층의 가중치를 조절)시킬 수 있다. 이러한 알고리즘을 지도학습이라고 한다. 머신러닝에는 라벨링 데이터에 의존하지 않는 또 하나의 알고리즘이 있다. 이를 '비지도학습'이라고 한다. 아무도 가르쳐주지 않은 상황에서 아이가 스스로 학습하는 것과 같다. 비지도학습은 분류에 가장 적합하다. 아이가 수많은 고양이와 개를 본 후 누군가 두 동물의 이름을 가르쳐주지 않으면 아이는 아마 그 이름은 모르겠지만, 고양이와 개는 다른 종류의 동물이라는 사실을 서서히 깨닫는다. 이는 상업적으로도 많이 사용된다. 예를 들어 마케팅 분야에서 서로 다른 속성을 적용해 대상을 분류하여 정교한 마케팅을 할 수 있고, 소셜미디어에서는 사람 간 상호작용 횟수에 따라 친구의 그룹을 구분할 수 있다. 의료 진단에서는 서로 다른 증상 간 연관성에 따라 아직 발견되지 않은 질병을 정확하게 예측할 수도 있다.

| 증분학습과 연속학습 |

현재의 머신러닝 알고리즘은 모두 '오프라인 훈련'을 통해 방대한 데이터로 모델을 훈련하고, 훈련이 완료되고 테스트가 끝나면 식별하는 데 사용된다. 식별 과정에서 해당 모델은 고정적이다. 새로운 상황을 발견하게 되면 새로운 훈련 데이터가 생기고, 새로운 데이터와 기존의 데이터를 합쳐서 이 모델을 다시 훈련해야 한다. 훈련이 끝나면 또다시 테스트를 거쳐야만 사용될 수 있다. 많은 인터넷 기업 대표주자들은 매월 수십만 개의 모델을 훈련해야 하기 때문에, 현재 연산량은 대부분 훈련에 쓰인다. 증분학습은 새로운 데이터가 생길 때 새로운 데이터만을 사용하여 원래의 모델을 훈련시켜, 기계가 기존의 식별 기능 위에 새로운 식별 기능을 추가하도록 하는 것이다. 그리고 연속학습은 식별하면서 학습하는 것이다. 2가지 학습 알고리즘은 현재 초기 연구 단계에 있다.

| 생성적 적대 신경망 |

지도학습의 최대 문제 중 하나는 방대한 양의 인공적인 라벨링 데이터가 필요하다는 것이다. 대부분의 상황에서 데이터가 부족하거나 라벨링 작업량이 너무 많다는 단점이 있다. 이때 생성적 적대 신경망(Generative Adversarial Network, GAN)이 이러한 문제를 해결해준다.

GAN은 현재 가장 주목 받는 비지도학습 알고리즘 중 하나이다. GAN이 딥러닝 훈련에 필요한 데이터양을 줄이는 방법은 소량의 기존 데이터에서 출발하여, 더 많은 '새로운 라벨링 데이터: 대부분의 상황에서는 이미지 데이터'를 만드는 것이다.

〈그림 3-13〉은 GAN의 설명도이다. 그림에 2개의 심층 신경망 G와 D가 있다. G는 생성망, 즉 생성자Generator이고 D는 판별망, 즉 감별자Discriminator이다. 생성자의 임무는 한 그룹의 실제이면서 제한된 데이터(한 세트의 이미지)에 근거해 유사하지만 같지는 않은 더 많은 데이터를 생성하는 것이다. 그다음 이렇게 생성된 데이터와 실제 데이터를 섞어 감별자에 피딩한다. 감별자의 임무는 매우 적은 사실 데이터를 사용하여 훈련한 후, 어떤 것이 실제 데이터이고 어떤 것이 생성 데이터인지 분별하는 것이다. 만약 생성자가 생성한 데이터를 감별자가 실제 데이터가 아니라고 식별해낼 수 있다면, 생성자가 제대로 모방하지 않았음을 설명하기 때문에 네트워크 파라미터를 계속 조절할 필요가 있다. 목적은 감별자가 분별하지 못하도록 하는 것이다. 만약 감별자가 진위를 분별해내지 못하면 감별자가 미흡하다는 뜻이므로, 계속 파라미터를 조절하여 진위를 식별하도록 해야 한다. 이렇게 한 단계 한 단계 성장하면서 계속 대립하면, 2개의 네트워크가 점점 더 개선된다. 생성자는 점점 더 진짜같이 모방하고, 감별자는 점점 더 진짜와 가짜를 식별할 수 있는 예리한 안목

〈그림 3-13〉 생성적 적대 신경망

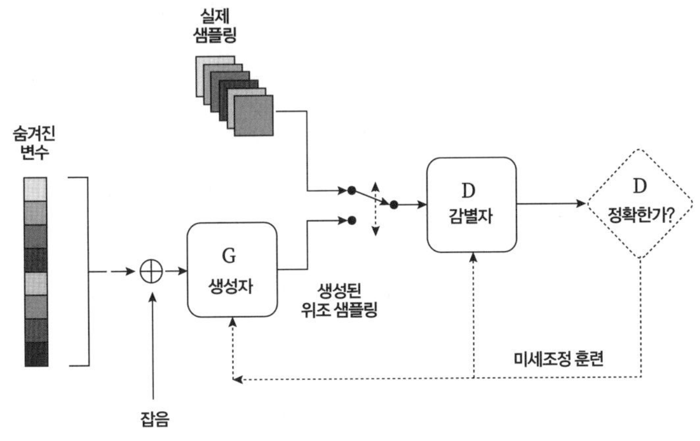

을 갖게 된다. 2개의 신경망이 막상막하로 겨루다 보면 생성자가 생성한 데이터는 결국 실제 데이터와 구분이 되지 않는다. 실제 데이터가 충분하지 않을 때 이러한 생성 데이터를 신경망 훈련에 사용할 수 있다.

이 과정은 경찰과 위조지폐 범죄자 간의 대결이라고 상상하면 된다. 위조범은 위조지폐를 진짜처럼 만들려고 할 것이고, 경찰은 모든 지폐의 진위를 판별할 수 있기를 바란다. 두 대립 신경망 역시 서로 학습한다. 다시 말해 하나의 신경망이 위조지폐를 판별하려고 노력할 때, 다른 신경망은 위조지폐를 더욱 더 진짜처럼 만들기 위해 애쓴다. 또 다른 예로 생성적 적대 신경망은 명화를 모방할 수 있다. 훈련을 거치고 최종 결과에서 하나의 신경망은 반 고흐나 피카소처럼 그림을 그릴 수 있었고, 다른 신경망은 사람이 가늠할 수도 없는 통찰력으로 작품을 감별할 수 있었다. 이는 의료 분야에서도 매우 중요하다. 의료 분야에서는 개인정보에 대한 요구 때문에 사용할 수 있는 데이터가 매우 제한적이다. GAN은 부족한 데이터를 보충할 수 있다. 자체적으로 질병 데이터를 '지어내고' 이러한 데이터를 AI 훈련에 사용하면, 실제 데이터와 똑같은 효과를 발휘한다. 심층 생성 모델은 밀도 추정, 이미지 잡음 제거(저해상도 또는 고소음의 이미지에서 고품질 이미지를 생성), 이미지 복구(일부 불완전한 이미지를 완전한 이미지로 복원), 데이터 압축, 장면 이해, 3D 장면 구축, 준지도 분류 또는 계층별 제어 등에 광범위하게 응용할 수 있다.

감별자(예를 들어 CNN)보다 생성자가 더 대단한 이유는 다음과 같다.

(1) 데이터로부터 숨겨진 구조를 식별하고 표현해낼 수 있다. 3D 사물의 회전, 빛의 강도, 밝기 또는 형상 등 개념이 그렇다.

(2) 세계가 '이미 어떤 모양인지'를 보여주는 데 그치는 것이 아니라, '어떤 모양이 가능할까'라는 상상을 할 수 있다.

(3) 합쳐서 실제에 가까운 상황을 생성함으로써 미래를 예견할 수 있다.

| 전이학습 |

신경망이 중국어를 일본어로 번역하는 것을 학습한 후 다시 독일어를 영어로 번역하는 것을 학습할 때, 처음부터 훈련하는 것보다 시간이 훨씬 덜 소요된다. 이것이 바로 전이학습의 전형적인 예이다. 원리는 언어의 구조에 상당한 유사성이 있다는 데 있다. 이 구조만 파악하면 다음 학습은 속도가 붙는다. 이는 인간의 기능학습과 유사하다. 두 종류의 임무 구조에 유사점만 있다면 전이학습의 방법을 이용할 수 있다.

| 학습 방법에 대한 학습 |

어떻게 학습하는지 학습하는 것을, 메타 러닝Meta Learning이라고 한다. 현재 모든 신경망은 하나의 단일 임무를 위하여 설계되고 훈련된다. 예를 들어 이미지 인식에서 바둑을 배우는 것으로 임무로 바꾼다면 기존의 기계는 전혀 작동하지 않는다. 소위 메타 러닝은 기계가 하나를 보면 열을 아는 인간과 같은 능력을 가지게 하는 것이 아니라, 동일한 기계를 더 다양한 임무에 적용하는 것이다. 한 가지 방법은 훈련할 때 다양한 종류의 임무를 훈련시키는 것이다. 다른 방법은 기계를 2가지 차원, 즉 임무를 학습하는 기계와 학습 과정을 관찰하는 기계로 나누는 것이다. 후자가 다른 임무 사이의 연관성을 깨달을 수 있다면 더 빨리 새로운 임무를 학습할 수 있다.

신경망은 다른 층수, 다른 연결 방식 등 여러 가지 구조가 있을 수 있다. 이 구조를 하나의 가능한 공간으로 보고 기계 자신이 이 공간에서 주어진 문제에 대한 최적의 구조를 찾도록 한다.

딥러닝의 한계

지금까지 합성곱 신경망, 순환 신경망, 강화학습, 생성적 적대 신경망 등 요즘 가장 핫한 몇 가지 신경망을 소개했다. 이들은 실제로 굉장히 광범위하게 응용되고 있다. 하지만 신경망도 딥러닝도 모두 완벽하지는 않다. 모두 한계가 있다.

신경망의 한계 중 하나는 특정 영역의 사전 지식에 의존해야 한다는 점이다. 다시 말해 특정 상황에서의 훈련이 필요하다. 신경망은 가르쳐주는 대로 배울 뿐이지 하나를 가르치고 열을 깨닫기를 기대할 수는 없다. 신경망의 이러한 한계는 신경망의 학습이 본질적으로 연관성에 대한 기억이기 때문이다. 즉 신경망은 훈련 데이터에서 연관성이 가장 높은 요소를 판단 기준으로 삼는다. 예를 들어 각 품종의 흰색 개로 신경망을 훈련시켜 그에게 '이것은 개이다'라는 판단을 배우게 한다면, 신경망은 이 개의 최대 연관성이 바로 흰색이라는 것을 발견하고 '흰색=개'라는 결론을 내릴 것이다. 이렇게 되면 이 신경망은 흰색 고양이, 흰색 토끼를 보고도 여전히 개로 판단한다.

이처럼 머신러닝의 고지식한 행위를 전문용어로 과접합Over Fitting이라고 한다. 신경망을 더 스마트하게 만들고 싶다면, 반드시 여러 가지 색상, 품종, 옷을 입고 있는지 여부 등 여러 상황의 개로 신경망을 훈련시켜야 한다. 이렇게 하면 서로 다른 개 사이에서 더 다양한 연관성을 발견할 수 있어 더 많은 개를 식별해낼 수 있다. 반면 인간의 경우, 지적 능력이 정상적으로 발달한 두세 살의 아이라면 몇 마리의 개를 보고 나서 이 세상에 존재하는 거의 모든 종류의 개를 식별해낼 수 있다. 방대한 양의 데이터 라벨링도 특별한 장면의 훈련도 필요 없다. 약간의 데이터만으로 인간의 뇌는 이 과정을 분명히 알 수 있다. 그러한 면에서 현재의 신경망은 아직 인간의 뇌와 큰 차이가 있다고 볼 수 있다.

〈그림 3-14〉 머신러닝은 이 차를 고양이라고 판단했다

앞서 언급한 자동차와 고양이의 예를 들어 줄곧 정상적인 자동차로 신경망을 훈련했다고 하자. 그렇다면 갑자기 〈그림 3-14〉와 같은 이미지를 보게 되었을 때 신경망이 그것을 자동차라고 식별해낼 가능성은 거의 없다. 분명 고양이라고 생각할 것이다.

이러한 문제는 자율주행 분야에서 더욱 두드러진다. 도로의 교통 상황이 복잡하고 교통 표지가 다양하기 때문에, 모든 교통 상황을 훈련시키기란 거의 불가능에 가깝다. 2016년에 테슬라의 자율주행으로 첫 번째 사망사고가 발생한 것도 바로 이 때문이다.

신경망의 또 다른 한계는 결과가 왜 이렇게 나왔는지 설명할 수 없다는 점이다. 인간은 어두운 지식을 이해할 수 없고 해석하는 것

은 더욱 불가능하기 때문이다. 신경망이 '온통 다이얼인 블랙박스'에 대해 모든 다이얼을 왜 더도 덜도 아닌 딱 그 위치까지 돌리는지 모두 해석할 수 없다. 이 설명할 수 없는 특징은 안전과 공공 정책 등 많은 관련 분야에서 큰 문제가 된다. 예를 들어 의료는 인간의 건강과 생명에 직결된다. 의사의 진단은 매우 신중한 의학적 논리에 따른다. 그러므로 인공지능의 해석 가능성에 대한 의료 분야의 요구는 다른 어떤 분야보다 높다. 극히 일부 병원이나 의사만이 해석할 수 없는 진단 결과를 환자에게 적용할 수 있을 것이다. 하지만 신경망 자체는 의학 논리를 가지고 있지 않기 때문에, 출력 결과 역시 의학적인 해석이 부족하다. 그러므로 현재 의학 분야에서의 AI 응용은 영상 식별이나 보조적 진단 등 전문적인 의사의 검토가 필요한 수준에 그친다. 의사를 대체하기까지는 아직 가야할 길이 멀다.

인공지능이 이처럼 2가지 한계를 갖는 것은 현재의 신경망이 연관성학습 능력만 있을 뿐, 인과 추리력이 없어 한 걸음 한 걸음 추리하는 과정을 표현하지 못하기 때문이다. 그러므로 이러한 한계를 극복하기 위해서는 인과 추리 능력이 있는 인공지능이 필요하다. 이 일을 성사시키기 위해 인공지능이 해야 할 일은 상황을 식별하는 것뿐만 아니라 식별해낸 상황과 그 구체적인 기능, 하려는 일을 종합해 합리적인 논리 추론을 실현하는 것이다.

그렇다면 인간의 뇌는 하나의 상황을 어떻게 이해할까? 사람은 새로운 방에 들어갔을 때 방의 크기, 안에 있는 사물의 크기와 위치 등을 자연스럽게 인식한다. 그 후 인간의 뇌는 식별해낸 장소와 사물을 그 기능과 일일이 매칭한다. '침대는 누울 때 사용하며 더블이므로 두 사람이 누울 수 있고, 의자는 앉을 때 사용하며 컵은 물을 마실 때 사용한다'처럼 말이다. 주의해야 할 것은 이와 같은 기하학적 구상과 기능의 추리는 그 정교함이 구체적 임무와 서로 결합된다는 점이다. 예를 들어 사람은 컵을 보고 물을 마시는 기능과 매칭할 수 있다. 그리고 컵이 탁자 위에 있는 것을 보면서 자신과 2~3m 거리에 있다고 판단할 수 있고, 이 거리 판단이 정확하지는 않지만 정말 목이 마를 때 물을 마시는 것이 하나의 임무가 된다. 사람이 컵을 향해 걸어가는 과정부터 컵을 잡을 때까지 지속적으로 더욱 정확하게 자신과 컵의 거리를 판단한다. 이 과정이 바로 전형적인 테스크 드라이버의 상황 식별과 기능 추리이다.

또한 기능에 대한 인간의 추론은 구체적 사물에 얽매이는 것이 아니라, 사물과 기능에 관련된 물리적 특성을 추상화함으로써 그 기능에 매칭하는 것이다. 물을 마시려고 할 때 방 안에 컵이 없고 표주박, 접시, 밀대가 하나씩 있다면, 사람은 자연스럽게 표주박을 물을 마시는 도구(만약 표주박마저 없다면 접시를 선택)로 사용할 수 있다. 표주박과 컵은 용기로써 물리적 특징이 일치하기 때문이다. 게다가 표주박을 선택한 후 바가지를 잡는 동작, 물을 마시는 동작이 모두 컵을 잡을 때와 일치하지 않는다. 이것 역시 컵과 표주박의 서로 다른 물리적 특징으로 결정된다. 따라서 사물의 기능에 대한 인간의 추론은 임무의 요구에 따라 그 물리적 특징을 추상화하는 것이며, 인간은 기능을 추론한 후 임무를 완성한다. 그러므로 인공지능의 상황 식별과 기능의 매칭은 상황과 물체의 물리적 특성에 근거하여 완성해야 한다. 테스크 드라이버에 기초한 인과적 추리와 현재 신경망의

〈도표 3-1〉 신경망과 테스크 드라이버의 비교

	신경망	테스크 드라이버
사물 식별	사물이 무엇인지 식별 훈련을 하지 않으면 식별할 수 없음	사물의 물리적 특성 식별하며 훈련을 하지 않아도 식별 가능
기능 매칭	기준과 훈련을 통해 기능을 매칭하며, 훈련을 하지 않으면 매칭 불가능	사물 특성과 기능 매칭 훈련을 하지 않더라도 기능 매칭이 가능
드라이버 본질	데이터 기준 드라이버	테스크 드라이버
데이터 수량	방대한 양의 데이터로 훈련	소량의 데이터만 필요
추론 능력	없음	추론 능력이 있음

• 자료: 주쑹천, "정본청원", 「시각구색」, 2016년 1월

비교는 〈도표 3-1〉과 같다.

현재 이 분야에서 연구하고 있는 대표적인 인물이 캘리포니아대학교 로스앤젤레스캠퍼스의 튜링상 수상자 주디아 펄 교수와 그의 동료 주쑹춘 교수이다. 그들은 상식에 입각한 '확률의사결정도', 즉 '확률문법도'를 만들 수 있다고 생각했다. 이 모형은 인간의 상식과 세계 모형을 모두 담고 있고 베이즈 원리를 채택해, 인간처럼 많은 데이터가 있어야 학습할 수 있는 것이 아니라서 많은 문제를 처리하는 데 신경망보다 효율이 높다. 스탠포드대학교 버나드 위드로 교수의 제자가 실리콘밸리에서 창업한 인공지능 회사 바이캐리어스는 유명 투자자 피터 틸, 테슬라 창업자 일론 머스크, 페이스북 창업자 마크 저커버그, 아마존 창업자 제프 베조스로부터 투자를 받았다. 그들 역시 확률의사결정도 방법을 채택했다. 현재는 소수파에 불

과하지만 몇 년 후에는 두각을 드러낼 것으로 보인다. 50년 동안 찬밥 신세였던 신경망이 이제야 하늘을 찌를 듯 기세를 보이는 것처럼 말이다.

제4장

실리콘밸리 각축전_AI 산업 쟁탈전

4장에서는 이론과 기술을 제외하고 AI 산업 생태계만을 다룬다. AI 시대에 투자 기회를 잡으려는 사람들에게 AI 산업과 비즈니스에 대한 기초적 이해를 제공하는 장이다. 투자에 관심이 많다면 앞부분을 읽지 않고 4장부터 읽어도 무방하다.

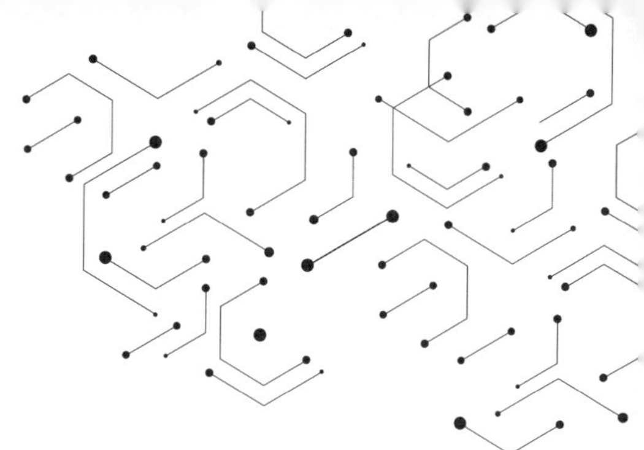

최신 기술의 거대한 파도

인공지능이 모바일 다음을 잇는 거대한 파도이며, 그 규모와 영향력은 최소 인터넷에 맞먹는 수준이라는 사실은 의심의 여지가 없다. 이 혁신의 거대한 파도가 시작된 이정표적인 사건은 2012년 인공지능 경진대회인 이미지넷이다. 이미지넷은 현재 1,400만 장의 이미지를 보유하고 있으며, 그중 수백만 장에 문자 라벨링이 되어 있다. 일반적으로 라벨링은 짤막하게 이미지를 설명한 내용(예를 들면 '풀밭에 누워 있는 한 마리 황구')이다. 이미지넷은 누구의 프로그램이 가장 정확하게 이미지 내용을 식별해내는지 겨루는 대회이다. 2012년 이전의 식별은 주로 인공적으로 사물의 특징을 선택하고 그 특징을 식별하는 프로세스를 써내려갔는데, 정확도가 최대 74% 안팎을 맴돌았다. 그러다가 2012년 알렉스 크리제브스키가 다층 신경망 알렉스넷을 사용하여 인식률을 단숨에 84%로 끌어올렸다.

이 혁명적인 결과는 즉시 산업계의 큰 반향과 관심을 불러일으켰다. 구글 브레인 책임자인 제프 딘은 이 중대한 기회를 예리하게 포착했다. 그는 1년 동안 당시 구글의 CEO 겸 창업자인 래리 페이지를 설득하여 회사 전체를 AI로 전환하기 시작했다. 그 후 페이스북, 마이크로소프트, 바이두 등 과학 기술계의 대표 주자들이 속속 뛰어들었다. 〈그림 4-1〉에서 볼 수 있듯이 신경망의 인식 정확도는 꾸

〈그림 4-1〉 2010-2015년 이미지넷의 역대 식별 정확도

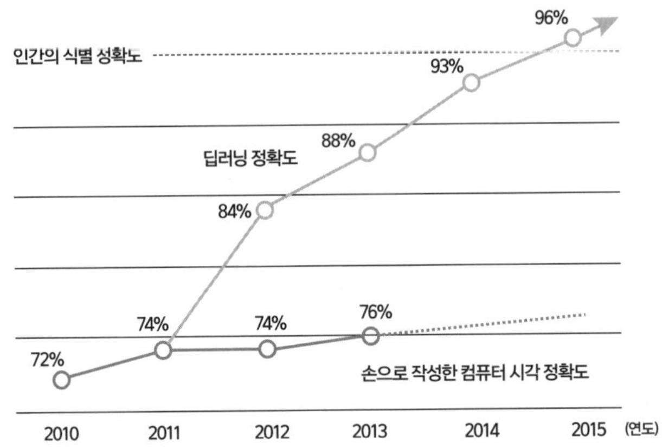

• 출처: http://yann.lecun.com/

준히 향상되어 2015년에는 96%에 달했으며, 인간이 달성할 수 있는 95%를 초월하였다. 이러한 혁신은 머신러닝이 실제로 문제 해결을 시작할 수 있다는 것을 입증했으며, 산업계도 거대한 사업적 잠재력을 인식했다. 하지만 혁신은 결코 쉽지 않았고 여기까지 오는 데 AI는 60년 동안 험난한 길을 걸었다.

AI 혁신의 3가지 요소

AI가 세상에 등장한 지 60년이나 되었는데, 왜 이제야 혁신의 대명사가 되었을까? 그것은 3가지 조건이 이제야 성립되었기 때문이다.

첫 번째 조건은 컴퓨팅 성능이다. 컴퓨팅 성능과 반도체의 집적

도(하나의 반도체 소재 면적 위에 집적할 수 있는 트랜지스터 수량)와 직접적인 관계가 있다. 최초의 집적회로 트랜지스터가 탄생한 이후 지난 50년 동안 반도체의 집적도 증가 속도는 기본적으로 '무어의 법칙'에서 크게 벗어나지 않았다. 페어차일드 반도체의 엔지니어 고든 무어(나중에 인텔 창업주 중 한 명이 됨)는 1965년 4월 19일 「일렉트로닉스」라는 잡지에 「집적회로에 더 많은 부품 넣기」라는 논문을 기고했는데, 이 논문에서 반도체칩 위에 집적되는 트랜지스터와 전기저항의 수량이 1년마다 2배 증가할 것이라고 예언했다. 1975년 무어는 전기전자기술자협회(Institute of Electrical and Electronics Engineers, IEEE)에 또 한 편의 논문을 발표했다. 당시 실정에 따라 무어의 법칙을 수정했는데, '1년마다 2배 증가'를 '2년마다 2배 증가'로 수정하였다. 하지만 현재는 '18개월마다 컴퓨터의 속도는 2배 증가하고, 가격은 절반으로 낮아진다'는 내용으로 알려져 있다. 1970년 칩 1개에 들어가는 트랜지스터의 수는 약 1,000개였지만 현재는 100억 개에 이른다. 50년도 되지 않아 1,000만 배나 증가한 것이다. 이제 칩 하나에 들어가는 트랜지스터 수량의 증가 속도는 둔화되었지만, 전체 계산 속도를 높이기 위해 수천 개의 칩을 패키징하기 시작했다. 인공지능의 거대한 발전에서 컴퓨터 성능이 얼마나 중요한 지는 AI 훈련 알고리즘에 GPU가 사용되는 기념비적인 사건에서 드러났다. 2009년 스탠포드대학교 컴퓨터학과 우언다 교수와 그의 제자 라자트 레이나는, 신경망은 대량 병렬 계산이 가능하기 때문에 GPU를 사용하면 듀얼 코어 CPU보다 70배 빨라져 몇 주가 걸려야 끝나는 계산을 하루 만에 끝낼 수 있다는 의견을 제기했다. 그 후 뉴욕대학교와 토론

토대학교, 스위스 AI 연구실에서도 GPU를 토대로 심층 신경망 연구를 가속화했다. 2012년 이미지넷에서 승리한 알렉스넷 역시 GPU를 사용했다. 이는 GPU가 신경망 훈련과 식별에서 공인된 왕좌의 지위를 확립하는 계기가 됐다. 그 후 알파고가 인류 최고의 바둑기사를 물리치면서 위세를 떨쳤고, 배후에는 구글이 딥러닝을 위해 자체적으로 연구하여 사용한 TPU가 중요한 역할을 했다는 것이 알려졌다. TPU 하나는 GPU보다 10배 빠른 컴퓨터 성능을 제공한다. 이번 장에서는 TPU가 왜 GPU보다 빠른지 상세히 분석할 예정이다.

두 번째 조건은 데이터이다. 알고리즘이 로켓 엔진이라면 데이터는 그 연료에 해당한다. 인터넷이 발전하고 각종 센서(각종 환경에서의 온도, 위치, 압력 등 물리 화학 변수의 측정, 사회에 대량으로 존재하는 카메라 등) 비용이 대폭적으로 하락하여 광범위하게 설치되었다. 그러면서 IDC(인터넷 데이터 센터)의 모니터링 통계에 따르면 2011년 전 세계 데이터양은 이미 1.8ZB(1ZB=1조 GB)에 달한다고 한다. 이는 18억 개의 1TB 모바일 디스크에 해당한다. 이 수치는 2년마다 2배 증가하는 속도로 늘어나고 있어, 2020년에는 전 세계 데이터양이 35ZB에 달해 약 20배 증가할 것으로 예측된다.

이는 인류가 탄생하면서부터 컴퓨터가 발명되기까지 생산한 데이터 합보다 많다. 현재의 센서 기술 발전 속도라면 몇 년 후에 오늘을 돌아봤을 때, 데이터양이 적을 뿐 아니라 데이터 수집의 밀도와 범위 역시 매우 부족하다고 회고하게 될 것이다.

세 번째 조건은 기꺼이 '찬밥 신세'를 감수한 과학자가 수십 년 동안 축적해 2006년부터 두각을 드러내기 시작한 알고리즘의 혁신을 들 수 있다. 당시 토론토대학교의 제프리 힌튼 교수는 미국 「사이언스」 및 관련 저널에 논문을 발표하여, 심층 신경망의 성능과 실용성을 입증했다. 다층 신경망의 딥러닝 이론은 인공지능 발전에 중요한 추진력이 되었고, 이는 레오나르도 다빈치가 설계한 날개 날린 비행기에서 프로펠러가 달린 엔진으로 변한 것과 같은 변신이다. 인공지능의 개념과 응용은 나날이 발전하기 시작했다. 음성 인식, 기계 비전Vision 기술은 몇 년 만에 인류의 수준을 뛰어넘었다.

바로 계산력, 데이터, 알고리즘, 3가지 요소가 동시에 성숙해지고 힘을 모아 오늘날 AI의 폭발적 발전을 가져왔다. 이 3가지 요소 중 가장 중요한 것은 계산력 발전과 알고리즘 상호 촉진이다.

피라미드형 산업 구조

한 산업의 생태는 해당 산업의 부분 부분이 어떤 관계를 가지는지를 말한다. 예를 들어 어떤 부분은 병목 현상에 처해 있으면서도 가장 강력한 협상력이 있다. 더 심층적인 산업 생태 분석에는 미래의 발전 모습과 전체에 미치는 영향을 포함해야 한다. AI 산업은 〈그림 4-2〉와 같다.

피라미드 하층부가 상층부에 대해 의존할 뿐, 상층부가 하층부에 의존하지는 않는다. 다시 말해 상층부는 구동력이자 독립변수이고, 하층부는 구동 결과이며 종속변수이다. 피라미드의 폭은 대응하는 시장의 규모와 업체의 대략적인 수에 해당된다. 그러므로 상층

〈그림 4-2〉 피라미드 구조의 AI 산업 생태계

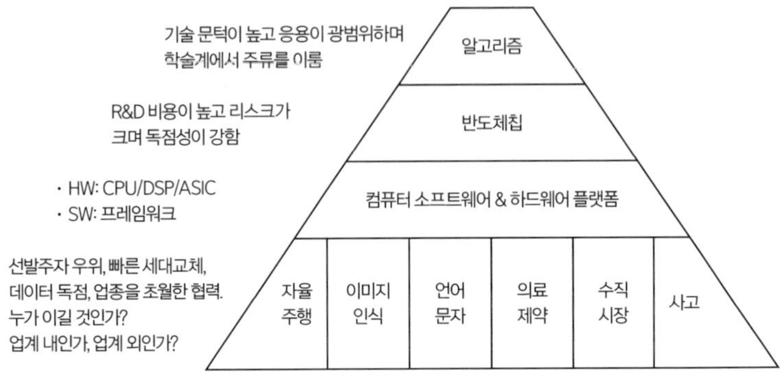

부일수록 전체 업종에 미치는 영향이 크지만 시장 규모는 작고, 하층부일수록 시장 규모가 크지만 그 영향력은 미미하다.

왕 중의 왕, 알고리즘

앞서 설명했듯이 최근 몇 년 동안 AI는 폭발적으로 발전했다. 그 추진 요인 중 하나가 신경망 알고리즘의 발전이다. 사실 3가지 요인 중 가장 중요한 게 바로 알고리즘이다. 다른 2개의 요인인 계산력과 데이터양은 거의 무임승차에 해당한다. 현재 알고리즘 연구는 주로 미국의 명문 대학과 몇몇 초대형 인터넷 기업(구글, 페이스북, 아마존, MS, IBM, 바이두 등)에 집중되어 있다. 대학의 알고리즘 연구는 대부분 학술적이며 공개된다. 하지만 대기업은 알고리즘 연구의 가장 핵심적인 부분을 공개하지 않고 자체적으로만 사용한다. 알고리즘을 전문적으로 연구하는 민간 기업은 손에 꼽히는데, 그중 우리에게 익숙한 곳이 바로 구글에 인수된 딥마인드이다. 또 다른 한 곳은 실리콘밸리의 노장인 누멘타이다. 누멘타는 제프 호킨스가 설립하고 세계 최초의 개인용 휴대 단말기인 PDA 팜파일럿을 만들었던 회사이다. 누멘타는 십수 년 동안 계층형 시간적 메모리(Hierarchical Temporal Memory, HTM) 알고리즘을 연구하는 데 전념해온 민간 자본의 연구소이다. 대뇌 신피질 중 중추 체세포에서 영감을 얻어 개발되어 네트워크 구조가 다른 신경망보다 복잡하다. 이 알고리즘의 한 가지 특징은 연속학습이 가능하다는 점이다. 신경망에는 모두 하나의 단점이 있다. 모델 훈련이 완료된 후 새로운 데이터가 생기면, 새로운 데이터와 기존의 데이터를 합하여 다시 모델을 훈련시켜야 했다. 하지만 계층형 시간적 메모리(이하 HTM)의 연속학습에는 이 같은 단점이 없다. 새로운 데이터가 생기면 모델에 피딩하기만 하면 된다. HTM의 두 번째 장점은 물리 세계의 기본적 상식을 모델에 담을 수 있다는 것이다. 누멘타는 비즈니스 솔루션의 직접적인 제공을 모색하지 않고 단지 알고리즘 라이센스를 제공하여, 파트너가 자신의 알고리즘을 사용해 비즈니스 문제를 해결하도록 했다. 누멘타는 또한 더 많은 개발자가 이 플랫폼에서 HTM 알고리즘을 보완할 수 있도록 오픈소스 플랫폼을 제공한다. 누멘타에서 나와 창업한 버나드 위드로 교수의 제자 딜립 조지는 HTM에 기초하여 머신의 범용 소프트웨어를 만드는 회사인 바이캐리어스를 설립했다. 응용에 비해 순수하게 알고리즘을 만드는 회사가 턱없이 적은 이유는 비즈니스 모델이 부족하기 때문이다.

기술의 핵심, 반도체칩

반도체칩은 모든 정보기술의 기초로 칩이 있어야 컴퓨터와 메모리가 존재하고, 컴퓨터와 메모리가 있어야 인터넷이 존재한다. 인터넷이 있어야 빅데이터가 존재하며, 빅데이터가 있어야 인공지능이 존재한다. 모든 발전 과정에서 칩은 가장 핵심적인 고리이며, 칩 제조업체는 항상 패권의 위치에 있었다. 대형 컴퓨터 시대에는 스스로 칩을 개발할 수 있었던 IBM이 독주했다. 퍼스널 컴퓨터 시대에는 퀄컴이 휴대전화 칩을 거의 독점하며 인텔의 독주에 직접적으로 도전장을 내밀었다. 클라우드 빅데이터 시대에 삼성은 메모리 반도체 분야에서 자신이 가진 강점으로 세계 반도체 1위 기업이 되었다. 그렇다면 인공지능 시대에는 누가 새로운 제왕이 될 것인가?

새로운 제왕의 월계관은 실리콘밸리 반도체 기업 엔비디아에게 돌아갈 가능성이 크다. 엔비디아는 1993년 설립되었으며 창업자는 타이완 출신 젠슨 황이다. 어렸을 때 부모를 따라 미국으로 건너가 스탠포드대학교를 졸업한 그는 처음에는 컴퓨터 이미지 그래픽카드를 만들었다. 20년 동안 이미지 그래픽카드와 이미지 처리 칩 GPU를 개발하고 판매해왔다. 산업적인 응용 외에 그래픽카드의 최대 시장은 컴퓨터 게임이다. 오늘날 거의 모든 하이엔드 컴퓨터 게임에서 엔비디아의 그래픽카드를 사용한다. 컴퓨터 게임 시장이 성숙해지면서 엔비디아는 휴대폰 시장 진입을 시도했고 마땅한 회사를 인수했었지만 성공하지 못했다. 그러다가 2012년, 엔비디아에게 하늘에서 '거대한 파이'가 떨어진다. 바로 앞서 언급했던 이미지넷이다. 이 경기에서 눈부신 혁신을 보여준 알렉스넷의 설계자 알렉스 크리제브스키가 바로 엔비디아의 GPU를 사용하면서, GPU가 많은 병렬 연산 신경망에 매우 적합하며 CPU보다 훨씬 빠르다는 것을 입증했다. 그 후 몇 년 간, 다른 참가자들도 줄줄이 GPU를 채택해 누가 신경망을 더 크게 더 많이 쌓는지 겨루었다. GPU는 신경망 컴퓨팅 엔진이 되어 컴퓨터에서 CPU가 하던 역할을 하게 되었다.

어째서 GPU가 신경망 컴퓨팅의 엔진이 되었는가? 훈련 신경망은 블랙박스에 있는 다이얼에 해당하며 이는 수학적 알고리즘을 통해 조절되는데, 이 다이얼은 수십억 개를 움직이기 때문에 방대한 양의 계산이 필요하다. 기존 컴퓨터는 CPU를 사용하는데, CPU를 사용해 다이얼을 조절할 때는 첫 번째 조절을 완료하고 다시 두 번째 조절을 하는 방식으로 한 개씩 순차적으로 이루어진다. CPU도 매우 빠르긴 하지만 신경망의 다이얼이 너무 많기 때문에 감당이 안 되었다. 이때 등장한 것이 GPU이다.

GPU가 CPU와 다른 점은 한 번에 수천 개의 다이얼을 조절할 수 있다는 점이다. 원래 CPU가 몇 년이 걸릴 일을 GPU는 단 며칠 만에 끝낼 수 있다(관심 있는 독자라면 〈부록 3〉에서 GPU 관련 기술 설명을 참조하기 바란다). GPU의 등장으로 신경망을 더 크게 만들 수 있었고 그 처리 성능도 강해지면서, 순수 학술 연구에서 막대한 경제적 가치가 있는 도구로 변했다.

딥러닝에서 GPU의 쓰임은 모델 훈련과 식별, 2가지이다. 전자는 방대한 양의 훈련 데이터를 처리해야 할 뿐 아니라, 다른 모델과 파라미터를 끊임없이 시험해야 한다. 그렇기 때문에 연산량이 매우 크고 하나의 훈련 모델에 수백 수천 개의 GPU로 계산되어야 한다. 식별된 연산량은 훨씬 적지만 사용자가 많기 때문에(구글, 페이스북의 사용자가 10억 명이다) 전체 연산량은 더 크다. 일반적으로 모델 훈련의 수십억 심지어 수백억 배에 달한다. 거의 모든 딥러닝이 엔비디아의 GPU를 사용하므로 엔비디아 칩은 계속 공급이 부족한 실정이다. 주가는 2015년부터 2017년까지 10배나 뛰었다.

업계 권력과 이윤을 생각하면 다른 회사들의 마음이 편할 리 없다. 우선 왕관을 빼앗기고 싶지 않은 인텔은 CPU에 더 많은 코어를 집적하기 시작했다. 2017년 출시한 제온 파이Xeon Phi에는 72억 개의 코어가 들어 있다. 하지만 CPU는 결국 다른 일들도 처리해야 한다. 딥러닝만 보면 같은 레벨의 GPU보다 못하다. 한편 미국의 AMD는 '차라리 2위'의 전통을 살려 CPU에서는 인텔을, GPU에서는 엔비디아를 바짝 추격해 '저렴한 가격의 비슷한 성능'의 노선을 걷는다.

다른 몇몇 인터넷 기반 기업들도 엔비디아가 딥러닝의 명맥을 장악하는 것을 속수무책으로 구경만 하고 싶어 하지는 않았다. 구글은 소매를 걷어붙이고 자체 TPU를 만들었다. 구글은 '어차피 GPU가 범용성을 희생시킴으로써 그래픽 처리에서 CPU보다 15배 빠른 성능을 얻었다면, 신경망에 필요한 행렬 연산에만 집중해서 속도를 끌어올리는 것은 어떨까?'라는 생각에 이르게 되었다. TPU 설계의 첫 번째 노하우는 GPU보다 신경망 안에서 연산량이 가장 큰 행렬 연산에 더 집중하는 것이었고, 그러면 GPU처럼 이미지 처리에 필요한 수요를 고려할 필요가 없었다. TPU의 두 번째 노하우는 낮은 정확도로 계산하는 것이다. 이미지와 영상을 처리하는 데는 높은 정확도(일반적으로 32비트 부동 소수점 연산 정확도)가 필요한데, 식별에 사용하는 신경망 파라미터는 높은 정확도가 필요하지 않다.

구글의 첫 번째 TPU는 식별을 위해 설계되었고, 연산에서 32비트의 부동 소수점 연산 정확도를 포기하면서 전부 8비트의 정수 연산을 채택했다. 8비트의 곱셈기는 32비트보다 '4×4=16배' 간단하므로, 동등한 칩의 면적 위에 많은 연산 유닛을 올릴 수 있었다. 구글의 첫 번째 TPU는 6만 5,000개의 곱셈 연산 유닛을 가지고 있는 반면, 가장 빠른 GPU는 5,300개뿐이다. 관심 있다면 〈부록 3〉에서 CPU, GPU, TPU에 대한 상세한 기술 분석과 비교를 찾아보면 좋을 것이다. 머신러닝 칩 시장은 대형 반도체 제조사뿐만 아니라 미국, 중국, 유럽의 최소 수십 곳의 스타트업이 칼을 갈고 나갈 준비를 하고 있다. 그렇다면 스타트업은 과연 기회를 잡을 수 있을까?

신경망칩은 대략 3가지로 분류할 수 있다. 첫 번째 유형은 데이터 센터 안에서 모델 훈련과 식별에 사용되는 칩이다. 현재 이 칩은 엔비디아가 거의 독점하고 있다. 이 칩의 고객은 비용을 아까워하지 않고 전력소모를 따지지 않으며 오직 빠른 연산속도만을 원한다. 일반적으로 최대한 많은 트랜지스터를 집적하기 위해 최신 반도체 공정을 사용한다. 이 책의 원고가 마무리될 때의 기준으로 보면, 가장 선진적이면서 성숙하기 시작한 상용 반도체 공정이 7나노공정으로 최신 공정을 사용하는 비용도 가장 높다. 하나의 칩이 연구개발, 설계, 시범생산, 테스트에서 양산까지의 과정까지 필요한 비용은 10억 달러를 넘기 십상이다. 스타트업이 이만큼 자본이 풍부한 경우는 흔치 않다. 벤처 자금이라고 해도 이렇게 큰 리스크를 감당하려고 하지는 않을 것이다. 설령 생산에 성공한다고 해도 판매라는 또 하나의 산을 넘어야 한다. 스타트업 칩이 기존 칩보다 최소 10배 이상 빠르지 않고서는, 대형 고객사에게 검증되지 않은 회사의 칩을 사용하라고 설득하는 것은 어려운 일이다. 스타트업이 기존의 반도체칩보다 10배 이상 빠른 칩을 개발하려 설계 단계에서 최소 시장에 나와 있는 칩보다 100배에서 1,000배 빠르도록 설계해야 한다. 왜냐하면 기존 업체들 역시 가만히 있지 않기 때문이다. 그들 역시 쉬지 않고 차세대 칩을 설계한다. 새로운 칩이 10배 더 빠르다고 하더라도 컴파일러, 라이브러리 등 프로그래밍 소프트웨어 환경을 정비하는 데도 몇 년의 시간이 걸린다. 이런 이유로 인해 스타트업이 데이터 센터 시장을 노리는 것은 리스크가 매우 크다고 할 수 있다.

두 번째 유형은 자동차 자율주행이나 로봇에 사용되는 칩으로 이는 소비전력이 크지 않아야 한다. 전기차에서 칩의 소비전력이 1회 충전 주행거리를 1% 이상 낮추어서는 곤란하다. 원가도 무시할 수 없으며, 연산속도도 빨라야 한다. 현재 엔비디아 GPU는 대형 자동차 회사에서 가장 선호하는 제품이다. 엔비디아 역시 자율주행을 가장 중요한 분야로 생각하고 있다.

AMD, 퀄컴, 인텔, 모두 시장에서 경쟁하고 있다. 퀄컴은 440억 달러를 들여 네덜란드 NXP반도체를 인수했다. 이 회사의 반도체칩이 자동차의 각종 제어시스템에 광범위하게 사용되고 있기 때문이다. 2017년 3월 인텔은 153억 달러를 투자해 이스라엘 자율주행차 업체인 모빌아이를 인수하면서 첨단 운전자 보조 시스템ADAS 시장의 선두를 실현했다. AMD는 원래 엔비디아의 협력 파트너였던 테슬라와 협력하여 자율주행에 사용되는 AI칩을 개발했다. 일부 스타트업 역시 이 분야에 뛰어들었다. 하지만 종합적으로 봤을 때 스타트업이 해당 시장에서 기회를 잡을 가능성은 거의 없어 보인다. 이유는 비슷하다. R&D 비용이 막대하고 고객(자동차 제조업체나 그들의 1차 공급업체) 규모가 크고 보수적이기 때문이다.

세 번째 유형은 각종 단말기에 사용되는 칩으로 카메라, 휴대폰, 의료장비, 소형 로봇 등에 사용된다. 소비전력이 매우 낮고(예를 들어 휴대폰), 비용이 낮으며, 머신러닝 등의 연산에서 속도가 CPU보다 10배 이상만 빠르면 된다. 여기서는 스타트업이 기회를 잡을 가능성이 가장 크다. 이러한 종류의 단말기 칩 중에서는 휴대폰 시장이 가장 크지만 일류 휴대폰 업체에 진입할 가능성은 가장 낮다. 애플이나 삼성, 화웨이 등 일류 휴대폰 업체는 거의 자신의 칩을 사용하여 차별화된 사용자 경험을 제공한다. 그들에게 신경망 가속기를 설계하는 것은 전혀 어렵지 않다. 2017년 애플과 화웨이는 이미 AI칩이 내장된 아이폰 X(애플)와 메이트 10(화웨이)을 발표했다. 휴대전화 칩 제조업체들은 결코 이 미래 시장을 포기하지 않을 것이다. 퀄컴, 삼성, 미디어텍 등은 2018년 인공지능을 융합한 칩 제품을 출시할 계획이며, 다른 휴대전화 업체 역시 신경망칩을 속속 사용하고 있다. 2류, 3류의 휴대폰 업체 역시 새로운 칩을 추가하는 대신 AI가속칩을 CPU에 집적(이렇게 하면 비용이 거의 증가하지 않기 때문에)하도록 요구하고 있다. 스타트업은 AI 가속기가 달린 완전히 새로운 CPU를 개발할 수 없다. 기껏해야 자신의 AI 가속기 설계를 CPU칩 회사에 제공하여 사용하도록 할 뿐이다. 하지만 CPU칩 제조업체 역시 AI 가속기를 설계할 능력이 있기 때문에, AI칩의 스타트업이 휴대폰 시장에 진입하는 것은 거의 불가능하다.

카메라 시장 규모는 매우 크다. 특히 많은 국가와 도시에서 스마트 시티를 구축하고 있어 AI칩의 잠재 수요는 가늠하기 힘들 정도이다. 많은 AI칩과 알고리즘 스타트업이 보안을 가장 중요한 목적지 중 하나로 삼고 있다. 하지만 해당 분야의 집중도가 매우 높아 보안 설비 업체에게 영상 처리 칩을 제공하는 회사는 반드시 AI 기능을 집적해야 하며, 보안 설비 주요 업체 역시 자체적으로 AI칩을 연구하고 있다. 그러므로 신생업체의 최대 기회는 존재하지 않거나 현재 규모가 매우 작은 응용 분야에 국한된다. 예를 들면 각종 소형 로봇, 사물인터넷 등이다. 투자자는 대형업체가 당장은 쳐다보지 않지만, 몇 년 안에 폭발할 수 있는 시장에 승부를 걸어야 한다. 많은 독자들이 중국의 스타트업이 AI칩에서 기회를 얻을 수 있을지 궁금할 것이다. 이 질문에 대한 대답은 '앞의 분석이 모든 국가의 스타트업에 적용된다'이다.

생태계 전쟁: 프레임워크의 사용과 선택

AI 분야에서 '프레임워크'라는 새로운 기술용어를 자주 듣는다. 프레임워크는 과거 우리에게 익숙한 '프로그래밍 언어'나 '운영체계'와 어떤 관계가 있을까? 간단하게 설명하면 프레임워크란 하나의 프로세스 라이브러리이다. 이 라이브러리에는 자주 사용하는 함수와 연산(예를 들어 행렬 곱셈)이 많다. 라이브러리는 프로그래머의 시간을 많이 절약해줄 수 있다. 이들 프레임워크의 라이브러리 대부분은 '객체 지향' 고급 프로그래밍 언어이다. C++(컴퓨터 프로그래밍 언어), 파이썬(객체 지향 해석형 컴퓨터 프로그래밍 언어) 등이다. 고급 프로그래밍 언어는 프로그래밍은 쉽지만 효율이 떨어지고, 어셈블리 언어 프로그래밍 같이 저급 프로그래밍 언어는 복잡하지만 효율이 높다. 고급 프로그래밍 언어를 사용한 프로그래밍 라이브러리는 리눅스(일종의 오픈소스 운영체계), 윈도우(마이크로소프트), 맥 OS(애플)와 같이 다양한 운영체계에서 실행된다.

머신러닝의 초기 현상으로써 현재 많은 프레임워크가 경쟁하고 있다. 그중 텐서플로TensorFlow, 테아노Theano, 카페Caffe, 엠엑스넷MXNet, 마이크로소프트의 CNTK, 토치torch 등이 잘 알려져 있다. 이들의 본질은 대체로 유사하다. 일반적으로 다음과 같이 구성된다.

| 텐서의 대상 |

텐서Tensor는 다차원적인 데이터이다. 예를 들어 24시간 동안의 시간당 평균 온도 데이터 세트가 24개 데이터가 있는 1차원 텐서, 벡터라고 한다. 480×640화소의 흑백사진 1장은 2차원 텐서, 행렬이다. 첫 번째 차원에는 480개 데이터가 있고, 두 번째 차원에 640개의 데이터가 있어, 총 '480×640=307,200개' 데이터가 있으며 각 데이터값이 1개 화소의 그레이스케일이다. 만약 컬러사진이라면 각 화소를 적, 녹, 청, 3원색으로 분해할 수 있기 때문에 이 사진은 3차원 텐서로 변한다. 총 '480×640×3=921,600개' 데이터가 된다. 텐서는 각종 데이터를 담을 수 있는 형식으로 처리해야 할 데이터가 날씨, 주식, 인체 생리 지표, 언어, 이미지, 영상인지 상관없이 모두 서로 다른 차원의 텐서로 표시할 수 있다. 이처럼 데이터의 통일된 표현으로 수학 연산 형식의 표현도 동일하게 만들 수 있다. 모두 텐서 연산이다. 머신러닝 계산을 할 때(모델 훈련인지 특징 식별인지 상관없이), 먼저 데이터를 텐서 형식으로 전환해야 한다. 계산 결과가 나온 후 다시 텐서 형식을 원래의 데이터 형식으로 전환해야 한다. 가장 많이 사용하는 것이 2차원 텐서, 즉 행렬이다. 쉽게 이해할 수 있도록 행렬을 대표적인 텐서로 사용하려고 한다.

| 텐서에 대한 연산 |

신경망에 기반을 둔 머신러닝은 본질적으로 데이터 입력에 대한 일련의 행렬 연산과 합성곱 연산, 비선형 연산(양수만 취하고 음수는 일률적으로 0으로 처리하는 연산)이다. 모델 훈련에서는 역전파를 통해 계속 가중치(행렬의 각 원소)를 조정하여 마지막 출력과 목표값의 차이를 최소화한다. 특징 식별에서는 입력 데이터를 일련의 행렬과 비선형 연산을 거치게 한 후, 어떤 훈련된 특징을 추출한 후 다시 이 특징과 이미 알고 있는 특징을 비교하여 분류한다. 행렬 곱셈법, 비선형 처리 등 자주 사용하는 연산은 모두 프로그래밍 라이브러리의 연산 또는 함수가 될 수 있다. 우리가 이 함수를 사용할 때 매트릭스의 크기와 내용 등 기입해야 할 파라미터만 기입해야지, 행렬의 구체적인 연산을 작성할 필요는 없다.

| 연산 플로우와 프로세스 최적화 |

많은 프레임워크가 가시적인 연산 흐름도를 제공하고 신경망의 전체 연산을 하나의 블록으로 그려낸다. 블록의 모든 노드가 바로 프로그래밍 라이브러리의 함수 또는 연산(프로그래밍 언어로 객체라고 한다)이다. 이 전체 연산을 직접적으로 보여줌으로써 프로그램의 허점을 쉽게 찾을 수 있게 한다. 연산 흐름도를 그린 이후 프레임워크는 자동으로 흐름도를 실행 가능한 프로세스로 바꾼다. 복잡한 프로세스에 대해 가시적인 프로그래밍 흐름도로 그려낸 후에는, 전체적으로 볼 수 있어 쉽게 최적화할 수 있다(흐름도를 수정하는 것이 프로그램을 수정하는 것보다 쉽기 때문에). 컴파일러(프로그래밍 언어로 쓰인 프로그램을 컴퓨터가 직접 이해할 수 있는 하위 명령어로 전환하는 내장 프로그램)는 프로세스 맵에 따라 기본 자원(메모리, 계산 등의 자원)의 할당을 최적화할 수 있다.

| 자동 미분 |

신경망을 훈련할 때 가장 복잡한 계산은 경사 하강법을 사용해 신경망 각 층의 가중치를 역전파를 통해 출력오차가 최소화될 때까지 조절하는 것이다. 이는 기본적으로 연속되는 신경망 각 층의 가중치 집합에서 도함수를 구하는 것이다. 대부분의 프레임워크에서 이 연쇄 미분은 하나의 연산 함수(파이썬 프로그램 라이브러리에서 하나의 연산 '클래스')로 포함된다. 텐서플로 같은 높은 수준의 응용 프로그램 인터페이스를 제공하는 일부 프레임워크에서는 심지어 전체 '훈련'을 하나의 연산(클래스)에 포함한다. 일부 연산 흐름도를 그린 후(신경망의 크기와 구조를 정의하는 것과 같다) 연산 '훈련'을 호출하여 훈련 데이터 연산을 시작하면 훈련된 신경망 파라미터를 획득할 수 있다.

| GPU 선형대수학 연산 최적화에 대해 |

기존의 수많은 선형대수학 함수는 CPU에서 연산된다. 앞서 언급했듯이 GPU의 특징은 대규모 병렬 연산이 가능하다는 것이다. 선형대수학 연산은 대부분 행렬 연산인데, 행렬 연산 대부분이 병렬 가능한 계산이다. 현재 AI 계산 플랫폼이 GPU 위주이기 때문에 기존에 사용하던 선형대수학 함수와 연산 패키지는 다시 작성하여 이러한 연산을 병렬할 수 있도록 해야 한다. 하지만 이 작업은 프레임워크 사용자의 사용 방식에 영향을 미치지 않으며, 최적화된 인터페이스와 사용방식은 동일하게 유지된다.

프레임워크는 모두 초기 머신러닝 프로그래머가 사용의 편의를 위해 축적해온 라이브러리이다. 형성된 시간도 다르고 목적도, 해결하는 문제의 중점 방향도 다르다. 일부 프레임워크가 제공하는 조절 가능한 프로그램은 기본층(모든 함수 또는 연산에 상대적으로 기본에 해당하며 집을 지을 때의 벽돌에 해당)에 속해 프로그래머가 철저하게 신경망을 이해해야 하며, 기본층 프로그래밍 라이브러리의 장점은 프로그램의 융통성과 적합성이 높아 운영 효율이 높다는 것이다. 이 같은 프레임워크가 제공하는 호출 프로그램은 고급(모든 함수나 연산이 복잡하며 집의 한 벽면, 패널에 해당)에 속한다. 신경망을 잘 모르는 사람도 쉽게 프로그래밍을 할 수 있지만, 프로그램의 유연성과 적응성은 제한을 받으며 운영 효율도 떨어진다. 그밖에 주요한 차이는 프로그래밍 라이브러리 안의 함수와 연산의 구체적 실현 방법이 다르다는 점이다. 어떤 것은 효율이 높고 어떤 것은 낮다. 각 주요 프레임워크가 한 개 또는 여러 개의 GPU를 사용해 머신러닝을 진행할 때, 자주 보는 행렬 연산과 합성곱 연산의 효율에 대해 비교한 홍콩 침회대학교의 추샤오원(CHU Xiaowen, 褚曉文) 교수의 논문 「3종류 심층 신경망에서의 텐서플로, 카페, CNTK, MXNet, 토치에 대한 평가」를 참고해볼 수 있다. 프레임워크에 대해 더 알고 싶은 독자는 〈부록 4〉에 나오는 현재 업계에서 주로 사용하는 프레임워크를 살펴봐도 좋다.

오픈소스 커뮤니티와 AI 생태계

라이브러리 소개에서 보면 초기 머신러닝의 프로그래머는 자주 사용하는 함수와 연산을 스스로 작성하여 사용하거나 자신의 사내용 프로그램 라이브러리를 만들 수 있다는 것을 알 수 있다. 캘리포니아대학교의 카페Caffe와 같이 대학에서 기원한 라이브러리는 보통 처음에는 '오픈소스'로, 라이브러리 안의 소스 코드가 공개된다. 최근 몇 년간 구글, 페이스북, MS, 아마존 등도 자신의 라이브러리를 공개했다. 왜 공개했을까? 물론 회사 내부에서 오픈소스를 추진한 엔지니어 중 이상주의자가 없지는 않겠지만, 그들이 원하는 것은 오픈소스를 통한 머신러닝의 빠른 발전이었다. 하지만 회사는 이윤을 추구한다. 오픈소스의 주요 상업적 동기는 더 많은 소프트웨어 프로그래머들이 자신의 프레임워크를 사용하여, 자신의 프레임워크를 둘러싼 생태계에 영양을 공급하도록 하는 것이다. 그렇다면 '오픈소스'라는 게임은 어떻게 하는 것인가? 프로그램 소스 코드 공개 후 아무나 수정할 수 있는데, 어떻게 품질을 통제할 수 있을까? '오픈소스 소프트웨어' 게임의 역사와 규칙은 다음과 같다.

오픈소스 소프트웨어는 미국이 오랜 역사가 있다. 가장 성공적인 오픈소스 프로젝트가 바로 인터넷의 개발이다. 1962년 랜드사는 인터넷이라는 개념을 제시했다. 1968년 초에는 3개의 네트워크 노드(스탠포드대학교, 스탠포드연구소, 캘리포니아주 로스앤젤레스대학교)를 연결했다. 네트워크 프로토콜 TCP/IP가 개발되고 성숙하기까지 어떤 정부도 나서서 조직하지 않았고, 어떤 기업의 통제도 받지 않은 상태에서 완전히 커뮤니티의 지원자에 의해 이루어졌다. 미국이라는 나라는 커뮤니티에서 도시, 주, 연방까지 아래에서부터 세워졌다. 1620년 영국에서 신대륙 발견을 위해 항해해 온 '메이플라워호'가 계절풍으로 인해 원래 목적지였던 뉴욕에서 벗어나 지금의 보스턴인 북쪽 황량한 지역에 닿았을 때, 배에서는 102명의 청교도인이 '메이플라워 서약'을 체결하였다. 이 서약이 미국 최초의 '자치 헌법'이다. 그 후 미국의 각 이민 사회는 정부도 없고 '상부'도 없는, 주민 스스로 규칙을 정하고 스스로 관리하는 자치 관리 모델을 형성했다. 자신들이 정한 자치 헌법이 '정부'였다. 그러므로 미국 독립전쟁 이후 많은 사람들이 연방정부를 설립할 필요성을 느끼지 못했다. 이 같이 강력한 자치 전통은 오픈소스 소프트웨어 문화의 기초가 되었다. 인터넷처럼 중심이 없고, '리더가 없는 괴물'은 미국에서만 성장할 수 있었다. 세계 다른 어떤 곳에서도 불가능했다. 이는 기술과는 무관하다. 문화나 역사와 관련된 것이다. 인터넷의 기술은 매우 간단하다. 표시 단말기 1대와 전화선, 그리고 정보를 제공하는 컴퓨터만 있으면 가능하다. 사실 최초의 네트워크를 구현한 나라는 미국이 아니라 프랑스였다. 프랑스는 1968년 '미니텔(프랑스 자체적으로 세운 국가 네트워크로 인터넷보다 먼저 구축)'을 개발했고 지금의 문화통신부에 해당하는 체신부에서 관리했다. 1982년 전국적으로 퍼져나가 모든 가정에 1대의 단말기가 설치되어 전화선을 통해 체신부의 데이터베이스로 연결되어, 날씨를 검색하고 표를 예매할 수 있었다. 유럽 대륙에서 오랫동안 황제의 권력에 익숙한 프랑스는 처음부터 미국의 구상과 완전히 달랐다. 프랑스의 미니텔은 모든 것이 체신부에 통제되었다. 인터넷의 충격으로 미니텔은 다른 나라 정부가 통제하고 관리하던 인터넷 포털처럼 일찌감치 사라졌다. 돌이켜보면 누가 승자이고 누가 패자인지 한눈에 알 수 있다.

오픈소스 소프트웨어는 하나의 커뮤니티이며, 이 커뮤니티 역시 자치 헌법이다. 이 헌법의 주요 내용은 바로 모든 사람이 오픈소스 소프트웨어의 개선에 참여하도록 장려하는 것이다. 다년간의 발전을 거쳐 현재 오픈소스 커뮤니티는 대부분 'Apache2.0 프로토콜'을 사용한다. 해당 프로토콜의 주요 규칙은 다음과 같다. 누구나 Apache2.0 프로토콜이 허락하는 소프트웨어를 사용할 수 있으며, 또한 상업적으로 사용할 수 있다. 누구나 임의로 기존의 소프트웨어를 수정할 수 있으며, 수정 후 소프트웨어는 상표와 특허를 출원할 수 있다. 단, 수정한 소프트웨어는 반드시 Apache2.0의 라이선스를 표시하고 수정된 부분을 명시해야 한다.

오픈소스 커뮤니티는 오픈소스 소프트웨어의 기초 위에서 자신의 비즈니스 소프트웨어를 개발하는 것을 허락한다. 하지만 대부분의 상업용 소프트웨어는 공개되기를 원하지 않는다. 그렇다면 오픈소스 커뮤니티는 어떻게 무임승차의 문제를 해결할 수 있을까? 이러한 문제는 '왜 항상 누군가는 공동체를 위해 자발적으로 나서서 노력하는가? 왜 사람은 이타적인가?'라는 질문과 비슷하다. 답은 집단의 경쟁과 진화에 있다. 고대에 두 개의 이웃한 부락이 있다고 하자. 한 부락의 사람들은 모두 이기적이고, 다른 부락의 사람들은 타인을 위해 위험을 무릅쓰고 나서서 일을 한다. 두 번째 부락의 협동심과 전투력이 첫 번째 부락보다 강한 것은 당연하다. 부락 사이에 전쟁이 발생한다면, 두 번째 부락이 첫 번째 부락을 소멸시킬 수 있다. '순수하게 이기적인' 사람의 유전자는 유전될 수 없다. 하지만 이겨서 살아남은 유전자 중에는 이롭게 하는 요소가 있다. 일상생활에서도 볼 수 있듯이 하나의 공동체에서 자신의 이익을 희생해 모두에게 봉사하기를 원하는 사람은 비록 극소수이지만 언제나 있었다. 오픈소스 커뮤니티도 같은 이치이다. 내부에서 무료로 일하며 부단히 소프트웨어를 개선하는 사람은 소수이기 때문에 많은 오픈소스 커뮤니티가 어려움을 겪는다. 하지만 인터넷 프로토콜이나 리눅스 운영체계 같이 점점 중요한 기초 인프라가 되는 오픈소스 소프트웨어에 대해 많은 사람들이 관심을 갖고 힘을 쏟는다. 많은 회사들이 오픈소스 소프트웨어를 사용한다. 일단 회사가 커지면 자신들이 사용한 오픈소스의 업그레이드와 업데이트, 보안에 매우 관심을 갖는다.

그러면 이들 회사는 자금과 노력을 투자한다. 일부 사용자들도 기꺼이 기부한다. 항상 위키피디아로 공부하고 검색하던 많은 독자들이 이 도구가 점점 더 유용해지기를 바라며 정기적으로 후원을 한다. 필자도 위키피디아라는 도구 없이 일하고 생활하는 것은 상상도 할 수 없는 지경에 이르렀다. 하지만 여전히 오픈소스 커뮤니티의 무임승차 문제가 확실하게 해결되지는 않았다. 이는 우리 사회와 닮아 있다. 항상 누군가는 무임승차를 한다. 블록체인 기술의 출현은 어쩌면 이 문제를 말끔히 해결해줄지도 모른다. 블록체인의 이야기는 긴 설명이 필요하다. 다음 책에서 블록체인이 우리 사회에 안겨준 충격을 설명할 수 있을지도 모르겠다.

오픈소스 프레임워크가 생긴 이후 수많은 AI 응용 개발 회사는 처음부터 시작할 필요 없이 이미 만들어진 라이브러리를 사용할 수 있게 되었다. AI 응용의 기술 문턱이 크게 낮아진 것이다. 머신러닝을 모르는 경험 있는 소프트웨어 엔지니어들은 한 달 동안 인터넷으로 머신러닝에 관한 기초 과목을 공부하고, 다시 일주일을 투자해 구글의 텐서플로 같은 프레임워크를 파악할 수 있다. 오늘날 투자를 받는 혁신 기술형 회사들은 스스로를 'AI 회사'라고 부른다. 만약 이 회사들이 오픈소스 프레임워크를 사용한다면 그들의 기술 격차는 확실히 축소될 것이다. 그러므로 이 회사들은 어떤 산업에 대한 이해와 그 산업의 영업 능력, 그리고 해당 산업의 데이터 선점과 점유 정도에 대해 경쟁한다. AI 기술력을 가진 회사는 일반적으로 오픈소스의 프레임워크에만 의존하지 않는다. 자신만의 하위 라이브러리를 개발하며, 심지어 자신만의 프레임워크를 가지기도 한다.

AI의 오픈소스에서 각 대학과 각 대형 기술 회사의 오픈소스 프레임워크를 제외하고 또 하나 순수한 공익단체가 있다. 그중 가장 유명한 곳이 바로 '아이언맨' 일론 머스크와 지금까지 가장 성공적인 엑셀러레이터 중 하나인 와이콤비네이터의 창시자 샘 알트만이 세운 OpenAI(오픈에이아이)이다. OpenAI를 설립한 데는 2가지 동기가 있었다. 첫째는 대기업이 인류 미래에 가장 중요한 기술 중 하나를 장악하지 못하도록 하는 것이다. 이는 스티브 잡스, 빌 게이츠가 퍼스널 컴퓨터 혁명을 일으킬 당시 동력으로 삼았던 'IBM 같은 대기업이 컴퓨터 기술을 독점하도록 해서는 안 된다'는 생각과 같은 맥락이다. 둘째는 이제 인류 사회에 대한 AI의 잠재적 위협(7장에서 다룬다)을 경계하기 시작했다는 점이다. OpenAI의 미션은 'AI 민주화'이다. 더 많은 사람이 AI 기술을 손에 넣고, 더 많은 사람들이 AI의 수혜자가 되도록 하는 것이다. 어떤 이는 모든 사람이 이처럼 막강한 위력의 기술을 손에 넣게 된다면 인류가 안전할 수 있을지 반박할 것이다. AI에 대한 걱정은 분명하다. AI를 더 안전하게 사용하는 길은 모호하지만 그것은 창업자가 정할 몫이니, 큰 방향만 맞는다면 일단 따라가야 한다. OpenAI의 가장 큰 도전은 어떻게 최고의 인재를 유치하느냐이다. 실리콘밸리에서 최고 수준 AI 인재의 급여, 인센티브, 선물옵션까지 합하면 매년 수백만 달러에 이른다. 하지만 OpenAI는 비영리 기관으로 시장 평균 정도(매년 20만~30만 달러)만을 줄 수 있다. 그럼에도 불구하고 생성적 적대 신경망을 발명한 이안 굿펠로우 같은 거물급 AI 인재를 끌어들이기도 했다(2020년 8월 현재 애플에 재직 중이다-옮긴이). OpenAI의 연구는 주로 범용 인공지능에 집중되어 있다. 그들은 오픈소스 커뮤니티를 사용하는 방법으로 세계의 AI 인재를 유치했다. OpenAI가 최종적으로 AI 생태계에서 중요한 역할을 하게 될지는, 그들의 연구결과가 광범위하게 사용될지 여부와 꿈을 찾아온 젊은이들이 10배 이상의 대우로 그들을 낚아채려는 유혹을 뿌리칠 수 있을지를 지켜봐야 할 것이다.

치열한 AI 기술 경쟁

지금의 AI는 20년 전 인터넷처럼 반드시 쟁취해야 할 요충지이다. 거의 모든 대기업이 고지를 다투고 있다. 가장 대표적인 기업이 바로 구글, 페이스북, 아마존, MS, IBM, 바이두, 알리바바, 텐센트 등 세계적인 IT 기업과 인터넷 기반 기업이다. 이러한 기업은 3종류로 나눌 수 있다. 첫 번째는 대량의 사용자 데이터를 보유하고 있는 인터넷 기업이다. 두 번째는 MS와 IBM과 같은 기술 기업, 그리고 세 번째가 화웨이나 샤오미 같은 데이터는 부족하지만 응용의 여지가 있고 AI를 통해 자신의 제품을 향상시키려는 기업이다. 첫 번째 부류의 회사는 우선 자신의 데이터에 AI 기술을 전면적으로 사용한다. 이미지 검색, 사용자 행동 예측, 스마트 추천 등이다. 두 번째 부류의 회사는 고객이 사용할 AI 클라우드를 구축하려고 한다. 세 번째 부류의 회사는 첫 번째와 두 번째 부류의 회사들과 적극적으로 협력하거나, 빨리 그들의 AI 오픈소스 능력을 자신의 제품에 활용하려고 한다. 인터넷 기업 중에서 기술 구동형인 구글과 바이두는 모두 AI 전략에서 가장 적극적인 기업이다. 구글은 '모바일 퍼스트'에서 'AI 퍼스트'로 전략을 수정했다. 바이두 역시 스스로를 AI 기업이라 공언하고 AI에 올인하고 있다. 구글과 바이두는 자신의 데이터 우위에서 AI를 전면적으로 사용하는 것 외에도, 데이터 우위를 갖지 않은 수직산업인 자율주행과 의료산업에도 진출하려고 하는 등 다방면에서 출격을 시도하고 있다. 중국과 미국의 검색회사가 소셜 네트워크나 전자상거래 기업보다 더 적극적으로 수직산업에 뛰어들까? 이는 검색기업의 사용자 데이터가 소셜 네트워크와 전자상거래 사용자 데이터에 비해 충분치 않아 발굴 가치가 그만큼 높지 않기 때문이다.

대표적인 인터넷 기반 기업과 과학 기술 기업이 모두 클라우드 분야에서 치열하게 경쟁하고 있다. 모든 기업이 자신의 AI 클라우드가 가장 큰 시장을 차지하기를 바라고 있다. 아마존, 구글, 바이두, IBM, 텐센트 등 모두 클라우드 컴퓨팅 플랫폼에서 컴퓨터 시각, 음성 인식, 자연어 처리, 번역 등 기능을 선보였다. 구글의 기존 클라우드 시장 점유율은 아마존을 따라가지 못한다. 하지만 AI는 기세를 뒤집을 절호의 기회를 가져다주었다. 구글은 자신만의 TPU를 개발했는데, 이는 비용을 낮출 뿐만 아니라 텐서플로 프레임워크의 컴퓨팅에 더 빠른 연산을 제공했다. 아마존 클라우드 서비스AWS 등 경쟁상대와 비교해도 구글은 비용을 더 낮추면서도 더 강력한 AI 능력을 가진 클라우드 연산 서비스를 제공할 수 있다. 게다가 더 많은 사람이 구글의 프레임워크 텐서플로를 사용하도록 끌어들였다. 텐서플로와 구글의 클라우드 서비스 연동은 더욱 긴밀해졌고, 텐서플로와 TPU에 기반을 둔 클라우드는 선순환을 형성했다. 현재 텐서플로의

SDK(소프트웨어 개발 키트)는 세계적으로 1,000만 회 다운로드되었으며 사용 범위는 180개 국가 및 지역에 이른다. 동시에 구글 클라우드 AI팀은 현재 빠른 속도로 AI 기술의 문턱을 낮추고 있다. 2018년 초 구글은 새로운 '클라우드 오토ML Cloud AutoML'을 발표했다. 구글 프레임워크나 그 외 프레임워크를 사용하지 않는 사람도 머신러닝 모델을 만들 수 있으며, 사용자는 데이터를 업로드하기만 하면 자동으로 훈련과 디버깅을 포함한 머신러닝 모델을 만들 수 있다. 이미 수만 곳에 달하는 기업들이 구글의 클라우드 오토ML 서비스를 이용하고 있다.

통신장비와 이동 단말 분야에서 선두를 달리고 있는 화웨이는 일찌감치 AI를 염두에 두었지만, AI 기술 측면에서 구글이나 바이두에 비해 크게 뒤처졌다. 때문에 이 회사는 전면적인 개방적 협력을 택했다. 자신의 AI 능력을 구축하여 기존 제품과 서비스 성능을 향상시키는 것이다. 화웨이는 개방형 플랫폼 구축을 통해 칩에서 캄브리아기의 NPU Neural Processing Unit(신경망 처리장치)를 사용해 언어 상호작용에서 중국의 유망 인공지능 기업인 아이플라이텍 iFLYTEK과 자체 개발을 결합하는 방법을 택했다. 개방적인 아키텍처와 전략적 제휴를 통해 구글의 텐서플로, 바이두의 패들패들 등 딥러닝 성능을 개발자와 협력 파트너가 편리하게 사용할 수 있도록 제공하고 있다. 한편 MS와 공동으로 시스템 층에 내장된 기계번역 기능을 개발하고, 중국 안면인식 인공지능 스타트업인 센스타임 등과 AI 기술을 공동으로 개발하여 기존 제품에 더 많은 AI형 응용을 탑재함으로써 경쟁사와의 격차를 벌리고자 한다.

AI 업계의 다윗과 골리앗

대기업이 기술과 데이터를 모두 차지한 마당에 스타트업은 어떻게 살아남을 수 있을까? 결론부터 말하면 신생 AI 기업은 대기업이 데이터 우위를 점하지 않은 수직업종에 진입해야 한다. 이 같은 업종은 2종류로 분류할 수 있다. 첫 번째는 신흥 분야이다. 과거에 아무도 시도해보지 않은 새로운 영역이기 때문에 처음부터 시작해야 한다. 두 번째는 금융, 보험, 에너지 등 기존에 있는 업종이다. 일단 스타트업은 첫 번째 영역에 진입하는 것이 가장 쉽다. 대기업이 진입해본 적이 없는 새롭고 알려지지 않은 영역이기 때문이다. 자율주행이나 안면인식이 이에 속한다. 현재 미국과 중국에서 자율주행에 진입한 스타트업은 수백 곳에 이른다. 중국에서 안면인식에 뛰어든 회사 역시 수백 곳이다. 다른 신생 영역과 마찬가지로 이 분야의 스타트업 대부분은 도태되거나 인수된다. 특히 자율주행은 미래 자동차업체 간 경쟁의 핵심 기술이면서 안전과도 직결된다. 대기업이 이러한 기술을 스타트업에 내줄리가 없다(2류 이하의 업체라면 가능하기 때문에 시장이 아예 없다고 볼 수는 없다). 그들은 스스로 연구개발팀을 꾸리거나 가장 괜찮은 자율주행 소프트웨어 회사를 인수할 것이다. 현재 거의 모든 일류 자동차 회사가 이미 이런 방법을 쓰고 있다. 자율주행 소프트웨어 회사가 맞닥뜨린 두 번째 문제는 그들의 소프트웨어가 1차 공급업체를 집적한 후, 자동차 공장으로 들어간다는 데 있다. 하지만 일류 1차 공급업체 역시 자율주행을 그들 미래의 핵심 경쟁력으로 보기 때문에 자체적으로 연구개발을 하거나 인수를 시도

한다. 결코 회사의 운명이 달린 일을 스타트업에게 맡기지 않는다. 그러므로 인수되지 못한 자율주행 소프트웨어 회사는 마지막으로 비교적 쉽고 제한된 장소, 캠퍼스나 관광지, 특정 구역 등을 공략하거나 트럭이나 항구, 창고 같은 수직시장을 공략해야 한다. 안면인식은 응용 분야마다 고객의 요구도 다르기 때문에(범죄자를 식별하는 안면인식과 안면인식 결제에 대한 요구사항은 완전히 다르다) 더 많은 업체가 살아남을 수 있다.

현재 정확하게 확인하기 어려운 분야는 금융, 에너지, 의료 등 자금도 있고 데이터도 있는 전통산업이다. 이 분야에는 3종류의 경쟁자가 있다. 첫 번째는 해당 업종 내부의 단체이다. 수많은 증권사가 이미 대규모 자체 AI 거래와 재테크 팀을 꾸리기 시작했다. 두 번째는 거대 기술 우위를 등에 업고 전통산업에 진입하거나 전복하려는 대형 인터넷 기업이다. 구글과 텐센트 모두 의료 분야 진입을 시도했다. 세 번째는 수직산업에 진입하려는 신생 AI 기업이다. 그중 2개 업종이 흥미로운 양상을 보인다. 바로 증권거래와 의료 영상이다. 증권거래는 거의 모두 자체적으로 팀을 꾸린 반면, 의료 영상은 외부와 협력하려고 한다. 증권사에서 AI 알고리즘은 미래 거래의 핵심 기술이기 때문에 반드시 주도권을 잡아야 한다. 거래 알고리즘은 반드시 기술팀과 거래팀이 긴밀히 협력하여 신속히 세대교체를 해야 하며, 알고리즘과 데이터는 엄격하게 보안이 유지가 되어야 하므로 아웃소싱이 어렵다. 반면 의료 영상 식별은 현재 주로 X-레이 판독 효율을 높이는 것에 초점이 맞춰져 있을 뿐 결코 생사가 걸린 문제는 아니다. 병원에서 X-레이 사진 판독은 아주 작은 업무일 뿐이다. 카이저퍼머넌트Kaiser Permanente 같은 미국 대형 병원 그룹은 내부에 기술 자원을 보유하고 있지만, 대부분 병원은 이런 기술력이 부족하다. 의료 영상이 동업자 손에 유출되어도 병원 자체에 치명상을 입히지는 않는다. 그러므로 그들은 아웃소싱을 고려한다. 신생 AI 기업이 전통산업에 순조롭게 들어갈 수 있는지는 해당 업종에 대한 AI 기술의 역할과 데이터에 대한 민감도를 살펴봐야 한다. 은행과 보험업은 증권업과 비슷해 데이터를 공유하면서까지 AI 아웃소싱을 원하지 않고, 스스로 주도하고자 할 것이다. 그러므로 AI 기업은 기술력도 없고 도태될 위기에 놓인 중소 규모의 기업을 공략할 수밖에 없다. 이러한 기업은 인터넷과 빅데이터 유전자가 있어 업계의 새로운 진입자에 속한다. 다소 급진적이며 선천적으로 AI 기술을 가지고 있다. 하지만 이런 기업에게 AI는 핵심 기술이므로 외주 팀을 인수하더라도 결국 스스로 이루려고 할 것이다.

종합해보면 AI 스타트업이 전통산업에 진출하는 비즈니스 모델은 현재 명확하지 않다. 선택의 여지가 있다면 전통산업의 효율을 높이는 것과 외부에서 전통산업에 파격을 주는 2가지 사이에 있다. 전자가 쉽지만 이익은 후자가 더 크다.

많은 사람들이 오늘날 AI 스타트업에 대해, 사용자 데이터가 인터넷 거대 기업 손에 들어가는 것을 우려한다. 하지만 현재 인터넷 기업의 데이터는 주로 사람들이 사용하는 컴퓨터와 휴대전화에서 생성된 브라우징 데이터인데, 이는 인류에게 유용하면서 AI에도 필요한 다음 데이터의 일부에 불과하다.

(1) 인간 자체의 데이터, 신체 및 심리 데이터

(2) 자연환경과 사회 환경을 포함한 환경 데이터

(3) 인간의 노동 과정, 즉 농업, 공업, 서비스업 과정 데이터

인간의 노동 과정 데이터는 미래의 가장 중요한 데이터이다. 노동 과정은 주어진 환경에서 어떤 행위를 한 것에 불과하다. 정해진 환경을 인간에게 더 유리하게(밭에 씨를 뿌리고 물을 주고 비료를 주고 곡식이 자라게 하는 것, 철광석을 제련하여 철로 만들고 환자에게 주사와 약을 처방해 병을 치료하는 것) 한다. 이러한 환경을 측정(농작물의 생산량, 광석과 철을 무게, 신체검사)할 수만 있다면 행위를 통제(물과 비료의 양, 용광로의 온도, 약의 종류와 조제량)할 수 있다. 머신러닝은 이 과정을 최적화하는 데 사용될 수 있다. 그러므로 측정 가능한 모든 환경과 과정은 모두 머신러닝에 필요한 데이터를 발생시킨다. 수십 년이 지난 후에 되돌아보면 인간이 인터넷을 사용하고 휴대폰을 사용하면서 생성된 데이터를 데이터라고 부르지 않았다. 만약 데이터를 금광에 비유하면 인터넷 거대 기업이 보유한 것은 모래 속에 깔린 사금과 같다. 진짜 금괴는 아직 발견되지 않은 곳에 묻혀 있다. 일부는 우리가 앞서 언급한 기존의 업종이고, 또 다른 일부는 아직 발견되지 않은 환경과 과정에 있다. 각종 센서의 비용이 낮아지면서 점점 더 많은 환경을 세밀하게 감지할 수 있게 되었다. 사물인터넷의 보급으로 유비쿼터스 센서는 지금의 인터넷보다 더 많은 데이터를 수집하게 될 것이다.

대기업과의 경쟁에서 스타트업이 가진 가장 큰 장점은 인재와

인센티브 제도이다. 창업자는 일반적으로 가장 우수하고 가장 열정적이며 모험을 즐기는 세대들이다. 스타트업은 새로운 분야에서 언제라도 방향을 바꿀 수 있고, 빠르게 세대교체하면서 시장의 수요를 신속하게 파악할 수 있으며, 그들의 두뇌는 온통 어떻게 하면 사용자의 수요를 만족시킬 수 있을까에 맞춰져 있다. 하지만 대기업이 리스크를 감수하면서 새로운 것을 시도하기란 쉽지 않다. 일부 프로젝트는 여러 부서의 이해가 걸려 있어 한 가지 일을 처리하는 데 많은 시간을 들여 조율해야 하고, 때로 언성을 높이기도 한다. 대기업에서 일해본 사람이라면 누구나 이런 경험이 있을 것이다. 반자율주행 기능의 경우 테슬라가 앞장서 운전자가 주행 시 핸들을 잡지 않아도 되는 차선 유지 기능을 선보였다. 이 차선 인식 기술은 맨 처음 이스라엘 기업 모빌아이가 제공했다. 모빌아이의 솔루션을 사용하는 다른 자동차 회사들도 원칙적으로는 이 기능을 장착할 수 있었지만 그러지 않았다. 리스크가 매우 컸기 때문이다. 기존 자동차 제조업체의 고위 경영층은 해당 기능의 사용에 대해 절대로 서명하지 않았다. 실제로 이것 때문에 교통사고가 난 사례도 있었다. 테슬라가 이런 기능을 발표한 것은 오너가 직접 짠 판일 가능성이 크다. 창업자는 매일 제품에 매달리고 세세한 것까지 잘 알고 있으므로 분명 마음속으로 계획이 있었을 것이다. 이 새로운 기능을 보증해줄 사람은 아무도 없다. 하지만 리스크를 감당하지 않고서는 자율주행 기술을 선도할 수 없으며, 스타트업을 이길 수 없다면 생존할 수 없다고 판단한 것이다. 기존 대기업 CEO는 전문 경영인으로 구체적인 기능을 상세하게 이해하기 어렵고 여러 사람의 조언에 의존해야 한다. 아무도 리스크를 감당하려 하지 않는다면, CEO라도 선불리 서명할 수 없다. 기존 대기업의 두 번째 문제는 인센티브 제도이다. 대기업의 인센티브와 선물옵션은 스타트업과 비교되지 않는다(성공한다는 전제 하에). 대기업 내부의 인사 문제와 어마어마한 조율 비용은 엘리트 엔지니어를 기겁하게 한다. 자금도 판매 경로도 필요한 기술도 모두 확보한 기존의 자동차 기업은, 이러한 이유 때문에 테슬라 같은 회사가 치고 나가는 것을 두 눈 뜨고 지켜볼 수밖에 없다.

AI 기술의 추진력

많은 사람들이 AI라는 이 파도가 얼마나 높고 멀리 갈지 궁금해한다. 알고리즘이 AI 엔진의 디자인이라면 계산력은 엔진의 마력이며 데이터는 연료이다. 기술 추진력의 발전을 살펴보자.

| 알고리즘 |

앞서 언급했듯이 알고리즘은 새로운 것이 끊임없이 등장하고 있다. 신경망의 방향을 계속 따라가는 것도 있고, 베이즈 네트워크나 서포트 벡터 머신처럼 다른 경로를 탐색하는 것도 있다. 일부는 서로 다른 알고리즘을 융합하기도 했고, 일부는 아예 다른 길을 개척해 새로운 뇌 인지 모델을 제시하기도 했다. 현재 알고리즘의 연구가 매우 활발하게 이루어지고 있는 것을 감안하면, 5년에서 10년 후에는 새로운 알고리즘이 쏟아져 나올 것이다.

| 계산력 |

계산력의 증가는 무어의 법칙에 기초한다. 현재 칩의 선폭이 점점 좁아져(최신 반도체 공정의 선폭은 4nm) 집적도가 계속 높아지고 있다. 그 외에도 각종 패키징 기술이 발달하면서 3D 칩을 64개까지 쌓아 올릴 수 있게 되었다. 현재 칩의 소비전력은 두뇌보다 수천, 수만 배 더 크기 때문에 수많은 데이터 센터의 에너지 소모가 제약으로 작용하고 있다. 전력소모를 대폭적으로 축소하는 것이 칩의 설계에서 중요한 방향이 되었다. 단일 칩 계산력의 향상 속도가 둔화되긴 했지만 현재 점점 더 많은 칩을 사용하는 경향이 있다. AI 계산에서 훈련 뿐 아니라 식별에서도 중요한 것은, 단일 칩 성능보다 얼마나 많은 칩을 효과적으로 조직하여 하나의 계산 임무를 수행할 수 있는지 여부이다. 2012년 이전까지는 GPU를 사용하는 일이 드물었는데, 이제 하나의 컴퓨팅 업무를 수행하는 데 종종 수천만 개의 GPU 또는 TPU 같은 전용 컴퓨팅 칩을 사용한다. 2018년 OpenAI가 발표한 보고서에 따르면 2012년 이후 AI 훈련 수행 중 사용한 계산력은 3.5개월 만에 2배씩 증가하고 있다. 2012년에서 2018년 사이 이미 30만 배 이상 증가했다. 2018년 구글의 알파고 제로는 2012년 이미지넷에서 승리한 알렉스넷보다 30만 배 빠르다.

| 데이터 |

데이터의 증가는 센서나 메모리가 점점 저렴해지다는 사실에 기초하며, 거의 모든 센서와 메모리 원가가 칩 원가에 의해 결정된다. 칩의 집적도가 높아지고 칩의 수요량이 증가할 때 센서와 메모리의 비용은 크게 하락하여, 더 많은 센서가 더 많은 데이터를 생성할 수 있게 될 것이다.

종합해보면 AI를 추진하는 3가지 기술 요소가 빠르게 발전하고 있음을 알 수 있다. 지금의 AI는 라이트 형제의 비행기가 막 지상에서 떠오른 것일 뿐, 마하 5의 초음속까지는 갈 길이 멀다.

시장에서 보면 현재 AI 충격을 받고 있는 전통산업은 많지 않다. 대부분 산업은 변경되거나 판도가 뒤바뀔 만큼의 충격을 받지는 않았다. AI 종사자들이 주로 기존의 거물급 기업들이 장악하지 않은 안면인식이나 자율주행과 같은 업종에 분주하게 진입하고 있기 때문이다.

〈그림 4-3〉 신기술의 성숙도 곡선

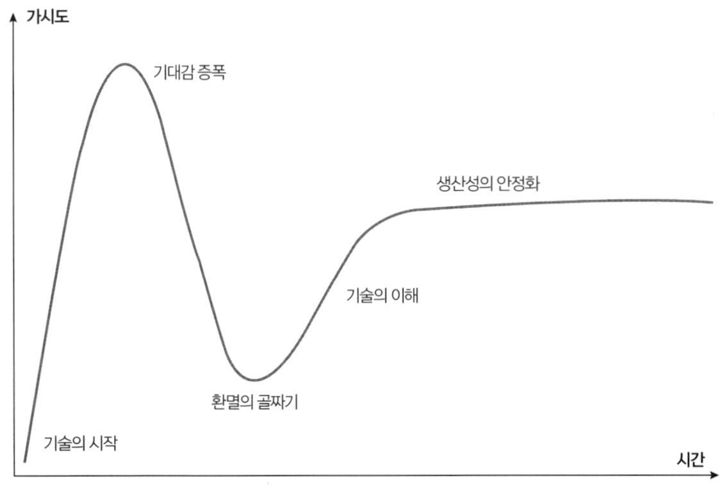

• 출처: https://www.gartner.com

〈그림 4-3〉은 우리에게 잘 알려진 '신기술의 성숙도 곡선'이다. 과거 20년 동안 인터넷의 발전은 이 곡선과 매우 닮아 있다. 하나의 새로운 중대 기술의 혁신에 대해 처음에는 잘 믿지 않는다. 그러다가 하나의 전환점을 지난 후 점점 뜨겁게 떠오르기 시작하면, 기대가 매우 높아지고 대규모의 자금이 맹목적으로 들어간다. 그리고는 기술이 아직 성숙되지 않은 상태에서 그 기대치를 실현할 수 없다는 것을 발견하고는 성급히 실망한다. 그러면 곡선은 바닥을 향해 추락한다. 하지만 기술은 시간이 필요할 뿐이다. 성숙할 수 있는 일정 시간이 흐르고 나면 다시 고지에 올라설 수 있다. 오늘날 인터넷의 발전은 2000년 IT 거품 때 했던 가장 파격적인 상상도 훨씬 뛰어넘는 수준이다.

그렇다면 AI는 이 곡선에서 어디쯤에 있을까? 대략 최고점을 막 지났고 아직 바닥까지 이르지 않은 지점일 것이다. 이 곡선은 단지 일반적인 법칙일 뿐이며 정확하지도 않고 모든 신기술에 적용되지도 않는다. 즉 수많은 새로운 기술이 모두 이러한 기복을 겪더라도, 기술마다 그 폭은 다르다. 필자는 AI를 '냉정기'는 있지만 '환멸기'는 없을 것이라고 예측한다. AI가 많은 업종에서 이미 유용하다고 증명되었기 때문이다. 지난 몇 년을 돌아보면 일부 분야에서 수많은 동질화 기업이 생겨났고 금융 추정치에 일부 거품이 나타났다. 불완전한 통계에 따르면 미중 양국의 자율주행 회사는 이미 100곳이 넘는다. 중국에서만 안면인식 회사라 일컫는 곳이 수백 곳이다. 시장에 이렇게 많은 회사는 필요 없다. 자율주행 분야에서 아무런 소득도 없고 뚜렷한 비즈니스 모델도 보이지 않는 회사가 수억 달러까지 부를 수도 있다. 거품 평가는 보통 터무니없는 인수로 인해 발생한다. GM이 2016년 샌프란시스코에 있는 기업 크루즈오토메이션을 10억 달러에 인수하겠다고 발표한 이후, 모든 자율주행차량 회사가 그 가격을 자신의 추정치로 생각했다. 자율주행차량 회사에 투자한 투자자들은 자신이 투자한 회사가 높은 가격에 인수될 것이라고 장담했다. 하지만 완성차 회사가 인수하는 자율주행 소프트웨어 회사는 한 곳이지, 수백 곳의 동종회사는 필요하지 않다. 공급이 수요보다 많을 때 인수 가격은 대폭 하락하기 마련이다. 필자는 앞으로 2년에서 3년 안에 대부분의 동질화 기업이 자금을 소진한 후 추가 대출을 받지 못해 쓰러지게 될 것이며, 몇몇 특별한 기술을 확보했거나 시장 능력이 강하면서 자금력이 풍부한 소수의 회사만이 급성장할 것이라고 예측한다.

현재 대출을 받은 수많은 스타트업들이 자신은 AI 회사이며 AI 기술을 사용한다고 선언한다. 하지만 그러한 회사 대부분이 구글의 텐서플로나 엔비디아의 GPU, 몇몇 대기업의 오픈소스 프레임워크 또는 시장에 나와 있는 클라우드 컴퓨팅 서비스를 사용한 것에 불과하다. 기술이 고도로 동질화되면서 장벽도 없어졌다. 과거 모든 회사가 자신이 닷컴회사라고 말하던 것과 같다. 그렇다면 AI 스타트업의 가치를 어떻게 판단할 수 있을까? 첫째, 다른 사람이 가지지 못한 데이터를 가지고 있는지를 봐야 한다. 이 일은 결코 쉬운 일이 아니다. 내가 가질 수 있는 데이터는 대부분 다른 사람도 가질 수 있는 것이다. 만약 데이터를 독점하지 못한다면 선제적 우위를 가졌다고 보기 어렵다. 어떤 업종에 일찍 진입하여 빠른 세대교체를 통해 자신의 모델을 이 업종에서 유용하게 발전시켰다면, 더 많은 데이터와 자원을 획득할 수 있다. 후발주자가 똑같은 데이터를 가졌더라도 모델의 품질이 떨어지면 들어가기 어렵다. 둘째, 이 기업이 진입한 산업에 대해 독창적인 이해와 업무 개발, 실행 능력을 가지고 있는지를 봐야 한다. 해당 업종에 대해 알고리즘에서 획기적인 발전을 이루었다면 당연히 진입 장벽을 높일 수 있다.

AI와 인터넷의 3가지 차이점

AI 혁신의 파도는 인터넷에 비교할 만하다. 하지만 AI와 인터넷은 3가지 차이점이 있다.

첫 번째는 AI가 시작부터 전통산업을 전복시켰다는 데 있다. 인터넷은 1994년 경제의 가장자리부터 시작해 전통산업과는 아무런 관계가 없었다. 인터넷을 모르는 사람도 일을 할 수 있었다. 20년 동안 인터넷은 가장자리부터 시작해 차츰 중심으로 잠식해 모든 업종에 영향을 미치는 지금에 이르렀다. 하지만 오늘날에도 인터넷은 제조업, 농업, 건축업, 교통운수 등 업종에 미치는 영향이 미디어나 마케팅에 국한되어 제조업 핵심에는 진입하지 못했다. 하지만 AI는 첫날부터 바로 전통산업의 중심에서 폭발했다는 특징이 있다. 자율주행이 자동차 산업의 판도를 바꾼 것이 전형적인 예이다.

두 번째는 차이는 기술 구동이다. 인터넷은 검색 이외에는 별다른 기술이 없으며 주로 애플리케이션과 비즈니스 모델이다. 인터넷 창업자는 기술을 전혀 몰라도 문제가 없었다. 반면에 지금까지 AI 창업자는 기술 전문가들이 대부분이다. AI 기술이 대중화되면서 비즈니스 마인드를 가진 사람들도 AI의 가치를 분명히 이해한다면, 회사를 세울 수 있다. 하지만 고급 AI 엔지니어를 확보하는 일은 하늘의 별따기이다.

세 번째 차이는 플랫폼 회사나 승자독식의 상황이 나타나지 않을 수도 있다는 것이다. 인터넷의 한 가지 특징은 수요와 공급 양쪽을 연결하는 것이다. 일단 사용자가 하나의 문지방을 넘으면 후자가 따라잡기 힘들어 승자독식 상황이 쉽게 생길 수 있다. 하지만 AI 산업에서는 아직까지 기회가 나타나지 않았으며, 자율주행이든 안면인식이든 하나하나 다뤄야 해서 단시간 내에 독점을 형성할 수 없다. 금융 버블이 형성된 주요한 이유가 바로 투자자가 아직 AI를 인터넷과 똑같이 승자독식의 영역으로 여기고 있기 때문이다. 일등에게 투자하기만 하면 아무리 비싸도 투자할 만하다는 것이다.

한마디로 표현하면 인터넷은 사용자to Customer를 대상으로 한 사업이고, AI는 기업to business을 대상으로 한 사업이다. AI에서 사용자에 대한 사업은 기존의 대형 인터넷 회사에 흡수될 수 있으므로, 창업자의 기회는 기업에 있다.

제5장

허리케인이 온다_세상을 바꿀 산업

5장에서는 향후 10년 이내에 인공지능이 경제 분야에 가져올 천지개벽과 같은 변화에 대해 탐구한다. 3장에서 머신러닝에 대한 기본 원리를 이해했다면, 머신러닝이 왜 이러한 경제적 변화를 가져오는지 깨달을 수 있다. 하지만 3장을 읽지 않고도 충분히 이해할 수 있다.

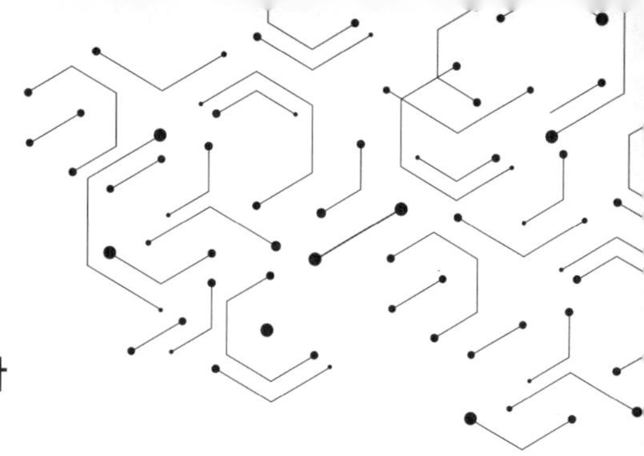

자율주행, 이동 방식을 바꾸다 : 10조 달러의 산업

인공지능에서 향후 10년간 가장 큰 시장 중 하나는 자율주행을 통해 완전히 바뀐 자동차의 제조, 영업, 지역 내 이동과 물류 산업이다.

| 자율주행 센서 |

만약 기계가 운전을 하게 한다면, 기계는 사람과 같이 4가지 일을 할 수 있다. 첫째, 감지한다. 자동차와 100m 떨어진 곳에 있는 물체가 대형 트럭인지 육교인지 감지한다. 둘째, 판단한다. 도로 가에 서 있는 사람이 길을 건널지 차가 지나가길 기다릴지 판단한다. 셋째, 계획한다. 언제 교통량이 많아지는지 계획한다. 넷째, 통제한다. 계획을 실현하기 위해 핸들의 각도와 속도를 컨트롤한다. 이상의 4가지 중 컨트롤만 성숙한 기술이고 나머지 3가지는 아직까지 전환점에 있다. 〈그림 5-1〉은 자율주행차량의 감지시스템이다.

첫 번째로 중요한 센서는 바로 카메라이다. 카메라는 화소의 제한을 받기 때문에 전방 수십 미터까지만 볼 수 있지만 물체를 구별할 수 있다. 카메라는 다른 모든 센서가 할 수 없는 일도 할 수 있다. 예를 들어 교통 표지를 식별한다. 카메라는 현재 가장 성숙한 센서이자 가장 저렴한 센서이다. 하지만 카메라에서 물체와 표지를 식별

〈그림 5-1〉 자율주행차량에 필요한 센서

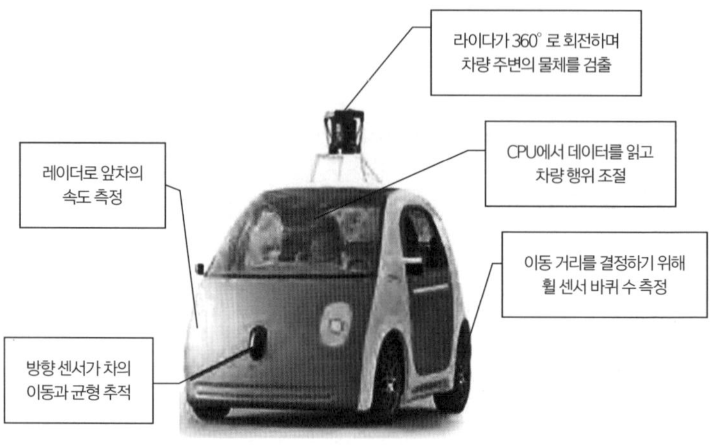
라이다가 360° 로 회전하며
차량 주변의 물체를 검출
CPU에서 데이터를 읽고
차량 행위 조절
레이더로 앞차의
속도 측정
이동 거리를 결정하기 위해
휠 센서 바퀴 수 측정
방향 센서가 차의
이동과 균형 추적

• 출처: https://insideeves.com/google-self-driving-cars-ready=road-video

하는 것은 결코 쉽지 않다. 멀리 볼 수 없다는 약점 때문이다. 특히 비나 눈, 짙은 안개 앞에서 속수무책이다. 이 같은 카메라의 약점을 보완해줄 수 있는 또 다른 센서가 밀리미터파 레이더이다. 밀리미터파 레이더는 200~300m, 심지어 이보다 더 멀리까지 볼 수 있고 햇빛과 날씨에 관계없이 물체의 거리와 속도를 정확하게 측정할 수 있다. 하지만 기존의 밀리미터파 레이더의 해상도는 매우 낮다. 200m 지점에 어떤 물체가 시속 50km의 속도로 움직이는 것은 알지만 이것이 오토바이인지 자동차인지는 구분하지 못한다. 레이더와 카메라의 데이터를 결합할 수 있다면 목표물을 더 정확하게 검출하고 추적할 수 있을 것이다. 어떤 물체가 200미터 지점에 있을 때 이 물체는 카메라 안에서 여전히 하나의 점에 불과하지만, 상응하는 레이더 데이터에 근거해 물체의 거리와 이동속도를 얻을 수 있다. 물체가

〈그림 5-2〉 미국 밀리미터파 레이더 제조사 오큘리의 결상 레이더로 만든 주변 환경 포인트 클라우드

• 출처: 미국 오큘리

좀 더 가까이 오면 카메라는 시속 50km로 움직이는 물체가 오토바이라는 사실을 확인할 수 있다. 카메라+밀리미터파 레이더는 반자동과 자율주행차량의 기본 구성(둘 중 하나라도 없으면 안 된다)이며 2018년 현재 테슬라 모든 차종의 표준 사양에 해당한다.

재래식 밀리미터파 레이더의 문제는 공간 분별률이 너무 낮다는 점이다. 이 문제를 해결하기 위한 방법은 2가지이다. 하나는 단일 인터넷을 한 세트의 안테나(4개, 8개, 16개 등)로 바꾸는 것이다. 안테나가 많아지면 여러 개의 안테나가 합쳐진 공간 분별률이 높아진다. 하지만 안테나가 많아지면 부피가 커져 탑재하기 쉽지 않다. 또 다른 방법은 자동차 모바일이나 신호 변화를 이용하여 '가상 안테나 어레이'를 만드는 것이다. 후자의 경우 기술 요구가 매우 높고 레이더 결상(이미지가 맺히는)에 관한 깊은 이해가 전제되어야 한다. 또한 다년간의 설계 경험이 필수적이다. 미국의 오큘리Oculii는 이미 77GHz의 고해상도 포인트 클라우드 결상 레이더를 개발했다. 〈그림 5-2〉

〈그림 5-3〉 고해상도 라이다 포인트 클라우드

• 출처: https://techcrunch.com

가 이 레이더가 생성한 포인트 클라우드 데이터이다. 이미 시장에 나와 있는 저정밀도 라이다Lidar와 비길만하다. 밀리미터파 레이더가 고해상도까지 실현할 수 있다면 자율주행차량은 카메라와 밀리미터파 레이더만으로 충분하다.

많은 사람들이 전자동 자율주행차량이 주변 물체와의 거리를 정확히 알고 있을 것이라고 생각한다. 라이다는 많은 공장에서 테스트를 거친 정확한 센서이다. 본질적으로 3D 카메라에 해당한다. 3D 사진 위의 물체, 매 화소의 거리는 밀리미터 급까지 정확하다. 이 3D 사진의 화소 집합 역시 '포인트 클라우드'라고 한다. 〈그림 5-3〉은 스탠포드대학교 팜 애비뉴를 라이다 3D 포인트 클라우드로 표현한 것이다. 사진에 있는 각각의 점은 측정 라이다까지의 거리를 보여준다.

라이다는 낮보다 빛의 간섭이 없는 밤에 더 효과가 좋다. 하지만 카메라와 유사하게 비나 눈이 오거나 짙은 안개가 꼈을 때 감지거리가 대폭 줄어드는 문제가 있다. 또 다른 문제는 여전히 비용이 매우 높다는 것이다. 현재 시장에서 유일하게 판매되는 벨로다인128빔 라이다(수직 공간 해상도가 128개 빔으로, 텔레비전은 1024개이다. 현재 판매하는 라이다의 최고 해상도) 판매가격은 7만~8만 달러(밀리미터파 레이더 가격은 500달러가 채 되지 않는다)로 중저가 차량 2~3대 값이다. 이 가격은 소량의 테스트 차량에만 사용될 것이 분명하다. 현재 많은 공장이 가격을 낮추기 위해 노력하고 있으며 세계적으로 약 60곳의 기업이 라이다를 연구하고 있다. 그들의 기술 노선은 대략 3가지 유형으로 나눌 수 있다.

1. 기계식 스캐닝 라이다

우리가 본 구글과 바이두의 자율주행차 꼭대기에 올려진 것이 바로 기계식 스캐닝 라이다이다. 이 역시 현재 시장에서 몇 안 되는 사용 가능한 라이다이다.

〈그림 5-4〉는 미국 벨로다인 사의 3종 라이다로, 왼쪽부터 64빔, 32빔, 16빔이다.

64빔 라이다 안에는 64개의 수직 배열된 레이저 발사관과 광학 수신기가 있다. 전체 라이다는 수평 방향으로 360° 회전한다. 회전할 때 64개 발사관이 일정한 순서대로 숏펄스 레이저를 발사한다. 레이저 펄스는 먼 곳의 물체로부터 반사되어 와서 상응하는 발사관의 광학 수신기에서 수신된다. 이때 이 물체의 거리는=$c \times \frac{T}{2}$이

〈그림 5-4〉 미국 벨로다인의 라이다 제품

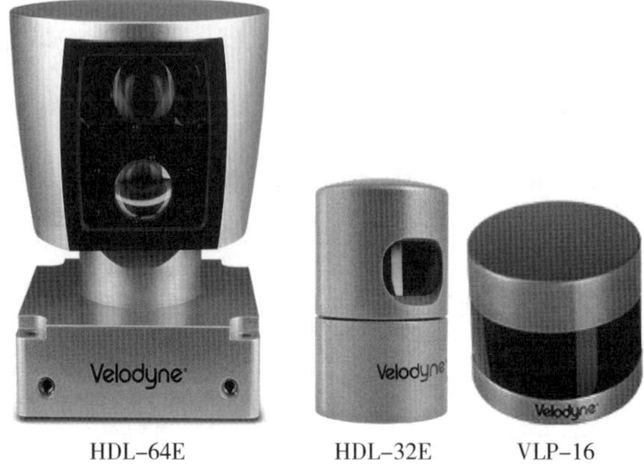

• 출처: https://velodynelidar.com/products.html

다. 여기서 c는 광속, T는 펄스의 왕복시간이다. 만약 64빔 라이다가 1초에 20번 회전한다면 각 수평각도에서 전체 64빔 라이다(각도의 해상도는 1/3도)는 3회 발사된다. 그러면 1초에 20×3×360×64=1,382,400포인트 데이터가 생성된다. 이 거리와 방위를 가진 3D 공간 포인트를 전부 그리면 〈그림 5-3〉의 '포인트 클라우드'가 된다. 기계식 라이다에는 2가지 단점이 있다. 첫 번째는 기계가 손상되기 쉽다는 점이다. 특히 차량 적재, 진동, 고온, 다습은 기계 부품에 굉장히 해롭다. 두 번째는 조립 시 수동 작업이 많아 비용이 많이 든다는 점이다. 많은 회사가 연구개발 시에 기계 부품을 사용하지 않거나 되도록 적게 사용한다. 기계 부품을 전혀 사용하지 않는 라이다를 '고정형 라이다'라고 부른다.

2. 고정형 라이다

고정형 라이다는 2가지 방식이 있다. 하나는 서로 다른 몇 개의 빔 위상('위상'은 시간지연)을 제어하여 하나의 포커싱 레이저를 형성해 공간을 스캔하는 방법과 레이저 발사기로 격자를 만드는 방법이다. 전자는 기술이 복잡하고 레이저 위상을 제어하는 것이 온도에 민감해 극단적인 자동차 주행 환경에서 라이다 성능을 안정시키기가 어렵다. 후자는 대량의 레이저 발사기가 필요하다. 예를 들어 100×100의 격자는 10,000개의 레이저 발사관이 필요하다. 고정형 라이다에는 또 하나의 문제가 있는데, 한 방향으로만 조사한다는 점이다. 그러므로 차량이 전방위를 봐야 하는 상황에서 최소 4개의 라이다가 각각 차량의 네 면에 설치되어야 한다.

고정형 라이다에는 또 하나의 '플래시 라이다'가 있다. 그 원리는 플래시 카메라와 유사하다. 한 개의 레이저 관으로 펄스 면광원을 발사해 전방의 큰 공간을 비춘다. 수신기가 디지털 카메라 안의 감광 어레이 칩과 유사하다. 이 칩은 화소 감광을 하는 동시에 매 화소가 펄스를 수신하는 시간을 기록할 수 있다. 이렇게 해서 이 화소에 대응하는 공간 포인트의 거리를 측정할 수 있다. 플래시 라이다는 비용이 가장 저렴하지만 발사 에너지가 분산되기 때문에 큰 면을 조사하면 결상 거리가 매우 짧다(십수 미터에서 수십 미터)는 단점이 있다.

3. 하이브리드 스캐닝 라이다

기계식 스캐닝 라이다와 고정형 라이다 중간에 있는 것이 하이브리드 스캐닝 라이다이다. 이 라이다는 반도체칩 위의 미세전자기계

〈그림 5-5〉 반도체 소재 위에서 식각한 MEMS 거울면의 확대도

• 출처: http://www.preciseley.com/technology.html

시스템(Micro-Electronic-Mechanical-System, 이하 MEMS)을 이용한다. MEMS 원리는 반도체 소재 위에 초소형 기계 거울을 식각하여 전기를 이용해 거울 회전을 제어하는 것이다. 레이저를 거울 면에 조사하여 거울이 회전할 때 일정한 공간 범위를 스캐닝할 수 있다. 〈그림 5-5〉는 MEMS 거울면의 설명도이다. 하지만 거울면의 회전 각도가 제한되어 라이다가 전방에 조사할 수 있는 각도도 여전히 한계가 있다.

아직까지는 거리가 200~300m 정도로 멀면서 해상도와 신뢰성 모두 충분히 높고 가격도 수백 달러 대로 저렴한 라이다는 없다. 밀리미터파 레이다가 원거리에서 충분한 해상도를 확보할 수 있다면 라이다는 근거리의 정확한 측정에만 사용될 것이며 이렇게 되면, 원가가 가장 낮고 기계 부품이 전혀 없는 플래시 라이다는 충분히 활용될 수 있다. 카메라와 밀리미터파 레이다, 라이다, 이 3가지 센서 외에도 거의 모든 반자동 및 전자동 자율주행차량에 소나Sonar를 사

용한다. 소나가 탐지할 수 있는 거리는 매우 짧다. 수 미터에 불과해 주차나 후진 시 충돌 방지 경고음에 사용된다. 소나 1개의 가격은 몇 달러로 차량 한 대에 십수 개의 소나가 탑재된다.

완전 자율주행에는 GPS를 사용한다. 휴대폰이나 자동차의 내비게이션에 사용되는 GPS의 정밀도는 15m 정도이다. 이정도의 정밀도로는 자율주행과 충돌방지를 실현하기에 무리가 있다. 자율주행에는 10cm의 고정밀의 차등 GPSDGPS가 필요하다. DGPS는 지면에 고정된 기준국(휴대전화의 기지국처럼 밀집할 필요는 없어 수십 km에서 수백 km에 하나씩)을 설치한다. 이 점의 정확한 좌표를 확보한 후 이 점들에서 일반 GPS가 측정한 좌표와 이미 알고 있는 좌표를 비교하면 GPS의 오차를 알 수 있다. 이것을 무선 채널(휴대폰 신호 등)을 통해 근처의 GPS 수신기로 전달해 모두에게 이 오차를 수정하도록 한다. 고정밀 DGPS는 자동차에게 자신이 어느 차선에 있는지 차선의 중심을 벗어나지 않았는지 알려준다. DGPS는 과거 주로 항공과 측정 분야에 사용되었다. DGPS의 가격은 수만 달러에 달한다. 현재 폴리네시안 익스플로레이션Polynesian Exploration과 같은 실리콘밸리 스타트업은 자율주행용 저비용 DGPS를 개발하고 있다.

| 자율주행 등급 |

지금까지 자율주행 자동화 정도의 등급에는 2개의 표준이 있었다. 미국 교통부 산하 도로교통안전국NHTSA은 2013년 자동화에 대한 설명을 총 4가지로 구분한 자율주행차량 등급 표준을 앞장서 발표했다. 그리고 2014년에는 미국 자동차기술자협회SAE가 자율주행차량 등급 표준을 내놓았다. 여기에는 자동화에 대한 설명을 5가지로 구분했다. 2016년 9월 20일 미국 교통부는 자율주행차량에 대한 첫 연방지도방침 중 도로교통안전국이 제시한 등급 표준 대신, 세계적인 범위에서 더 많이 채택하고 있는 자동차기술자협회의 등급 표준을 사용한다고 발표했다. 이는 자동차기술자협회의 5개 등급 표준이 업계에서 공감대를 형성했다는 것을 의미한다. 자율주행은 자동화 정도에 따라 현재 다음과 같이 5가지 등급으로 나뉜다.

레벨1: 운전 지원 필요. 핸들과 가속, 감속 중 하나에 대해 운전 지원을 제공한다. 정속 주행, 비상 자동 제동 등. 다른 운전 조작은 모두 운전자가 해야 한다. 이 단계에서 경고등의 기능을 실현하며, 자동차는 긴급 상황에 맞닥뜨렸을 때 경고 신호를 보낸다. 차선 이탈 경고, 충돌 경고, 사각지대 감지 등 현재 이 기능은 이미 기존의 차량에 광범위하게 적용되고 있다.

레벨2: 부분 자동화. 운전 환경을 통하여 핸들과 가속, 감속 중 다중 지원이 가능하다. 다른 운전 조작은 운전자가 해야 한다. 이 단계에서 자동차는 이미 자주적으로 결정하고 실행하는 능력을 가지고 있다. 적응형 순항제어, 차선 유지, 비상 제동, 자동 주차 등 현재 테슬라 '오토파일럿'의 보조 주행 시스템이 레벨2 단계까지 와 있다.

레벨3: 조건부 자동화. 자율주행시스템으로 모든 운전 조작을 완성한 단계이다. 시스템의 요구에 따라 운전자가 적절히 응답한다. 자동 가속, 자동 제동, 자동 조향, 대열 주행, 차량 합류, 능동적 장애물 회피 등 기능이 실현된다. 레벨2에 교통 표지, 신호등 식별과 자동 코너링을 추가되어 간단한 교통 경쟁 상황(예를 들어 차량 2대가 동시에 교차로 정지선에 도달하는 것) 등을 판단할 수 있다. 운전자는 항상 주행을 감시할 필요는 없지만 복잡한 상황에 대비해 여전히 조작할 준비를 해야 한다.

레벨 4: 고도의 자동화. 자율주행시스템으로 모든 운전 조작을 완수한다. 시스템의 요구에 대해 운전자가 모든 시스템의 요청에 응답할 필요가 없으며, 도로와 환경 조건 등을 한정하지 않고 특정한 날씨와 도로 구간을 제외하고 자동차는 대부분의 경우에 자동으로 운전할 수 있다.

레벨 5: 완전 자동화. 인간 운전자가 대처할 수 있는 모든 도로와 환경 조건에서 자율주행시스템이 자체적으로 운전 조작을 수행할 수 있다. 차량은 전천후, 모든 장소에서 자율주행을 실현할 수 있으며 인간의 개입이 필요치 않다.

하지만 정의가 모호한 부분이 많고 각 등급 간 기능이 중복된다는 사실을 발견한 독자들이 있을 것이다. 그래서 필자는 다음과 같이 더 쉽고 명확한 정의를 내리고자 한다.

레벨 1: 사람이 전 코스의 운전을 책임지며 어떤 단일 항목을 자주적으로 수행할 수 있다. 예를 들면 자동 비상 제동이 있다.

레벨 2: 여전히 사람이 모든 운전을 책임지지만 한정된 조건에서 시스템이

10분 이내로(차선이 선명한 고속도로에서 운전자는 핸들에서 손을 떼고 전방을 주시하지 않으며 발을 브레이크 페달에서 뗄 수 있는 시간이 몇 분 정도를 초과하지 않는다) 운전할 수 있다. 정속 주행과 차선 유지를 동시에 사용하는 등 여러 가지 자주적 기능을 동시에 사용할 수 있으며 운전은 레벨1보다 훨씬 수월하다.

레벨3: 사람이 운전하는 시간과 기계가 운전하는 시간, 2가지 다른 시간대로 명확히 구분할 수 있다. 기계가 운전할 때 사람은 핸들에서 손을 뗄 수 있으며 도로를 주시하지 않고 브레이크에서 발을 떼도 된다. 돌발 상황이 발생했을 때 기계는 운전자에게 운전을 인계하도록 요청하거나 강제할 수 있다.

레벨4: 기계 운전 시간이 95% 이상이지만 여전히 특수한 상황에 부딪혔을 때 운전자가 운전을 해야 한다.

레벨5: 기계가 운전하는 시간이 100%이다. 차에는 핸들, 제동 장치, 가속 페달이 필요지 않다.

자율주행에도 온건파와 급진파가 대립하고 있다. 온건파는 자율주행이 하루아침에 되는 것이 아니기 때문에 한 걸음씩 순차적으로 나아가야 한다고 주장한다. 온건파는 모든 자동차 제조업체, 새로 진입한 '인터넷 제조 차량' 또는 '신에너지 차량' 업체를 포함한다. 이유는 간단하다. 매년 대량의 자동차를 제조해서 팔아야 하기 때문이다. 어떤 기술이 성숙되면 바로 탑재한다. 2018년까지 테슬라, 아우디 A8 벤츠 E클래스 차종 등 소수의 판매 중인 자동차에 레벨2 기능이 탑재되었다. 현재 전 세계 거의 모든 자동차 회사와 1차 공급 업체가 자율주행 연구에 박차를 가하고 있다. 하지만 그들이 출시하려는 미래 신차는 주로 레벨2 또는 레벨3 등급에 집중되어 있다. 급진파 대표로는 구글의 자율주행차량 회사 웨이모가 있다. 구글의 실험차에는 아예 핸들을 장착하지 않았다. 급진파는 레벨2와 레벨3이 오히려 매우 위험하다고 주장한다. 언제 사람이 운전을 하고, 언제 기계가 운전하는지 분명하지 않을 뿐만 아니라, 둘이 교대하는 과정에서 문제(졸다가 잠에서 깨지 않는 등)가 발생할 수 있다는 것이다. 완전 자율주행이 오히려 안전하다는 입장이다. 이쪽은 현재 자동차를 만들어 판매하지 않기 때문에 미래에만 관심을 갖는다. 무엇보다 중요한 이유는 그들이 업계의 판도를 바꾸려면 현재 자동차 업체에서 할 수 없는 것을 해야 하기 때문이다.

온건파의 강점은 그들의 차가 계속 사용자에게 새로운 기능과 가치를 제공하면서 기술면에서 소득을 얻는다는 점이다. 온건파의 리스크는 만약 급진파의 완전 자율주행이 성공하면, 전체 업계의 판도가 뒤집힐 수 있다는 점이다. 그러므로 온건파, 특히 대형 자동차 회사는 동시에 완전 자율주행에 대한 연구도 소홀할 수 없다. 급진파의 강점은 온전히 완전 자율주행에만 집중해 그들의 성공이 온건파보다 빨리 실현될 가능성이 크다는 것이며, 일단 성공하면 온건파를 제압할 수 있다. 하지만 장기적인 투자에도 완전 자율주행을 실현하지 못해 아무런 소득을 얻지 못하게 된다면, 결국 버티지 못하고 무너지는 회사가 생길 수 있다.

레벨4와 레벨5의 완전 자율주행은 2가지 다른 기술 노선을 가지고 있다. 하나는 고정밀 지도와 정확한 위치를 기반으로 하고, 다른 하나는 고정밀 지도를 필요로 하지 않는다. 고정밀 지도를 기반으로 하는 경우에는 2개 조건이 필요하다. 첫째는 주행하는 구역에서 이미 정확히 측정된 고정밀 지도이다. 둘째는 거리와 위치를 정확히 측정할 수 있는 라이다와 DGPS 등의 측정기가 필요하다. 첫 번째를 수행하기 위해서는 수많은 고정밀 지도 측정차량이 한 국가 내의 모든 도로를 측량해야 한다. 측량은 보통 라이다에 DGPS를 추가하여 사용한다. 하지만 측정 시 차량의 주행 속도가 너무 빠르지 않게 약 시속 50km 정도를 유지해야 측량 정확도에 영향을 미치지 않는다. 예측에 따르면 한 대의 측정차량으로 미국 전체의 고정밀 지도를 측량할 경우 6,000년(600대의 차량이 동원된다면 10년)이 걸린다. 지도의 정밀도가 높기 때문에 데이터량이 상당해, 자동차 안에 일부의 지도만을 저장할 수 있다. 자동차가 저장된 지도 범위 밖으로 나가게 된다면, 무선 전송 대역폭으로 새로운 구역의 고정밀 지도를 계속 자동차로 전송해줘야 한다. 고정밀 지도에 의존하는 또 하나의 커다란 도전은 도로 상황과 장애물의 실시간 업데이트이다. 실시간 업데이트는 도로에서 주행 중인 자동차가 수집하고, 실시간 클라우드로 업로드하여 도로 장애물 근처의 차에서 다운로드하는 '클라우드 소싱' 방식에 의존할 수밖에 없다. 여기에는 닭이 먼저냐 달걀이 먼저냐 하는 문제가 있다. 처음에는 실시간으로 데이터를 수집할 수 있는 차가 얼마 없다. 이런 상황에서는 감히 자율주행차량을 사용할 사람도 없을 것이고, 수집할 데이터도 없는 것이다.

두 번째 자율주행 기술 노선은 고정밀 지도에 의존하지 않는 것이다. 이 논리는 '사람의 눈이 주변 물체의 거리를 정확하게 측정할 수 없는데 왜 굳이 화소 한 점 한 점의 거리를 측정해야 하는가?' 하는 의문에서 출발했다. 1개면 충분하다. 이 방법의 가장 큰 장점은 언제 있을지 모르는 고정밀 지도에 의존하지 않기 때문에 비용이 낮다는 것이다. 하지만 고정밀 지도를 고수하는 사람들은 고정밀 지도 방법이 99.9999%의 안전성을 확보해주며 고정밀 지도 없이는 99%의 안전성 밖에 보장하지 못한다고 비판한다. 1%의 실수라도 치명적이기 때문이다.

앞서 소개한 센서카가 있다면 눈의 역할을 대신할 수 있다. 하지만 인간의 시각은 단순한 눈이 아니라 뇌신경의 수신 신호에 대한 식별과 판단을 포함한다. 자율주행 소프트웨어의 핵심은 바로 식별과 판단이다. 차 1대에는 수많은 센서가 있다. 첫 번째 도전은 센서가 수집하는 신호를 융합하는 것이다. 융합의 주요 임무는 서로 다른 센서가 탐지한 물체에 일일이 대응하는 것이다. 예를 들어 밀리미터파가 하나의 물체를 발견했다. 카메라의 영상에서 이 물체를 찾아내야 한다. 모든 센서가 탐지한 물체가 많고 아주 짧은 시간 안에 모든 물체를 식별하고 대응해야 할 때 융합은 그렇게 간단하지가 않다.

자율주행차량 소프트웨어의 두 번째 도전은 방대한 양의 데이터를 처리하는 것이다. 앞서 계산했듯이 64빔 라이다가 1초 동안 130만 개 3D 데이터 포인트를 생성한다. 우리가 신경망을 사용하여 물체를 식별한다고 가정할 때, 처리 능력이 매우 강력한 칩이 필요하다. 현재 자율주행에서 사용하는 엔비디아 자비에 칩(2016년 9월 출시)의 처리 능력은 1초에 20조 회 연산을 하고 소비전력은 20W이다.

자율주행 소프트웨어에서 가장 큰 도전은 바로 세 번째이다. 여러 가지 복잡한 상황을 어떻게 식별하고 판단하느냐이다. 만약 단순히 머신러닝을 사용한다면 훈련해야 하는 상황이 셀 수 없이 많다. 이렇게 많은 데이터를 수집할 방법도 없고 연산량과 계산 비용은 천문학적인 수에 가깝다. 현재의 자율주행 소프트웨어 대부분은 모두 혼합식으로 단순하고 자주 보는 상황은 규칙에 근거하여 판단한다. 차선 유지, 자동 주차, 교통 규칙 준수 등(현재 테슬라 레벨2 기능이 주로 규칙에 의한 판단)이다. 자주 보는 상황이 아니라면 머신러닝을 이용할 수 있다.

자율주행 소프트웨어의 네 번째 도전은 어떻게 끊임없이 학습하느냐이다. 현재 차 안에서 수집하는 데이터를 클라우드로 업로드하고 클라우드에서 훈련한다. 앞서 알고리즘을 설명할 때 언급했듯이 현재의 머신러닝은 일단 새로운 데이터가 생기면 새로운 데이터와 기존의 데이터를 합쳐 새로 신경망을 훈련해야 한다. 새로운 데이터만으로 기존 모델을 개선하는 '증분' 훈련 방식은 아직 연구 단계에 있다. 새로운 모형은 수많은 테스트를 거쳐 만일의 상황에 대비해야 한다.

자율주행 소프트웨어의 다섯 번째 도전은 어떻게 차별화하느냐이다. 현재의 주행 알고리즘은 모든 차가 똑같다. 하지만 운전자마다 다른 운전 습관이 있다. 차별화된 운전 알고리즘은 각각의 차마다 다른 모델을 가져야 한다. 차별화 주행은 수많은 도로 상황 정보와 각 운전자의 운전 습관 정보가 필요하다. 하지만 한 사람이 맞닥뜨리는 상황은 한계가 있다. 자동차를 더 스마트하게 하려면 많은 사람의 도로 상황과 운전 데이터가 필요하다. 어떻게 다른 사람의 운전 경험을 학습하는 동시에 자신의 운전 습관에도 부합하도록 할 수 있는지가 딜레마이다.

자율주행 소프트웨어의 여섯 번째 도전은 도로 위 차량과의 게임을 어떻게 학습하느냐이다. 사람들이 평소 운전을 하면서 항상 교통 규칙을 철저히 지키지는 않는다. 규정하지 않은 상황들도 많다. 세계적으로 많은 지역에서 교통 규칙을 철저히 지켜 운전한다면 옴짝달싹도 못하는 상황이 발생할 수도 있다. 이때 주행 소프트웨어는 어떻게 할까? 가능한 한 가지는 '대세에 따르는 방법'이다. 기계가 각 지역의 '운전문화'를 학습할 수 있도록 한다. 이 같은 게임학습은 '연속학습'과 '증분학습'의 능력이 있는 모델이 필요하다.

자율주행 소프트웨어 한 세트는 다음 몇 가지 모듈로 구성된다.

(1) 감지 및 데이터 통합

(2) 물체 감지, 분류, 추적

(3) 상황 식별 및 판단

(4) 경로 계획

(5) 제어(방향, 속도, 제동 등)

| 전기자동차와 자율주행 |

자율주행과 함께 미래 트렌드가 된 것이 바로 배터리 동력 자동차이다. 전기차의 제어 반응 시간(가속, 감속 등)은 휘발유차에 비해 훨씬 짧다. 예를 들어 휘발유 엔진은 스로틀이라는 장치를 닫아도 실린더의 휘발유가 일정 시간 계속 연소한다. 하지만 전기차의 엔진은 일단 끄면 동력이 끊긴다. 전기화 역시 자동화 정도를 계속 향상시키는 데 중요한 몫을 한다. 자동차는 자동화 과정에서 방대한 양의 복잡한 정보를 식별, 수집, 처리해야 한다. 방대한 수량의 센서와 컨트롤러, 칩 등의 하드웨어뿐만 아니라, 실시간 데이터를 전송하고 저장하고 계산도 해야 한다. 이 복잡한 과정에는 충분한 에너지가 필요하다. 전자부품이 늘어나면 에너지 소모량도 커지고 필요한 배터리 용량도 커져야 한다. 전기화와 자동화, 이 2가지를 결합한 대표 모델이 바로 테슬라의 보조 주행 기능을 갖춘 S형 세단과 X형 SUV이다.

전기차가 과거 직면했던 첫 번째 문제가 주행거리였다. 미국 자동차 87%의 하루 주행 거리가 117km를 넘지 않는다. 2017년 미국에서 제일 저렴한 전기차의 1회 충전 주행거리가 이미 200km를 넘었다. 전기차 주행거리는 일상생활에서 절대다수의 현지 소비자와 출퇴근의 수요를 만족시키고 있다. 배터리 고민은 이제 사라졌다. 테슬라 S형 세단의 충전 후 최고 주행거리는 500km에 달한다. 리튬 배터리 기술의 발전은 10년마다 용량이 2배로 늘어났다. 다시 말해 획기적인 기술 혁신 없이도 10년 후에는 동일 부피 또는 동일 중량의 배터리로 한 번 충전 후 1,000km를 주행할 수 있는 것이다.

자동차 배터리의 가장 큰 문제는 충전 시간이다. 테슬라의 '슈퍼 충전'은 현재 대규모 상용 배터리차 중 가장 빠른 충전시간을 자랑한다. 방전된 상태에서 완전히 충전될 때까지 75~90분(배터리 용량 크기에 따라)이 걸린다. 이는 전기차의 발목을 잡는 주요 장애물이었다. 충전시간을 휘발유차가 주유하는 시간(5~10분)과 비슷한 수준으로 단축해야 이 문제를 말끔히 해결할 수 있다. 현재 실리콘밸리의 그루에너지랩Gru Energy Lab을 비롯한 미국과 이스라엘의 스타트업이 쾌속 충전 배터리와 소재를 연구개발하고 있다.

전기차의 두 번째 문제는 배터리 비용이다. 2018년 리튬 배터리 비용이 대략 200달러/kW일 때 338km를 주행할 수 있는 테슬라의 S-60형 배터리 비용은 약 200×60=12,000달러였다. 배터리 비용이 차량 가격의 1/5을 차지한 셈이다. 그러므로 동등한 수준의 전기차는 휘발유차보다 출고가가 더 비싸다. 하지만 주행 과정에서의 충전 비용은 휘발유차의 1/3 수준이므로, 출고가의 차액은 자동차 전체 수명 기간 동안 상쇄될 수 있다.[1] 〈그림 5-6〉과 같이 리튬 건전지의 비용이 2020년 100달러/kW로 하락하면 전기차 1대의 비용은 동급 휘발유차 비용(전기차는 배터리 비용을 제외한 기타 비용이 휘발유차보다 대폭 하락한다. 왜냐하면 휘발유 엔진이나 변속기어 등이 없고 전자 제어도 훨씬 단순하기 때문이다)과 비슷해진다. 이 시점이 전기차의 폭발점이 될 것이다. 주행 수명 기간 동안 절약되는 휘발유 값이 소비자의 순이익이 되기 때문이다. 만약 앞으로 10년 동안 배터리 비용이 계속 이 속도로 하락하면, 10년 후 배터리 비용은 전체 차량 비용의 1/50에 불

1 휘발유 가격이 3달러/갤런일 때 테슬라 동급 휘발유차 에너지 효율은 16마일/갤런이다. 2017년 전기요금은 0.25달러/kW로 테슬라는 kW당 4마일을 주행하므로 16마일의 주행 비용은 0.25×4=1달러이다. 이렇게 16마일을 4kWh로 주행하면 1갤런 당 2달러를 절약할 수 있다. 배터리 비용은 12,000달러÷2달러=6,000갤런에 해당한다. 6,000×16=96,000마일, 한 대 평균 10만 마일을 주행한다. 그러므로 배터리 비용만큼 절약할 수 있는 것이다(1마일=1.609km).

〈그림 5-6〉 리튬 배터리 비용 하락 추세와 전기차의 배터리에 대한 수요량 추세

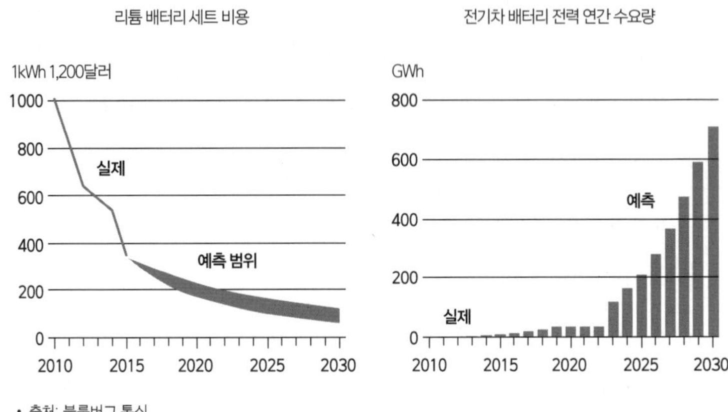

• 출처: 블룸버그 통신

과해 거의 무시해도 될 정도가 된다. 배터리 비용의 하락은 주행거리의 증가를 의미한다. 배터리가 전체 차량 비용에서 1/50만을 차지한다면, 소비자는 단지 1/50의 비용을 추가해 더 긴 주행거리를 즐길 수 있는 것이다.

자율주행 기술이 없더라도 배터리 용량 증가와 비용 하락 덕분에 전체 자동차 산업은 전기차로 대규모 전환을 하게 될 것이다. 하지만 배터리 구동 기술은 자동차 산업의 스타트업에 대한 문턱을 크게 낮추게 되어 거의 모든 스타트업이 배터리 동력차에 가담하게 될 것이다. 구글, 바이두 또는 전자 설비 업체인 애플, 화웨이 등이 포함된다. 전동 시스템에서 배터리 동력에 대해 스타트업은 기존 자동차 업체와 동일한 출발선 상에 서게 된다. 자율주행 기술에서는 스타트업이 종종 더 큰 강점을 보인다.

〈그림 5-7〉 1회 충전 주행거리 322㎞당 전기차 비용 하락 추세

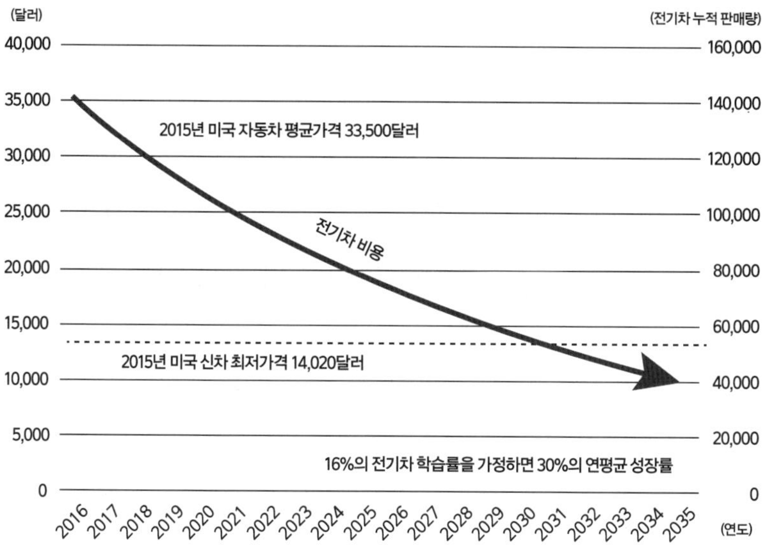

• 출처: https://www.nextbigfuture.com/2016/04/by-2030-eletric-vehicle-with-200-mile.html

〈그림 5-7〉에서 보듯이 1회 충전 주행거리가 322km인 전기차 비용이 2017년 이미 미국 휘발유차의 평균가격보다 낮아졌다. 2030년 즈음에는 새 차 최저가격보다 낮아질 것이다. 동시에 전기차 판매량은 30% 이상 증가하여 2033년에 전 세계 보유량은 1억대를 넘어설 것으로 보인다.

테슬라 전기차는 전기차 미래의 거대한 상업적 전망을 증명했다. 과거 전기차가 성공하지 못할 것이라며 미래 전기차 비중을 과소평가하던 기업을 포함한, 거의 모든 주류 업체가 전기차의 신차종을 연구하기 시작했다. 독일 폭스바겐만 하더라도 2025년까지 30

여 종에 달하는 모델로 300만 대를 생산하겠다고 발표했다. 중국 정부는 전기차 비중을 2017년 8%에서 2020년 12%까지 올리겠다는 정책을 발표했다. 2025년에 전 세계 전기차 비중이 25%에 달하면, 1,500GWh의 배터리가 필요하다. 이는 현재 세계에서 가장 큰 네바다주 테슬라 전기 공장 40곳을 건설하는 것에 준한다. 그때 100달러/kWh로 계산하면 자동차에 소요되는 배터리 산업의 연간 생산액만 1,500억 달러에 달한다. 에너지 저장, 배터리 교환 수요까지 합하면 배터리 산업은 수천억 달러의 산업이 될 수 있다. 배터리에 대한 전기차의 수요가 이렇게 막대하다 보니 배터리와 관련된 크고 작은 모든 기술의 혁신이 거대한 경제적 가치를 갖게 될 것이다.

전기차 자체도 새로운 생태계를 형성한다. 배터리(및 배터리 업계에서 자생된 생태계, 배터리 양음극 소재, 분리막, 생산설비, 원료 광석, 배터리 팩 관리 소프트 및 하드웨어 등) 외에도 또 하나의 커다란 비즈니스 기회가 바로 충전기와 충전소이다. 전기차 보유량이 전체 자동차의 10%를 초과하면, 충전기와 배터리 교환소의 수요도 크게 늘어날 것이다. 현재 충전 설비 하나의 설치비용은 5,000달러이다. 세계 전기차 보유량이 1억 대가 되면 최소 100만 개의 공공 충전기가 필요하다. 충전 속도는 여전히 전기차의 장거리 여행을 방해하는 최대 장애물이다. 현재의 기술 발전 추이를 보면 앞으로 5년 이내에 300km 주행에 필요한 충전 시간을 10분 이내로 줄일 수 있다고 확신한다. 각종 고속 충전 설비도 거대한 시장이 될 것이다. 그때 수많은 자동차가 고속 충전에 한꺼번에 몰리면 전력망에 감당할 수 없는 부하를 초래할 것이다. 그러면 전력망의 개선과 에너지 저장 설비의 비즈니스 기회도 따라 오게 될 것이다. 그밖에 전기차 핵심 부품 중 하나인 고속 하이토크 모터가 있다. 저비용 고성능의 모터를 먼저 개발하는 사람이 세계 선도 시장을 선점하게 될 것이다. 또한 전기차의 정비는 휘발유차와 완전히 다르다. 설비 점검과 정비 역시도 또 하나의 비즈니스 기회가 될 수 있다.

| 내일의 노키아 |

자율주행차량의 핵심은 센서, 계산력, 소프트웨어이다. 자율주행차량은 사실 스스로 고속으로 이동하는 로봇이다. 자동차에서 가장 중요한 부품은 전자부품이다. 현재 차 1대에 들어가는 반도체칩 비용은 대략 500달러이지만, 10년 후 차 1대당 칩 비용은 5,000달러에 달할 것으로 예상된다. 전기 자율주행차량은 본질적으로 바퀴가 4개 달린 컴퓨터와 같다. 기존 자동차의 핵심 성능은 엔진과 구동장치 등 서브시스템을 정밀한 공예품으로 다듬는 데 있었다. 하지만 현재 전기차의 모터 가속이 최고급 휘발유차 엔진을 능가하면서 어떤 구동 시스템도 필요로 하지 않는 사실에서 볼 수 있듯이, 하룻밤 사이에 이 같은 핵심 기술이 더 이상 중요하지도 필요하지도 않게 되었다. 컴퓨터 시각이나 인공지능 알고리즘 등 자율주행에 필요하고 중요한 기능이 기존 자동차 제조업체의 강점은 아니다. 최초로 테슬라 반자동 전기차를 운전한 느낌은 처음으로 아이폰을 사용했을 때와 같다. 그리고 기존의 자동차는 노키아 휴대폰을 사용하는 것과 같다. 기존의 자동차 업체의 판로는 '오프라인'이며 막대한 비용의 대리점, 전문매장, 정비 시스템에 의존한다. 자동차 자체는 배터리, 바퀴, 엔진, 3가지로 구성된다. 내연 엔진 자동차의 부품은 수만 개에 달하지만, 전기차의 기계 부품은 수천 개에 불과하다. 이것은 기계적 고장을 일으킬 확률과 정비 비용이 낮아짐을 의미한다. 부품 감소를 통해 전기차는 컴퓨터나 가전처럼 표준화될 수 있다. 이는 전기차의 온라인 판매를 더욱 용이하게 하는 동시에 기존의 자동차 업체들에게 또 한 번 충격을 안길 것이다.

| 디트로이트 vs 실리콘밸리 |

기존 자동차 제조업체라고 가만히 앉아 죽기를 기다리지는 않을 것이다. 대부분의 완성차 업체가 전기차와 자율주행 기술에 막대한 연구개발비를 쏟아붓고 있다. GM과 포드가 거액을 들여 자율주행 소프트웨어 회사를 인수했고, 토요타는 스탠포드 대학 옆에 10억 달러를 투자해 자율주행 R&D센터를 지었다. 벤츠와 폭스바겐 등 유럽 자동차 회사들도 총력전을 펼치고 있다. 기존 자동차 업체는 여전히 스타트업이 갖지 못한 능력을 가지고 있다. 첫 번째는 대규모 생산 제조 능력이다. 설비와 자금 밀집형 기업이 단순 OEM(세계 대표 OEM 업체인 폭스콘이 생산하는 것은 주로 컴퓨터와 휴대폰 제품이다. 노련한 자동차 OEM 업체는 없다. 이것 역시 하나의 기회가 될 수 있다)으로 대규모 생산 문제를 해결하기는 쉽지 않다. 현재 전 세계 자동차 생산라인의 생산 과잉으로, 스타트업이 생산라인 하나를 완전히 인수하는 것은 어렵지 않지만 라인 개조 문제에 직면해야 한다. 기존 자동차 업체가 가진 두 번째 능력은 공급망 관리이다. 기존 자동차 업체는 시장 수요에 대해 오랜 기간 경험이 있어 재고와 공급망 관리가 정교한 수준에 이르렀다. 2가지 기능을 통해 재고 리스크를 최소화할 수 있다. 인터넷 기반 기업은 보통 공급망 관리나 재고 리스크 관리 경험이 전무하고, 유동성 자금의 관리와 활용이 미숙해 자칫 막대한 손실을 초래할 수 있다. 기존 자동차 업체의 세 번째 중요한 능력은 자동차 설계 능력이다. 고객과 시장에 대해 다년간 축적한 이해와 설계의 세부적 부분(안정성 등)에 대한 경험 덕분에, 대규모 리콜 같은 리스크는 많이 발생하지 않을 것이다. 처음 자동차를 제조하는 업체라면 실수는 있기 마련이다. 하지만 단 한 번의 치명적인 리콜로도 회사를 사지로 몰아넣을 수 있다. 기존의 자동차 업체가 가진 네 번째 능력이 오프라인 대리점의 관리와 상응하는 개인 대출, 보험, 정비 시스템이다. 이러한 패키지 시스템을 구축하려면 신규 진입자는 막대한 자금을 투자해야 하고, 기존 산업 관리 인력을 모집하며 상당한 시간 동안 학습과 적응이 필요하다.

하지만 기존 자동차 제조업체의 최대 약점은 소프트웨어이다. 기존 자동차 제조업체는 시스템 총괄업체로서 자신은 소프트웨어 개발에 참여하지 않는다. 그들의 임무는 서브시스템 소프트웨어를 〈그림 5-8〉과 같이 통합하는 것이다. 기존 자동차 제조업체의 소프트웨어 시스템 통합에는 일반적으로 2가지 문제가 발생한다. 첫 번째 문제는 소프트웨어 모듈 간에 호환이 되지 않아 발생되는 프로그램 허점이다. 각각의 소프트웨어 모듈을 서로 다른 업체에서 만들다 보니 소스 코드가 반드시 공개되는 것은 아니라서, 통합업체는 허점을 발견하더라도 제때 복구할 수 없어 각 제조업체가 함께 해결할 수밖에 없다. 또한 허점이 어느 업체에서 초래한 것인지 단정하기

〈그림 5-8〉 자동차 소프트웨어의 구조

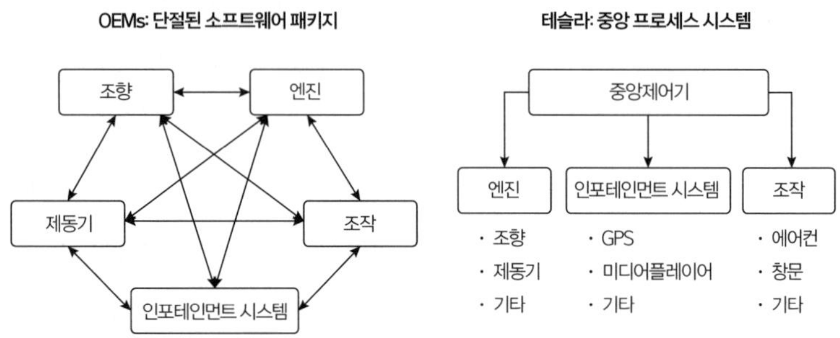

• 왼쪽: 기존 자동차 소프트웨어 집합 / 오른쪽: 전기차 자체 개발

어려워 제조업체 간에 서로 책임을 떠넘기는 일이 발생할 수 있다. 두 번째 문제는 하나의 소프트웨어를 업데이트할 때 다른 소프트웨어도 전부 다시 테스트해야 해서, 비용이 많이 들고 언제든지 소프트웨어를 업데이트하는 것이 거의 불가능해진다는 점이다. 자동차 소프트웨어를 수시로 다운로드하고 업데이트하는 것은 미래 자율주행에서 매우 중요하다. 앞으로 5~10년 자율주행 소프트웨어가 기술의 진보에 따라 빠른 속도로 업데이트될 것이기 때문이다. 기존 자동차는 디자인에서부터 첫 번째 자동차가 출고되기까지 약 3년의 시간이 걸린다. 이 기간 동안 모든 부품의 디자인이 변경될 수 없다. 하지만 컴퓨터, 휴대폰 업계에서 하나의 소프트웨어가 3년 동안 업데이트되지 않는다는 것은 상상도 못할 일이다. 현재 테슬라는 거의 한 달에 한 번 소프트웨어를 자동으로 업데이트를 하고 있다. 그밖에 모듈이 증가할 때 자율주행 모듈과 같이 원래 없던 많은 모듈이 추가되면 소프트웨어의 신뢰성은 떨어지게 된다. 이는 기존 자동차

제조업체의 아킬레스건이 된다. 신생업체, 특히 전기차 신생업체는 거의 모든 소프트웨어를 처음부터 다시 쓸 수 있다. 〈그림 5-8〉 오른쪽과 같은 소프트웨어는 구조가 명확하고 간단하며 오류를 검사하기 쉽고 언제든지 업데이트할 수 있다.

| 공급사슬의 변화 |

어느 제조업체라도 생산량이 일정 수준(예를 들면 수천만 대) 이상이 되면 분업화하기 시작한다. 이유는 수평적인 측면에 몰두하는 회사가 수직적으로 통합한 회사보다 효율이 높기 때문이다. 산업의 분업화에는 2가지 조건이 필요하다. 생산량이 충분하고 기술이 성숙되어야 한다. 자동차 산업은 수백 년의 발전을 거쳐 왔으며 이미 다층적인 공급사슬 구조로 변했다. 소위 공급사슬이란 이 산업이 여러 다른 회사로 구성되어 복잡한 분업 협력과 가치 증가 체계를 형성한다는 뜻이다. 2017년 전 세계에 판매된 차량은 7,800만 대이며 평균가격은 3만 3,000달러이다. 자동차 산업의 전 세계 생산규모는 2조 달러가 넘는다. 공급사슬 꼭대기(소비자가 가장 가까운 쪽, 생태 시스템 중 가격 흥정 능력이 가장 강한 쪽)가 바로 완성차 제조업체이다. 완성차 제조업체는 설계, 조립, 영업을 담당한다. 하지만 차량 1대에 들어가는 거의 모든 부품은 생태 시스템의 다른 업체로부터 구매된다. 완성차 제조업체에게 완성된 서브시스템(엔진, 전동, 제동기, 조향, 오디오 등)을 제공하는 업체를 1차 시스템 통합사업자Tier-1 System Integrator라고 한다. 전 세계적으로 수백 곳의 1차 시스템 통합사업자가 있다. 1차 시스템 통합사업자에게 부품을 제공하는 업체를 2차 시스템 통합사업자라고 한다. 심지어 3차 공급업체까지 있다. 완성차 제조업체는 부품을 거의 제조하지 않는다. 소수의 몇몇 고급 차종을 제외하고 절대다수의 승용차는 수평적으로 분업된 공급사슬을 통해 생산한다.

자동차 산업과 같은 기존 산업의 공급사슬은 상대적으로 안정적이며 고정적이다. 여기서 안정적이란 의미는 자동차 산업 공급사슬의 각 업체가 모두 성숙한 대형 공급업체이며 오랫동안 유지되었다는 뜻이다. 고정적이란 자동차 1대의 서브시스템과 부품을 어떤 업체가 제공할지 자동차의 정형화 단계에 확정되어, 해당 차의 수명기간 동안 변하지 않는다는 뜻이다. 하지만 자율주행은 이 같은 안정적인 공급사슬을 깰 수 있다. 이동과 네트워크가 가능한 자율주행차는 컴퓨터와 휴대폰을 이은 차세대 초대형 규모의 정보 및 데이터 플랫폼이 될 것이며, 그러면 원래의 고정적인 공급사슬은 변동적인 생태계로 변할 것이다. 공급사슬의 서브시스템과 부품 제조업체 이외에도, 사용자와 일련의 콘텐츠 서비스 제공업체까지 참여하여 이러한 생태계에 가치를 더할 것이다. 기존의 자동차 공급사슬은 폐쇄적인 시스템이지만 새로운 자동차의 생태계는 개방적인 시스템이다. 기존 공급업체는 안정적이며 고정적이지만 새로운 생태계는 변동적이다. 특히 콘텐츠와 서비스가 그렇다. 변동적인 생태계를 익숙한 것 또한 수많은 새로운 진입자들의 강점이다.

| 자율주행을 둘러싼 기업의 그룹화 |

기존 자동차 산업 사슬에서 완성차 제조업체는 의심할 여지없이 꼭대기에 있으며 가장 강력한 가격 협상 능력을 가지고 있다. 하지만 자율주행 생태계에서 과연 누가 산업 사슬의 꼭대기를 차지할지는 좀 더 지켜봐야 한다. 만약 자동차가 컴퓨터나 휴대폰과 같이 변한다면 핵심 칩과 운영체제를 장악하는 업체가 용의 머리가 될 것이고, 인터넷과 같이 정보 데이터 플랫폼으로 변한다면 고객의 콘텐츠와 서비스 제공업체가 용의 머리가 될 것이다. 한 가지 분명한 것은 산업 사슬의 머리를 차지하고 싶다면 자율주행 소프트웨어를 장악해야 한다는 것이다. 현재 미국 시장에서는 자율주행 소프트웨어를 둘러싸고 이미 몇몇 경쟁 그룹이 형성되었다.

첫 번째 그룹은 그래픽 칩 제조업체인 엔비디아 주변의 공급업체 그룹이다. 이 그룹에는 완성차 제조업체인 토요타, 아우디, 포드, 1차 공급업체인 보쉬, 자유주행 소프트웨어 플랫폼 제공업체 바이두 등이 포함된다. 이 그룹은 더 강력한 계산 성능이 필요한 레벨3과 레벨4 자율주행 솔루션을 제공하는 데 치중하고 있다.

두 번째 그룹은 인텔이 2016년 인수한 이스라엘 기업 모빌아이를 선두로 한 공급업체 그룹이다. 모빌아이의 주인인 인텔, 완성차 제조업체 BMW, 1차 공급업체 상위 10대 업체 중 하나인 델파이 등이 포함된다. 이 그룹은 레벨2~레벨4의 솔루션을 제공한다.

세 번째 그룹은 퀄컴이 인수하려고 했던 NXP반도체를 비롯한 공급업체 그룹이다. 이 그룹은 완성차 제조업체 아우디(엔비디아 그룹과도 제휴), 1차 공급업체 상위 9대 업체 중 하나인 ZF가 포함된다.

세 그룹 중 엔비디아 그룹의 AI칩 성능이 가장 강력하다. 하지만 모빌아이 그룹은 레벨2 반자동 주행 시장을 거의 독점하고 있다. 미래의 경쟁은 아마 이 두 그룹 사이에서 벌어질 것이다.

이 동맹은 2가지 문제를 설명한다. 하나는 새로운 기술과 새로운 제품이 성숙하는 과정에서 산업 사슬 각 단위가 더욱 긴밀하게 협력해야 하고, 심지어 수직적 통합이 필요하다는 것이다. 둘째는 자율주행 솔루션이 매우 복잡해 단독으로 제공할 수 있는 회사가 없다는 것이다. 이렇게 병립하는 상황에서 라이다와 같은 센서 공급업체는 한 그룹을 골라 가담하도록 강요받을 수 있다. 엔비디아와 모빌아이는 자신의 칩에서 자율주행 소프트웨어 솔루션을 제공한다. 그렇기 때문에 대부분 독립적인 자율주행 소프트웨어 솔루션 스타트업은 자사의 소프트웨어 솔루션이 3대 그룹의 솔루션보다 더 우수해져 3대 그룹 중 한 곳이나 다른 완성차 제조업체에 인수될 수 있다는 희망을 걸 수밖에 없다.

이 3곳의 솔루션 제공 그룹 외에, 구글 역시 가장 핵심적인 자율주행 솔루션 제공업체이다. 구글은 2009년부터 자율주행을 연구해왔고 실험차가 구글 본사 캘리포니아주 마운틴뷰에서 이미 483만 km를 주행했다. 구글의 목표는 처음부터 레벨5의 완전 자율주행 솔루션을 제공하는 것이다. 구글은 시장에서 최초로 자율주행을 연구했을 뿐만 아니라, 오늘날 가장 성숙하고 신뢰할만한 자율주행 솔루션 제공업체로 공인되고 있다. 하지만 구글은 그의 솔루션을 완성차 제조업체에 판매하는 데 총력을 기울이지는 않는다. 대신 차량공유 서비스 업체인 리프트Lyft와 전략적 제휴를 하고 있다.

산업의 생산량이 적거나 기술 업데이트가 빠를 때 수직 통합은 종종 더 나은 선택이 된다. 하나의 회사가 직접 모든 부품을 구매하고 심지어 스스로 일부 부품을 생산하는 것이다. 전기차 시장은 분명 방대하다. 하지만 기술이 빠르게 발전하고 있는 상황에서 테슬라는 현재 애플이 컴퓨터와 휴대폰 사업을 하는 것과 같이 수집 통합을 선택했다. 자신의 반자동 자율주행 솔루션으로 모빌아이의 솔루션을 대체했으며, 심지어 자체적으로 칩과 센서를 연구했다. 수직 통합의 장점은 제품의 성능과 사용자 경험을 완전히 파악할 수 있다는 점이며, 단점은 막대한 R&D 비용이 든다는 점이다. 전체적으로나 수직적으로 제품을 통합하는 것이 더 낫지만, 수평적 분할보다 비용이 많이 든다. 그러므로 자금이 부족한 많은 전기차 스타트업은 여전히 공급사슬 방식을 선택한다. 어느 것이 좋고 나쁜지는 말하기 어렵다. 당시 애플 컴퓨터는 수직 통합을 선택한 후 더 저렴한 PC에 패배(나중에 인텔칩으로 바꿔 사용하고 디자인을 개선하면서 일부 시장을 되찾기는 했지만 아직 1위는 아니다)했다. 애플 휴대폰은 수집 통합으로 시장점유율이 계속 안드로이드폰에 잠식되고는 있지만 여전히 세계 1위 자리를 놓치지 않고 있다. 앞으로 5~10년 후 전기차의 제품 성능과 사용자 경험은 테슬라와 같이 수직 통합한 회사가 더 낫다고 거의 단정할 수 있으며, 수평적 분업화 업체는 가격 우위에 의존할 수밖에 없을 것이다. 현재 테슬라 이외에 판매되고 있는 가장 좋은 전기차는 GM의 볼트와 닛산의 리프이다. 볼트의 미국 판매가는 약 3만 5,000달러로 테슬라 모델3과 비슷한 수준이다. 두 차종의 1회 충전 주행거리는 모두 320km 전후다. 닛산 리프의 미국 판매가격은 3만 달러로 좀 더 저렴하지만, 1회 충전 주행거리가 240km에 불과하다. 두 모델 모두 반자동 자율주행 기능은 없고, 디자인과 기능면에서 소비자의 호기심을 자극하지 못하고 있다.

| 이동의 방식을 바꾼 차량공유 |

20세기 초 자동차가 막 발명되었을 때 대부분 사람들은 자동차가 마차보다 빠르기 때문에 미래에 마차를 대체할 것이라고 생각할 수 있었다. 하지만 자동차가 미래에 어떤 다른 변화를 가져올 수 있을지 생각할 수 있는 사람은 많지 않았다. 사람들은 자동차의 속도 때문에 외곽으로 이사 가서 거주할 수 있다는 상상은 하지 못했다. 외곽은 땅이 넓으므로 사람들은 고층 아파트가 아닌 단독 주택에서 살게 되었다. 거주의 분산화로 인해 교외에는 큰 주차장이 있는 쇼핑센터가 생겨나기 시작했다. 교외에 거주하면서 자동차에 대한 수요는 더욱 커졌다. 자동차 보유량의 급증으로 다차선의 자동차 전용도로와 고속도로가 건설되기 시작했고, 여행이 편리해지면서 여행과 휴가가 일반 대중의 여가 방식이 되었다. 자동차가 탄생한 후 100년 동안 도시와 농촌의 지형이 바뀌었고 인간의 기본적인 생활방식이 바뀌었으며 사회조직이 변했다.

마찬가지로 자율주행 역시 사람을 대신해 자동차를 운전하는 것에 그치지 않을 것이다. 우리가 지금 볼 수 있는 것은 미래의 가능성의 일부분일 뿐이다. 자동차 산업에 대한 가장 큰 충격은 기술 변화가 가져오는 새로운 진입자가 아니라 기술 변화가 가져오는 산업 형태의 변화이다. 그중 가장 큰 변화가, 자율주행이 자동차를 구매하고 혼자서 사용하는 지극히 비경제적인 형태를 차량공유라는 가장 경제적인 선택이 가능하도록 할 것이라는 점이다. 현재 미국에서 1마일당 운전 원가는 약 1달러이다. 매년 자동차 1대를 굴리는 데 필요한 비용은 약 1만 달러(차량 감가상각, 유지비, 주유, 각종 세금, 보험 등 포함)이다. 대도시에서는 주차가 불편하고 교통이 혼잡하기 때문에 자가용을 유지하는 비용이 더 높지만 자가용 한 대의 이용률은 5%에 불과하다. 현재 사람이 직접 운전하는 차량공유 서비스의 비용은 자가용 비용에 근접하거나 그보다 더 낮다. 공유 차량 1대의 사용은 5대의 자가용을 줄일 수 있다는 조사가 있다. 때문에 샌프란시스코 등 미국의 대도시에서 젊은 사람들이 자동차를 구매하는 비율이 현저히 낮아지기 시작했다. 현재 차량공유 비용 중 70%는 인건비이다. 일단 대규모 자율주행이 실현되면 차량공유 비용은 현재의 30% 수준으로 낮아질 것이다. 한 연구에 따르면 자율주행 차량공유 서비스 비용은 자가용의 10% 수준일 것이며, 2030년까지 자가용은 지금의 20% 수준으로 낮아질 것이라고 한다. 미국의 전국 차량 보유량은 지금의 2억 5,000만 대에서 5,000만 대로 줄어들 것이며, 석유의 총 수요량도 하루 1억 배럴에서 7,000만 배럴로 줄어들어, 미국 가정에서 매년 1조 달러를 절약할 수 있을 것이라고 예측했다. 미래에도 여전히 차를 살 수 있다. 하지만 이 차를 독점하지는 않을 것이다. 미래 차량 보유의 방식은 2가지가 될 것이다. 첫 번째는 자신이 우선 사용하고 사용하지 않을 때 다른 사람에게 빌려주는 방식이다. 두 번째는 차를 구입하여 투자로써 차량공유 단체에 가입하는 방식이다.

현재 미국에서 휴대폰으로 택시를 부를 때 평균 대기시간은 3분 정도이다. 중국에서는 교통체증 때문에 평균 대기시간이 더 길다. 출퇴근 시간에는 더 그렇다. 차량공유가 이동의 주요 방식이 될 때 참여하는 차량이 증가하기 때문에 평균 대기시간은 훨씬 줄어들 것이다. 자율주행이 가져올 또 하나의 변화는 대도시의 교통체증이 더 이상 반복되지 않을 것이라는 점이다. 현재 많은 미국 도시에서 이미 도로 확장과 주차장 신설 계획을 중지하기 시작했다. 심지어 기존의 주차장을 소도시의 녹지로 바꾸는 것까지 고려하기 시작했다. 앞으로도 도시 교통 계획은 차량공유의 영향을 받을 것이다. 도시 교통은 고속 노선 교통과 자율주행 및 자전거 위주의 공공 교통 시스템을 구축할 것이다. 고속 노선 시스템은 장거리 운송을 담당하고 자율주행과 자전거는 지선과 마지막 1km를 담당하게 될 것이다. 출퇴근이 노선 교통에 더 의존할 때, 노선 교통은 속도를 올려야 하는 압력에 직면할 것이다. 현재 중국 각지 지하철 구간 평균 속도는 시간당 30~50km인데 이 속도를 2배 이상 올릴 수 있다. 베이징과 같은 초대형 도시에서 외곽에서 중심지로 출퇴근한다면, 자율주행은 지하철 시간표대로 정확하게 지하철역에 데려다줘 전체 통근시간을 절반으로 줄여줄 것이다.

자율주행은 주택 건설에도 변화를 가져올 것이다. 단독 주택에는 차고가 필요 없어지고 수많은 고층 아파트에는 많은 주차공간이 필요하지 않을 것이다. 자율주행은 지역사회에도 새로운 변화를 가져올 것이다. 출퇴근 방향이 같은 이웃을 매일 만나거나 접촉할 기회를 갖게 될 것이다.

자율주행으로 인해 차량 내부 디자인 역시 근본적인 변화가 발생할 것이다. 많은 사람이 공유하는 자율주행차량 내부는 몇 개의 사적인 공간으로 구분될 수 있다. 대화면 지도 디스플레이와 시청각 엔터테인먼트 기기가 표준 사양이 될 것이며, 자동차 안에 음료수 자판기가 생길 수도 있다. 차종도 수요에 따라 잠을 잘 수 있는 차, 카드 게임이 가능한 차, 노래방 차 등 근본적인 변화가 발생할 것이다.

미래 자율주행차량 대부분은 전기차가 될 것이다. 전기차는 자동차의 인프라에도 큰 변화를 가져올 것이다. 첫째, 자동차가 감소할 때 주유소 역시 감소한다. 주유가 불편해지면 휘발유차는 한층 줄어들 것이다. 그러다 보면 지금의 디젤 차량처럼 줄어들 것이다. 둘째, 정비 시스템이 변한다. 개인이 자동차를 소유하지 않게 되면서 자동차 관리와 정비는 차량공유 업체의 몫이 될 것이다. 차량의 검사와 유지·보수는 더 절차화되고 집중화되어 개별적인 정비소는 사라지게 될 것이다.

자율주행은 자동차 보험업도 변화시킬 것이다. 현재 자동차 교통사고 중 90% 이상이 사람에 의한 것이다. 도로 위 차량 대부분이 자율주행차가 되었을 때, 교통사고율은 대폭 감소할 것이다. 한 연구에 따르면 현재 미국 보험 시장 규모가 연간 2,000억 달러에 달하지만, 2040년에는 800억 달러로 60% 정도 하락할 것이라고 내다봤다.

이러한 변화는 모두 현재 예측할 수 있는 것들이다. 그리고 더 간접적으로 은폐되어 있어 예측할 수 없는 많은 변화가 있다. 현재 차량공유는 몇몇 글로벌 모바일 인터넷 플랫폼 회사에서 제공하고 있다. 서비스는 주로 차량의 안전보장, 운전자 관리, 자동 노선 계획 등이다. 자율주행이 되면 이 과정의 비용은 점점 줄어들 것이다. 또한 차량공유의 현지화 특성을 고려하고 기타 대중교통과 긴밀하게 연결되면서, 미래 차량공유는 지역 공공교통 이동 서비스의 일부가 될 가능성이 있다. 이는 지역 기관이 최저 비용으로 제공하는 것이지, 몇몇 글로벌 또는 전국 단위 기업이 통합하여 제공하는 것이 아니다.

| 운송과 물류 |

자율주행이 가져올 또 하나의 거대한 변화는 운송과 물류업계에 나타날 것이다. 현재 미국과 중국에는 모두 자율주행 트럭, 항구 하역, 창고 자동 선별, 자동 배송 등을 연구하는 스타트업들이 있다. 승용차에 비해 화물 운송 트럭은 많은 시간을 고속도로 위에서 운전하고 있어 처리하는 상황이 상대적으로 간단하다. 미국의 트럭 운송에서 인건비와 주유비가 차지하는 비중은 각각 40%와 25%이다. 자율주행과 전기차는 트럭 운송비용을 최소 절반 수준으로 줄여줄 것이다. 항구, 야적장, 광산, 농장, 건설현장, 창고 등 상대적으로 폐쇄된 장소는 시내 운전 상황보다 더 단순하다. 초기 기술이라고 하더라도 생명과 안전을 위협하지 않고 먼저 자율주행을 실현할 수 있다. 자율주행 수직시장마다 시장 가치 10억 달러가 넘는 '유니콘 기업'을 만들 수 있다. 오늘날 중국의 각종 택배는 염가의 노동력에 의존하고 있다. 인건비가 상승하면서 택배 자동화(자율주행차량과 드론) 역시 승용차에 앞서 자율주행이 전면 보급될 것이다.

| 중국의 기회 |

자율주행이 좁은 의미의 자동차 제조업에 국한된다고 해도 세계적으로 연간 2조 달러의 기회가 창출된다. 여기에 다른 산업의 영향까지 더하면 자율주행으로 생기는 상업적 기회는 10년 후 연간 10조 달러에 이를 수 있다. 자율주행은 중국이 앞으로 10~20년간 직면할 가장 큰 전 세계적 산업 기회가 될 것이다.

1. 방대한 제조업 능력과 세계 1위의 전자 제조 생태계

미래의 자율주행 전기차는 하나의 전자제품이다. 하지만 중국의 전자제품 제조업 규모와 수준은 이미 세계적인 수준이다(핵심 칩 제외). 중국의 자동차 생산량은 2016년 이미 2,800만 대에 달해 세계 1위를 차지했다. 중국의 자동차 산업의 약점은 엔진과 자동변속기 등에 있지만 전기차 분야에서 이 약점은 의미가 없다. 자율주행의 핵심 하드웨어는 주로 GPS, 소나, 밀리미터파 레이더와 라이다 등 각종 센서이다. 이런 전자부품은 중국에서 생산이 가능하다. 그러므로 강력한 전자제품 제조 능력은 중국의 최대 강점이 되는 것이다.

2. 잠재력 있는 신에너지와 환경 정책

중국은 현재 공기오염이 최악인 국가 중 하나이다. 또한 탄소배출량이 가장 많은 국가이기도 하다. 중국 정부는 공기의 질을 개선하고 탄소배출량을 대폭 감소시키기 위해서 전 세계에서 가장 강도 높은 신에너지 발전 장려 정책을 수립했다. 동시에 2017년 취임한 미국 도널드 트럼프 대통령은 신에너지 정책에서 오히려 크게 후퇴함으로써, 세계 신에너지 기술 리더로 부상할 수 있는 기회를 중국에게 넘겨주었다.

3. 발달된 교통 인프라와 현대 물류

중국의 발달된 고속도로와 발전된 물류는 자율주행 기술에 세계 최대 수직시장을 제공한다.

4. 빠른 전기차 발전 속도

현재 중국의 전기차 정책 보조금은 세계 최대 규모이다. 2017년 중국은 총 60만 대의 전기차를 판매했으며, 2016년에 비해 71% 상승하여 전 세계 판매량의 절반을 차지했다. 규모가 커지면 중국에서 생산한 전기차(배터리 포함) 비용은 더 낮아질 것이다. 중국의 전기차는 대규모 수출 잠재력을 갖게 될 것이다.

5. 세계 제일의 차량공유 시장

중국은 현재 가장 큰 규모의 차량공유 시장을 갖고 있다. 2018년 3월까지 중국의 디디추싱은 매일 2,500만 건의 서비스를 제공한 반면, 미국의 우버는 78개 국가에서 매일 약 1,000만 건의 서비스를 제공하는 데 그쳤다.

6. 세계 최고 모바일 결제 보급률

중국의 모바일 결제 규모는 세계 1위이다. 이는 차량공유와 미래의 복잡한 비즈니스 모델에 기초를 제공한다.

7. 복잡하고 다원화된 주행 환경

자율주행 소프트웨어는 한마디로 '짬뽕'이다. 대량의 데이터학습과 소프트웨어 세대교체에 의존한다. 대량의 데이터와 복잡한 상황을 제공해 중국의 각종 장소를 학습한 주행 소프트웨어는 다른 장소에 대한 적응력도 강할 것이다.

8. 중국 자율주행 산업 정책에 대한 제언

(1) 전기차에 대해 보조금을 지급하지 않아도 구매할 수 있고 보유 비용이 동급 휘발유 차량보다 낮아질 때까지 계속 사다리식 보조금을 지급한다.
(2) 산업에 대한 기술의 변화에 적응하여 지방 정책 자본이 조성한 분산된 구도를 타파하여 산업의 재편을 장려한다.
(3) 자율주행이 성숙해가는 과정에서 사고는 일어날 수밖에 없다. 그렇다고 해서 후퇴해서는 안 된다.
(4) 기술 혁신은 주로 시장과 기업, 특히 첨단 기술 혁신 기업에 의존한다.
(5) 선 혁신, 후 관리 감독이어야 한다.

| 자율주행에 대한 6가지 예측 |

미래를 예측하는 것은 언제나 리스크가 있기 마련이지만 깊이 생각해보면 양질의 사회적 교류를 일으킬 수 있다.

1. 2022년 이후에는 반자동 운전 기능이 표준 사양이 될 것이다

반자동 운전은 2016년 테슬라가 먼저 선보인 적응형 순항 제어(자동으로 앞차와의 거리 유지), 자동 비상 제동, 차선 유지와 변경, 자동 주차 등 기본 기능을 포함한다. 현재 이 기능에 필요한 하드웨어 비용(카메라, 밀리미터파 레이더, 처리 칩 등)은 5,000위안화를 넘지 않는다. 2016년 중국은 2,800만 대의 차량을 생산해 세계 1위를 차지했다. 차량의 평균가격은 13만 위안화이다. 차량 평균가격이 매년 3%씩 상승한다면 2022년 차량 평균가격은 15만 위안화에 달할 것이다. 이때가 되면 평균가격 이상의 모든 차종에 반자동 운전 기능이 탑재되는 것이다.

2. 단계별 진화가 주류를 이룰 것이다

현재 많은 회사들이 2021년과 2022년 사이에 레벨5의 완전 자율주행차를 선보일 것이라고 발표했다. 매우 실현되기 어려운 목표이다. 승용차는 한 번에 레벨5에 도달하지 못한다. 레벨4까지도 어렵다. 다음 단계로 반자동 기초 위에서 교통표지 식별과 지역 고정밀 지도를 추가하면 도심 지역에서 매일 출퇴근 자동화를 실현할 수 있다. 이것만으로는 90%의 편의를 가져다줄 것이다. 나머지 10%는 차차 해결할 수 있다. 그렇다면 2021-2022년에 대략적으로 실현할 수 있을 것으로 기대된다.

3. 승용차의 비제한적 완전 자율주행은 좀 더 늦을 수 있다

마지막 10%를 위한 노력은 앞의 90%보다 더 많은 시간이 필요할 것이다. 비제한적 구역 주행의 복잡함과 큰 범위의 고정밀 지도에 많은 시간이 필요하기 때문이다. 그러므로 진정한 비제한적 구역의 핸들 없는 완전 자율주행은 최소 10년 이상의 시간이 필요하다. 어쩌면 정체기에 들어 오랫동안 해결되지 않을 수도 있다.

4. 수직시장이 승용차 시장보다 앞서게 된다

먼저 성숙된 시장은 운전 환경이 상대적으로 단순한 업종에 응용될 것이다. 항구, 화물 야적장, 광산, 농업, 기초 건설 현장, 창고, 화물 운송, 관광지 등이다.

5. 신생기업이 점차 시장을 장악할 것이다

전자 제조업과 인터넷 기업 중 자동차 산업으로 진입한 신생기업은 10년 이내에 자동차 시장 절반 이상을 잠식할 것이다. 미래 산업 융합 대부분은 첨단 기술 기업이 기존 자동차 회사를 인수하는 방식으로 이루어질 것이다.

6. 메이드 인 차이나가 세계 리더가 될 것이다

중국 전기차 생산 규모는 세계 1위가 될 것이며 동시에 밀리미터파 레이더와 라이다를 포함한 전 세계 80% 이상의 센서를 생산할 것이다. 기술면에서 핵심 처리 칩을 제외한 부분에서 전면적으로 우위를 차지할 것이다. 특히 복잡한 상황에 대한 반복 훈련이 필요한 자율주행 소프트웨어가 그렇다.

이상의 6가지 명확하고도 모호하지 않은 예측이 곧 다가올 미래에 검증되기를 기대한다.

의료산업: 세상에서 가장 경험이 풍부한 의사

의료산업은 AI의 가장 유망한 응용 분야 중 하나이다. 의료산업에는 AI의 도움으로 질적인 향상을 기대할 수 있는 부분이 많다. 벤처 캐피탈 추세를 추적한 데이터 회사 CB인사이트에 따르면, 2012년부터 2017년 7월까지 의료산업에는 270건의 투자 및 거래가 있었다. 음성 인식, 이미지 식별 기술, 딥러닝 기술은 이미 빠른 속도로 의료산업과 융합하고 있고 보조 의료, 영상의학, 의약품 개발, 디지털 건강, 질병 예측, 가상 간호 등 분야에서 응용되며 약품의 연구 개발 속도와 의사의 진단 치료 효과를 높이며 환자의 건강관리를 강화하고 있다. 의료 데이터는 현재 비교적 분산되어 있어 수많은 신생기업이 수직 영역에 진입할 기회가 있다.

| 영상의학 |

의료산업에서 AI의 첫 번째 중요한 역할은 영상의학 진단이다. 2016년 11월 미국 FDA에서 처음으로 의료 AI 소프트웨어 플랫폼에 대한 허가를 내주었다. 바로 스탠퍼드대학교 스타트업으로 시작한 회사 아터리스Arterys의 심장 MRI 진단 플랫폼이다. 이 제품은 이미 알고 있는 1,000개의 영상으로 모델을 훈련시켰다. 심장은 17개 부분으로 나눌 수 있다. 이 부분의 영상을 통해 심장에 문제가 있는지 판단할 수 있다. FDA 승인을 통과하려면 플랫폼의 판단이 최소한 전문의만큼 정확해야 한다. 경험 있는 의사가 일반적으로 30분에서 1시간이 걸리는 데 반해, 이 플랫폼은 15초 안에 판단할 수 있다. 의사보다

200배나 빠른 것이다.

암이 조기에 발견되는 경우 중기나 말기에 발견되는 것보다 완치율이 훨씬 높다는 것은 이미 잘 알려진 사실이다. 일찍 발견되면 5년 생존율이 97%에 달한다. 하지만 말기에 발견되면 5년 생존율이 14%에 그친다. 피부과 진료를 보기 어려운 사람에게 조기에 질병을 발견하느냐는 중요한 문제이다. 미국에서는 매년 540만 건의 피부암이 발생한다. 2017년 초 스탠포드대학교 AI 연구소 세바스천 스런 교수의 제자는 피부암을 진단할 수 있는 AI 알고리즘을 개발했다. 그들은 이미 인증된 370장의 악성 피부암과 악성 흑색종이 들어 있는 사진을, 알고리즘과 21명의 피부과 의사에게 판단하도록 하고 비교했다. 알고리즘은 여러 방면에서 의사와 동등한 판단 정확도를 보여주었다.

중국은 세계에서 폐암 사망률과 발병률이 가장 높은 나라이다. 2015년에만 중국에서 429만 2,000건의 암이 신규로 확진되었으며 281만 4,000명이 암으로 사망하였다. 폐암은 발병률이 높은 암으로 암 사망 원인 중 가장 높은 비율을 차지하고 있다. 2015년 중국에서 새로 발생한 식도암은 47만 7,000건으로 전 세계의 50%를 차지한다. 새로 증가된 폐암은 73만 3,300건이며 전 세계 35.8%를 차지했다. 그중에서 중기 이상이 70% 이상이다. 현재 가장 효과적인 수단은 스크리닝 검사를 통해 조기 진단과 조기 치료가 이루어지도록 하는 것이다. 이렇게 하면 환자의 5년 생존율을 80% 이상까지 끌어올릴 수 있다.

폐암의 조기 발견이 어려운 이유는 조기 폐암이 대부분 폐 결

〈도표 5-1〉 중국, 미국, 영국의 암 발병률과 사망률

국가	중국	미국	영국
인구	13억 5,000만	3억 1,400만	6,300만
75세 전 암 발병 위험	16.8%	31.1%	26.9%
75세 전 암 사망 위험	11.5%	11.2%	11.3%
암 사망률/발병률	70%	33%	40%

• 출처: IARC, 「5대륙 암 발병률」

〈도표 5-2〉 인간 VS 기계: 50건의 조기 폐암 발견 대결

인간 대 기계	조기 폐암(민감도)	양성(특이도)
텐센트 미잉	96%	88%
20명의 3갑병원 전문의(과장급 포함) 평균	77%	81%

• 출처: https://miying.qq.com/official/product/lung

〈그림 5-9〉 조기 폐암 발견에 응용되는 인공지능

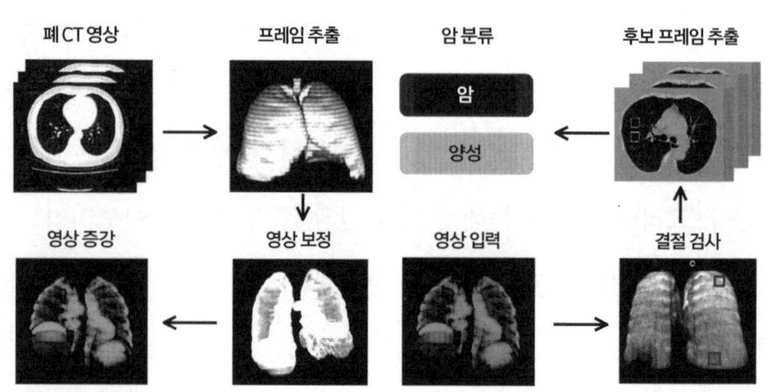

• 출처: 텐센트 미잉

절로 나타나기 때문이다. 그 크기가 작고 명암비가 낮아 다른 조직 부위와 혼돈하기 쉽고 환자의 CT 스캔수가 보통 200층을 넘어 인공적으로 영상을 판독하는 데 많은 시간과 노력이 든다. 텐센트가 선보인 '텐센트 미잉' 기술은 멀티 스케일 3D 합성곱 신경망이다. 폐 영상의 3D 분할 및 재건을 실현하여 절대적 기준Gold Standard(임상 의학계에서 공인한 질병 진단의 가장 신뢰할 만하고 정확하며 이상적인 진단 방법)인 병리 진단 데이터와 많은 의사가 표기한 결절 위치 정보를 결합하여, 3~10mm의 폐 결절 검사 정확도를 95%까지 끌어올렸으며 폐암 인식률은 80%까지 상승했다. 또한 증강 그래픽과 확대 사진을 통해 의사가 볼 수 있도록 했다. 현재 이 기술은 3곳의 3갑병원(중국에서 가장 등급이 높은 병원-옮긴이)과 협력하고 있다. 해당 기술의 점진적 상용화는 암 환자의 발병율과 사망률을 크게 낮출 것으로 기대된다.

의료 영상 식별은 안면인식보다 어렵다. 조기 폐암 진단의 경우 인체 조직의 병변 유무는 종종 그 조직 영상의 크기, 모양, 그레이스케일에서 미세한 차이가 나타난다. 안면 이미지 식별과 비교해 의료 영상 식별의 경우 병변, 조직의 형태나 모양 변화가 매우 크다는 어려움이 있다. 이러한 변화는 다음 요소로 이루어진다.

(1) 결상 잡음: 의료 영상 기기를 사용할 때 방사선 양과 현상액 농도가 다르기 때문에 조직 선명도 차이가 매우 크다.

(2) 환자의 개별 차이: 환자의 신장, 체중, 기관의 크기, 지방 두께가 결상에 영향을 미칠 수 있다.

(3) 환자의 자세, 동작, 기관 활동 등이 결상에 영향을 줄 수 있다.

(4) 내장 기관의 위치, 즉 기관 간의 접촉과 차폐 등이 결상에 영향을 줄 수 있다.

(5) 의료 판단의 정확성과 신뢰성 요구: 대부분 안면인식과 달리 의료 영상의 판독은 사람의 생명과 직결되기 때문에 실수가 용납되지 않는다.

의료 영상 식별을 더 정확하게 하기 위해서 다음 2가지 방법을 차용한다.

첫째, 빅데이터베이스이다. 미국에서 매년 9,000만 장의 CT사진이 발생한다. 훈련 데이터 집합이 클수록 다양한 상황이 많이 포함된다.

둘째, 해부학과 병리학 배경 지식이다. 모든 의료 영상은 인체의 어떤 부분의 것이다. 해부학과 병리학의 지식은 그 식별과 판단을 도울 수 있다. 하지만 해부학과 병리학 지식은 일반적으로 규칙에 기초한 판단 또는 병리 모형에 기초한 판단에 사용된다. 이 2가지 방법이 신경망 모델에 통합될 수 없으므로 신경망과 병행하여 사용할 수밖에 없다. 두 판단이 일치할 때 신경망 판단의 신뢰도를 높일 수 있지만, 2개의 판단이 일치하지 않을 때 어느 쪽의 판단을 믿어야 할지는 결국 경험 있는 의사의 몫이다.

현재 AI 의료 영상 식별은 보조적 판단에 그친다. 아직까지는 의사의 검토와 서명 없이 직접적으로 판단할 수는 없다. 하지만 보조적 판단이라고 해도 판독의 질과 속도는 높일 수 있다. 중국의 대형병원에서 매일 수천 장에 이르는 각종 영상이 발생한다. 현재의 절차는 먼저 레지던트가 영상에서 이상 부위를 찾고 측정하고 기록하는 등의 과정을 통해 기초적인 판단을 한 후, 경력 있는 의사에게 보고해 최종적인 판단을 하도록 한다. 설령 의사가 1장의 사진을 판독하는 데 10분밖에 안 걸린다고 해도 의사 1명이 8시간 동안 쉬지 않고 판독해도 겨우 48장을 볼 수 있다. 그러면 하루에 480장의 사진을 보려면 의사 10명이 필요하다. 일부 국가나 지역에서는 정확도를 보장하기 위해 의사가 판독하는 수량을 제한하기도 한다. 경험이 풍부한 영상 판독(방사선과 등) 의사는 매우 부족한 실정이다. 만약 인공지능이 판독 시간을 원래의 10분에서 5분으로 단축시킬 수 있다면, 2배의 사진을 판독할 수 있다. 영상의학 장비 비용이 빠르게 하락하고 있어 초음파, X-레이, CT, MRI, PET(양전자 단층촬영) 등 설비가 현재 광범위하게 보급되고 있고, 영상의학 데이터는 대폭적으로 증가하고 있다. 미국의 데이터 연간 증가율은 60%에 달한다. 하지만 영상 판독 전문의 증가율은 2%에 그쳤다. 중국의 의료 영상 역시 30%씩 증가하지만 의사 증가율은 4%에 불과하다. 이는 의사의 업무량은 급증하는데 판단 정확도는 하락함을 의미한다. 영상 측면에서 미국의 오진자수는 연간 1,200만 건이며, 중국은 방대한 인구만큼 놀랍게도 연간 5,700만 건에 이른다. 오진은 주로 기초 의료기관에서 발생했다.

현재 중국에서 양질의 의료 자원은 대도시에 집중되어 있다. 많은 현급 이하의 병원에서는 영상의학 장비를 추가로 구입할 수는 있지만, 경험 있는 영상 판독 의사는 심각하게 부족한 상태이다. AI 영상 판독이 경험 있는 의사 수준에 도달한다면, 인터넷으로 영상을 업로드하여 중국 기초 의료기관의 질병 진단 수준을 크게 향상시킬 수 있다. 미래 클라우드 서비스에 기초한 영상의학 판독은 기초 의료기관의 영상 식별과 판단에서 중요한 역할을 하게 될 것이다. 일단 실험이 성공을 거두게 되면 전 세계 신흥국가, 심지어 수많은 선진국에 적용될 것이다.

현 시점에서 인공지능 의료 영상 기술은 모두 병원 체계 밖에서 시작되었다. 주로 첨단기술 신생기업이 기술을 제공하고 병원과 협력하는 방식이다. 이러한 회사의 백엔드 알고리즘 모형과 계산력은 대동소이하다. 핵심은 병원으로부터 과거 검증된 적이 있는 독자적 데이터(신경망 모델을 훈련시키는 데 사용되었던 '깨끗하고' 이미 라벨링된 데이터)를 더 많이 얻을 수 있는지에 있다. 이들 회사가 경쟁하는 두 번째 능력은 바로 업무 확장 능력과 마케팅 전략(타깃이 대형병원인지 기초 의료기관인지)이다. 이 분야에서 앞으로 새로운 비즈니스 모델이 나타날 것이다. 예를 들면 기술이 성숙됐을 때 영상의학 판독 전문기관이나 수많은 기초 의료기관에 아웃소싱 서비스를 전문적으로 제공하는 것이다. 이러한 추세는 의대 커리큘럼 개설과 학생 양성 방향에도 영향을 미칠 것이다.

| 신약 개발 |

의료산업에서 AI의 두 번째 중요한 역할은 제약에서 기대할 수 있다. 소분자화학물 신약 개발의 원리는 간단하다. 일종의 화합물 분자 구조가 '대응해야 할' 생화학적 표적(암 세포 중 어떤 단백질 또는 바이러스에 의해 공격된 인체의 정상 단백질)과 반응하여, 표적 단백질의 어떤 기

〈그림 5-10〉 연도별 신약 R&D 비용

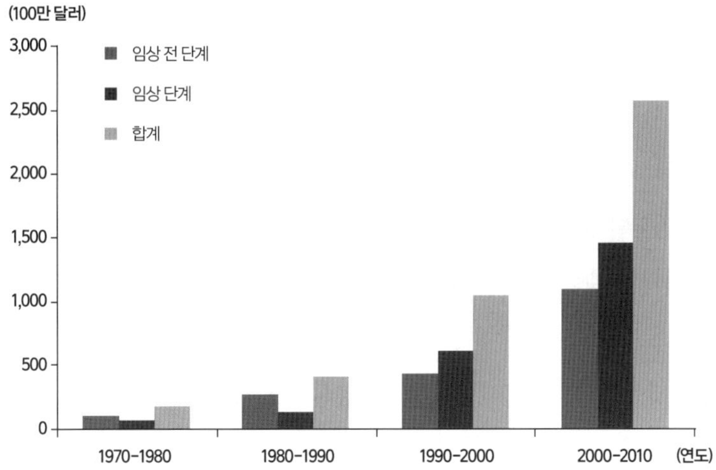

• 출처: Tufts Center for the Study of Drug Devlopment, CSDO

능을 활성화하거나 억제할 수 있느냐이다. 과거의 신약 개발 방법은 시행착오를 통한 것이었다. 에디슨은 텅스텐 필라멘트 전구를 발명할 때 수천 가지의 화합물을 시험했다. 하지만 시행착오는 비용이 많이 든다. 여러 가지 화합물 중 신약 하나의 후보 화합물을 선별해내기 위해서는 수많은 실험이 필요하고, 그 화합물의 유효성과 유독성 부작용 등을 일일이 비교해야 하기 때문이다. 〈그림 5-10〉에서 볼 수 있듯이 세계 대형 제약회사가 신약 1개를 개발하는 데 드는 비용은 2010년에 이미 26억 달러에 달했으며, 현재는 이 액수를 훨씬 뛰어넘었다. 임상 전 단계까지 10억 달러가 넘는다. 이 10억 달러는 주로 초기 선별과 시행착오에 사용된다. 대량의 화합물 중 후보 화합물을 선별하고 최종적으로 신약을 가려내는 데 막대한 비용이 들

뿐만 아니라 수년의 시간이 걸린다.

딥러닝에 기초한 인공지능이 성숙하기 전에 신약 개발은 이미 컴퓨터 보조 제약을 광범위하게 사용했다. 인간이 이미 알고 있는 후보 화합물과 표적 분자 구조와 특성 등 생화학 지식에 근거하여 컴퓨터로 모델을 만들어 화합물과 표적 단백질의 생화학 반응을 시뮬레이션할 수 있고, 이를 통해 실험을 줄이고 시간을 단축할 수 있다. 과거의 계산식 신약 개발은 분자 구조에 대한 이해를 기초로 한 '화이트박스 조작' 방식이라고 할 수 있다. 반면 딥러닝에 기초한 신약 개발은 일종의 '블랙박스 조작' 방식이다. '블랙박스 조작' 방식에서 컴퓨터는 화합물의 분자 구조 모형을 세울 필요도 없고, 후보 화합물과 생화학적 표적의 특성을 이해할 필요도 없다. 단지 대량의 이미 가지고 있는 화합물과 연구한 적이 있는 생화학적 표적 간의 생화학 반응 데이터만 있으면 된다. 이미 있는 데이터로 신경망을 훈련시키고, 훈련된 딥러닝 알고리즘은 짧은 시간 안에 대량의 다양한 화합물 중에서 유용할 만한 후보 화합물을 선별할 수 있다. 선별된 대량의 화합물 역시 임의로 생성한 것이 아니라 완전히 인류가 이미 알고 있는 지식에 근거하여, 컴퓨터 모형을 통해 만든 가능성이 비교적 큰 화합물이다. 같은 원리로 후보 화합물 중에서 다시 선별할 때, 예를 들어 화합물의 생물 가이용성, 대사반감기와 유독성 부작용 실험을 진행할 때 여전히 이미 있는 데이터로 식별하고 선별할 수 있다. 이 원리는 노련한 중매쟁이와 같다. 중매쟁이가 짝을 찾으려는 남자의 정보를 받았을 때 해당 인물의 외모, 키, 성격, 직업, 수입 등을 고려해 자신의 기억 속에서 비슷한 사람이 짝을 찾은 성공 사례를 떠올리면, 십중팔구 그에게 배필이 될 만한 아가씨를 소개해줄 수 있다. 현재 실리콘밸리와 유럽에서 아톰와이즈 같은 몇몇 제약회사가 딥러닝을 통해 신약을 개발하고 있다.

| 진단과 모니터링 |

의료산업에서 AI의 세 번째 중요한 역할은 의료 빅데이터에 기반을 둔 진단, 예측 및 건강 모니터링이다. 의학 진단은 다음과 같은 도전에 직면해 있다. 첫째, 인체는 하나의 복잡한 시스템이다. 둘째, 소위 '동일 유형의 질병'이 사실 각각의 개체에서 완전히 다르게 나타날 수 있다. 예를 들어 환자의 혈당이 높을 때 심장, 간, 비장, 폐, 신장, 췌장 등 여러 기관에 영향을 미칠 수 있다. 하지만 환자마다 그 영향은 다르다. 아주 실력이 좋은 의사라고 해도 전부 다 고려할 수는 없다. 특히 베이징이나 상하이 등 우수한 의료 자원이 부족한 지역에서 문진하는 의사가 환자 1명에게 쓸 수 있는 시간은 10분이 채 되지 않는다. 의사는 자신의 경험과 환자의 상황에만 근거해 대략적으로 질병을 분류하고 판단하다. 하지만 인공지능은 정교하고 세밀하게 진단할 수 있다. 첫 번째 단계에서 각종 화학 실험과 검사 결과, 환자의 진술과 의사의 판단을 포함한 환자의 데이터를 수집하고 정리한다. 데이터를 정리하고 간추린(오류가 확실하거나 무관한 데이터 삭제) 후 각종 질병의 연관성을 정리한다. 〈그림 5-11〉은 실리콘밸리 AI 의료 진단 회사 클라우드메드엑스CloudMedx가 작성한 각종 질병 증상 간의 연관도이다. 그림에서 모든 접점은 어떤 특정 환자(특정 성별, 연령, 민족 등)의 어떤 증상이다. 접점 간 연결선은 2가지 증상의 연관

〈그림 5-11〉 질병 증상 간 연관성의 슈퍼 연결

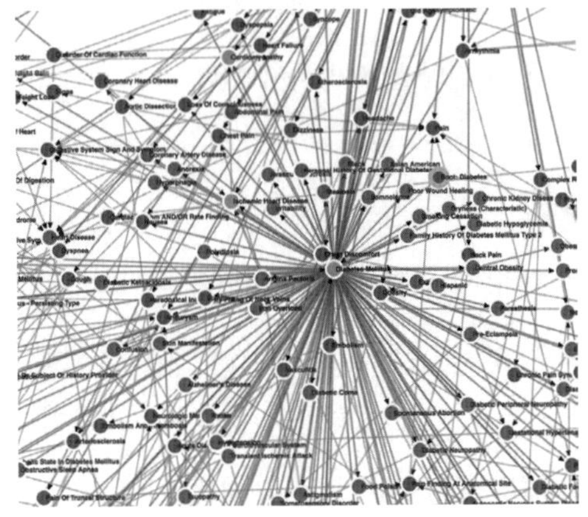

• 출처: CloudMedx Inc.

성이다. 수집한 환자 데이터가 많을수록 접점은 많아지고 연관성은 정확해진다. 이러한 슈퍼 연관성이 바로 딥러닝에서 머신 훈련 모델에 사용된 이미 라벨링된 데이터이다. 일단 하나의 새로운 병례 데이터를 머신에 입력하면, 머신은 이미 있는 데이터에 근거해 경력 있는 의사보다 더 정확한 판단을 내릴 수 있다.

이는 같은 원리로 질병의 예측과 예방에도 적용된다. 의사에게는 환자의 건강 상태를 예측할 수 있는 많은 도구가 있다. 하지만 복잡한 인체의 특성 때문에 종종 난감한 상황에 부딪힌다. 특히 심장 쇼크는 매우 예측하기 어렵다. 현재 과학자들은 인공지능으로 표준 의료 가이드보다 더 효과적인 예측이 가능하며, 예측의 정확성을 대폭 향상시킬 수 있다는 것을 이미 증명했다. 각국의 과학자는 이미 대뇌질환, 심장질환, 만성질환, 심장병, 골관절질환, 유행성질환 등 예측 연구에서 성과를 거두었다. 이 방법이 발전되고 적용이 확대되면서 매년 수백만 명의 생명을 구할 수 있게 되었다.

매년 2,000만 명에 가까운 사람이 심장병, 중풍, 동맥경화 등 심혈관질환과 기타 순환 계통 기능 장애로 목숨을 잃는다. 많은 의사가 미국 심장병학회/미국 심장학회ACC/AHA와 유사한 가이드라인을 사용해 질병을 예측한다. 이 가이드라인은 연령, 콜레스테롤 수치 및 혈압 등 8개 위험 요소에 근거하여 의사가 판단하여 예측한 것이다. 하지만 이 방식은 지나치게 단순하다. 환자가 사용할 수 있는 많은 약물, 또는 기타 질병과 생활 방식 등 요인은 포함할 수 없다. 게다가 일부 요소의 영향은 인간의 직감과 어긋난다. 영국 노팅엄대학교의 유행병 학자 스티븐 웽은 "생물 시스템에서는 많은 요소가 서로 영향을 주는데 이런 상황에서 충분한 지방이 실제로 심장병을 예방해 준다"고 말했다. 그와 그의 연구팀은 4가지 머신러닝 알고리즘을 사용해 병력 기록과 심혈관 질환과의 연관성을 발견했다. 그들은 영국 37만 8,256명의 환자의 전자 병력에 기초해 인공지능 모델을 훈련시켰다. ACC/AHA 가이드라인과 다르게 머신러닝 방법은 민족, 관절염, 신장질환 등 22개 영향 요소를 고려했다. 2005년 기록 데이터를 이용해 그들은 미래 10년 내 어떤 환자가 처음 심혈관 질환에 걸릴지와 2015년의 기록에 대해 예측했다. 4가지 머신러닝 방법은 ACC/AHA 가이드라인보다 더 잘 표현되었다. AUC 통계방법(1점은 100% 정확도를 의미) 기준으로 ACC/AHA 가이드라인의 득점은 0.728이었다. 4가지 머신러닝의 방법은 0.745~0.764사이였다. 가장 훌륭한 신경망은 ACC/AHA 방법보다 정확도가 7.6% 높았다. 또한 1.6%의 오류를 줄였다. 대략 8만 3,000건 기록의 테스트 샘플 중에서 환자 355명의 생명을 구할 수 있는 셈이다. 웽 교수는 예측 결과가 콜레스테롤 수치를 줄이는 약물이나 식이 개선을 통해 예방될 수 있기 때문이라고 말했다. 이 연구는 심각한 정신 질환이나 내복용 스테로이드와 같이 머신러닝 알고리즘이 인정하는 가장 강력한 예측 요소가 ACC/AHA 가이드라인에는 포함되지 않았다는 사실을 발견했다. 동시에 ACC/AHA 가이드라인에는 당뇨병을 상위 10개 예측 지표에 포함시킨 알고리즘이 없었다. 웽 교수는 후속 연구에서 알고리즘이 다른 생활방식과 유전 요인 등을 포함하여 정확성을 한층 제고할 수 있기를 희망했다.

인공지능을 통해 심장병을 예측한 또 다른 기관 역시 고무적인 성과를 거두었다. 영국 의학연구위원회 산하 MRC 런던 의학과학연구소는 인공지능 소프트웨어가 혈액검사 결과와 심장 스캔 결과를 분석하여 심부전의 징후를 발견할 수 있다고 밝혔다. 연구원들은 폐내의 혈압 증가로 일부 심장이 손상되어 약 1/3의 환자가 확진 후 5년 이내에 사망했다는 것을 발견했다. 현재 치료방법은 주로 혈관에 직접 약물을 주사하는 방법이나 폐 이식이 있다. 하지만 의사들은 환자가 얼마나 더 살 수 있는지 알아야 정확한 치료 방법을 선택할 수 있다. 연구원들은 인공지능 소프트웨어에 심장병 환자 256명의 심장 MRI 결과와 혈액 검사 결과를 입력하였다. 소프트웨어는 심장 박동마다 심장 구조에 표시된 3만 개 점의 운동 상태를 측정하고 이 수치를 8년간의 환자의 건강 기록과 결합하면, 인공지능 소프트웨어는 어떤 이상 상황이 환자의 죽음을 초래할지 예측할 수 있다. 인공지능 소프트웨어는 향후 5년간의 생존을 예측할 수 있고, 1년 미만 생존율 예측의 정확도는 80%에 달했다. 반면에 의사의 정확도는 60%에 그쳤다.

현재 세계에는 5억 명이 넘는 환자가 각기 다른 신장 질환을 앓고 있다. 하지만 만성 신장질환에 대한 인식률은 10%에 불과하다. 만성 신장 질환의 경우 초기에는 뚜렷한 증상이 없기 때문에 간과하기 십상이다. 많은 환자가 신장 기능이 악화되어서야 병원을 찾기 때문에 신장병에 대한 단계별 경보는 매우 시급한 일이었다. 화난농업대학교 식품학과 대학원생은 인공지능에 기반을 둔 신장 사구체여과 예측 모델을 만들었다. 이를 통해 실용적인 만성 신장 질환의 단계별 경보 모델을 구축했다.

건강 진단과 예측은 전형적인 어두운 지식이다. 질병의 원인은 매우 복잡하다. 모든 환자의 신체 상황과 병력이 다르다. 인간은 매우 복잡한 환경 속에서 살고 있다. 환경의 모든 요인은 인간의 건강에 영향을 미친다. 과거 의료 교육은 매우 복잡한 환경을 크게 단순화 해 여러 교과서와 지침을 만들었다. 하지만 이 같은 명시적 지식은 근본적으로 모든 상황을 다 포괄할 수 없다. 그러므로 훌륭한 의사는 다년간의 경험을 통해 많은 암묵적 지식을 얻는 데 의지한다. 하지만 인체는 형용할 수 없을 정도로 복잡하며, 모든 의사가 파악한 암묵적 지식은 빙산의 일각에 불과하다. 폭으로 보나 깊이로 보나 한참 부족하다. 머신러닝만이 의사가 자신의 경험과 이해로 접근할 수 없는 방대하고도 복잡한 어두운 지식을 체계적으로 추출할 수 있다. 이러한 데이터는 환자의 데이터뿐만 아니라 생물, 약리, 생리, 기후, 환경 등 데이터를 모두 포함한다. 기계는 복잡한 데이터 중에서 숨겨진 연관성을 찾을 수 있다. 다시 말해 기계는 의료산업에서 점점 더 많은 어두운 지식을 발견할 수 있다. 이는 근본적으로 미래의 의학 진단을 바꿀 수 있으며, 미래의 의학 교육과 의사 육성에도 근본적인 영향을 미칠 것이다.

| 건강관리 |

의료산업에서 AI의 네 번째 중요한 역할은 건강관리이다. 모바일 스마트 단말과 모바일 인터넷의 발전으로 점점 더 많은 사람들의 행동이 디지털 방식으로 기록되며, 여기에는 진료, 식생활과 영양, 운동 상태, 수면시간, 사회성, 바이탈 사인 등 데이터가 포함된다. 인공지능은 데이터들을 자신의 기존 가치에 응용함으로써 데이터 분석에 기초한 건강한 생활방식을 제공할 것이다. AI는 영양성분과 생활방식, 정서 관리 등을 도와 건강한 집단이 자신의 건강에 대해 예측 가능한 관리와 리스크 예측을 실현하도록 해, 건강과 질병 사이인 미병 상태의 사람들이 더 나은 회복 방법을 찾을 수 있도록 해준다.

버타 헬스는 캘리포니아대학교 데이비스캠퍼스의 스티븐 피니Stephen Phinney 박사와 오하이오주립대학교의 제프 볼렉Jeff Volek 교수가 공동으로 세운 인터넷 만성질환 관리 플랫폼이다. 버타 헬스의 기술 플랫폼은 AI 기술을 응용하면서 의사와 건강 자문단의 보조적 역할을 추가하여 연속적이면서 즉각적인 의료 지원을 제공한다. 또한 정확한 식이요법을 제시하여 환자를 위한 개별화된 탄수화물 섭취와 식이 계획을 설계한다. 환자가 버타 헬스의 회원으로 등록되면 환자에게 FDA가 인증한 의료 장비를 보내 매일 혈당, 혈압, 체중 등 신체 지표를 모니터링하도록 한다. 측정이 끝나면 의사는 매일 각종 데이터에 근거한 인공지능 계산을 통해 환자에게 개별화된 식이요법을 제시한다. 또한 버타 헬스는 건강 코치 자리를 마련하여 환자에게 일대일 상담 서비스를 제공하며 비업무시간에는 음성 인식 로봇이 환자에게 표준화된 의학 질문에 대한 답을 하도록 하고 있다. 그밖에 환자는 온라인 커뮤니티에 가입하여 다른 환자들과 치료에 관한 생각을 나누고 서로 격려할 수 있다. 버타 헬스는 인디애나대학교 의과대학과 함께 2016년부터 2년 동안 262명의 Ⅱ형 당뇨병(인슐린 비의존성 당뇨병) 환자를 대상으로 실험을 진행하였으며, 실험기간인 10주가 되기도 전에 놀라운 치료 효과를 거두었다. 87% 환자가 인슐린 주사량을 줄였고, 56% 환자는 당화 혈색소 수치가 정상 수준으로 감소했으며, 75% 환자는 체중이 최소 5% 이상 감소하였다.

런던을 기반으로 하는 벤처 기업 리얼아이즈Realeyes는 컴퓨터 시각, 머신러닝 기술을 사용해 컴퓨터 또는 스마트폰 카메라를 통해 사용자의 얼굴 표정을 추적하여 정서 변화를 평가한다. 현재 리얼아이즈는 500만 프레임이 넘는 얼굴 데이터베이스를 구축하였다. 각 프레임에는 7개의 얼굴 동작 해석이 있다. 예를 들어 눈살을 찌푸리는 것은 곤혹스러움을 의미하고, 눈썹을 위로 올리면 놀라움을 표시한다. 그밖에 얼굴의 다른 특징이 정서적 식별을 도와 분석 결과를 더욱 설득력 있게 한다. 리얼아이즈는 현재 사람의 마음을 즐겁게 하고 즐거움을 유지할 수 있도록 돕는 심리 건강 상품을 개발하고 있다.

스마트폰과 웨어러블 기기의 센서가 풍부해지면서 다양한 장소에서의 사용자의 운동 데이터(달리기, 요가, 수영 등)와 수면의 질, 혈당, 심박수, 심전도, 혈산소 등 데이터 및 생활환경의 온도, 공기, 자외선 등 데이터를 획득할 수 있게 되었다. 인공지능은 더 건강하게 사람들의 생활을 관리할 수 있도록 전면적이며 정확한 자료를 제공한다.

| 의료 음성 도우미 |

의료산업에서 AI의 다섯 번째 중요한 역할은 의료 음성 도우미이다. 의료 음성 도우미는 현재 이미 병력 입력, 스마트 진료 가이드, 추천 약품 등의 분야에서 상용화하기 시작하여 의사의 업무를 줄이고 환자의 진료 체험을 향상시킬 수 있도록 지원하고 있다.

의사는 진료차트를 작성하는 데 상당한 시간을 소비한다. 2016년 홍콩의 조사에 따르면 중국의 레지던트 50% 이상이 하루 4시간 이상을 진료차트를 작성하는 데 소비하며, 심지어 7시간 이상 소비한다는 의사도 상당했다. 의료 음성 도우미는 진료차트를 작성하는 시간을 크게 줄일 수 있고, 의사의 구술 내용은 실시간으로 텍스트로 옮겨 병원 정보 관리 소프트웨어에 입력한다. 차트 입력 효율성은 높이고 의사는 더 많은 진료 시간을 확보할 수 있다. 방사선과 같은 특수과 의사에게는 더욱 효과적이다. 방사선과 의사들은 대부분 2개의 모니터를 보면서 한쪽에서는 의료 영상이나 사진을 보고 다른 모니터로는 차트를 기록하기 때문이다. 음성 입력이 가능해지면 사진을 판독하는 데 오롯이 집중할 수 있다. 보면서 말하면 업무도 훨씬 수월해지고 효율도 크게 향상된다. 2016년 8월 베이징협화병원은 병실, 수술실, 초음파, 방사선과 등에서 '스마트 음성 입력 시스템'을 적용하여 최초로 음성 인식을 지원하는 공립 대형병원이 되었다. 이 시스템의 언어 식별 정확도는 95%에 달했으며 각 과별 정확도는 98%를 초과했다.

미국 음성 기술 회사인 뉘앙스Nuance가 출시한 가상 도우미 플로렌스Florence는 의사의 구술 문서를 이해하고, 통찰력 있는 발견으로 처방이나 CT 의뢰 등 즉각적인 조언을 제공할 수 있다. 뉘앙스의 보고에 따르면 플로렌스는 시범 단계에서 의사들의 시간을 35%나 절약해주었다. 현재는 최적화되기 전보다 50%의 시간을 절감해주고 있다. 이 시스템은 20건의 의뢰에서 87회에 달하는 키스트로크Keystroke를 0으로 줄였다. 뉘앙스는 미국의 약학, 방사선학과 실험실 의뢰에서만 1년 동안 의사의 시간을 2,260만 시간이나 절약할 수 있다고 강조했다.

스마트 진료 가이드 로봇 역시 병원에서 응용되기 시작했다. 로비를 지나가는 의사나 안내 데스크 직원은 어느 과로 전화를 걸어야 하는지, 주임의사가 있는지, 화장실이나 정수기가 어디에 있는지 묻는 질문을 수없이 받는다. 현재 중국의 대형병원 일일 진료환자는 6,000명으로 10% 환자만이 이 같은 질문을 하더라도 병원에는 큰 부담이 된다. 또한 각기 다른 과에 속해 있고 전문지식의 한계 때문에 질문을 받은 의사나 간호사는 정확한 답변을 하지 못할 때가 있다. 하지만 스마트 문진 로봇은 클라우드와 병원의 각 시스템, 서비스 업체의 지식베이스에 연결되어 있어 음성 또는 디스플레이를 통해 다양한 질문에 대해 쉽고 정확하게 답변할 수 있다. 그리고 진료 가이드 로봇은 각종 방언과 외국어도 알아들을 수 있어 소통이 어려운 이들의 고민도 덜어줄 수 있다. 현재 아이플라이텍의 로봇 샤오만, 이볼버EVOLVER의 샤오팡이 이미 베이징, 우한 등 지역의 병원에서 서비스를 제공하기 시작했다(〈그림 5-12〉).

음성 인식 도우미의 또 다른 예는 네덜란드의 한 스타트업이 개발한 보조 스마트 시스템 코르티Corti이다. 이 시스템은 환자가 제공하는 정보와 말소리에 따라 환자의 증상을 식별해 구조대원에게 전달할 수 있고 더 자세한 정보를 물어보도록 할 수 있다. 2016년 12월 응급구조 전화 교환원은 전화를 받고 한 남성이 사고로 쓰러져 손상된 지붕에 등을 부딪친 것으로 추정했다. 이때 코르티는 음성 인식 모드를 켜고 아주 약한 진동 소리를 파악했다. 환자는 심장이

〈그림 5-12〉 베이징 301병원 로비의 스마트 진료 가이드 로봇

• 출처: 중국신문사

갑자기 멈추었지만 미약하게 호흡을 하고 있었고 코르티는 이 상황을 정확히 식별했다.

스마트 금융: 화이트칼라와 골드칼라의 몰락

AI는 금융업에도 엄청난 변화를 가져올 것이다. 금융업의 주요 계열인 은행, 보험, 증권, 재테크, 어느 분야도 재난을 피하기 어려워 보인다.

| 은행 |

전 세계 은행업은 과학 기술로 인해 큰 충격을 받고 있다. 액센추어 조사에 따르면 소비자들은 매년 두 자리 수의 성장 속도로 기존 은행에서 인터넷 금융으로 갈아타고 있다. 절반이 넘는 조사 대상자가 기존 은행의 이윤 중 인터넷 금융에 기반을 둔 업무 이윤 비율이 10% 미만이라고 생각한다고 응답했다. 액센추어는 2020년에는 은행 영업이익 중 약 30%가 영향을 받을 것이라고 내다봤다.

인공지능 기술은 금융 과학 기술의 핵심 기술로서 현재 은행의 서비스 형태, 데이터 처리, 수요 예측, 리스크 관리 등을 근본적으로 변화시키고 있다.

우선 소비자에 대한 많은 업무와 서비스가 AI로 대체된다. 예를 들어 대출 심사에서 인공지능은 대출 전, 대출 중, 대출 후의 고객을 추적관리할 수 있다. 은행의 여신 데이터에 소셜 데이터 행동 특징을 추가해 더 정확하게 개인의 행위와 금융 리스크를 설명할 수 있다. 대출 신청과 심사는 순식간에 완료되고, 부실률은 오히려 사람이 진행한 심사보다 더 낮아진다. 과거 은행은 리스크가 크고 손실률이 높은 소액 대출은 거의 진행하지 않았다. 현재 인공지능과 빅데이터로 인해 소액 대출도 크게 발전하고 있다. 또한 고객 서비스 측면에서도 HSBC, 항생은행, 중국 평안은행 등이 모두 스마트 음성 서비스를 출시했다. 해당 스마트 음성 서비스는 자연어 처리 기술을 사용해 고객의 질문에 응답할 수 있다. 시장조사기업 주니퍼리서치는 기존 콜센터와 비교해 말하는 로봇의 응답으로 건당 4분 정도 시간이 절약되며, 2022년에는 말하는 로봇이 전 세계 은행에서 매년 80억 달러를 절약해줄 것이라고 예측했다.

둘째, AI는 은행 내부의 방대한 운영 관리 작업을 대체할 것이다. 대형 은행은 재무 보고서를 작성하기 위해 방대한 양의 데이터를 처리해야 하고 감사 규정에도 부합해야 한다. 이 과정이 점점 규범화·절차화되고 있다. 하지만 장부 대조, 연결 재무제표 등 사람이 해야 할 추가된 일도 많다. 그들의 업무는 로봇 프로세스 자동화(RPA, Robotic Process Automation)의 이상적인 선택이다.

뿐만 아니라 이어지는 몇 년 동안 인공지능은 재무의 가장 핵심 기능인 회사 간 장부대조, 분기보고서, 재무분석, 감사분석 등 전략적인 업무를 변화시키는 데 사용될 것이다. AI는 속도와 정확성 면에서 우수하다. 전체 보고서와 공개 과정이 실제 시간과 거의 동기화될 수 있어 매 분기 말까지 기다릴 필요가 없다. AI가 지원하는 재무팀은 매 분기 막판에만 몰아쳐서 업무를 하는 것이 아니라, 매 분기 지금보다 더 빨리 문제를 발견하고 조정할 수 있어 정확성을 높일 수 있다. 영국 기업 스웨이드Suade의 컴플라이언스 플랫폼은 은행의 시시각각 감독 정책을 충족할 수 있으며, 자동으로 데이터 정리를 통해 감사 보고서를 생성할 수 있었다.

은행에게 리스크 관리는 매우 중요하다. 전체적인 리스크 관리 방면에서도 점점 더 많은 알고리즘이 도입되고 있다. 기존에는 은행의 위험전문관리임원인 CRO가 대차대조표를 주시하며 리스크를 통제했다. 하지만 지금은 데이터의 차원이 증가하면서 대차대조표, 소득계산서, 재고, 흐름량, 기업의 경영 상황을 모두 포함하여 실시간으로 추적하고 발굴하여, 대차대조표로 조정할 때까지 기다릴 필요 없이 전체 리스크 관리가 예전보다 더 정확하게 이루어지고 있다.

또한 알고리즘을 활용해 인재를 선발하는 동시에 이직자를 줄이고 있다. 도이체방크는 2016년 9월 일부 미국 대학 졸업생을 대상으로 실리콘밸리의 코루Koru라는 회사가 설계한 선별 시스템을 도입했다. 도이체방크 미국 기업 대출 담당에 지원한 후보자들을 이 시스템을 통해 20분간 행동 테스트를 진행하여, 회사에 가장 잘 맞는 신입사원이 필요한 충성도를 가졌는지 선별하였다. 이 프로젝트를 담당하는 도이체방크 대표이사 노엘 볼프는 시스템에 대해 "우리 은행의 가장 우수하고 똑똑한 인재들이 어떤 특징을 지닌 후보자인지 발견하기 위한 것"이라고 말하면서, 은행마다 경쟁을 벌이는 아이비리그 후보자들보다 시스템을 통해 선별한 대상자가 우리 은행에 더 적합하다고 믿는다고 밝혔다. 아이비리그 졸업생은 종종 충성도가 떨어지기 때문이다. 씨티그룹과 골드만삭스도 자체 버전을 시험 가동 중이다.

금융 과학 기술이 불러올 경쟁력과 절박함에 대해 은행은 업무 구조의 획기적인 변화와 기술을 업무에 융합하는 것 외에도, 자신의 강점인 기존 사용자와 데이터를 중시해야 한다. 맥킨지리서치 보고서에 따르면 은행업의 경우 100만 달러의 수입이 생길 때마다 820GB의 데이터가 발생한다고 했다. 금융업이 발전하며 고객정보, 거래 정보, 대차대조표 정보 등 방대한 데이터가 누적된다.

〈그림 5-13〉은 각 산업이 100만 달러의 수입이 발생할 때마다 생성되는 데이터양이다. 소프트웨어 기능이 강해지고 센서 비용이 줄어들면서 단위 소득으로 생성되는 데이터가 대폭 증가하였다.

거래정보, 계좌정보, 신분 특징 정보 및 행동 데이터는 미래 금융업의 핵심 기초 데이터를 구성하는 금광이라고 할 수 있다. 지금까지 인터넷 은행에서 사용한 데이터를 포함해 은행업이 사용한 데

〈그림 5-13〉 업종별 100만 달러 수입 발생 시 생산되는 데이터양

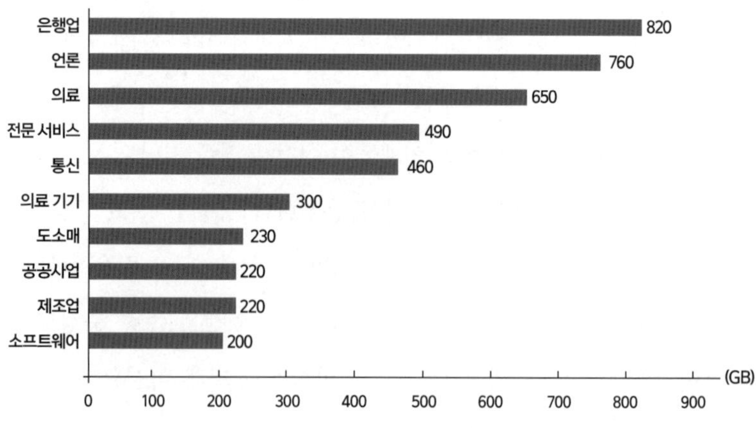

• 출처: 맥킨지리서치 보고서

이터가 현존 데이터에서 차지하는 비중은 10%에도 미치지 않는다. 은행은 인터넷 상의 사용자 행동 특징만 활용해도 기존의 데이터를 발굴할 수 있어 고객을 유치하고 확보할 수 있으며 그들에게 더 나은 서비스 경험을 제공할 수 있다.

| 보험 |

인공지능, 빅데이터, 블록체인 등 기술을 핵심으로 하는 인슈어테크가 현재 보험업에 대해 새롭게 정의하고 있다. 보험업의 제품 설계, 판매전(상담, 추천, 관심), 보험 계약(인증, 심사, 가격 결정), 보험 지급(사기 조사, 손해 사정, 지불), AS(고객 서비스, 일상 분석, 고객 관계 관리) 및 영업과 리스크 관리가 모두 재구성된다.

제품 혁신에서 AI를 통해 잠재적인 보험 수요를 정교하게 발굴하여, 맞춤형 보험 제품을 제공할 수 있다. 샌프란시스코의 자동차보험사 메트로마일은 기존 자동차 보험의 고정 보험료 모델을 혁신했다. 휴대전화 앱과 빅데이터를 이용해 사용자의 자동차 주행거리를 파악하고, 수집한 자료를 토대로 정형화 요금을 실시하여, 고객이 운전 행동과 상황에 따라 공평하게 보험료를 지불하도록 하고 있다. 메트로마일은 65% 운전자가 주행거리가 많은 소수의 사람을 위해 지나치게 많은 보험료를 지불한다고 생각했다. 그들은 기존 자동차 보험의 취약점을 파악해 주행거리에 따라 보험료를 산출하는 새로운 형태의 자동차 보험을 출시하면서 개별 요금제를 실현하였다. 메트로마일이 제공하는 자동차 보험은 기본요금과 주행거리에 따른 변동요금, 2가지로 구성된다. 그 계산공식은 '매월 총 보험액=월 기본요금+월 주행거리×월 마일당 보험료'이다. 그중 기본요금과 마일 당 보험료는 각각의 운전자 상황(연령, 차종, 운전경력 등)에 따라 다르다. 기본요금은 일반적으로 15~40달러이고, 1마일당 보험료 부분은 보통 2~6달러/마일이다. 메트로마일은 보험 상한선도 정해, 일일 주행거리가 150마일(워싱턴 지역은 250마일)을 초과했을 때 초과된 부분에 대해서는 추가로 계산하지 않는다. 2017년 테슬라는 앞으로 자체적으로 자동차 보험을 제공할 것이라고 발표했다. 자사의 모든 자동차에 대한 운전 데이터를 보유하고 있어서, 각각의 자동차에 대한 특화된 보험 상품을 출시할 수 있기 때문이다. 이러한 '보험 정산'은 기존 보험사는 따라올 수 없는 장점이다.

보험 마케팅 혁신에서, 현재 빅데이터의 응용을 통해 데이터를 비교해 고객이 보험을 선택할 수 있도록 돕고 있다. 데님Denim이라는 앱은 보험사에 소셜 네트워킹 플랫폼을 제공하여 데이터 분석을 통해 보험사가 고객을 끌어들이도록 돕는다.

보험 관리 플랫폼의 혁신 측면에서 애플라이언트Apliant같은 소프트웨어는 대리인에게 관리 플랫폼을 제공하고 서비스 효율과 수준을 향상시켜준다.

보험 계약에서 남아프리카 농업 데이터 분석 플랫폼인 에어로보틱스Aerobotics는 드론으로 농업, 물류, 광산 등 업종의 데이터를 수집해 리스크 등급을 평가하여 회사의 효율을 높였다. 실리콘밸리의 자산 보험사인 케이프 애널리틱스Cape Analytics는 머신러닝과 고공 촬영 기술을 이용해 보험 가입자의 재산에 대해 리스크 등급을 평가한다. 고공 촬영 기술은 같은 공간에서 시간에 따른 물체의 변화를 검출한다.

보상 단계에서 2017년 6월 앤트파이낸셜은 이미지 인식 검사 기술과 인공지능을 바탕으로 딩순바오를 출시했다. 촬영한 사진만 업로드하면 딩순바오가 클라우드 서버의 알고리즘을 이용해 사용자가 업로드한 사진을 근거로 판정하고 솔루션을 생성하는 것이다. 이 상품은 보상 서비스 과정에서 비용을 절약할 수 있다. 현재 보험업에서 약 10만 명이 손해 사정 업무에 종사하고 있다. 자동 손해 사정이 실현되면 손해사정사 업무의 50%를 줄일 수 있을 것으로 예측된다. 미국 자산보험회사 드롭인Dropin은 드론이나 사용자의 휴대전화를 통해 사고 현장의 실시간 동영상을 입수해, 이를 근거로 원격으로 손해를 사정하는 생방송 플랫폼을 개발했다.

현재 보험 과학 기술 참여 주체는 영업 특성에 따라 3가지로 분류된다. 기존 보험사, 인터넷 보험사, 그리고 기술 서비스 회사이다. 전 세계에 이미 1,300곳이 넘는 보험 스타트업이 있다. 대부분 더 정교한 제품 설계 또는 전 과정에서 금융 과학 기술을 통해 서비스를 제공한다. 게다가 알리바바, 텐센트, 바이두 등 테크놀로지 대표기업들의 보험업 진출이 기존 보험사들에게 큰 압박이 되고 있다. 컨설팅 업체 프라이스워터하우스쿠퍼스PwC 조사에 따르면 금융 과학 기술 변혁에 대한 보험업의 우려는 수그러들고 있다. 2017년 절반이 넘는 응답자(56%)가 수입의 1~20%만이 보험 과학 기술 회사의 위협을 받을 것이라고 예상했다(〈그림 5-14〉).

하지만 대부분의 기존 보험사 전망에 대해 여전히 우려가 지속되고 있다. 보험업에서 인공지능의 대체 속도가 점점 더 빨라지고 있다. 보험은 상황에 따라 판단되는데, 인공지능의 기술이 바로 상황을

〈그림 5-14〉 5년 이내 보험 과학 기술 회사가 빼앗아갈 업무 수입 비율

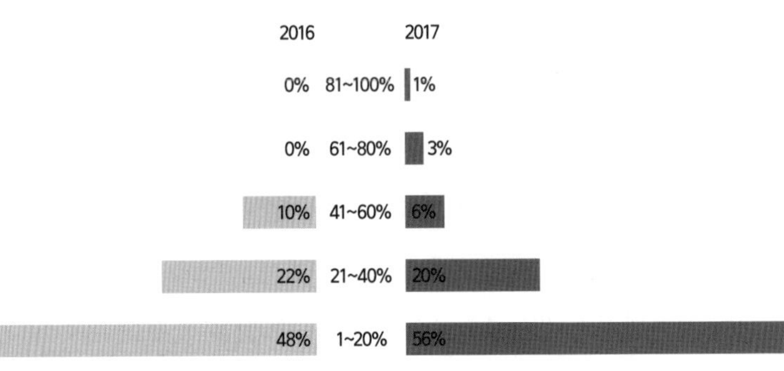

• 출처: PwC 보고서

기초로 특수한 임무를 처리하기 때문이다. 알리바바, 텐센트, 바이두 등 인터넷 기반 기업은 온라인 서비스를 통해 사용자의 이동, 외식, 여가, 의료, 사회보험 등 상황에 대한 데이터를 정교하게 파악할 수 있으며 이 데이터를 통한 판매율이 보험 판매원보다 훨씬 높다. 게다가 인공지능 기술과 정보 서비스 플랫폼에서 기존의 보험사는 전혀 우세하지 않다. 인터넷 기반 기업이 인터넷 참여자(인터넷 사업자, 인터넷 소셜, 인터넷 금융 등 회사나 고객)와 연동하여 인터넷 배후의 물류, 지불, 소비자 보장 등 단계에 침투해 새로운 인터넷 보험 상품을 개발하고 보험 상품 구입부터 보상까지 전 단계를 인터넷에서 실현한다. 예를 들어 알리바바는 사용자가 인터넷상거래를 통해 스키니진을 구매한 기록을 근거로 휴대폰 파손 보험을 추천할 수 있다.

| 증권 |

컴퓨터 자동 주문이 활발해지고 세대교체가 가속화되면서 인간이 주도했던 금융 분야에서도 큰 변화가 일어나고 있다. 2000년 골드만삭스 뉴욕 본사의 미국 현금 거래소는 600명의 트레이더를 고용하여 투자은행의 주요 고객을 위해 주식을 매매했다. 하지만 오늘날 이곳에는 2명의 트레이더만이 남아 있고, 200명의 컴퓨터 엔지니어가 지원하는 자동 거래 프로그램이 나머지 업무를 대신하고 있다.

머신러닝을 융합한 복잡한 거래 알고리즘은 우선 시장에서 가격을 정하기 쉬운 거래를 대체했다. 여기에는 골드만삭스의 이전 트레이더 600명이 거래하던 주식이 포함한다. 현재 통화와 여신 거래와 같은 일부 복잡한 거래는 증권거래소에서 거래되지 않고 덜 투명한 거래자 네트워크를 통해 거래된다. 하지만 이렇게 복잡한 거래도 현재 자동화가 실현되고 있다.

금융업의 흐름을 따라가는 영국 금융정보회사 코얼리션은 현재 거래의 45% 정도가 전자 채널을 통해 이루어지고 있다고 밝혔다. 구조조정 압박에 일상적 업무를 하는 직원들이 위기에 놓여 있다. 비단 골드만삭스뿐 아니라 점점 더 많은 은행들이 구조조정의 물결에 가담하고 있다. UBS의 CEO 세르지오 에르모티는 인터뷰를 통해 은행업의 과학 기술 발전에 따라, 앞으로 수년 내에 감원되는 인원은 3만 명에 달해 회사 전체 직원의 30%를 차지할 것이라고 밝혔다.

인공지능의 경쟁에 맞서 고액 연봉자들마저 일자리를 잃게 될 위기에 처해 있다. 골드만삭스는 9,000명의 엔지니어가 있으며 이는 전체 직원의 1/3을 차지한다. 지속적으로 더 많은 고급 업무가 자동화될 것이다. 골드만삭스는 IPO 관련 업무의 146개 단계를 자동화

〈그림 5-15〉 8년 전 UBS 거래소

• 출처: https://www.zerohedge.com/news/2016-12-20/worlds-largest-trading-floor-sale

〈그림 5-16〉 현재 UBS 거래소

• 출처: https://www.zerohedge.com/news/2016-12-20/worlds-largest-trading-floor-sale

할 계획이지만, 기존 업무에서 세일즈와 인맥 구축에 주력하는 일자리는 당분간 교체되지 않을 것이다(2020년을 기준으로 골드만삭스의 IPO 업무는 대부분 자동화됐다-옮긴이).

로보어드바이저라고도 불리는 스마트 투자 컨설턴트는 2008년 미국에서 유행하기 시작했다. 로보어드바이저는 현대 포트폴리오 이론에 따라 개인 투자자의 리스크 선호와 재테크 목표를 결합하여 알고리즘과 친근한 인터넷 인터페이스를 활용해 고객에게 재무 관리와 온라인 투자 제안 서비스를 제공한다.

미국 금융산업규제기구FINRA가 2016년 3월에 제시한 기준에 따르면 이상적인 스마트 투자 컨설턴트 서비스는 고객 분석, 대략적 자산 배치, 포트폴리오 선정, 거래 수행, 리밸런싱, 조세부담 관리와 분석이 포함된다. 기존의 투자 컨설턴트와 스마트 투자 컨설턴트는 이 7가지 절차에 기초하지만 실시하는 방식이 다르다. 스마트 투자 컨설턴트는 본질적으로 기술이 사람을 대신해 구현된다. 하지만 회사 직원과 비교했을 때 스마트 투자 컨설턴트는 지치지 않고 포트폴리오를 모니터링할 수 있고, 24시간 쉬지 않고 일을 하며 모든 포트폴리오를 동등하게 대한다는 장점이 있다. 그리고 무엇보다 비용을 대폭 절감할 수 있다. 미국은 로봇 서비스의 사용으로 50만~100만 달러로 시작했던 재테크 상품이 현재 5만 달러까지 떨어졌으며, 수수료는 5%에서 0.3~0.5%로 낮아졌다.

권위 있는 온라인 통계 포털 스타티스타는 전 세계 스마트 투자 컨설턴트 자산이 2017년에 2,248억 달러를 초과하여 연간 47%의 높은 성장률을 달성했다고 밝혔다. 그리고 2021년에는 전 세계 스마

〈그림 5-17〉 스마트 투자 컨설턴트가 관리하는 자산 총액

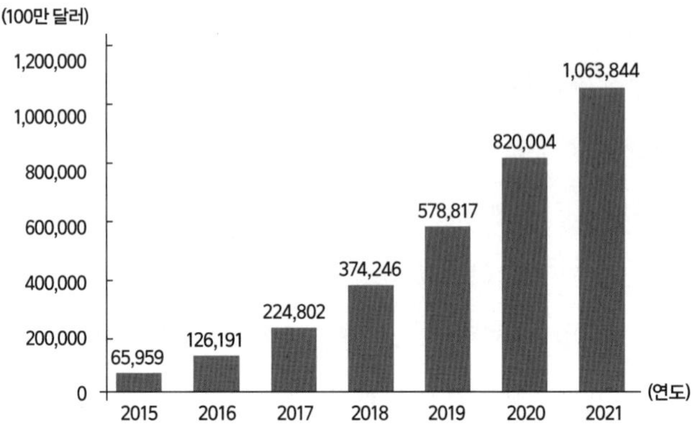

• 출처: 스타티스타

트 투자 컨설턴트 자산 규모가 1조 달러를 넘을 것이라고 예측했다(〈그림 5-17〉).

2015년 3월 금융 회사 찰스 슈왑은 무료 스마트 투자 컨설턴트 플랫폼 '슈왑 인텔리전트 포트폴리오'를 출시했다. 이 투자 컨설턴트 플랫폼은 20여 가지 다른 자산을 포함하며 투자자의 수요, 리스크 선호도, 소득 수준에 따라 백그라운드 연산을 통해 포트폴리오를 작성한다. 수탁 관리 규모의 급속한 성장은 이 스마트 투자 컨설턴트 체계가 어느 정도 고객을 유치할 수 있고, 회사에 소득 증가를 가져다줄 수 있으며 수입 구조를 개선할 수 있다는 것을 설명한다. 2017년 2분기까지 회사의 스마트 투자 컨설턴트 플랫폼의 총 수탁 관리 고객 자산은 194억 달러로 전년도 동기 대비 137% 증가했으며 1분기보다 22%를 증가하였다. 이 스마트 투자 컨설턴트 플랫폼의 영리 모델은 찰스 스왑 거래형 지수 기금 ETF 제품의 관리비, 제

3자를 위해 스마트 투자 컨설턴트 포트폴리오에 선정된 ETF 제품의 서비스 비용, ETF 구매상환 등의 거래 비용에서 나오거나 일부 통화기금 제품과 유사한 이익이다. 지출 비용에 대해서 평균 수탁관리자산의 지출 비용은 기타 대형 중개소나 투자은행보다 훨씬 낮다.

타이완의 지순증권은 2017년 11월 투자자에게 24시간 실시간 상담 서비스를 제공하는 AI 재테크라이언을 출시했다. 출시한 지 2개월 만에 1만 명이 넘는 투자자자 참여했고, 질문 수는 4만 건 이상 발생하면서 상당히 활발하게 사용되었다.

증권회사, 투자은행에게 감원은 더 풍부한 이윤을 의미한다. 금융 컨설팅 연합은 판매, 거래 연구 분야 전 세계 12개 최대 투자은행 직원의 평균 연봉은 50만 달러로, 급여와 인센티브가 포함된다고 밝혔다. 암리트 사하니 리서치 디렉터는 월스트리트 75%의 연봉이 고액 연봉 직원에게 돌아간다고 밝혔다. 일단 트레이더가 기계로 대체되면 그들이 받던 연봉은 그대로 회사의 이윤이 된다. 동시에 실업에 대한 우려를 낳게 된다. 화려한 삶을 살았던 월스트리트 엘리트들 역시 이러한 충격을 피하기 어려워 보인다.

스마트 미디어 시대: 인간과 기계가 협력하는 순간이 올 것이다

인공지능은 이제 미디어 산업까지 철저히 재구성하고 있다. 소재 조사, 기획, 인터뷰, 생산, 배포, 피드백 등 뉴스 전반에 걸쳐 인공지능으로 인한 변화가 발생하고 있다. 미디어 역시 스마트 미디어 시대로 가고 있다. 인공지능은 언론 종사자들이 더 빨리 소재를 찾고 뉴스를 생산하는 것을 도와주거나 자체적으로 생산하는 것에 그치지 않을 것이다. 각각의 수많은 사람들 취향에 따라 맞춤형 뉴스를 배포하는 동시에 사업자들에게는 맞춘 듯 좀 더 정교한 광고를 제공하여 더 나은 상업화를 실현할 수 있게 한다.

| 자동화 글쓰기 |

현재 자동화 글쓰기는 이미 광범위하게 응용되고 있다. 맨 처음에는 경제와 스포츠 뉴스의 속보나 단신, 재무 보고 등이 주를 이루었다. 이 같은 보도는 일반적으로 구조화된 데이터를 쉽게 얻을 수 있기 때문이다. 기술이 발전하면서 자동화 글쓰기 로봇의 능력이 주제 선정, 원고 쓰기, 교정 등 전방위적인 기능을 커버하기 시작했고 소재 또한 재난, 범죄, 선거 등으로 확대되었다. 동시에 시간도 단축되었으며 맞춤 제작도 가능해졌다(〈도표 5-3〉).

자동화 뉴스를 제일 먼저 시도한 언론사는 AP통신이다. 2013년 여름, AP통신 뉴스 부문 책임자는 인공지능 자동화 뉴스 생성 도입이라는 당시로서는 매우 시대를 앞서간 발상을 제시했다. 몇 개월 후 AP통신은 오토메이티드 인사이트(Automated Insights, 미국 노스캐롤라이나주의 뉴스 자동 생성을 연구하는 기술 기업)의 기술적 지원을 받아 기사 자동 생성에 성공했다. 스포츠 뉴스에서부터 시작하여 2014년에는 알고리즘을 이용해 경제 보도를 자동 생성하기 시작했다. AP통신은 당시 이러한 방법이 시간을 20% 정도 절약해줄 것으로 예측하며, 기자들이 더 복잡하고 핵심적인 업무에 몰입할 수 있을 것이라고 기대했다. 2015년 5개년(2015-2020년) 전략 기획을 수립하면서 AP통신 전략 및 기업 개발 담당 수석 부사장 짐 케네디Jim Kennedy는, 2020년 전에 AP통신의 80% 뉴스 컨텐츠 생성이 자동화로 실현될 수 있기를 기대했다. 또한 AP통신의 파트너십 디렉터 리사 깁스Lisa Gibbs는 자동화를 통해 AP통신이 고객에게 제공하는 기업의 재정보고 보도가 이전보다 12배 증가했다며, 그중 예전에는 관심받지 못한 작은 기업이 다수 포함되었다고 전했다. 한편 자동화를 통해 절약된 시간을 이용해 AP통신의 기자는 더 많은 사용자가 생성한 콘텐츠에 참여해 멀티미디어 보도를 작성하고 추적 조사하며 더 복잡한 뉴스에 전념할 수 있게 되었다고 밝혔다.

텐센트는 중국 자동화 뉴스의 최초 시도자이다. 중국의 자동화 뉴스는 왜 해외보다 10년 가까이 늦어졌는가? 중국 언론 자체의 바람이 크지 않고 인건비가 서양보다 낮은 것을 제외하면 서양 매체들이 기술 기업과의 협력에 주력하고 있다는 점에서 이유를 찾을 수 있다. 독일의 에이엑스 시맨틱스AX Semantics, 미국의 내러티브 사이언스Narrative Science, 프랑스의 실랩스SYLLABS와 랍셍스LABSENCE, 영국의 아리아Arria 등이 미디어 산업에 대해 솔루션과 기술적 지원을 제공하고 있는 반면, 중국의 미디어는 자체적으로 글쓰기 머신 기술을 연구하고 있다. 2015년 9월 텐센트파이낸스는 로봇 드림라이터를 개발해 8월 소비자물가지수에 관한 기사 '8월 CPI 동기 대비 2.0% 상승, 12개월 만에 최대'를 발표하였다. 〈그림 5-18〉과 같이 원고는 두 부분으로 나뉜다. 첫 번째 부분은 데이터 자체, 두 번째 부분은 데이터에 대한 각계 전문가의 분석을 해석한 것이다. 그 후 드림라이터는 계속

〈도표 5-3〉 뉴스 로봇의 발전사

시기	회사	방법
2006년	톰슨	미국 톰슨 사에서 로봇 기자를 활용해 경제 및 금융 분야의 뉴스를 작성
2008년	로이터통신사	로이터의 오픈칼레(Open Calais)가 교정 과정에서 크게 활약
2011년	내러티브 사이언스	내러티브 사이언스 로봇이 알고리즘으로 데이터를 경제 및 부동산 뉴스로 전환
2012년	워싱턴포스트	뉴스 검증 로봇 트루스텔러(Truth Teller)
2014년	워드스미스	AI 회사 로봇 워드스미스가 독자에 맞춰 맞춤형 콘텐츠 생산
2014년 3월	로스앤젤레스타임스	로봇 퀘이크봇(Quakebot)이 지진 발생 3분 후 자동으로 뉴스를 생성하고 배포. 재난 뉴스 외에도 범죄 뉴스를 신속히 배포하는 로봇 개발
2014년 4월	가디언	알고리즘에 의해 편집된 지면 신문 생산
2014년 7월	AP통신	로봇 워드스미스 글쓰기를 이용해 0.3초 만에 상장사의 영리 기사를 작성, 배포, 다양한 언어 스타일로 맞춤화 가능
2015년	르몽드	실랩스와 제휴하여 로봇 기자가 선거 활동 보도
2015년 8월	뉴욕타임스	로봇 블라섬(Blossom)이 300여 편의 기사 중 '잠재주'를 골라 편집자에게 추천. 해당 기사 평균 조회수는 일반 기사의 38배에 달함
2015년 9월	텐센트파이낸스	중국 최초 드림라이터가 쓴 '로봇 뉴스' 보도
2015년 11월	신화통신사	'빠른 펜과 작은 뉴스(快笔小新)'를 내세워 스포츠, 경제 정보 보도
2016년 5월	알리바바	중국 매체 「띠이차이징(第一財經)」과 함께 'DT기사왕'을 출시, 더 많은 기사를 빠르고 훌륭하게 작성
2016년 8월	진르토우탸오	샤오밍봇(Xiaomingbot)을 출시, 리우올림픽 관련 뉴스를 실시간으로 작성
2016년 8월	워싱턴포스트	기사 작성 소프트웨어 프로그램 '헬리오그래프(Heliograf)'를 통해 리우올림픽 보도, 단 몇 초 만에 트위터 뉴스 생성 및 발표

• 출처: 중국 인민대학 신문방

〈그림 5-18〉 텐센트 기사 작성 로봇이 생성한 경제 기사

8월 CPI 동기 대비 2.0% 상승, 12개월 만에 최대

[텐센트파이낸스] 8월 소비자물가지수(CPI)가 동기 대비 2.0% 상승하여 상승 폭이 7월의 1.6%에 비해 급격히 상승하지는 않았지만 예상치인 1.9%를 웃돌아 12개월 만에 가장 컸다고 국가통계국이 목요일 발표했다.

국가통계국 도시사(司) 수석 통계사 여추메이(余秋梅)는 8월 돼지고기, 채소, 달걀 등 식품가격이 대폭 상승한 것이 CPI 최대폭 상승의 주요 원인이라고 밝혔다. 8월 돼지고기 가격은 회복세를 보이며 4개월 연속 상승해 전월 대비 상승폭이 7.7%에 달했으며 CPI에 대한 영향은 0.15%포인트 상승했다. 일부 지역의 고온과 폭우가 계속된 것이 채소의 생산과 유통에 영향을 미쳐 채소 가격이 전월대비 6.8% 상승해 CPI 상승에 0.21%포인트 영향을 미쳤다. 달걀 가격은 전월 대비 10.2% 상승하여 CPI에는 0.08%포인트 영향을 미쳤지만 8월 가격은 여전히 작년 동기 보다 낮다. 돼지고기, 채소, 달걀 세 항목의 CPI 영향은 전월보다 0.54%포인트 상승해 전월대비 8월 CPI 전체 상승폭보다 높았다.

그는 8월 CPI가 동기 대비 2.0% 상승하였으며 상승폭이 전월보다 0.4%포인트 상승한 것에 대해 그 주요 원인이 식품 가격의 상승폭이 확대되었기 때문이라고 밝혔다. 8월 식품 가격은 전월 대비 3.7% 상승했으며 상승폭이 전월 대비 1.0%포인트 확대되었다. 그중 돼지고기, 채소 가격이 동기 대비 각각 19.6%와 15.9% 상승했다. 둘을 합한 CPI 영향은 1.05%포인트 상승했다. 비식품 가격은 동기 대비 1.1% 상승했으며 상승폭은 지난달과 같다. 하지만 홈서비스, 담배, 미취학 아동 교육비, 대중교통비 이발 등 가격 상승폭이 여전히 높은 편으로 상승폭은 각각 7.4%, 6.8%, 5.6%, 5.3%, 5.2%이다.

• 출처: 텐센트신문

원고를 발표했고, 「중국 뉴미디어 동향 보고 2016」 데이터에 따르면 2016년 3분기에 텐센트파이낸스 로봇이 작성한 기사 수는 4만 편에 달했다.

드림라이터가 작성하는 과정은 주로 데이터베이스의 구축, 데이터베이스에 대한 기계의 학습, 상세 항목에 대한 글쓰기, 내용 검토, 발표까지 5단계로 나뉜다. 텐센트는 우선 데이터베이스를 자체적으로 구축하거나 구입하고, 그다음 드림라이터가 데이터베이스의 각종 데이터에 대해 학습하도록 하고, 상응하는 글쓰기 문체를 생성하여 전체를 학습한 후 데이터베이스와 관련된 뉴스 사건의 보도 작성을 실시한다. 작성을 완료한 후 검토 단계로 들어가며 마지막으로 텐센트의 발표 플랫폼을 통해 고객층에 도달하게 된다(〈그림 5-19〉).

자동화 글쓰기는 언론사나 독자에게 당연히 여러 가지 장점이 있다. 언론 종사자는 절차화되고 반복되는 노동을 기계에게 넘기고 자신은 더 심도 있는 사고와 글쓰기에 집중할 수 있으며, 글 쓰는 과정에서 인공지능의 도움을 받을 수 있고 글을 쓴 후에는 체계적인 교정을 할 수 있다. 독자에게 뉴스의 시간은 매우 중요하다. 특히 스포츠, 경제, 지진 등 시의성 요구가 높은 뉴스의 경우 더욱 그렇다. 그밖에 기존 뉴스 이론에서 롱테일 콘텐츠와 개성화 콘텐츠 수요를 충족시키기 위해 비인기 경기에 대해 보도하는 것은 그 가치를 인정받지 못했다. 하지만 실제로는 상당한 조회수를 보인다. 이는 중국에도 야구를 좋아하는 팬이 있고, 미국에도 탁구를 좋아하는 팬들이 있기 때문이다.

자동화 뉴스 수량이 증가하고 그 정도가 심화되면서, 그 배후의 알고리즘 설정이 의심을 받기 시작했다. 대부분의 자동화 뉴스가 검토 단계를 두지만 실제 작동 과정에서 시효성을 위해 대부분 인공적인 검증을 거치지 않은 경우가 많다. 이렇게 되면 실수가 있는 원

〈그림 5-19〉 로봇의 글쓰기 과정

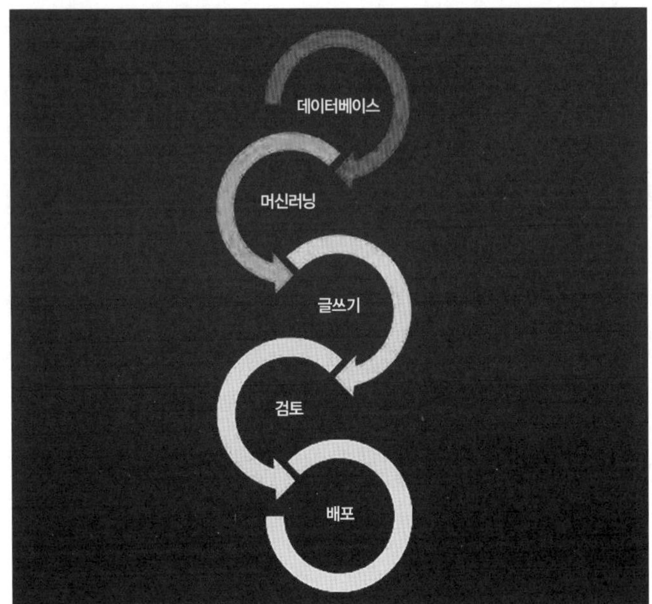

• 출처: 중국 인민대학 신문방(新聞坊)

고가 순식간에 수백만 명의 독자에게 배포가 될 수도 있다. 구글 기술 인큐베이터 직소Jigsaw의 커뮤니케이션 담당자인 단 카슬링(Dan Keyserling, 2020년 현재 직소 최고운영책임자)은 "알고리즘도 인간처럼 편견을 낳기 쉽다. 우리는 뉴스 보도에서 사실을 처리하는 신중함으로 숫자를 다룰 필요가 있다. 그들은 검사되어야 하고 확인되어야 하며 그들 배경은 이해되어야 한다"라고 말했다. 이것은 언론 종사자가 일부 내용의 검토뿐만 아니라 알고리즘 엔지니어와 함께 기계가 더 정확한 표현 능력과 가치관을 갖도록 요구하고 있다.

| 글쓰기 보조 |

스마트 미디어 시대에 인공지능이 언론 종사자를 대체하지는 않는다. 반대로 인공시능이 인터넷과 결합하여 사람과 사람을 더 이상적으로 연결하고, 사람들의 지혜를 더 잘 모을 수 있게 하며, 인간의 능력을 확장할 수 있게 한다. 미래 미디어 산업에서 기자와 인공지능은 '인간과 기계의 결합'이라는 생산 모델을 형성할 것이다. 알고리즘은 데이터를 분석하고 흥미로운 이야깃거리를 발견하며, 기자는 복잡한 변수를 처리하고 판단하며 미묘한 감정 관계를 표현한다. 또한 중요한 인물을 인터뷰하고 알려지지 않은 이야기를 발굴할 수 있다. 인간이 진행하는 모든 업무 과정에 인공지능은 어떻게든 참여한다.

1. 뉴스 작업에서 광범위하게 사용되는 음성 인식 기술

음성 인식 기술은 기자가 매일 해야 할 일상 업무를 줄여준다. 기존의 뉴스에서 인터뷰 후 녹음을 정리하는 것은 매우 많은 시간과 노력이 드는 작업이었다. 레이놀즈 저널리즘 연구소RJI가 최근 미국의 100명이 넘는 기자들을 대상으로 실시한 조사에 따르면 기자들은 일주일 3시간을 인터뷰하는 데 소비하고, 그 2배의 시간을 인터뷰한 녹음을 정리하는 데 쓴다고 한다. 하지만 음성 식별 기술을 통해 이 업무를 쉽게 처리할 수 있게 되었다. 중국 언론 종사자들도 관련 앱을 사용하기 시작하면서 업무 부담이 줄었다고 밝혔다.

레이놀즈 저널리즘 연구소가 개발한 음성 문자 전환 기능이 있는 앱 '레코들리Recordly'는 이러한 역할을 할 수 있다. 이 프로젝트 담당자 신티아 라두Sintia Radu는 "레코들리는 기사를 더욱 효과적으로

작성하고 보도하고자 하는 욕구 때문에 태어났다. 우리는 녹음을 듣는 것을 시간 낭비라고 생각했고 이 성가신 일로 뉴스 작성을 시작하는 것은 매우 비효율적이라고 생각했다. 기자가 녹음을 다 듣고 뉴스를 완성하는 것은 매우 피곤한 일이다"라고 말하며 앱을 개발한 이유를 설명했다.

2. 기자의 분석 능력을 강화시키는 딥러닝

딥러닝은 인터뷰 대상자 또는 사건 배후의 깊은 관계에 대해서도 심도 있는 분석을 할 수 있다. 2017년 1월 대통령 취임 연설에서 AP통신은, IBM의 왓슨 인지 기술 플랫폼과 협력하여 인공지능을 활용한 트럼프 대통령의 얼굴 표정 분석과 트럼프 대통령의 연설문, 어조, 소셜 동향 등 데이터와 결합하여 감정 분석에 기초해 점수를 부여한 미세 표현 뉴스 보도를 작성했다. 왓슨은 트럼프의 핵심 정서 촉발점에 대해 다음과 같이 점수를 매겼다. '슬픔(0.4996)'이 '기쁨(0.4555)'보다 컸고 정서 표현은 더욱 '과격'했다. 이는 나중에 「USA투데이」에서 발표한 보도인 '분석: 트럼프의 짧고 어두우며 도발적인 취임 연설'의 감정 표현 측면에서 딱 맞아 떨어졌다(〈도표 5-4〉).

현재 딥러닝과 빅데이터 기술을 활용해 비즈니스 인물, 회사, 재산 등의 관련성을 발굴하는 '비즈니스 관계 맵' 회사도 있다. 예를 들어 중국의 '천리안' 소프트웨어는 중국 내 8,000만 개 기업, 사람, 실체 간 관계의 투자 구조, 자영업자 정보 및 기업 로고 정보 라이브러리, 공개된 소송 정보 등 대용량 데이터베이스를 분석하고 딥러닝과 빅데이터 기술을 이용해 경제·사회 관계망을 해석하여 인물 관

〈도표 5-4〉 IBM 왓슨이 트럼프 취임 연설 중 감정에 대한 점수

	연관성	감정	유형
미국	0.754812	적극	억제
정서	점수		
분노	0.075456		
혐오	0.231049		
두려움	0.068197		
기쁨	0.455526		
슬픔	0.499659		

• 출처: IBM 왓슨

계, 회사 주식 보유 등 관계를 일목요연하게 정리했다. 그리고 이를 기자들 뉴스 작성에 이용하고 있다.

3. 정보와 데이터를 찾는 데 도움이 되는 기계의 시각 기술

기계의 시각 기술은 주로 사진과 영상 속에서 자동으로 묘사 데이터를 추출하는 데 사용한다. 위치, 식별 가능한 사람, 장소와 사물 등 가치 있는 메타데이터는 이미지 관리나 검색, 발견을 더욱 쉽게 해준다. 또한 신속하게 편집할 수 있고 많은 이미지와 영상을 조직해 언어 자료 보관소의 편집 속도를 높이고 조사 기자에게 풍부한 조사 근거를 제공한다.

AP통신은 디지털글로브(민간 위성사진 업체)의 위성사진 기술을

〈그림 5-20〉 동남아 상선 화물 노선의 위성사진

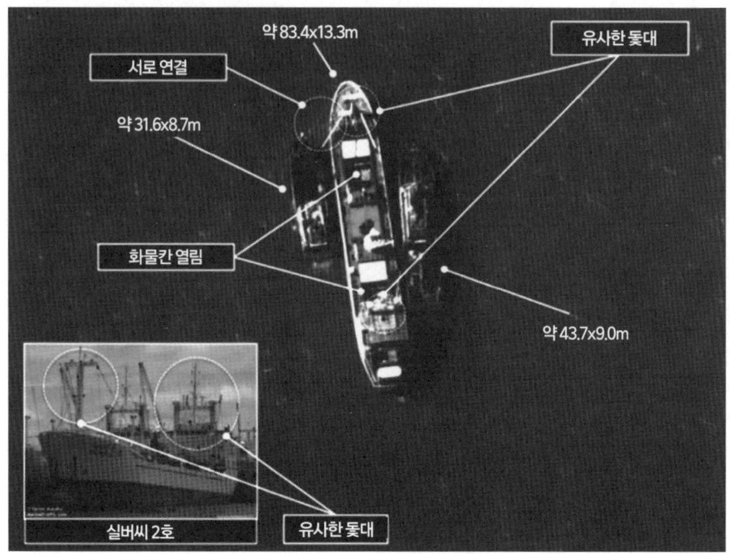

• 출처: 디지털글로브, 7월 14일 아라푸라해의 상선 실버씨(Silversea) 2호

이용해 동남아시아 해역 기선의 고해상도 이미지를 통해 해양 어획업의 남획에 관한 취재에서 중요한 증거를 확보할 수 있었다. 이 보도는 2016년 퓰리처상 공공 서비스 부문 수상작으로 선정되었다. 디지털글로브의 컴퓨터 시각 알고리즘은 위성 카메라를 조정하여 반드시 필요한 사진을 최상의 상태로 촬영할 수 있도록 했다. 이 사진은 언론종사자에게 '하느님의 시각'을 보여주며 뉴스에 완전히 새로운 기준을 제공하였다. 이는 기존 뉴스 보도팀의 능력 범위를 뛰어넘는 것이었다(〈그림 5-20〉).

한편 텍스트 기반의 아티클을 영상으로 전환하는 플랫폼인 윕비츠Wibbitz는 이미지 식별을 이용해 자동으로 편집 이미지와 동영상스크립트로 맞춤화된 텍스트를 생성하고, 1차적으로 편집한 영상에 대해 편집자가 정교하게 편집할 수 있도록 해준다. 이렇게 하면 기자는 더 많은 콘텐츠에 관심을 가질 수 있고 영상 편집 등의 반복되는 작업을 줄일 수 있다. 이 플랫폼은 더 많은 사람들이 더 빠르고 효과적으로 일할 수 있게 도와주면서 제작자들이 더 매력적인 영상을 만들 수 있게 해준다. 2016년 알리바바의 아리윈은 NBA 영상에 대해 인공지능 해설을 선보였다. 이 기술은 TV, 인터넷 미디어 실시간 방송에서 중요한 역할을 하게 될 것이다.

| 센서 뉴스 |

2013년 뉴욕 공영방송 데이터 뉴스팀은 토양 온도 센서의 도움으로 미국 동해안 매미의 회귀를 정확히 보도했다. 이것은 센서 뉴스의 시작이었다. 스마트 단말이 기하급수적으로 증가하면서(미국 컴퓨터기술산업공업협회 Comp TIA는 2020년에 500억 대에 달할 것이라고 예측했다) 미래 사회에서는 점점 더 많은 정보를 단말의 센서를 통해 직접적으로 얻게 될 것이며, 만물이 모두 매개체가 되는 추세를 보일 것이다.

센서는 뉴스의 수집 수단을 바꿀 것이다. 이는 인간 감각기관의 연장이라고 볼 수 있다. 어느 정도 인간이 자신의 한계를 뛰어넘어 더 많은 공간, 더 많은 차원에서 정보를 얻고 해독할 수 있도록 돕는다. 센서를 통해 얻은 대규모의 환경 정보, 지리 정보, 인적 흐름의 정보, 물류 정보, 자연계 정보 등은 전문 미디어 보도에 더욱 풍부하고 신뢰할 수 있는 데이터를 제공한다. 심지어 소재의 선정에도 실마리를 제공해준다. 센서는 어떤 특정 대상 또는 환경에 대한 감시 능력으로 더 민감하게 미래의 동향을 감지할 수 있도록 돕고 예측성 보도에 대해 뒷받침할 근거를 제공해준다. 공기청정기 회사는 각 가정의 공기 질 상황을 파악할 수 있으며 스마트워치, 인바디 밴드 회사는 지역 시민의 운동과 신체 상태 정보를 얻을 수 있다. 미래에 미디어는 이러한 데이터를 파악할 파트너를 찾아서 더 깊고 더 넓게 뉴스 정보를 얻어 새로운 가능성을 가져올 수도 있다.

미국 캔자스시티의 스타트업 슛트래커는 스마트시스템을 개발했다. 이 시스템은 농구화와 농구공에 센서를 삽입해 농구장 안의 모든 정보를 사람들에게 전달함으로써 농구 경기를 더욱 투명하게 만들었다. 해당 시스템은 선수와 농구장의 이동 데이터를 근거로 선수의 슛 횟수, 실책 횟수, 어시스트, 인터셉트, 덩크슛 등 동작을 실시간으로 분석하고, 선수 상황에 대해서도 일련의 분석을 실시하여 해당 시합에서 선수의 강점과 약점을 데이터 형식으로 보여주었다. 이 같은 센서의 보급은 스포츠 뉴스 보도에서 선수의 활약에 대한 데이터의 정확성을 크게 향상시킬 수 있다(〈그림 5-21〉).

또한 센서는 '사용자 피드백'의 가치가 있다. 피드백 메커니즘 센서는 사용자 피드백을 생리적 측면까지 심화시켰다. 센서는 사용자의 심박수, 뇌파 상태, 안구 움직임 등 신체 데이터를 수집할 수 있으며 어떤 정보에 대한 사용자의 반응 상태를 정확하게 측정할 수 있다. 이러한 측면에서의 피드백은 정보의 전파 효과를 더 사실적이고 정확하게 보여줄 뿐만 아니라 정보 생산의 실시간 조절, 맞춤형 제작 또는 장기적 계획에 신뢰할 만한 근거를 제공할 수 있다.

스마트 제품이 정보 수집자로서 날로 보급될 때 '사물과 사람'

〈그림 5-21〉 센서의 도움으로 그린 경기 중 농구공과 선수의 움직임

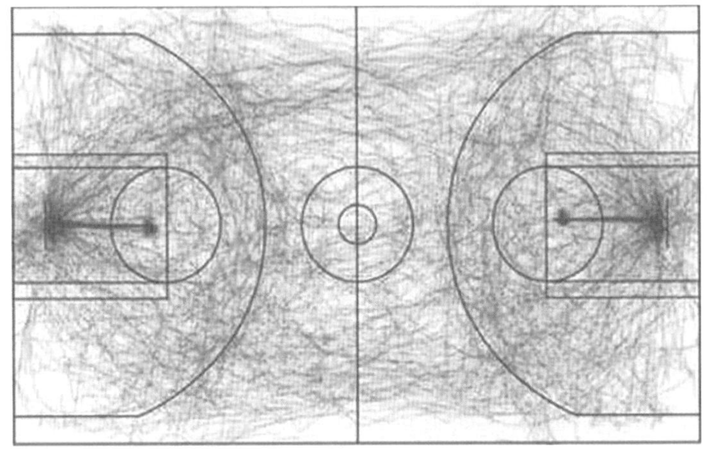

• 출처: cnbeta

의 직접적인 정보 교류 역시 차츰 일반화된다. '사물'이 감시하거나 감지한 어떤 정보는 어쩌면 '사물과 사람'의 정보 시스템을 통해 목표 대중에게 직접 닿을 수 있고, 전문 미디어의 매개체 의미를 약하게 하며, 심지어 사물이 콘텐츠를 생산하는 OGCObject Generated Content도 나타날 수 있다.

| 맞춤형 뉴스 |

맞춤형 뉴스는 오늘날 이미 널리 받아들여지고 있으며 주로 맞춤형 푸시, 대화식 추천, 개성화 뉴스의 좀 더 높은 목표인 개인화 생산, 3가지로 나타난다. 또한 그것의 성숙과 보급은 좀 더 심층적인 사용자의 통찰력에 달려 있다.

1. 맞춤형 푸시

맞춤형 푸시는 뉴스 배포에 대한 알고리즘의 의미를 부각시켜 알고리즘의 수준이 맞춤형 매칭 정도를 결정한다. 한 사람이 오랫동안 앱을 사용하여 뉴스를 보면 사용자의 읽기 데이터는 끊임없이 데이터베이스에 피드백되고 사용자의 특성이 점차 뚜렷해진다. 동시에 사용자 수가 증가하면서 유사점 묘사를 통해 계속해서 그룹화 하여 그룹 배포가 가능해진다. 여기에 이전에 축적된 데이터를 더하여 알고리즘 연산을 통해 스마트한 추천을 할 수 있다. 하지만 알고리즘이 회사나 더 많은 이익 집단에 의해 쉽게 통제되어 뉴스 보도의 독립성과 사회 발전에 대한 추진력을 잃을까 우려되기도 한다. 이 점은 이미 중국의 맞춤형 뉴스에서 나타나고 있다. 알고리즘은 대중이 좋아하는 뉴스 또는 인정하는 정보 콘텐츠만을 제공하여 개인이 점점 더 많은 같은 종류의 정보를 소비하여, 개인 독자가 자신과 의견이 다른 정보나 관점을 거의 읽지 않게 되고, 사회적으로 서로 다른 목소리 간의 소통이 줄어들어 언론이 점점 편협해지는 문제가 발생한다. 알고리즘은 필터 버블Filter Bubble 현상을 더욱 악화시키고 사회 여론의 건강을 위협하게 된다.

2. 대화식 추천

일부 언론은 소셜 로봇을 뉴스 전파에 응용하는 방법을 모색 중이다. 그들은 어떤 뉴스를 찾아 읽는 과정을 하나의 인터랙티브한 대화 과정으로 바꾸어 로봇과 사용자의 대화를 통해 사용자의 기사 기호를 파악하고 관련 콘텐츠를 추천하는 것이다. 하지만 사용자가

이 같은 대화에 대해 비용을 부담할지는 아직 지켜봐야 한다. 예를 들어 전 세계 수천만 명의 사용자가 아마존 또는 구글의 스마트 스피커를 통해 라디오를 들어달라고 하거나, 「워싱턴포스트」의 3시간 이내 뉴스를 요구할 수도 있다.

3. 개인화 생산

오늘날 순수하게 알고리즘만을 이용하여 매칭하는 메커니즘과 달리 미래에는 소위 맞춤형 정보의 생산이 생성될 수 있다. 빅데이터에 근거해 분석하고 상황에 따라 개인별 정보 맞춤을 통해 개인의 취향에 맞춰 생산과 해석도 생성될 것이다. 개성화 뉴스보다 더 높은 목표가 맞춤화된 생산이다. 그 성숙과 보급은 더 깊은 사용자의 통찰력에 달려 있다. 상황 분석은 사용자가 특정 환경에서의 수요를 이해하는 열쇠이다. 로봇이 작성한 기사를 공급해온 오토메이티드인사이트는 이미 이 방면에서 테스트를 진행했고, 야후는 판타지 스포츠 콘텐츠에 대해 협력하고 있다. 사용자는 실제 경기에 등장하는 선수를 선택할 수 있고 자신의 팀을 구성할 수 있으며 친구와 함께 경기할 수 있다. 미국에서는 일주일 동안 3,000만 명이 넘는 사용자가 이 콘텐츠를 사용하여 매칭된 대항 팀에 대해 보도한다. 사용자는 관심 있는 팀의 경기가 어떠했는지, 슛이 어떠했는지, 이겼는지 졌는지를 알 수 있다. 예전에 야후가 1개의 뉴스를 보도하면 수천만 명이 동시에 같은 뉴스를 읽었다. 하지만 오토메이티드인사이트는 수천만 개의 뉴스를 배포할 수 있고, 게다가 개인을 위해 모든 뉴스를 특별 제작할 수 있다.

스마트 시티: 신이 지켜보는 도시

IBM은 이미 2008년에 스마트 시티의 개념을 제시했다. 교통, 의료, 에너지, 정부, 수자원, 보안, 부동산과 지역 등을 두루 고려한 스마트 시티안을 정부에 제공했다. 친환경적으로 운영하고 과학적으로 관리하며 교통체증, 환경오염, 공공안전 등의 문제를 미리 발견하는 것이 스마트 시티의 목적이다. 이어 여러 국가에서 스마트 시티 구축을 실천하기 시작했다. 인기가 절정에 달했을 때 IBM은 1,000개가 넘는 스마트 시티 프로젝트를 실행했다. 하지만 일반 시민은 교통체증이 개선되었는지, 지진이나 화재 발생 후 정부의 대응이 빨라졌는지, 의료 시스템이 개선되었는지 전혀 체감하지 못했다.

기업과 정부, 미래학자는 모두 도시에 고도로 통일된 스마트 시스템을 구축하고자 했다. 하지만 소프트웨어와 하드웨어, 인프라에 대한 방대한 투자와 짧은 시간 안에 드러나는 유한한 효과의 대비가 극명했다. 수많은 나라의 정부가 IBM의 계획을 포기하고 수직 영역에서 출발하여 구체적 문제를 해결하는 데 착수해 도시의 스마트 수준을 향상시켰다. AI는 그 안에서 점점 더 중요한 역할을 하게 되었다. AI가 이끄는 보안, 교통 시스템, 정부 서비스, 환경 등은 질적인 향상을 보여주었다.

| 스마트 교통 |

교통 문제는 수많은 대도시가 있는 정부를 골치 아프게 한다. 명확한 교통 규칙과 더 넓은 도로가 있더라도 교통체증은 일어날 수 있다. 교통 시스템은 전형적인 '비선형 시스템'이며 매우 다양한 요소들이 서로 견제하고 의존하기 때문이다. 대도시에 출근한다면 아침 6시에 출발하면 30분이면 도착할 거리를 10분만 늦게 나와도 지각을 하고 마는 경험이 있을 것이다.

2016년 MIT, 스위스 취리히공과대학, 이탈리아 국가연구위원회 공동 연구팀은 새로운 도로 시스템을 개발했다. 도로 위에는 더 이상 교통 신호등이 없는 '시간대에 기초한 교차로 개념'을 제시했다. 이는 항공 교통 관제 시스템과 유사하다. 각각의 자동차가 교차로에 다가왔을 때 교통 관리 시스템이 교차로의 시간을 조절하는 것이다. 이는 전체 교통 시스템이 도로 위 모든 자동차와 동기화된다는 것이다. MIT 센서블 시티 랩 과학자, 이탈리아 국가연구위원회 회원 파올로 산티Paolo Santi는 교통 신호등을 시간대에 따른 도로 시스템으로 변경하면, 교차로의 교통 기능을 극대화할 수 있으며 교통체증과 지체 현상이 사라질 수 있다고 말했다. 한국의 최대 통신사인 SK는 현재 5G 실시간 기술에 힘입어 자동차와 다른 차량 및 보행자를 연결하는 기술을 시험 중에 있다. 결국 미래의 교통은 신호등이 필요 없게 될 것이다. 그 계획은 2019년 주요 고속도로에서 실시되는 자율주행 서비스를 시작으로 점차 더 번잡한 도로로 확대될 것이다(〈그림 5-22〉).

미래에는 스마트 주행 차량, 교통 인프라, 텔레매틱스, 교통 관리 시스템이 전체적으로 연결되어야 각 회사의 무인차가 공정한 규칙 속에서 주행할 수 있으며, 진정한 스마트 교통을 실현하여 교통의 효율을 극대화할 수 있다. 알리바바는 도시 교통 시스템을 위해

〈그림 5-22〉 신호등이 없는 교차로

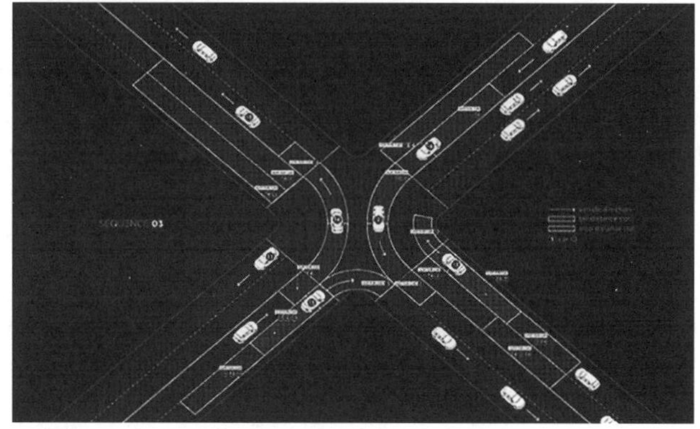

• 출처: MIT 센서블 시티 랩

'시티 브레인'을 만들었다. 이 시스템은 2016년 10월에 항저우에서 먼저 테스트되었다. 항저우 5만여 개의 도로 CCTV로 정보를 수집하고, 관련 데이터를 백그라운드에 모은 후 교환하고 처리하여, 인공지능 시스템을 통해 알고리즘으로 의사결정을 한다. 그런 다음 다시 교통 시설로 보내면 전체 도시에 대해 실시간 분석이 가능해지고 공공자원을 자동으로 조정할 수 있다. 일부 도로의 테스트 과정에서 '시티 브레인'은 차량의 통행 속도를 최고 11%나 올릴 수 있었다. 시스템의 상용화는 인건비까지 대폭 줄일 수 있다. 알리바바 시각 컴퓨팅팀 담당자는 '이러한 영상을 만약 교통경찰이 3교대로 시청하면 15만 명의 경찰이 필요하지만, 알고리즘을 통한 시티 브레인은 짧은 시간 안에 영상을 모두 확인하고 몇 대의 자동차가 어느 방향으로 가고 있는지 계산할 수 있다'고 말했다.

첨단 운전자보조 차량과 텔레매틱스가 결합하여 도시의 교통사고와 차량의 에너지 소모도 크게 줄일 수 있다. 미국 교통부가 600만 개에 달하는 교통사고를 분석한 데이터에 따르면, 첨단운전자지원시스템Advanced Driver Assistance System의 사용은 교통사고를 15%나 줄일 수 있었고, 차량·사물 통신(Vehicle to Everything communication, V2X)의 사용은 36%나 줄일 수 있었다. 이 2가지를 결합하면 무려 96%의 교통사고를 줄일 수 있다. 화웨이는 쑤저우공업단지의 스마트 교통 테스트를 통해 이 설명을 입증했다. V2X의 도입으로 교통체증을 15% 줄일 수 있었고 주요 간선도로의 평균 속도는 15% 빨라졌다. 정차 횟수도 17% 줄어들었다. 유럽의 한 연구팀은 텔레매틱스로 운전했을 때 차량의 연료 소비를 7~15%까지 줄일 수 있으며 인건비도 40% 줄일 수 있다고 발표했다.

| 보안 방범 |

AI는 테러리스트와 범죄자를 공격하고 돌발 상황을 예측하며 밀집된 인구를 관리하는 방면에서 큰 역할을 할 수 있다. 도시 관리 시스템에서 이미지 식별 기술이 목표를 감지하고(차량 식별), 안면을 인식하며(속성 추출), 목표를 분류하는(차량, 보행자) 등 기능을 실현할 수 있다. 움직이는 목표 감지, 주변 침입 방범, 목표 식별, 차량 감지, 인구 유동량 통계 등에 이용될 수 있다.

그래픽과 영상 식별은 다음 6가지로 활용할 수 있다.

(1) 안면인식과 통계(입술 인식 포함)

(2) 홍채/지문 식별

(3) 표정 인식-거짓말 탐지기

(4) 사물 식별 및 동작 순서

(5) 네트워크의 특정 종류 이미지 모니터링

(6) 4가지 보행 패턴 인식

첫 번째 이미지 식별은 안면인식이다. 중국은 안면인식의 세계 최대 시장이다. 중국에서 휴대전화 결제, ATM기, 출입 경비, 카드 결제, 세관, 승차권(버스, 기차, 항공), 교통 위반 모니터링, 보안 CCTV 등에 이미 광범위하게 응용되고 있다. 심지어 패스트푸드점에서까지 응용되기 시작했다. 안면인식을 이용해 단골손님의 주문 습관을 기억해 주문 처리 속도를 올릴 수 있다. 또한 유괴된 아동을 찾는 데 이용할 수도 있다. 현재 중국 각지에는 1억 8,000만 개의 카메라가 있다. 2020년에는 4억 5,000만 개로 늘어날 것이다. 평균 인구 3명당 1대의 카메라가 있는 셈이다. 중국은 이미 세계에서 가장 큰 '스카이넷'을 구축해 인공지능과 빅데이터로 경찰 업무를 예측할 수 있다. 2017년 4월 선전에서는 이미 안면인식 기술을 사용해 무단 횡단하는 행인을 식별하기 시작했다. 2016년 중국 방범업 시장 규모는 이미 5,400억 위안화에 달했으며 동기 대비 9% 증가했다. 앞으로 몇 년 동안 중국의 방범 시장 규모는 꾸준히 늘어나 2015년 5,000억 위안화에서 2020년에는 8,759억 위안화까지 연평균 성장률 11%로 확대될 것이다.

안면인식 주요 임무는 2가지이다. 첫 번째는 모르는 이미지 안에서 특정 인물을 찾아내는 것, 두 번째는 한 장의 이미지가 어떤 특정인인지 판단하는 것이다. 기존의 자동 이미지 식별은 다음의 몇 단계를 거친다.

(1) 사전에 정의된 안면 특징을 이용해 식별하려는 사람의 얼굴을 분류하고, 얼굴을 특징이 집중된 한 세트의 파라미터로 표현한다.

(2) 이미지 중에서 먼저 사람 얼굴이 있는지 식별한다. 있다면 이미지의 어느 위치에 있는지 다시 식별한다.

(3) 이미지 속 각 사람의 얼굴 특징을 추출하고, 그 특징과 이미 데이터베이스에 있는 각 사람의 얼굴 특징 파라미터를 비교하여, 유사도가 가장 높은 얼굴을 찾는다.

딥러닝은 사전에 정의된 사람의 얼굴 특징 집합을 사용하는 것을 포기하고 이미 알고 있는 얼굴 이미지로 모델을 훈련하는 방법을 사용한다. 현재 이미지 식별에서 주로 합성곱 신경망을 사용한다. 이미 라벨링된 훈련 이미지로 합성곱 신경망 훈련을 한 후 알지 못한 이미지를 식별하도록 하는 방법이 보편적이다. 비교적 간단한 응용으로는 개인 이미지 인증이 있다. 예를 들어 휴대폰 안면인식 잠금 해제 기능이 있다. 이렇게 응용되는 이미지는 선명(기본적으로 카메라를 보고 찍은 얼굴 사진)하고 어떤 사람인지 식별하기만 하면 되기 때문에, 훈련 집합에는 한 사람의 다양한 사진들만 있으면 된다. 두 번째는 출입 경비, 카드 결제, 승차권 등 시스템 종류로 카메라 앞에 있는 사람이 데이터베이스 안의 여러 사람 중 어떤 사람인지 식별해야 한다. 2종류의 응용은 모두 '식별하고자 하는' 사람을 식별하는 데 사용되므로 문제는 간단하다. 어려운 것은 '식별을 원하지 않는' 사람을 식별하는 것이다. 예를 들어 공공장소의 카메라에 어떤 무리 중 하나 또는 몇 개나 나타나는지 모니터링하는 것이다. 카메라의 해상도는 한계가 있다. 찍힌 사람이 카메라에서 너무 멀리 있거나 빛과 방향, 자세에 따라 달라지는데 화장이나 성형의 경우는 더욱 그렇다. 카메라 해상도가 1920×1080(고화질)이라면, 한 사람의 얼굴을 신뢰할 수 있을 정도로 식별하기 위해서 필요한 해상도는 100×100 이상이어야 한다. 피사체 심도나 화폭에 따라 사람의 얼굴과 카메라의 거리가 10~20m로 멀어질 때 안면인식의 신뢰도는 대폭 하락한다. 그 밖의 카메라의 설치 위치는 반드시 얼굴보다 높아야 한다. 카메라에 너무 가까이 있을 때는 얼굴이 가려진다. 종합해보면 상점이나 광장 등 공공장소의 모퉁이에 있는 카메라로 인파 속에서 찾고자 하는 사람이 있는지 정확하게 식별하는 것은 매우 도전적인 일이다. 지문인식과 홍채인식의 원리는 모두 사람의 안면인식과 유사하지만 디테일이 다르다.

현재 공공장소 이미지와 영상 모니터링의 기술 발전 방향은 식별 능력과 카메라를 합친 것이다. 한 대도시에는 수백만 개의 카메라가 있다. 모든 카메라가 1초에 64k비트의 속도로 클라우드로 전송한다면 매일 수천 TB의 데이터가 생긴다. 처리를 하든 저장을 하든 그 비용은 어마어마하다. 더 중요한 것은 특정인들을 감시하는 것이라면 대부분 데이터가 무용지물이 된다는 점이다.

인식 능력이 있는 카메라라면 의심스러운 목표물를 발견했을 때만 데이터를 업로드할 수 있다. 카메라의 식별은 고속 CPU와 GPU

로 가능하지만 가격이 비싸다. 감시 포인트 하나의 전체 비용이 1만 위안화(카메라, 전력과 네트워크를 끌어오는 비용, 설치비 포함)라고 하면, 인식 칩의 비용은 2,000위안화를 넘지 않는다. 게다가 에너지 소모도 많지 않다. 실외 환경은 냉각 설비를 설치하기 용이하기 때문이다. 현재 솔루션은 주로 필드 프로그래머블 게이트 어레이(Field Programmable Gate Array, FPGA)이다. 하지만 알고리즘이 안정되고 표준이 형성되면 장기적 솔루션은 저전력, 저비용의 전문 칩이 될 것이다. 이 칩을 설계하고 생산하는 것은 칩 설계 제조업체일 수 있지만, 이미 카메라를 대량 생산하고 배치한 회사들이 더 강점을 가진다.

안면인식에는 표정 인식과 입술 인식이 포함된다. 표정 인식을 통한 거짓말 탐지가 심전도보다 더 정확하게 되었다. 하지만 표정을 정의하는 것 자체가 모호하기 때문에 분류가 어렵다. 그러므로 피실험자의 라벨링 데이터를 따로 얻기가 힘들다. 입술 인식은 기계의 시각과 자연어를 하나로 처리하여 사람의 입 모양 변화를 통해 어떤 말을 했는지를 추측하는 기술이다. 인텔은 이미 2003년에 '입술'을 읽을 수 있는 컴퓨터를 개발하기 위한 '말의 시청각 인식 시스템' 소프트웨어를 개발했다. 2016년에 구글 딥마인드의 영어 입술 인식 시스템은 1만 7,500개 단어를 지원할 수 있었고 뉴스 테스트의 식별 정확도는 50% 이상이었다. 현재 입모양 인식의 정확도는 60%에 달한다. 2017년 12월 써우거우는 중국어 입술 인식 기술을 선보였다. 영상에서 말하는 사람의 입모양 동작을 식별해 말한 내용을 해독하는 것이다. 엔드 투 엔드end-to-end의 심층 신경망 기술을 통해 중국어 입모양 순서를 모델링하고, 수천 시간 동안 실제 입모양 데이터로 훈

〈그림 5-23〉 입술 인식 기술 원리

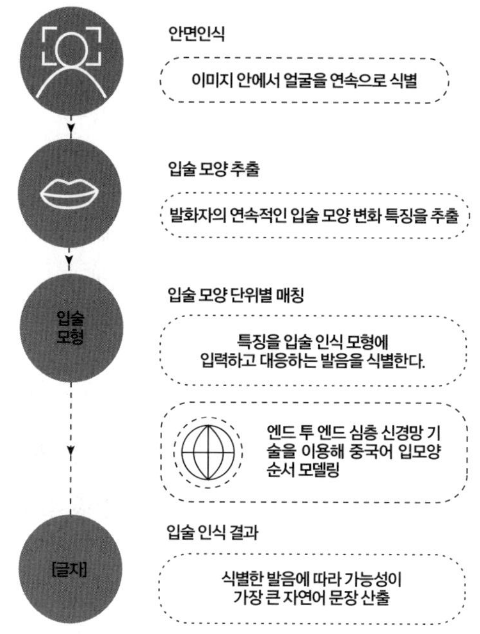
안면인식
이미지 안에서 얼굴을 연속으로 식별
입술 모양 추출
발화자의 연속적인 입술 모양 변화 특징을 추출
입술 모형
입술 모양 단위별 매칭
특징을 입술 인식 모형에
입력하고 대응하는 발음을 식별한다.
엔드 투 엔드 심층 신경망 기
술을 이용해 중국어 입모양
순서 모델링
[글자]
입술 인식 결과
식별한 발음에 따라 가능성이
가장 큰 자연어 문장 산출

• 출처: 써우거우

련하여 하나의 '입술 모형'을 만들었다. 비특정인을 대상으로 한 테스트에서 정확도가 60%에 달했다. 특히 차량 탑재, 스마트홈 등 특정 장소에서는 정확도가 90%에 달했다(〈그림 5-23〉).

두 번째 종류의 이미지 인식은 물체 식별과 통계이다. 위성사진에서 지면에 비행기가 몇 대 있는지 어떤 기종인지 식별하고, 지하철역에는 매일 몇 명의 승객이 이용하는지, 상점에는 특정 유형(예를 들어 젊은 여성)의 고객이 몇 명 방문하는지 등을 식별한다. 여기에서는 영상 속에서 한 물체의 특정 부위의 연속 동작을 식별하는 것이 과제이다. 예를 들어 1대의 포클레인이 1시간 동안 몇 번의 삽질을 하는지 식별하는 등이다.

세 번째 이미지 인식은 포르노 같이 인터넷에 업로드된 이미지 또는 영상의 위법 여부를 가려내는 것이다. 이러한 활용도 쉽지는 않다. 왜냐하면 식별된 카테고리의 정의(도대체 무엇이 포르노인지)가 명확하지 않기 때문이다. 그리고 훈련 집합이 매우 커서 훈련과 식별에 비용이 많이 든다는 것도 또 하나의 원인이다.

네 번째 이미지 인식은 보행 패턴의 식별이다. 중국 과학원은 새로운 생물 특징의 식별 기술, 즉 보행 패턴 식별을 연구했다. 이 기술은 카메라가 걷는 자세만 보고 두 눈을 깜빡이는 시간 안에 50m 내의 특정 대상을 정확하게 식별하는 것이다. 설령 얼굴을 가리더라도 식별할 수 있다. 홍채 인식이 일반적으로 30cm 이내, 안면인식이 5m 이내여야 한다는 점을 감안하면 보행 패턴 인식은 선명한 카메라를 사용했을 때 50m까지 식별할 수 있고 인식 속도는 200ms 정도이다. 보행 패턴 인식은 식별 대상의 주동적인 협조가 없어도 된다. 한 사람이 수십 미터 밖에서 가면을 쓰고 일반 감시 카메라를 등지고 마음대로 걸어도 보행 패턴 인식 알고리즘은 그 신분을 판단할 수 있다. 보행 패턴 인식은 초대형 범위 안에 사람이 밀집했을 때도 100m 밖 또는 1000m^2 안의 수천 명의 사람에 대해 실시간으로 계산할 수 있다. 이 기술은 방범, 대중교통, 비즈니스 장소 등에 응용될 수 있다.

| 예측 관리 |

2014년 12월 31일 밤 상하이 와이탄에서 수십 명이 압사당하는 사고가 발생했다. 36명이 목숨을 잃고 49명이 중경상을 입었다. 설맞이 행사로 인해 상당수 관광객이 이곳을 찾았는데, 도시 관리자들이 사람이 어느 정도 모일지 제대로 예측하지 못해 제때 대피시키지 못했다. 하지만 AI 시대가 도래하면서 이 문제는 자연스럽게 해결되었다. AI는 빅데이터 기술을 접목하여 도시의 유동인구, 날씨, 재해를 예측하는 역할을 할 수 있다. 마이크로소프트 아시아연구원은 합성곱 신경명, 순환 신경망의 기술과 도시의 데이터를 통해 이미 십수 시간 동안의 인구 유동량, 스모그 발생 확률 등을 성공적으로 예측할 수 있게 되었다. 이는 도시의 관리 방식을 바꾸게 될 것이다.

마이크로소프트 아시아연구원은 중국 구이양의 택시 실시간 데이터를 샘플로 인공지능, 클라우드 컴퓨팅, 빅데이터를 기초로 실시간 인구 유동량 예측 시스템을 구축했다. 이 시스템은 도시를 1,000m×1,000m의 격자로 나누고 하나의 격자 안에 몇 대의 택시가 들어가고 나오는지 예측했고, 격자마다 색깔을 다르게 하여 다른 정보임을 나타냈다. 각 격자마다 도형과 표를 생성해 전체 도시 중 어떤 지역의 유동이 앞으로 십수 시간 안에 어떤 상태로 나타날지 분명히 볼 수 있도록 했다. 예를 들면 이미 발생한 택시 진출 상황과 미래의 인구 유동 상황, 어제 같은 시간대의 상황 등이 포함된다. 휴대전화 신호, 지하철 카드 접촉 기록 등 모든 인구 유동 예측 데이터 소스는 이 시스템 모형을 통해 연산되다. 이를 기초로 특정 장소에 출입하는 인원수의 결과를 얻어 앞으로 십수 시간 이내의 도시

〈그림 5-24〉 구이양의 실시간 인구 유동량 예측 시스템

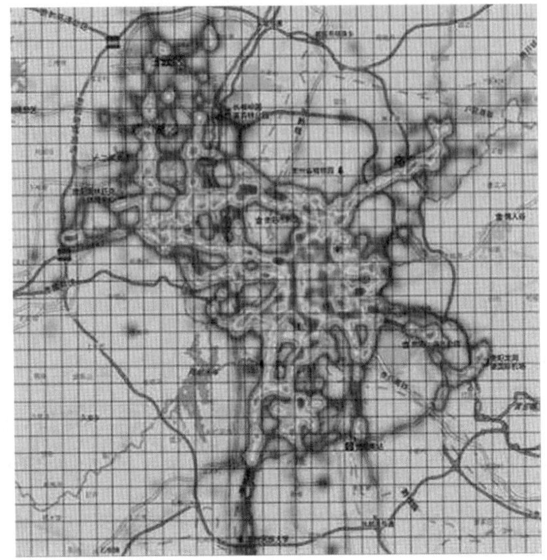

• 출처: 마이크로소프트 아시아연구원

인구 유동 상황을 예측하는 것이다. 연구를 이끈 마이크로소프트 아시아연구원의 정위 박사는 연구의 결과인 「도시 인구 유동 예측을 위한 심층 시공 네트워크(Deep Spatio-Temporal Residual Networks for Citywide Crowd Flows Prediction)」를 제31회 국제인공지능학회 AAAI-17에 발표했다(〈그림 5-24〉).

앞으로 연구는 더욱 심층적으로 발전할 것이다. 도시 스모그 등 공기 질 상황을 예측하는 데 활용할 수도 있다. 또 미래에 수일 내에 폭우가 쏟아질지 예측해, 도시 인프라를 고려하여 어느 지역에 침수가 발생할지 어느 곳의 배수가 부족한지를 미리 예측할 수도 있을 것이다.

육체 노동자를 대체하는 로봇

로봇 중에서 가장 많은 부분을 차지하는 것은 바로 자율주행차량이다. 산업의 규모가 거대하기 때문에 보통 이 부분에 대한 연구가 많다. 자율주행차량과 드론을 제외한 로봇 시장은 얼마나 될까? IDC 연구 보고서는 2019년까지 전 세계 로봇 시장 규모는 1,350억 달러에 달할 것이라고 예측했다. 2015년 전 세계 로봇 지출이 710억 달러이므로 17%의 연평균 성장률로 증가하는 것이다.

시장은 3가지 유형으로 나뉜다. 조립 라인 로봇, (사람과의)협력형 로봇, 자주형 로봇이다. 조립 라인 로봇의 특징은 동작이 프로그래밍화되었으며 판단이 필요하지 않다는 점이다. 산업 조립 라인의 사전 설계 요구에 따라 명령어를 입력하면 로봇은 반복적인 동작을 수행한다. 협력형 로봇은 주로 사람과 함께 생산라인의 임무를 완수한다. 사람은 비교적 복잡하고 판단이 필요한 일을 하며, 기계는 힘들지만 반복성이 강한 임무를 수행한다. 협력형 로봇은 조립라인 로봇과 유사하다. 하지만 사람과 근거리에서 함께 작업하는 만큼 사람이 다치지 않도록 긴급 보호 장치가 필요하다. 인공지능의 영향이 가장 큰 것은 자주형 로봇이다. 이 로봇은 현재 주로 서비스 업무를 담당한다. 쇼핑몰의 안내, 호텔 로비 안내 로봇, 병원의 약 배달, 구역 순찰, 가정 보건, 식품 제작 등이다. 현재 가장 완성도 있는 로봇은 청소 로봇으로 매년 수천만 대가 팔린다. 다른 로봇들은 아직 성숙되지 않은 단계이다. 이는 각각의 서비스 항목의 감지, 판단, 행동의 결정이 매우 복잡하기 때문이다. 자율주행만큼 비용이 비싸다면 경제적 가치가 없다. 서비스형 로봇의 두 번째 문제는 어떻게 현재의 절차에 부합하도록 하느냐이다. 구역 순찰을 예로 들면 로봇은 보안요원의 다소 복잡한 기능을 한 번에 대체할 수는 없다. 그렇다면 로봇이 어떻게 구역 보안요원과 분업할 수 있을까? 고장과 수리는 어떻게 해결할까? 자주형 로봇의 미래 주요 시장은 여전히 산업 생산라인이다. 현재 자동차와 같은 고생산성 중장비 조립에서는 이미 점점 더 많은 로봇을 사용하고 있다. 하지만 저생산성 경량 조립의 경우 여전히 많은 일을 사람이 직접 해야 한다. 최근 로봇 비용이 하락하면서 이러한 생산라인에서도 점점 로봇을 배치하기 시작했다. 또 다른 한 종류는 식품 가공, 가축 도살, 화물 분류 등 비조립형 생산라인이다. 이 작업은 이론상 차차 로봇으로 대체될 수 있다. 전제는 1대의 로봇 비용이 생산 작업자 1~2년 급여 복리 수준보다 낮아야 한다. 기술적으로 이 로봇은 어느 정도의 시각 감지 기능이 있어야 하고 처리속도도 빨라야 한다. 가장 중요한 것은 로봇의 두뇌 역할을 하는 소프트웨어가 모든 생산 과정에 대해 별도로 소프트웨어를 제작하는 것이 아니라 현장에서 다른 여러 생산 과정에 적응하거나 새로운 기능을 학습할 수 있도록 적응성이 매우 강해야 한다는 것이다. 이는 범용 감지, 판단 및 제어를 포함한 범용 로봇의 두뇌 역할을 하는 소프트웨어가 개발되어 여러 다른 상황에 편리하게 설치될 수 있도록 요구하고 있다. 이 소프트웨어를 개발할 수 있는 회사가 엄청난 전망을 갖는다는 사실은 당연히 예상할 수 있다. 동시에 중저가형 자율형 로봇에 탑재할 수 있는 감지, 제어, 통신이 합쳐진 저비용칩 역시 상당한 전망이 있다.

바벨탑: 블랙스완 킬러 애플리케이션

모든 사람이 자율주행이나 안면인식 등 '낮은 열매'인 AI에 집중할 때, 핵심적인 혁명은 자연어 번역과 이해 분야에서 일어날 가능성이 크다. 이 혁명은 수십만 년 전 지식인들이 첫 번째 의미 있는 '흥얼거림'을 울린 이후의 인류 문명사를 변화시킬지도 모른다. 인류는 처음으로 장벽 없이 협동하여 '바벨탑'을 세울 수도 있다. 일단 자연어의 장벽이 무너지면 문화의 벽도 여러 세대에 걸쳐 허물어지게 될 것이다.

필자가 2015년 브라질에서 자동차로 여행을 할 때 손에서 놓지 못했던 것이 바로 휴대폰 구글 번역 앱이었다. 렌터카를 빌리거나 투숙할 때 영어를 할 줄 아는 사람이 많지 않은 브라질에서 없어서는 안 될 것이 바로 번역 앱이다. 휴대폰을 꺼내 구글 번역을 열고 영어

〈그림 5-25〉 바벨탑

• 출처: http://nolabelsnolies.com/different-tower-of-babel

로 말하면 휴대폰은 포르투갈어로 번역해주었다. 그러면 번역된 것을 상대방에게 들려준다. 그리고 상대방이 휴대폰에 대고 포르투갈어로 말하면 휴대폰은 영어로 번역해서 나에게 다시 말해준다. 번역이 완벽하지도 않고 현장 소음 때문에 썩 훌륭하진 않았지만 없는 것보다는 훨씬 나았다. 여기에는 해결해야 할 많은 문제가 있다. 통역을 원활하게 하기 위해 최소한 다음과 같은 조건이 충족되어야 한다.

(1) 휴대폰을 들고 양쪽을 왔다 갔다 할 필요가 없어야 한다. 이상적인 기기는 목에 거는 작은 목걸이 형태이거나 대화하는 두 사람 사이에 놓을 수 있는 휴대폰보다 작은 케이스 안에 아마존의 인공지능 에코Echo 같은 스피커와 멀티 마이크가 말하는 사람의 목소리에 초점을 맞추고 주변의 소음을 제거할 수 있어야 한다.

(2) 한마디를 할 때마다 '번역' 또는 '재생'을 누를 필요가 없어야 한다. 번역기는 통역사와 마찬가지로 말하는 사람의 멈춤이나 완전한 의미의 종료를 감지하면 바로 번역을 재생해야 한다.

(3) 오프라인에서도 가능해야 한다. 인터넷 신호가 없을 때도 휴대폰 안의 저장 내용과 컴퓨팅 성능은 일반적으로 자주 사용되는 번역을 충분히 지원할 수 있어야 한다.

(4) 번역 정확도가 99% 이상이어야 한다. 2017년 초 구글은 번역 백그라운드를 기존의 통계 기법에서 신경망 번역으로 바꾼 후, 정확도가 크게 향상되었다. 이제 번역량이 많아져 현재의 신경망과 계산력으로 일상생활(여행 등) 번역에 충분히 대처할 수 있을 것으로 보인다. 그러나 전문분야나 역사 문화와 깊이 연관된 번역은 더 많은 노력이 필요하다.

이는 단지 번역기에 대한 최소한의 요구이며, 번역기가 삶에 '숨어들어' 일상적 휴대용품의 일부가 되는 수준까지 요구할 수 있다. 예를 들어 보청기 같은 극히 작은 부품으로 만든 후, 휴대폰이나 인터넷에 연결하여 빈틈없는 '동시통역'이 가능하도록 하는 것이다. 이렇게 하면 상대방이 말하는 출발어의 방해 없이 번역된 도착어만 들을 수 있다.

빈틈없고 유창한 통역을 위한 기초적인 기술은 이미 성숙되었거나 거의 성숙되었다. 주요 기술의 숙제는 다음과 같다.

(1) 소형의 다중 채널 소음 방지 원거리 음향 감지 기술

(2) 현재 아마존의 에코는 이미 다중 채널 소음 방지와 발화자 방향 초점 기능을 갖추었지만, 아직 좀 더 개선이 필요하다. 다른 사람을 식별할 수 있고 매번 '알렉사(Alexa, 아마존의 음성인식 인공지능)'를 외치지 않아도, 심지어 더 시끄러운 환경에서도 언어를 식별할 수 있어야 한다. 그보다 가장 중요한 것은 더 소형화되어야 한다.

(3) 의미를 이해해야 한다. 신경망이 겨우 몇 년 만에 언어 식별 정확도를 크게 높였지만 의미를 이해하는 데까지는 해결해야 할 문제들이 있다. 긴 문장을 기계에 대고 말하면 통역기는 먹통이 된다.

(4) 모든 문장을 더욱 철저하게 이해할 수 있도록 '주인'의 배경과 개성을 학습해야 한다.

기계번역의 발전은 문화적 배경 면에서 인간을 훨씬 능가하는 것이다. 예를 들어 한 영어 통역사가 미국에서 자라지 않았다면 독

서랑이 아무리 많아도 문화적 배경의 간극이 있기 마련이다. 수십 년 전의 한 영화 장면에 대해 이야기할 때, 또는 어떤 야구 경기의 한 안타 장면 또는 한 남부 지역의 생소한 방언을 이야기하면 통역사는 알아듣지 못한다. 중국에서 살아본 적이 없는 중국어 통역사 역시 같은 문제에 부딪힌다. 하지만 스펀지처럼 배경지식을 흡수하는 것이 바로 머신러닝의 강점이다. 미래의 기계번역은 동시에 두 나라에서 자란 아이처럼 양측의 역사와 문화에 익숙할 것이다.

기계번역은 앞으로 인류가 할 수 없는 기능을 하나 더 추가할 수 있다. 미리 상대방의 배경을 익히는 것이다. 사람들은 중요한 만남이나 협상을 앞두고 미리 상대방을 이해하기 위해 공부를 한다. 인간은 며칠이 걸리지만 기계는 1초 안에 끝낼 수 있다.

인공지능 칩과 알고리즘 발전에 따라 휴대용 번역기는 5~10년 안에 실현될 것이다. 사람을 능가하는 번역은 20년 정도면 가능할 것으로 보인다.

일단 빈틈이 없고 유창한 동시통역이 실현되면 세계에 미치는 영향은 어마어마할 것이다. 현재 교통과 통신이 물리적 거리를 줄여 인간의 교류와 분업 협력을 증대시키고 있지만, 언어 장벽은 여전히 가장 중요한 장애물로 남아 있다. 중국에서는 매년 수억 명의 사람이 해외로 여행을 간다. 그들 대부분은 패키지여행을 선택한다. 만약 빈틈없고 유창한 통역이 생겨 외국에 가는 것이 다른 도시를 방문하는 것처럼 편안하게 느껴진다면, 사람들은 자유여행을 선택하게 될 것이다. 상업적 교류 비용 역시 줄어들게 된다. 다른 모든 국가 산업도 마찬가지로 언어 장벽이 사라지게 될 것이다. 빈틈없고 유창한

〈그림 5-26〉 구글의 실시간 번역 이어폰

동시통역의 충격을 가장 크게 받는 부분이 바로 문화와 정체성이다. 요즘 세계 민족주의가 다시 일어나고 있는 추세이다. 민족국가의 경계는 주로 언어와 문화로 구분된다. 이 벽을 허물고 난 후에도 민족국가가 존재할 수 있을까? 2017년 10월 구글은 스마트폰에 장착하는 스마트 이어폰을 발표했다. 구글의 언어 인식, 번역 기술의 지원으로 이 작은 이어폰은 40여 개국 언어의 실시간 번역 기능을 실현했다. 매우 정확하다고 할 수는 없지만 기본적인 여행 회화 정도는 문제없는 수준이다(〈그림 5-26〉).

빈틈없고 유창한 동시통역은 결국 글로벌 문화 다양성의 소멸로 이어질까? 그렇지 않다. 그 이유는 모든 사람이 말하고 듣는 것은 여전이 자신의 모국어이기 때문이다. 인류는 '2층 사회'에서 살고 있다. 한 층은 '글로벌층'으로 모두 각자 자신의 모국어로 말하지만 규칙과 습관은 점차 융합된다. 또 다른 층은 '로컬층'으로 여전히 각자의 습관을 유지한다. 초대형 규모의 인구 대이동이나 혼합이 없다면 각종 모국어 문화는 여전히 계속 성장할 것이다. 이것은 조금도 이상한 일이 아니다. 사실 현재 인류가 세계적 범위 안에서 펼치고 있는 비즈니스 활동이 이미 공동의 규칙을 사용하고 따르고 있다.

전방위적 충격: 이제 시작에 불과하다

AI가 각 산업에 미치는 영향은 시작에 불과하다. 어느 업종이든 방대한 데이터가 생성되면 AI로 최적화되거나 일부(혹은 전부) 자동화가 될 수 있다. 만약 이 산업의 자금이 풍부하다면 일련의 신생회사를 끌어들여 산업의 판도를 뒤집을 수 있다. 우리가 앞서 논의한 교통 물류, 의료, 금융 서비스 등 산업 이외에 다음의 산업들도 AI의 충격을 피하기 어려워 보인다.

| 제조업 |

생산라인과 조립라인은 계속해서 많은 로봇을 사용할 것이며 그것 외에 제조업의 공급라인 관리, 마케팅에도 AI가 사용될 수 있다. 알리바바의 'ET 브레인'은 한 첨단 과학 회사의 양품률을 1% 향상시켰다. 1년 동안 억대의 비용을 절감한 것은 중국 제조업 전반에 걸쳐 엄청난 이윤 증가 가능성이 있다는 것을 의미한다.

| 도소매업 |

도소매업은 이미 인터넷으로 인한 충격을 받고 있다. 인터넷 기반 기업들은 탄생 때부터 데이터를 보유하고 이용할 수 있기 때문에 앞장서서 AI를 도입하여 계속 소매업 변혁을 일으킬 것이다. AI는 소매업의 운송, 가격 책정 및 판촉, 공급업체의 인터랙션과 관리 의사결정 등에 적극적으로 영향을 미치고 있다. 맥킨지에 따르면 AI 기반 수요 예측 방법은 기존 방법보다 오차가 30~70% 감소하여 제품 무효로 인한 매출 손실을 65% 낮출 수 있다고 한다. 현재 아마존과 알리바바의 무인 소매점은 작은 부분에 불과하다. 자율주행 배송과 도처에 생기고 있는 자동 판매점이 기존 소매업을 완전히 대체할 가능성이 있다.

| 법률 |

IBM, 알리바바, 아이플라이테크은 법률 조문 찾기, 재판 기록 등에서 AI를 사용하고 있다. IBM의 왓슨은 변호사가 더 강력한 증거를 확보할 수 있도록 '판례' 찾기를 도와준다. 지식재산권 변호사는 AI로 과거 특허를 자동으로 찾아 특허 위반과 저작권 표절 사건을 검색하거나 특허 출원 초안까지 작성할 수 있다.

| 광고 마케팅 |

페이스북은 AI 기술을 통해 사용자의 상태 업데이트, 게시된 이미지, 동영상, 로그인, 좋아요, 심지어 연결 앱과 같은 관련 데이터를 스캔하여 사용자의 디지털 아카이브와 사용자 화상을 생성할 수 있다. 동영상 광고 분야의 '비디오++(스마트 광고 위치 식별 방송 및 마케팅 솔루션 기업)'는 AI를 이용해 웹드라마, 프로그램 생방송에서 정교하게 광고를 삽입하는 방법을 모색하고 있다.

| 부동산 |

드론 감독, 로봇 순찰, 건축, 공사 감독, 부동산 매매 및 임대, 부동산 관리 등 일련의 과정은 AI에 의해 최적화되거나 대체될 것이다.

| 정부와 공공사업 |

정부의 운영, 특히 대국민 서비스는 대규모로 자동화될 것이다. 시정 관리에는 교통 관리, 경찰, 방범 모니터링 등 부문에서 AI 사용이 크게 늘어날 전망이다.

| 군사·국방 |

자율주행차량에 사용되는 기술은 탱크 주행에도 사용될 수 있다. 드론은 이미 미국 대테러 전쟁의 중요한 무기가 되었다. 현재 발전 속도라면 다음 대테러 전쟁에서 비행기 조종사가 필요 없을 수도 있다. 전쟁에 대한 AI의 영향은 다음 장에서 자세히 살펴보자.

| 여행 |

미래에는 개인 스마트 비서가 가족보다 더 당신에 대해 잘 알 수도 있다. 당신이 "브라질에 가서 일주일 동안 놀고 싶다"라고 말하면 스마트 비서는 완벽한 스케줄을 짜놓을 것이다.

| 교육 |

'수능 로봇'이 실제 수험생보다 높은 점수를 받을 수 있는 것은 단지 AI의 가능성을 대중에게 보여줄 뿐이다. 진짜 충격은 현재 온라인 교육 콘텐츠에 기반을 둔 개성화된 스마트 교사, 자동 평가와 질의 응답 등에서 느끼게 될 것이다. 개성화된 스마트 교육이 어느 정도 발전할 경우, 분산된 가상학습 커뮤니티가 현재의 집중식 학교를 대신할 것이다. 또한 수요에 따라 학습하는 평생 교육이 초등학교부터 대학교까지의 전문 교육을 대체하는 등 현재의 교육을 철저히 바꾸어 놓을 것이다.

| 농업 |

오늘날의 농업은 이미 드론과 같은 선진 기술을 대규모를 사용하기 시작했다. 날씨, 토양, 농작물, 시장 정보 등은 농부들이 더 정확하게 재배할 수 있도록 도울 것이다.

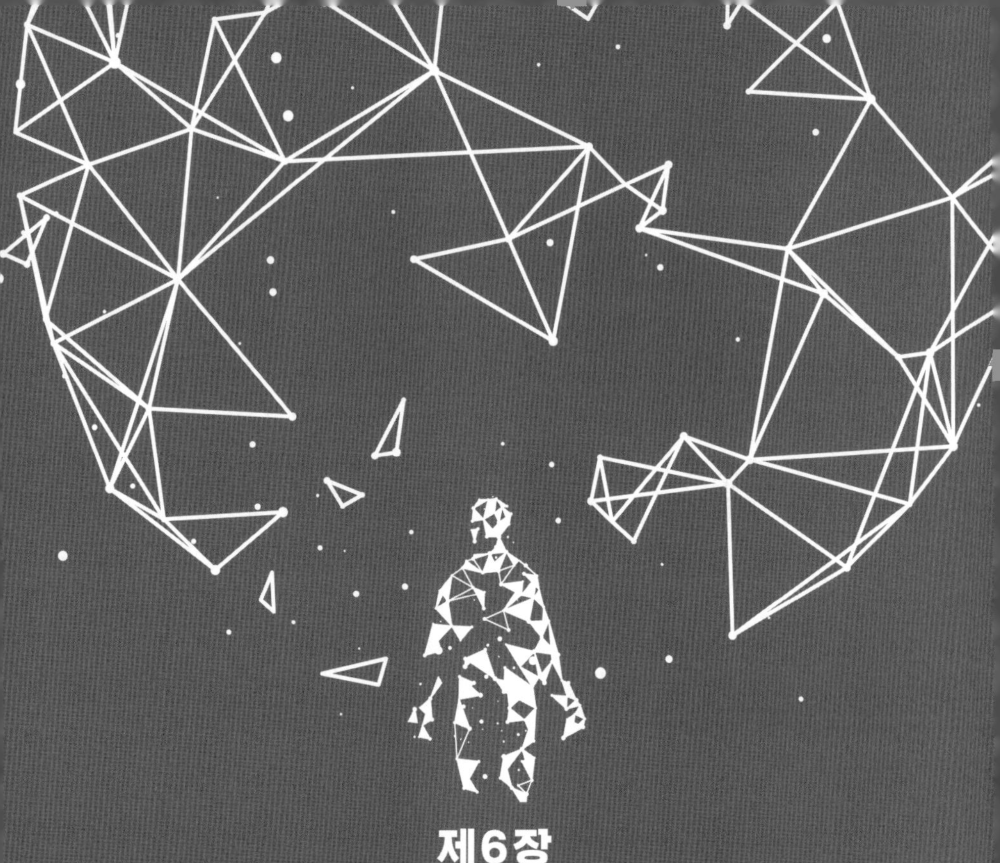

제 6 장

기계는 과연 인간을 뛰어넘을 수 있는가?

AI의 역할은 경제 분야에 그치지 않고 더 깊고 장기적인 영향이 있을 것으로 예상된다. 6장에서는 풍부한 상상력이 발휘된다. 이 장을 이해하면 어떻게 다음 세대를 준비할 것인지 알 수 있다. 앞부분을 읽지 않고 바로 읽어도 무방하지만 앞의 4~5장을 먼저 읽는다면 이해하기 수월할 것이다.

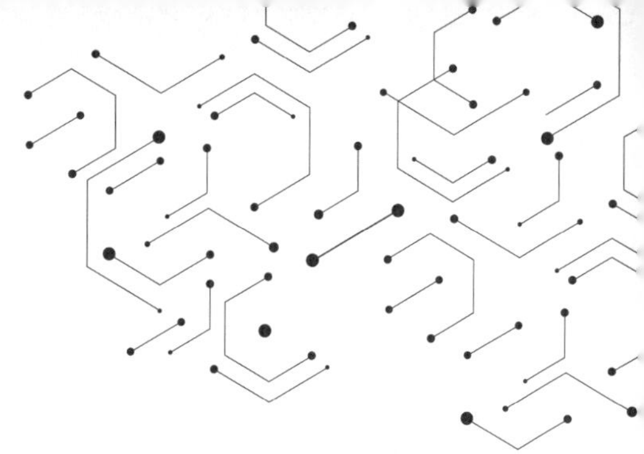

5장에서 AI가 머지않은 미래에 우리의 경제와 일상생활에 미치는 영향에 대해 설명했다. 하지만 더 먼 미래(30~50년)의 영향은 상상하기 어렵다. 먼 미래를 내다보는 것은 어렵지만 AI의 본질을 깊숙이 이해한다면 미래 방향에 대한 감각은 가질 수 있다. 2007년 애플의 휴대폰 발표로 모바일 인터넷의 큰 물결이 시작되었는데, 당시 모바일 인터넷을 두고 2가지 다른 관점이 있었다. 먼저 모바일 인터넷은 개인용 컴퓨터와는 완전히 다른 성격으로 새로운 킬러 앱이 등장할 것이라는 시각이 있었다. 두 번째는 휴대폰이 단지 개인용 컴퓨터의 연장일 뿐이며 원래의 사이트, 검색, 게임 등에 모니터가 하나 더 늘어났을 뿐이라고 생각하는 견해였다. 이들은 대부분 개인용 컴퓨터 인터넷 대표주자들이다. 필자는 중국 최초의 모바일 인터넷 전문가로서 휴대전화와 PC의 본질적 차이가 GPS 기능에 있으며 미래 킬러 앱들이 분명 이 GPS 기능과 관계될 것이라 봤다. 또한 당시 사람들이 생각했던 주유소나 식당 찾기 등 '가벼운 GPS 기능'에 머물지 않고 새롭고도 어마어마한 무엇인가를 만들어낼 것이라고 예측했었다. 과연 이동에서의 응용은 모바일 인터넷 킬러 앱이 되어 우버, 디디추싱 같은 PC 인터넷 외의 새로운 모바일 인터넷의 대표 기업을 만들어냈다.

딥러닝에 기초한 AI의 본질

| 데이터 간 연관성의 발견과 기억 |

3장을 읽은 독자라면 신경망의 가장 본질적인 특징이 데이터 연관성을 발견하고 기억하는 것이라는 점을 기억할 것이다. 예를 들어 수많은 자동차 사진을 본 후 자동차에는 모두 4개의 바퀴가 있다는 것을 발견하는 것이다. 인간의 대뇌는 이미지처럼 직관적인 데이터 간의 연관성에 대해 발견하고 기억할 수 있다. 바로 암묵적 지식이다. 하지만 주식시장의 데이터, 복잡한 시스템(인체, 원자력 발전소 같은) 내부의 데이터 등 데이터양이 크고 노골적이지 않다면 인간의 대뇌로는 연관성을 발견하고 기억하는 것이 불가능하다. 하지만 신경망은 가뿐하게 처리할 수 있다. 한눈에 데이터 간의 관계를 발견하고 기억할 수 있다. 이것이 바로 어두운 지식이다. 다시 이들 데이터를 만나면 즉시 판단할 수 있다. 신경망의 규모가 커지면서(신경망 수와 뉴런 간의 연결 수), 기계는 인간이 근본적으로 따라갈 수 없는 복잡한 대규모 데이터를 처리할 수 있게 되었다.

| 방대한 양의 기억에 기초한 미세한 차이의 식별 |

머신러닝에는 방대한 양의 데이터가 필요하다. 주로 기계가 '보고, 기억'하는 데이터 중 나타나는 각종 패턴이다. 어떤 점에서는 아이가 만화경을 가지고 노는 것과 같다. 데이터는 만화경 속에 담긴 색색깔의 유리 조각이고 끊임없이 유리 프리즘을 돌리는 것은 서로 다른 알고리즘(신경망 중 다른 연결에 대응)이다. 한 세트의 제한된 데이터 중에는 수많은 배열로 조합된 모양이 있다. 기계의 기억은 인간의 기억보다 정확하고 방대하기 때문에 기계는 1초에 수억 번씩 만화경을 돌릴 수 있다. 그리고 금세 모든 모양을 보고 기억할 수 있다. 그러므로 머신러닝은 데이터 속 숨은 모든 미세한 차이를 발견할 수 있다.

이러한 원리에 따르면 머신러닝은 매우 복잡한 의사결정을 하는 데 적합하다. 건강보험 같이 매우 복잡한 공공정책을 제정하는 일이나 노르망디 상륙 작전 같은 수많은 변수를 포함하는 군사 행동을 계획하는 일 등이다.

AI의 본질이 바로 어두운 지식의 2가지 특징이다. 이러한 특징에 따라 미래에 인류를 뛰어넘을 수 있는 어떤 파격적인 슈퍼 응용이 나타날 수 있을지 살펴보자.

가속화되는 과학연구

하나의 과학연구 과정은 7단계로 나눌 수 있다.

(1) 문제 제기 또는 해결해야 할 문제 선택

(2) 문제에 관해 이미 발표한 연구 문헌 학습

(3) 연구 문헌과 연구자의 경험에 근거한 가설 제기

(4) 가설 검증을 위한 실험 설계

(5) 실험 진행 및 실험 데이터 정리

(6) 실험 결과에 근거한 가설의 성립 여부 판단

(7) 가설이 성립되지 않는다면 (2) 또는 (3)으로 되돌아가서 새로운 가설 제기

이 과정에서 가장 시간이 많이 드는 단계는 문헌 학습과 실험 진행, 그리고 데이터 정리이다. 이 단계에서 머신러닝은 일부, 심지어 전부 인간을 대신할 수 있다. 관련 문헌을 획득하고 읽고 이해하며 정리하는 것이 과학연구의 병목 현상 중 하나라는 것은 이미 잘 알려진 사실이다. 오타와대학교 연구에 따르면 1965년 이후 약 5,000만 편의 과학 논문이 발표되었는데, 현재 매년 새로 발표되는 논문은 250만 편이다. 암세포를 억제할 수 있는 단백질에 관한 논문만 7만 편에 이른다. 한 과학자가 하루에 10편씩 주말을 제외하고 매일 읽는다고 해도 1년에 2,500편밖에 읽을 수 없다. 따라서 대부분의 연구결과는 방치되는 셈이다. AI를 사용하면 자연어 이해를 통해 관련된 모든 문헌을 찾을 수 있다. 아이리스Iris라는 AI 소프트웨어는 다음과 같은 과학연구를 진행했다. 우선 이 연구 주제에 관한 연설에서 시작한다. 연설은 해당 분야의 저명한 과학자가 진행한 20분 내외의 개괄적인 보고 내용이다. 예를 들면 테드Ted의 강연 같은 것이다. 아이리스는 자연어 처리 알고리즘 분석을 이용해 강연의 스크립트를 분석하고, 개방형 경로를 통해 학술 문헌을 발굴하여 강연 내용과 관련된 핵심 논문을 찾아낸다. 그리고 관련 연구 논문을 분류하고 가시화한다. 아이리스는 현재 70%의 정확도를 보여주며 인간의 힘을 빌려 문헌에 주를 달아 기계의 정확도를 높인다. 기계가 문헌의 내용과 구조를 이해할 수 있다면 최소한 과학자가 한 과학연

구 영역에서 이미 제기한 문제, 이미 제기한 적인 있는 가설과 그 검증, 이미 진행한 적이 있는 실험과 결과를 정리하도록 도울 수 있다. 기계는 심지어 문장의 논리 일관성에 근거하여 문장 결과에 대해 의문을 제기할 수도 있다. 기계를 이용해 문헌을 읽는 중요한 역할 중 하나는 이전 사람들이 한 일을 한눈에 볼 수 있어 중복을 피할 수 있다는 점이다.

오늘날 과학연구는 점점 더 실험에 의존하게 되었지만, 실험의 준비, 실행, 데이터 정리는 너무나 많은 시간과 노력이 필요하다. 머신러닝은 이 실험 과정의 속도를 크게 높일 수 있다. 2001년 노벨 물리학상은 미국의 에릭 코넬 등 3명의 실험 물리학자에게 돌아갔다. 그들의 성과는 레이저와 자기장을 이용해 자연계에 존재하지 않는 물질의 네 번째 상태, 보즈-아인슈타인 응집 상태를 만들어낸 것이다. 자연계에 존재하는 물질은 온도에 따라 고체, 액체, 기체, 3가지 상태로 존재한다. 온도가 절대온도 0℃에 가깝게 내려갈 때(실험상 영원히 절대온도 0℃에 닿을 수 없다) 물질은 응집 상태(일종의 기체이면서 초유체인 물질 상태)에 이른다. 응집 상태 물질은 지구 자극과 중력장에 극도로 민감하고, 빛은 이 물질에서 지연되는 등 다양한 특성이 있다. 인도의 과학자 사티엔드라 나드 보즈의 계산에 기초하여 아인슈타인이 1924년 이 물질의 존재를 예측한 이후, 과학자들은 실험실에서 이를 검증하려고 애써왔다. 1995년 3명의 과학자들은 여러 해에 걸친 실험을 통해 매우 복잡한 실험 장치로 물질의 응집 상태를 만들어냈다. 〈그림 6-1〉은 이 실험의 설명도이다. 렌즈 안에 작은 물질이 있고 렌즈 밖에는 많은 레이저빔이 있다. 레이저가 물질 안으로

〈그림 6-1〉 장비 설명도: 다른 방향의 레이저빔이 분자 운동을 억제해 응집 상태 물질을 만든다

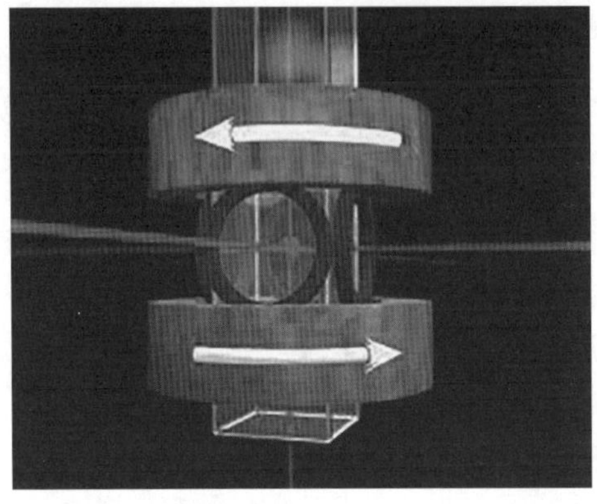

• 출처: https://plato.stanford.edu/entries/physics-experiment

들어가면 물질 안의 분자의 운동을 억제해 물질의 온도를 떨어뜨린다. 〈그림 6-2〉는 실험 장비의 핵심 부분이고, 〈그림 6-3〉은 실험 장비의 전체 모습이다. 여기에서 볼 수 있듯이 실험 장비가 매우 복잡해 설정할 수 있는 파라미터도 매우 많을 것이다. 각각의 파라미터 배열 조합을 모두 실험해본다면, 우주의 종말에 이를 때까지 모두 시험해보지 못할 수도 있다. 하지만 인간에게는 실험을 가속할 수 있는 직감이 있다. 노벨상을 수상한 3명의 물리학자는 다년간 탐색한 끝에 마침내 응집 상태를 만들어냈다. 2016년 5월 17일 호주 뉴사우스웨일스대학교와 호주 국립 대학교의 연구진이 머신러닝으로 이 실험(응집 상태의 물질이 생길 때까지 반복적으로 실험 장비의 각종 파라미터를 설정하고 조정)을 처음부터 다시 시작했는데, 머신러닝이 1시간 만에 응집 상태 물질을 만들어내면서 놀라움을 금치 못했다. 연구진은 한 걸음 더 나아가 AI를 통해 더 빠른 속도로 더 큰 응집 물질을 만들

〈그림 6-2〉 응집 상태 실험 장비의 핵심 부분

• 출처: https://plato.stanford.edu/entries/physics-experiment

〈그림 6-3〉 응집 상태 실험 장비의 전체 모습

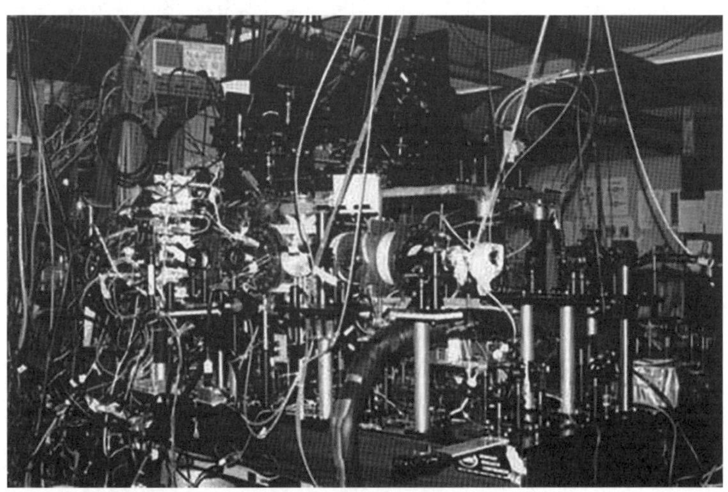

• 출처: https://plato.stanford.edu/entries/physics-experiment

기를 희망하고 있다.

과학 실험에서 데이터의 수집과 정리 단계는 더더욱 AI의 강점을 부각시킬 수 있는 단계이다. 사실 과학계에서 문제가 되는 단계가 하나 더 있는데, 바로 연구 논문의 심사이다. 발표하려는 논문은 너무 많고 심사를 진행할만한 수준을 갖추면서 시간적 여유가 있는 사람은 많지 않기 때문이다. 머신러닝은 이 과정을 가속화할 수 있다. 논문이 표절인지 또는 이미 발표한 결과와 상충되지는 않는지 등을 검사할 수 있다.

과학연구에서 기계가 대체하기 가장 어려운 단계는 가설 제기이다. 그런데 IBM의 한 연구팀이 자신들의 시스템이 이를 해냈다고 발표했다. 그들의 AI가 학술 문헌을 발굴해 자동으로 과학 가설을 생성했다는 것이다. 또한 그들의 알고리즘이 새로운 과학 발명을 이루는 데 사용될 수 있다고 했다. 그들의 목표는 텍스트 발굴을 가시화하고 분석과 결합하여 사실을 식별하고 '새롭고 흥미로우며 실험할 수 있고 진실일 가능성이 있는' 가설을 제기하는 것이다.

과거 500년 동안 인류의 발전은 주로 과학 기술의 진보에 의존했다. 그리고 그 진보는 점점 더 가속화되고 있다. AI가 발전함에 따라 과학의 발명도 가속화될 것이다. 이것은 기술의 진보가 더욱 빨라질 것이며, 이것이 과학의 진보를 더욱 채찍질할 것임을 뜻한다. 예를 들어 양자 컴퓨팅은 재료 과학의 진전에 의존한다. 일단 양자 컴퓨팅이 성과를 이루고 나면 컴퓨팅 성능은 지금보다 기하급수적으로 좋아질 것이다. AI 성능의 향상은 과학의 발전을 가속화시키고 실험의 속도도 빨라지게 할 것이다. 계속 이렇게 반복된다.

또 하나 빨라질 속도는 AI로 AI를 개선하는 것이다. 구글과 페이스북은 모두 자동 머신러닝 연구를 시작했다. 강화학습의 모델을 통해 기계가 파라미터를 끊임없이 조정하면서 다른 신경망 모델을 선택할 수 있게 하는 것이다. 많은 상황에서 자기학습의 성능은 사람이 설계한 성능과 비교된다. 기계는 인간이 생각해보지 못한 모델을 선택할 수도 있고 심지어 어떤 사람은 머신러닝에서 어떻게 인간의 상상력과 혁신을 모방하는지 탐색하기 시작했다. 2017년 말 구글은 AI가 스스로 '낳아서 기른' 'AI 자녀' 나스넷NASNet을 발표했다. 연구원들이 이미지넷의 이미지 분류와 COCO(대규모 개체 감지, 세분화 및 캡션 데이터 세트) 목표 인식 2개의 데이터 집합에서 나스넷에 대해 실험을 해보니 검증 집합에서 예측 정확도가 82.7%로 앞서, 발표한 인공지능 제품보다 1.2%포인트 향상되었고 효율성도 4% 포인트 높아졌음을 알게 되었다. 아직 연구는 초기 단계이다. 하지만 일단 이 사이클이 기술 성숙도를 가속화하면 기술은 신속하게 하나의 새로운 고지에 도달할 수 있다.

과학의 본질은 통제된 실험이다. 인간은 한 그룹의 변수(예를 들어 물리 실험에서 물체의 위치와 힘 등이나 화학 실험에서의 온도와 압력 등)를 제어함으로써 또 다른 일부 변수(예를 들어 물리 실험에서의 물체의 속도, 화학 실험에서의 기체의 부피)의 변화를 측정한다. 과학의 법칙은 바로 통제변수와 측정변수 사이의 관계이다. 어떤 관계를 완전히 파악한 뒤 측정기를 만들어 측정변수를 통제변수로 만들고, 증대된 통제변수 집합으로 그것들과 새로운 측정변수의 관계를 계속 발견하는 것이 과학 진보의 본질인 만큼, 측정기는 하나의 과학 법칙의 물질화라고 할 수 있다. 과학의 진보는 어떤 과학적 법칙을 완벽하게 파악하고 그 법칙을 측정기로 변화시킬 수 있느냐에 전적으로 의존한다. 따라서 과학의 진보는 3가지로 나눌 수 있다.

(1) 가설 제시: 한 그룹의 통제변수와 또 다른 그룹의 측정변수의 가능한 관계

(2) 실험 설계: 통제변수와 측정변수 간의 관계를 검증

(3) 실험을 검증할 수 없다면 다시 (1)로 되돌아간다. 검증할 수 있다면 검증한 관계를 측정기로 만들어 원래의 측정변수를 통제변수로 바꾼다. 그 후 다시 (1)로 되돌아간다.

머신러닝은 모든 단계에서 속도가 빨라질 것이다. (1)에서 머신러닝이 역사 문헌을 읽음으로써 다량의 가능한 조합을 제기할 수 있다. 수많은 대안 가설 중 어떤 실험을 선택할지 결정하는 것은 결국 과학자이지만, 기계는 과학자들이 좀 더 포괄적으로 생각하도록 도울 수 있다. (2)단계에서 가장 시간을 많이 소비하는 것은 통제변수 값을 바꾸어 측정변수를 측정하는 것이다. 이것은 기계가 가장 잘하는 것이다. 데이터의 수집, 정리, 분석에서도 기계가 사람보다 빠르고 정확하다. (3)단계 측정기 제조는 설계, 실험, 제조, 3단계로 나눌 수 있는데, 머신러닝은 실험과 제조에서 속도를 더 빨리 할 수 있다. 이제 곧 '로봇 대학원생'이 나올 수도 있다. 인간 과학자가 기계에게 대략적인 연구 방향을 제시해주고 기계가 어려움에 부딪혔을 때 조금만 가르쳐주면, 대부분의 연구는 기계 스스로 할 수 있다. 그들은

피곤한 줄도 모르고 하루 24시간 일주일을 꼬박 연구에 매진할 수 있다. 읽는 속도는 인간 대학원생보다 1억 배나 빠르고 데이터 분석 측정 속도는 인간보다 1만 배 빠르다. 전력과 연산력만 있으면 세계적으로 몇십억 개나 되는 이런 '대학원생'들이 인간의 관심사를 연구할 수 있다.

시의 고수

머신러닝이 두드러진 활약을 하는 분야가 비단 과학 기술에 국한된 것은 아니다. 이제는 인문 영역까지 진입하기 시작했다. 다음 4개의 율시 중 두 수는 사람이 지은 것이고 두 수는 기계가 지은 것이다.

운봉(云峰)

흰 구름은 높은 봉우리에서 생겨나(白云生处起高峰),

신들린 듯한 솜씨로 만들어내네(鬼斧神工造化成).

예나 지금이나 누가 할 수 있을까(古往今來谁可上).

구중 궁궐 권력을 잡았네(九重宫阙握权衡).

화송(画松)

홀로 인내하며 지켜오니(孤耐凌节护),

뿌리와 가지 없는 나무(根枝木落无).

차가운 꽃 그림자 속 달(寒花影里月),

홀로 한 등불만 비추고 시들어가네(独照一灯枯).

비추(悲秋)

그윽한 오솔길은 어두컴컴한 이끼를 다시 찾고(幽径重寻黯碧苔),

문에 기대어도 그대를 기다리는 것 같다(倚扉犹似待君来).

이 생에 천태로를 잃고(此生永失天台路),

노봉추오 제각기 슬퍼하네(老凤秋梧各自哀).

춘설(春雪)

흩날리는 꽃은 가벼우나 눈을 뿌려 붉은 것을 속인다(飞花轻洒雪欺红).

비 온 뒤 봄바람 한들거리고(雨后春风细柳工),

하룻밤 동군은 한없이 한이 쌓여(一夜东君无限),

어딘가에 있을 푸른 소나무를 찾는다(不知何处觅青松).

답을 알려주기 전에 기계가 시를 쓰는 원리를 먼저 살펴보자. 기계가 시를 쓰는 원리를 가장 잘 설명한 것은 『홍루몽』에 나오는 임대옥이다. 설보채에 의해 대관원에 들어간 향릉은 대옥에게 시를 가르쳐달라고 한다.

대옥이 말했다. "어려운 일일수록 배울 가치가 있지요. 하지만 기(起), 승(承), 전(轉), 합(合)의 원리만 알면 되요. 그리고 가운데 승과 전은 두 구절씩 서로 대구를 이루지요. 평성(平聲)은 측성(仄聲)과 대구를 이루고 허자(虛子)는 실자(實子)에, 또 실자는 허자에 대구를 이루어요. 그러다가 기발한 글귀가 떠오르면 평측이니, 허실이니 하는 것은 무시해도 된답니다." 향릉은 웃으며 말했다. "어쩐지 옛 시를 몰래 한두 편 보았는데 대구가 잘 된 것이 있는가 하면 또 그렇지 못한 것도 있지 않겠어요? 또 '1, 3, 5는 상관없고 2, 4, 6은 분명해야 한다'고 하던데 옛 사람들의 시를 보니 어떤 것은 잘 맞고 어떤 것은 2, 4, 6이 맞지 않아 이상하다고 생각했습니다. 지금 아가씨의 설명을 듣고 보니 시의 구절이 참신하고 좋으면 규칙은 구애받지 않아도 된다는 말이군요." 대옥이 말했다. "바로 그거죠. 시의 구절보다도 구상이 첫 번째로 중요해요. 뜻만 훌륭하다면 수식어구가 없더라도 좋은 거니까요. 말하자면 '단어로 뜻을 해치지 않는다'는 것이지요. 향릉이 웃으며 말했다. "저는 육방옹의 시의 '주렴을 드리우고 걷지 않아 향기가 오래 서려 있고, 벼루가 옴폭 패어 먹물이 가득 괴어 있네'라는 구절을 좋아하는데, 정말 흥미진진한 표현 아니겠어요?" 그러자 대옥이 말했다. "그렇지만 절대로 이런 시를 배우면 안 돼요. 향릉이 아직 시를 모르기 때문에 얕은 것에 끌리는 거예요. 한번 길을 잘못 들어 그런 틀에 얽매이고 나면 다시는 헤어날 수 없는 거예요. 제 말만 들으세요. 정말 시를 배우고 싶다면 내게 『왕마힐전집』이 있으니 그의 시 가운데 오언율시 100수를 외워보아요. 그러고 나서 두보의 칠언율시 100~200수를 읽고 다시 이백의 칠언절구 100~200수를 읽어봐요. 이들의 작품으로 기초를 다지고 나서 도연명과 응창, 사령운, 완적, 유신, 포조의 시를 읽도록 해요. 향릉은 총명하고 영리한 사람이니까 일 년도 되지 않아 시인이 될 거예요!"

대옥이 말한 첫 번째가 바로 격률, 압운, 합철, 평측 대구이다. 이것은 율시의 기본 원칙으로 시를 짓는 명시적 지식에 속한다. 하지만 시어 간의 연관성, 즉 한 단어가 다른 단어 뒤에 올 확률은 시인에게는 암묵적 지식에 속한다. 암묵적 지식을 학습하는 것이 기계에게는 쉬운 일이다. 기계는 많은 양을 읽고 나면 단어 뒤에 나올 단어에 대한 '느낌'이 생긴다. 대옥이 말한 두 번째는 훈련 집합이 크고 다양해야 한다는 뜻이다. 육유(육방옹)는 일생동안 1만여 편의 시를 썼지만 시인 한 명에게는 분명 한계가 있다. 육유의 시 소재는 단조로웠고 정취가 비어 있다. 만약 향릉이 육유의 시만 배운다면 대옥이 말한 대로 '한 구조에 빠져들어 다시는 헤어나지 못할 것'이다. 이것이 머신러닝에서 훈련 데이터 집합이 너무 작을 때 나타나는 '과적합' 문제이다. 그래서 대옥이 향릉에게 왕유, 두보, 이백 같은 다른 스타일의 시인을 공부해보라고 한 것이다. 왕유의 변화무쌍함과 두보의 세상에 대한 탄식과 백성을 불쌍히 여기는 마음, 이백의 소탈하고 호방한 스타일이 '과적합'을 피하게 해줄 것이며 다양한 스타일의 혼합을 통해 참신함이 나올 수 있기 때문이다.

기계가 시를 짓는 원리는 사람이 시를 배우는 것과 유사하다. 본질적으로 양식 식별이다. 다량의 학습을 통해 식별하고 평측, 대구, 압운, 시구의 잦은 조합, 즉 한 단어가 다른 단어 뒤에 나올 확률을 기억하는 것이다. 시는 문자의 일부분이며, 앞뒤 연관성이 있는 시계열 데이터 스트림이다. 3장에서 순환 신경망이 시계열 데이터 처리에 가장 적합하다고 설명했다. 시를 짓는 방식은 2가지이다. 첫 번째는 시의 전체 내용을 훈련 언어로, 순환 신경망 언어 모델에 보내 훈련을 하는 것이다. 훈련이 끝나면 초기 내용을 정한 후 언어 모델의 출력 확률 분포에 따라 다음 단어를 수집한다. 이 과정을 계속 반복하여 완전한 시를 완성한다. 구체적 단계는 이렇다. 우선 사용자가 정한 키워드로 한 구절을 만들고 첫 구절로 두 번째 두절을 만든다. 그리고 첫 구절과 두 번째 구절로 세 번째 구절을 만든다. 시 전체가 완성될 때까지 이러한 과정을 반복한다. 모델은 세 부분으로 구성된다.

(1) 합성곱 문장 모델(Convolutional Sentence Model, CSM): 문장의 벡터 표현을 얻는 데 사용된다.

(2) 앞뒤 반복 모델(Recurrent Context Model, RCM): 문장급 순환 신경망으로, 그동안 생성된 문장의 벡터에 따라 다음에 생성될 문장의 앞뒤 문장 벡터를 출력한다.

(3) 반복 생성 모형(Recurrent Generation Model, RGM): 문자급 순환 신경망으로, RCM이 출력한 앞뒤 문장 벡터와 그 문장 전에 이미 발생한 기호에 따라 다음 기호의 확률 분포를 출력한다. 암호 해독 시 RGM 모형에 따라 출력한 확률과 언어 모형 확률에 가중치를 더해 다음 시를 생성하고 인위적인 규칙에 따라 압운을 맞춘다.

두 번째 방식은 시를 짓는 것을 하나의 번역 과정으로 보는 것이다. 앞 문장을 출발어로 다음 문장을 도착어로 간주하고, 기계 번역 모형을 이용하여 번역을 한다. 그리고 평측, 압운 등의 약속을 더해 다음 문장을 얻는다. 이 과정을 계속 반복하면 완전한 시를 만들어낼 수 있다.

이제 정답을 밝힐 때가 되었다. 기계가 쓴 시는 두 번째와 네 번째이다. 자세히 본 독자라면 맞힐 수 있었을 것이다. 좋은 시는 우선 어구가 자연스럽고 유창하며 그 정취가 자연스럽고 혼탁하지 않아야 한다. 두 번째 시의 첫 번째 구절 '홀로 인내하며 지켜오니(孤耐凌节护)'에서는 전혀 운을 찾아볼 수 없다. 문장이 자연스럽지 않은 것을 제외하고도 기계가 쓴 두 시는 그림을 떠올리는 듯한 느낌을 주지 않는다. 좋은 시에서 중요한 것은 정취이다. 대옥이 "시의 구절보다도 구상이 첫 번째로 중요해요. 뜻만 훌륭하다면 수식어구가 없더라도 좋은 거니까요. 말하자면 '단어로 뜻을 해치지 않는다'는 것이지요."라고 말했듯이 말이다. 아직까지 기계가 시를 짓는 것은 천부적인 소질은 없지만 몹시 노력하는 시 애호가와 비슷하다고 할 수 있다. 아무리 애를 써도 '정취'를 담지 못한다. 사람을 감동시키는 좋은 시는 '어떤 광경을 접하여 감정이 일어날' 수 있도록 해야 한다. 그리고 독자의 공감을 일으킬 수 있어야 한다. 이것이 현재 머신러닝이 아직 범접하지 못한 경지이다. 앞의 몇 가지 조건 외에도 아름다운 시는 고정관념을 깨는 참신하고도 사용한 적이 없는 시구를 사용하면서도 이치에 어긋나지 않아야 한다. 대옥이 향릉에게 다음과 같은 말도 덧붙였다.

> "이제 시의 맛을 알 수 있겠지요?" 대옥이 묻자 향릉은 "글쎄요. 조금은 알 것도 같아요. 그렇지만 옳게 터득했는지 알 수가 없어요. 한번 들어주세요." 라며 웃었다. 대옥도 웃으며 말했다. "맞아요. 연구와 토론이 있어야 발전하는 법입니다. 어서 말해보세요." 향릉은 웃으며 "제 생각에 시의 장점은 말로는 꼭 집어서 하지 못하는 것도 진짜 같은 느낌이 들 수 있다는 거예요.

이치에 맞지 않아 보이는 것도 꼼꼼히 음미해보면 일리도 있고 정감도 있죠." 대옥이 웃으며 말했다. "재미있는 말이군요. 하지만 어디에서 깨달았는지 모르겠군요." 향릉이 대답했다. "「새상」이라는 시에 이런 구절이 있어요. '넓은 사막에 한 줄기 연기가 곧게 섰고(大漠孤烟直), 길게 뻗은 강물 위에 지는 해가 둥그네(长河落日圆).' 그런데 연기가 곧게 섰다는 말이 이상하지 않아요? 해가 둥글다는 말은 당연하고요. 그러니 연기가 곧다는 말은 이치에 맞지 않고 해가 둥글다는 말은 너무 평범하지요. 그런데 책을 덮고 생각해보니 오히려 이런 광경을 본 것 같은 생각이 들더군요. 두 글자를 찾아 바꾸어보려고 해도 그보다 더 합당한 글자를 찾을 수가 없더군요. 또 이런 구절도 있었어요. '나루터엔 지는 해가 남은 빛을 뿌리고(渡头余落日), 마을에선 한 줄기 연기가 피어오르네(墟里上孤烟).' 여기서 '남았다(余)'와 '피어오른다(上)'는 어떻게 이런 표현을 생각해낼 수 있었나 싶어요. 저희가 수도로 올라오던 날 저녁이었어요. 나룻가에 배를 정박하고 보니 사람은 없고 나무만 몇 그루 있었는데 저 멀리 몇몇 인가에서 저녁연기가 피어오르더군요. 그때 그 새파란 연기가 구름까지 곧게 뻗은 것이 아니겠어요? 간밤에 이 두 구절을 읽으려니 그때 그곳에 가 있는 기분이 들었어요."

여기에서 향릉이 좋아하는 시 구절은 기교적인 차원을 떠나 따뜻한 정취가 느껴지고 영상을 떠올리는 듯한 깊은 차원으로 이끄는 느낌이 든다. 이는 오늘날 데이터 간 연관성을 학습하는 머신러닝이 할 수 있는 영역이 아니다. 그러므로 진정한 시인은 AI에 의해 대체될 것이라는 걱정은 하지 않아도 된다. 하지만 진실성 없이 억지로 눈물을 짜게 하거나 앵무새처럼 따라하는 그저 평범한 시 애호가라면 기계 시인과 승부차기를 할 수밖에 없다.

같은 맥락에서 AI는 소설도 쓸 수 있다. 기계가 특정 작가의 작품을 많이 읽으면, 기계는 이 작가의 문학적 스타일을 배울 수 있다. 시를 짓는 것과 마찬가지로 기계가 쓴 소설은 줄거리가 완전하고 글이 유창할 수는 있지만, 위대한 작가의 펜에서 나온 정감과 빛나는 영혼은 영원히 따라갈 수 없을 것이다. "'영감'과 '정취'는 암묵적 지식이 아닌가? 심지어 어두운 지식에 속하는 것이 아닌가? 기계가 더 복잡해지면 결국 모방할 수 있는 것인가?"라고 묻는 독자가 분명 있을 것이다. 이러한 질문에 답을 하는 것은 쉽지 않다. 하지만 지금은 "그렇지 않다"고 대답할 수 있다. 지금의 기계는 자의식이 없고 고로 감정도 없기 때문이다. 질문은 이 책의 마지막에 가서 다시 토론해보도록 하자.

반 고흐, 진짜 같은 가짜

같은 원리로 기계는 많은 그림을 본 후에 화가의 스타일을 흉내 낼 수 있다. 〈그림 6-4〉는 전형적인 북유럽 도시의 풍경 사진이다.

기계는 이 사진을 반 고흐의 스타일로 바꿀 수 있다. 〈그림 6-5〉의 왼쪽 그림은 반 고흐의 명화 「별이 빛나는 밤에」이고 오른쪽은 북유럽 도시 풍경 사진을 '별이 빛나는 밤에 화'한 것이다.

또한 기계는 북유럽 도시 풍경 사진을 앙리 마티스화할 수도 있다. 〈그림 6-6〉의 왼쪽은 마티스의 명화 〈모자를 쓴 여인〉이고, 오

〈그림 6-4〉 전형적인 북유럽 도시 풍경

• 출처: https://www.businessinsider.com.au/the-science-how-vincent-van-gogh-saw-the-world-2015-9

〈그림 6-5〉 반 고흐의 「별이 빛나는 밤」 스타일을 활용해 그린 북유럽 도시 풍경

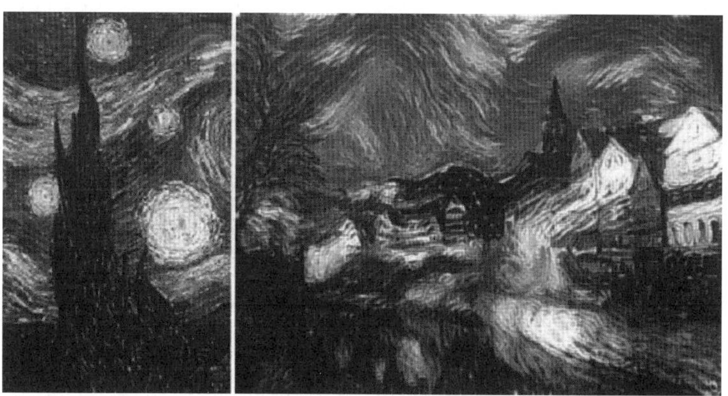

• 출처: Leon Gatsy of Bethge Lab in Germany
https://www.businessinsider.com.au/the-science-how-vincent-van-gogh-saw-the-world-2015-9

〈그림 6-6〉 마티스 스타일로 그린 북유럽 도시 풍경

• 출처: Leon Gatsy of Bethge Lab in Germany
https://www.businessinsider.com.au/the-science-how-vincent-van-gogh-saw-the-world-2015-9

른쪽은 북유럽 도시 풍경 그림이다.

이것을 보면 기계의 모방이 진위를 따질 수 없을 정도라는 것을 알 수 있다. 색채, 터치, 선의 모방 정도가 가히 인간이 따라갈 수 없을 정도이다. 이 같은 모방은 전형적인 암묵적 지식에 속한다. 이러한 사례는 기계가 암묵적 지식에 대한 파악 능력이 인간을 훨씬 뛰어넘는다는 사실을 다시 한번 깨우쳐준다.

AI는 모방만 하는 것이 아니라 자신의 스타일을 창조할 수도 있다. 〈그림 6-7〉은 럿거스대학교 컴퓨터공학과의 아트앤AI랩Art & AI LAb, 페이스북 인공지능연구원(Facebook AI Research, FAIR), 찰스턴대학교 미술사학과 공동 연구팀이 기계로 그림 그림이다. 연구팀은 논문을 통해 이 연구에서 제기한 인공지능 시스템이 창조적 적대 신경망(Creative Adversary Network, CAN)이라고 밝히며, 그 전에 소개했던 생성적 적대 신경망의 확장이라고 소개했다.

〈그림 6-7〉 창조적 적대 신경망이 그린 그림

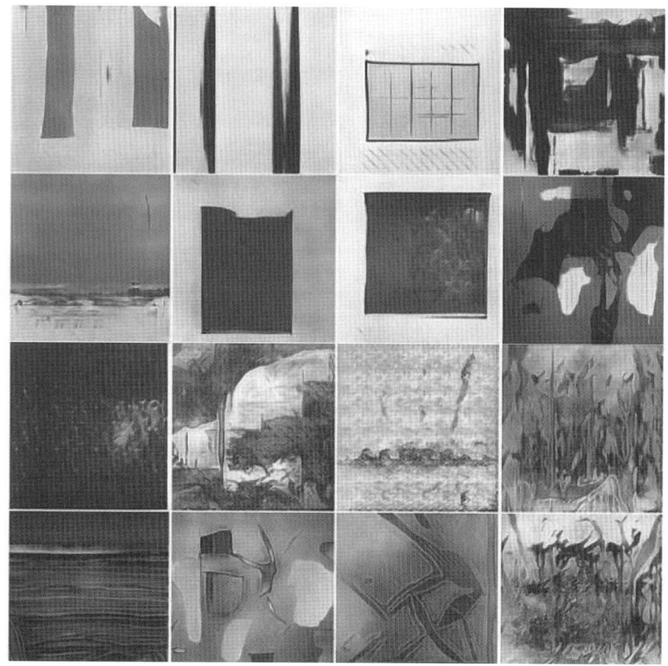

• 출처: 럿거스대학교 컴퓨터공학과 아트앤AI랩

생성적 적대 신경망GAN이 세대를 걸쳐 진화하고 지정된 데이터의 특징을 모방하는 것은, 이미 이미지 생성 문제를 처리하는 좋은 방법으로 공인되었다. 처음 제안된 이후 관련 연구성과가 적지 않다. 그래픽 증강, 초고해상도, 스타일 전환 미션에서의 효과는 매우 놀라울 정도이다. 생성적 적대 신경망의 기본 구조에 따라 감별자는 생성자가 생성한 이미지가 이미 감별자에 제공한 이미지와 같은 유형(특징이 부합하는지)인지 판단해야 한다. 이것이 가장 이상적인 상황에서 출력한 이미지가 기존 작품의 모조일 뿐이라는 것을 결정한다. 창의

〈그림 6-8〉 생성적 적대 신경망을 이용해 실현한 그래픽 해상도 증강과 스타일 전환

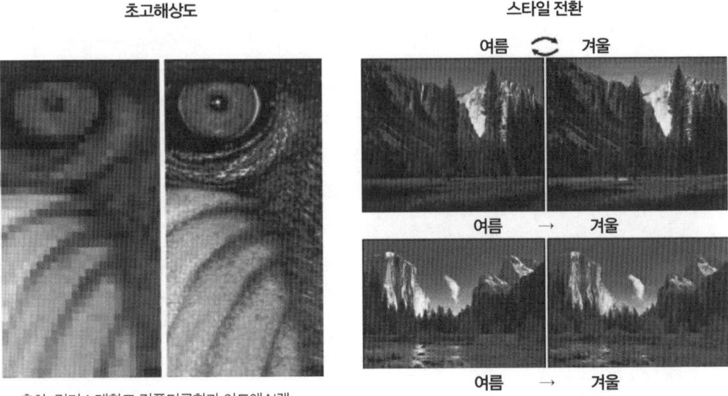

• 출처: 럿거스대학교 컴퓨터공학과 아트앤AI랩

적인 것을 감별자가 식별해내면 목표에 도달하지 못하는 것이다. 생성적 적대 신경망을 사용한 예술 작품 역시 실질적인 혁신이 부족한 것이고 창조적 가치는 한계가 있음을 입증하는 셈이다. 〈그림 6-8〉은 생성적 적대 신경망을 사용하여 실현한 해상도 증강과 스타일 전환을 보여준다.

연구팀은 더 창조적인 예술품을 만들기 위해 생성적 적대 신경망의 기초 위에 창조적 적대 신경망을 제시했다. 이들은 15세기에서 20세기에 걸친 예술가 1,119명의 8만 1,449점의 작품에 여러 화풍을 훈련한 신경망을 적용했다. 그리고 인간에게 인공지능과 진짜 예술가가 그린 두 그룹의 작품을 평가하게 했다. 두 그룹의 작품은 1945년에서 2007년 추상주의 작품과 2017년 스위스 아트페어인 아트 바젤의 출품작이다. 〈그림 6-9〉에서 상단 12개 작품은 창조적 적대 신경망으로 생성된 작품 중, 인간에게 가장 높은 점수를 받은 것

〈그림 6-9〉 창조적 적대 신경망으로 그린 그림

• 출처: 럿거스대학교 컴퓨터공학과 아트앤AI랩

이다. 그리고 하단 8개는 가장 낮은 점수를 받은 작품이다. 〈그림 6-10〉은 역대 아트 바젤 수상작이다.

기계가 생성한 예술 작품의 스타일은 다양하다. 단순한 추상화에서 복잡한 라인 조합까지 다 있다. 내용 측면에서도 다양하다. 연구원들은 그 시스템이 인간 관객들을 속일 수 있다는 사실도 발견했다. 인간이 예술가의 작품과 기계의 작품을 감상할 때 반응을 대비시켜, 인간이 기계가 생성한 작품과 당대 예술가 및 유명 아트페어 작품을 구분할 수 없다는 사실을 발견했다.

〈그림 6-10〉 역대 아트 바젤 수상작

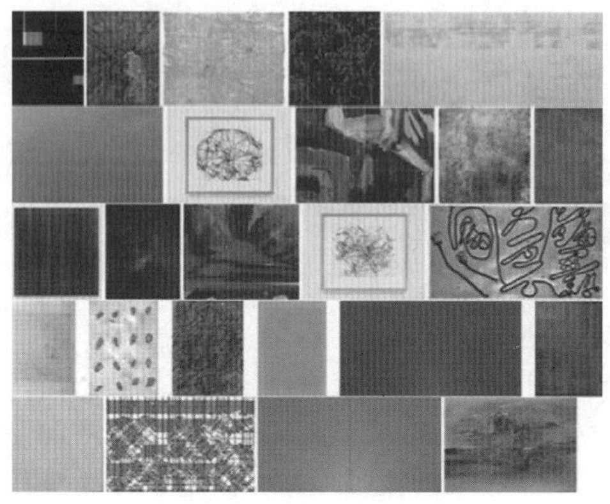

• 출처: 럿거스대학교 컴퓨터공학과 아트앤AI랩

창조적 적대 신경망의 원리는 무엇일까? 생성적 적대 신경망과 마찬가지로 창조적 적대 신경망 역시 2개의 신경망을 사용한다. 감별자는 르네상스 시기, 바로크, 인상주의 또는 표현주의와 같은 스타일이 태그된 무수히 많은 예술 작품을 부여받는다. 생성자는 어떠한 예술 작품도 받을 수 없다. 하나의 작품을 생성할 때 감별자로부터 2개의 신호를 받는다. 하나는 이미지를 '예술 또는 비예술'로 분류한다는 것과 '어느 예술풍에 속하는지 분별'하는 것이다.

'예술 또는 비예술'과 '예술풍 분별 여부'는 두 종류의 대립되는 신호이다. 전자는 생성자가 예술로 보이는 이미지를 생성하도록 한다. 하지만 그것이 기존의 예술풍 범주에서 목표에 도달했다면, 감별자는 이미지의 예술풍을 분별해낼 수 있다. 그러면 생성자는 벌을 받는다. 후자의 신호는 생성자가 스타일을 분별할 수 없는 작품을 생성하도록 한다. 그러므로 두 종류의 신호는 공동의 역할을 하여 생성자가 전체 창의적인 공간에서 예술 작품의 범위 경계를 최대한 탐색할 수 있도록 하면서, 생성된 작품이 최대한 기존의 기준 예술 스타일을 벗어날 수 있도록 한다.

이 같은 '창작'은 본질적으로 완전히 숨겨진 '믹스매치'이다. 시를 지었을 때 같이 일반인은 그 진위를 분별하기 어렵다. 시의 경우 '정취'나 '심상'을 활용할 수 있다. 하지만 그림을 판단할 때, 특히 추상화는 거의 직감에 의존할 수 있는 사람이 거의 없다. 그러므로 시를 짓는 로봇과 달리 그림을 그리는 로봇이 파악한 것은 암묵적 지식에 그치지 않고 어두운 지식의 영역까지 미친다. 그러므로 생성적 적대 신경망을 통해 '믹스맥치'하여 번갈아 나온 그림은 분명 '진짜'를 혼란스럽게 한다. 이 기계는 단기간 내 수많은 다른 스타일을 탐색할 수 있고, 예술가에게 선택하도록 하거나 예술가에게 영감을 줄 수 있다.

유사한 원리에 따라 AI 작곡도 거의 진짜를 혼돈하게 하는 정도에 이르렀다. 이 분야의 선두자 아이바 테크놀로지는 AI 작곡가 아이바(Artificial Intelligence Virtual Artist, Aiva)를 만들었다. 그리고 AI에게 클래식 음악을 작곡하는 방법을 가르쳤다. 클래식 음악은 고급 예술로써 독특한 인간의 품격으로 여겨져왔다. 아이바 테크놀로지는 싱글곡이 포함된 「제네시스」라는 제목의 첫 번째 음반을 2016년에 발표했다. 아이바의 음악 작품은 영화, 광고를 비롯한 게임의 배경 음악에도 이용할 수 있다. 2017년 초 아이바는 프랑스와 룩셈부르크 저작권협회SACEM에 합법적으로 회원 등록을 마쳐 인공지능 영역에서 정식으로 최초의 세계적 작곡가가 되었다. 그는 서명을 통해 자신의 작품에 대해 저작권도 갖는다.

아이바의 백그라운드는 강화학습 기술의 딥러닝 알고리즘을 사용하였다. 강화학습은 다음에 어떤 동작을 취함으로써 그 '누적 인센티브'를 최대화하여 목표를 달성할 것인지를 알려준다. 강화학습은 라벨링된 입력과 출력 데이터가 필요하지 않다. AI는 데이터 스스로 성능을 개선할 수 있고, 이는 AI가 음악에서 더 쉽게 다양성과 변화와 같은 창의 예술을 파악할 수 있게 한다. 아이바는 바흐, 베토벤, 모차르트 등 유명 작곡가의 클래식을 읽어주는 빅데이터베이스로 음악 작품의 예술성을 이해하고 스스로 새로운 곡을 작곡한다.

미래의 공중전

미군은 무인기가 탈레반 무장 괴한을 타격한 영상을 공개했다. 네바다주 고비사막 공조기 기계실에서 젊은 군인 몇 명이 영상 단말기 앞에 앉아 지구 반대편 아프간 산악 지역의 무인기를 조종한다. 영상을 통해 목표물인 지상 차량을 정확히 조준한다. 조종사가 마치 게임을 하듯이 손잡이의 버튼을 누르자 탈레반 군용차에 순식간에 불이 붙었다. 살아남은 탈레반 무장 괴한은 트럭 밖으로 뛰어내렸다. 야간 관측기를 이용하자 도망가는 일당의 모습이 마치 낮에 보는 것처럼 선명하게 보인다. 조작원이 한 명씩 조준하고 버튼을 누르자 목표물은 불바다로 변했다. 이때 조작은 판별과 목표 조준에 지나지 않는다. 인공지능을 갖춘 기계는 이미 인간을 초월했다. 네바다주 기계실의 조종사는 충분히 대체될 수 있다. 모든 것을 기계가 완수할 수 있다.

미국 공군의 공군연구소(Air Force Research Lab, AFRL)가 개발한 AI 알파ALPHA는 진짜 사람과의 대결에서 공군 비행기 조종사를 공격할 뿐만 아니라, 심지어 적보다 더 느리고 미사일 사정거리는 더 짧은 비행기를 조종하면서도 적을 격파할 수 있다. 비행기의 자율주행은 자동차 자율주행보다는 기계 조작에 더 가깝다. 그 이유는 첫째, 비행사는 긴 훈련시간을 통해 조종석 안의 수많은 계기를 이해하고 계기판의 수치를 보고 어떻게 조종해야 할지 판단하는 법을 배운다. 이것이 바로 머신러닝의 장기이다.

둘째, 공중 비행의 주변 환경은 지상에서 운전하는 것보다 훨씬 단순하다. 또한 비행기의 각종 센서는 비행기의 공간 좌표, 고도, 속도, 균형, 풍력, 온도 등을 정확하게 감지할 수 있다. 이 같은 환경에서 주행하는 것은 기계에게 매우 적합하다. 공중전에서의 주변 환경이 시시각각 변하기는 하지만, 그래도 지상보다는 단순하다.

셋째, 반응 속도가 빠르다. 이것이 가장 중요하다. 대뇌에서 판단한 후 근육 동작까지 이어지는 데 0.1~0.3초의 시간이 걸린다. 하지만 기계는 100만 분의 1초 안에 완수할 수 있다. 현재의 비행기와 무기 시스템의 반응 시간은 인간 반응 시간의 제약을 받는다. 무기 반응 속도가 아무리 빨라도 인간이 따라가지 못하면 아무 소용이 없기 때문이다. 하지만 미래의 비행기와 무기 설계는 기계의 반응 속도를 최대로 끌어올릴 수 있다. 조종사인 인공지능의 반응 시간은 대부분 계산 시간인데, 무기의 기계 반응 시간보다 짧아질 것이기 때문이다. 차세대 군용 비행기는 자동·자주적으로 조종될 것이라고 예측되고 있다. 인간이 조종하는 비행기는 기계가 조종하는 비행기를 결코 이길 수 없을 것이다.

현재 무인기는 이미 반테러와 국부 정찰 및 전투에서 광범위하게 사용되고 있다. 더군다나 이것은 서막에 불과하다. 인공지능이 핵심 능력이 되는 신형 무기는 차세대 군비 경쟁의 주요 목표가 될 것이 분명하다. 인공지능이 미래 군사 및 전쟁에 미치는 영향은 다음과 같은 방면에서 나타나게 될 것이다.

| 신형 자주화 무기의 개발 |

최초의 자동화 무기는 미사일이다. 하지만 우리는 일반적으로 미사일을 인공지능 무기로 보지는 않는다. 여기서 차이점은 자동화Automated냐 자주화Autonomous냐이다. 자동화는 확정된 감지 신호를 입력했을 때 확정된 출력 반응이 나오는 것이고, 자주화는 불확정한 감지 신호를 입력했을 때 일정 확률 분포의 출력 반응 신호가 나오는 것이다. 심지어 한 번도 본적이 없는 입력일 때도 추리, 상식 및 경험을 통해 가장 적합한 출력이 나온다.

펜타곤 국방과학위원회가 2016년 발표한 보고서에는 이렇게 묘사되어 있다. '자주를 실현하려면 한 시스템이 세계, 자신, 그리고 형세에 대한 인식과 이해를 바탕으로 다른 행동 노선을 구축하고 선택해 그 목표를 실현할 수 있는 능력을 갖춰야 한다.' 미리 공격 목표를 설정한 미사일은 자동화 무기이다. 탈레반의 소굴 상공에 날아가 임기응변이 가능한 포식자 무인기는 자주화 무기이다. 미래 자주화 무기는 각종 비행기에 전면적으로 보급될 것이며 나아가 군함이나 잠수정, 각종 물고기 로봇 등 수중전까지 응용될 것이다. 그리고 마지막으로 차량, 탱크, 각종 로봇 노새, 로봇 개, 로봇 뱀 등을 포함한 육상에 응용될 것이다.

이스라엘은 이미 자주형 무인기 하롭을 배치했다. 비행시간이 6시간에 달하며 방공 레이다가 켜지면 바로 공격한다. 러시아 무기 생산 회사 칼라슈니코프는 AI를 통해 목표를 정하고 조준 발사하는 전자동 AK-47 소총을 제조했으며, 이는 러시아군에 공급될 예정이다.

| 야전 로봇의 한계, 배터리 용량 |

대형 자주화 무기의 에너지는 여전히 열에너지 밀도가 높은 화석 연료이다. 하지만 내연기관의 전동은 전기의 편리함에 훨씬 못 미친다. 쿼드로터 드론은 내연기관을 이용해 전동 부분을 구동하는 것이 매우 복잡하다. 그러므로 드론, 로봇, 로봇 노새, 로봇 개, 로봇 뱀 등에서 가장 이상적인 동력은 배터리이다. 하지만 현재 리튬 배터리 용량 밀도(약 300Wh/kg)와 매년 개선 정도(약 5%)로는 단기간 내에 24시간 작동할 수 있는 배터리가 출현하지 않을 것이기 때문에 야외 충전과 배터리 교환이 큰 문제이다. 리튬 배터리 외에 희망적인 대안은 수소 연료 전지이다. 리튬 전지와 비교했을 때 충전시간이 빠르다(몇 시간이 아니라 몇 분 안에 완료된다)는 장점이 있다. 단위 면적 또는 중량의 에너지 밀도 역시 높다. 그래서 미래 군용 전지는 수소 연료 전지 위주가 될 가능성이 크다.

| 국방 기술이 민간 기술에 뒤처질 것 |

인공지능은 전자, 정보 산업과 유사하게 거대한 상업적 전망 때문에, 이 기술에 대한 민간 투자가 군사 투자보다 크다는 특징이 있다. 민간 및 상업용은 시장경제 메커니즘에 따라 인공지능 분야의 일류 인재를 흡수할 수 있다(예를 들어 창업에 대한 막대한 보상이 그렇다). 개방형 학술 교류와 오픈소스 소프트웨어 때문에 민간 기술은 매우 빠르게 진보하고 거대한 상업적 전망은 전에 없는 격렬한 시장 경쟁을 초래할 수 있다. 이 모든 것은 인공지능이 민간과 상업 분야에서 빠르게 발전하는 것을 부추긴다. 하지만 국방 기술의 발전은 민간 기술에 뒤처져 있다. 가장 저렴한 군사 기술 연구 개발 방법은 대부분 민간 기술에 의탁하는 것이다.

| 대규모 시너지 작전의 발전 |

한 전투의 규모로는 정보 획득이나 전파의 한계가 있다. 세계적으로 무선통신이 깔린 이후에는 인간이 정보를 얻는 속도와 반응 시간이 한계가 되었다. 정보 획득과 반응이 모두 기계에 이관된 후 전투와 작전의 규모는 크게 확대되었다. 만약 기계 간에 서로 협조할 수 있다면, 수백만 대 기계는 순식간에 합동 행동을 실시할 수 있다. 최근 미국 국방부의 신형 무기 연구개발부는 수백 대의 초소형 무인기의 '군무' 영상을 공개했다. 전투기가 사막 한복판에 날린 수백 대의 드론이 자동으로 비행 대형을 만들어 거대한 지형을 정찰하고 대형을 수시로 바꾸었다. 개별 드론이 대열을 벗어날 때 대형은 자동으로 조정되며, 이탈한 드론이 다시 무리로 돌아오면 대형은 다시 자

〈그림 6-11〉 한국 평창 동계올림픽에서 1,218대의 드론이 연출한 오륜기

• 출처: https://zhuanlan.zhihu.com/p/33766210

동으로 변한다. 5G통신 네트워크는 기계의 시너지를 가속화시켰다. 5G의 고대역폭, 저전력 소비, 짧은 대기시간의 특성은 더 많은 기계가 적은 전력 소비로 좀 더 민첩하게 협업할 수 있도록 했다. 2018년 한국에서 개최된 평창 동계올림픽에서 인텔은 5G 시험 네트워크를 이용해 1,218대 드론으로 오륜기, 올림픽 각 종목 선수들, 그리고 비둘기 등을 표현했다. 이렇게 조명쇼를 연출해 '최다 무인항공기 동시 비행' 부문 기네스 기록을 갱신했다(〈그림 6-11〉).

| 군사조직의 혼합화, 단관화, 편평화 |

군대가 육군, 해군, 공군 등으로 군종을 구분하는 이유는 무기의 사용과 장소가 다르기 때문이다. 한 사람이 여러 가지를 다루는 것은 쉬운 일이 아니다. 분업은 해당 무기의 기능을 파악하는 효율을 향

상시킬 수 있다. 하지만 무기 자체가 점점 자동화되고 자주화될 때 분업의 필요성은 낮아지고 무기를 혼합하여 사용하는 것의 장점은 두드러진다. 그러므로 앞으로 전쟁은 육군 대 육군, 공군 대 공군, 해군 대 해군의 싸움에 국한되지 않고 모둔 군이 혼합하여 싸우게 될 것이다. 육군, 해군, 공군의 경계는 점점 더 모호해지고 결국 사라지게 될 것이다.

미래 전쟁의 최전방은 자동화와 자주화 무기가 다투게 될 것이다. 몸으로 싸우는 일은 점점 줄어들 것이며, 한 사람이 대량의 자주화 무기를 조율하여 제어할 수 있다. 재래식 작전 일선의 '사병'은 사라지게 될 것이고 작전에 참여하는 사람은 지휘관 한 사람으로 충분하다. 그러므로 미래의 추세는 '단일 병(兵)'이 아니라 '단일 관(官)'이 될 것이다.

군대는 가장 엄격한 계급 구조로 되어 있다. 재래식 군은 개인에게 의존하지 않는다. 승리의 보장은 거대한 단체의 협력에 달려 있었다. 계급 구조는 명령과 정보가 거대한 조직에서 최대한 빨리 전달되고 엄격히 실시될 수 있도록 보장한다. 그러나 전투 인력 규모의 축소와 개체(단관) 능력의 확대로, 미래 군대는 지금의 첨단 과학 회사처럼 점점 더 개인의 능력과 능동성을 중시하게 될 것이다. 이 모든 것은 미래 군대 조직을 점점 더 편평하게 할 것이다.

| 무기 중심에서 데이터 중심으로 |

군사조직의 구조는 어떤 구조가 승리할 가능성이 가장 큰가에 달려 있다. 재래식 군사 조직은 무기 조직과 물류 조직을 중심으로, 새로운 군사조직은 데이터를 중심으로 조직된다. 미래 전쟁의 전방은 주로 강철 기기가, 후방은 대규모의 인력과 계산력이 데이터 수집과 처리를 담당한다. 데이터의 복잡한 특성 때문에 조직은 데이터 수집, 저장, 처리, 결정으로 나뉜다. 모든 무기와 그것의 행동 궤적과 효과는 후방 군사 인력에게 모두 데이터가 된다. 비행기와 함선은 차이가 없다. 미래의 후방 능력은 주로 기계의 에너지에 대해 공급하고 보충하는 것이 될 것이다.

| 전투에서의 기계 참모부 |

노르망디 상륙 작전과 같은 대형 전투를 지휘하기 위해서는 처리해야 할 정보가 무궁무진하게 많다. 동시에 여러 불확정성을 다뤄야 한다. 군사 지휘관이 천재라도 이렇게 거대한 양의 정보를 처리할 수는 없다. 재래식 전쟁에서는 우연성이 컸다. 미래 전쟁에서 전투는 이미 컴퓨터에서 몇 차례 시뮬레이션을 해본 후 실시된다. 변수가 많을수록 불확실성이 크고 머신러닝 알고리즘은 순조롭게 진행된다. 물론 마지막은 지휘관이 결정한다. 하지만 참모부의 일은 상당 부분 기계에 의해 대체될 수 있다. 기계가 바둑 세계 챔피언을 이기는 것과 같이 똑똑한 알고리즘을 쓰는 참모부가 전쟁에서 이길 가능성이 커진다.

미래에 가장 큰 도전은 누가 가장 선진적인 인공지능 무기를 개발하느냐에만 국한되지 않는다. 실전 데이터의 빠른 교대 훈련으로 가장 좋은 모델을 만들어내느냐, 나아가 누가 실전에서 가장 먼저 인간과 기계의 최고 조합을 선보이느냐 하는 것이다. 그리고 이 혼합

비율과 구조는 기계 성능의 향상에 따라 계속 바뀔 것이다. 인공지능은 다시 한번 전쟁의 형태를 바꿀 것이다. 인명 피해 위주가 아닌 기계 간의 전투 위주가 될 것이다. 이것은 점점 더 광적인 축구 경기처럼 변해간다. 스포츠 경기와 다른 점은 기계가 지면 산 사람은 순순히 항복한다는 점이다.

| AI 무기의 윤리 |

현재 국제법은 인공지능 무기에 대해 어떠한 구체적인 규정도 정하지 않았다. 국제사회 역시 이러한 무기를 제한하거나 금지하는 어떠한 명확한 조약을 명시적으로 지지하지 않는다. 이에 대한 학계의 논란도 끊이지 않고 있다. 많은 거물급 과학자들이 인공지능 무기화에 대해 반대하고 있다. 2015년 일론 머스크와 스티븐 호킹을 포함한 1,000여 명의 인공지능 전문가는 한 통의 공개서한에 서명하며 자주화 무기 금지를 호소했다. 그들은 인공지능의 발전이 인류 역사의 종말을 가져올 것이라고 우려했다.

2018년에 구글은 미군의 프로젝트 메이븐에 텐서플로 인터페이스를 제공했다. 그러자 4,000명에 가까운 구글 직원이 회사가 더 이상 군과 협력하지 않아야 한다는 청원에 서명했다. 프로젝트 메이븐의 목표가 군에 선진 컴퓨터 비전Vision을 제공하여, 무인 촬영기에서 캡처한 38종 물체를 식별하고 자동으로 검사하는 것이기 때문이다. 심지어 실제로 십여 명의 직원이 구글을 떠나기도 했다. 국제로봇무기제어위원회ICRAC 역시 연대 서명 공개서한을 공개했다. 300명이 넘는 인공지능, 윤리학, 컴퓨터 과학 분야의 학자가 구글이 이 프로젝트에 참여하는 것을 그만두어야 한다고 공개적으로 호소했으며, 자주 무기 시스템의 국제 조약 금지를 지지했다.

자주화 무기는 전 세계 군비경쟁을 심화시킬 것이다. 2016년 미국 국방부는 새로운 보고서를 발표하며, 미국이 '즉시 행동을 취하여' AI 전쟁 과학 기술의 개발 작업을 가속화해야 한다고 밝혔다. 미래 AI 전쟁은 피할 수 없으므로, 펜타곤이 이 방면의 발전을 강화하지 않으면 잠재적인 적에게 추월당할 것이라고 권고했다. 2017년 7월 중국은 '차세대 인공지능 발전 계획'을 발표했다. 이 계획은 인공지능을 미래 경제와 군사 역량의 변형 기술이라고 지정했다. 이 계획의 목표는 2030년까지 중국이 '군민협력' 전략을 통해 인공지능 분야의 우월한 역량을 갖추는 것이다. 2017년 9월 러시아의 푸틴은 개학한 러시아 어린이들에게 '인공지능이 미래이며 러시아뿐만 아니라 전 세계 인류의 미래라고 단언하며 이 분야의 지도자가 세계의 지도자가 될 것'이라고 강조했다. 일론 머스크는 트위터를 통해 '국가 측면에서 인공지능 우위 경쟁은 제3차 세계대전의 원인이 될 가능성이 크다'고 밝혔다. 이러한 군비경쟁은 국제 국면을 불안하게 할 것이며 몇몇 강대국을 빼고 모든 나라가 따라할 것이다.

인공지능은 전 세계 군사력 불균형과 전쟁의 발생을 가속화할 가능성이 크다. 인공지능 기술, 전쟁 경험, 전쟁 데이터를 가진 국가는 자주화 무기 교체 속도를 높일 수 있다. 현재 미국, 러시아, 이스라엘 등은 전쟁 관련 문자, 영상 기록을 많이 보유하고 있다. 테러 단체, 소셜 미디어, 기타 국가 행동 데이터 감시를 통해 데이터를 인공지능에 피딩하면 빠른 속도록 업그레이드된다.

그밖에 자주화 무기는 더 쉽게 유통되고 남용될 수 있으며 기타 국가와 테러리스트에게 빼앗길 수도 있다. 군사 로봇을 금지하는 협약을 체결한다고 해도 자주화 무기 기술은 매우 쉽게 이선되고 보급될 것이다. 또한 이러한 무기는 사상자를 최소화할 수 있기 때문에 정치인들의 전쟁 발동에 대해 더 이상 군사 희생을 이유로 반대할 수 없게 된다. 결과적으로 미국 등 지역에서 군사 희생을 이유로 전쟁을 반대하는 것보다 전쟁 경비가 오히려 정부의 머리를 아프게 했다.

자주화 무기 제어 실패와 오판의 위험은 계속 존재해왔다. 소프트웨어 코드 오류 또는 사이버 공격을 받을 수 있다. 이는 기계의 오작동을 일으키거나 자기편을 공격할 수 있다. 또는 시스템의 업그레이드가 너무 빨라 인간 파트너가 제때에 응답하지 못할 수도 있다. 자동화 무기의 신뢰성을 테스트하는 것은 어렵고, 생각할 수 있는 기계의 행동 방식 역시 인간 통제자의 상상을 초월할 수 있다. 사람과 기계가 교차하는 회로 내에서(인간이 쉼 없이 작업을 모니터링하고 핵심 결정을 내리는 책임자를 보유하는 경우)나 회로 위에서(인간이 기계를 감독하고 임무를 진행하는 어떠한 단계에서 기계에 관여할 수 있는 경우), 또는 인간이 서로 다른 정도의 자주적 기계와 어떻게 교류해야 하는지 등 여전히 연구해야 할 과제가 있다. 서양의 군사기구는 인류가 인간과 기계의 교류 회로 중에 있어야 한다고 말한다. 하지만 완전 자주 시스템이 가져온 군사 우위를 보면 모든 국가가 이렇게 신중할 수는 없을 것이다.

〈그림 6-12〉 로봇암이 쟁반에서 각각의 물체를 잡는 학습

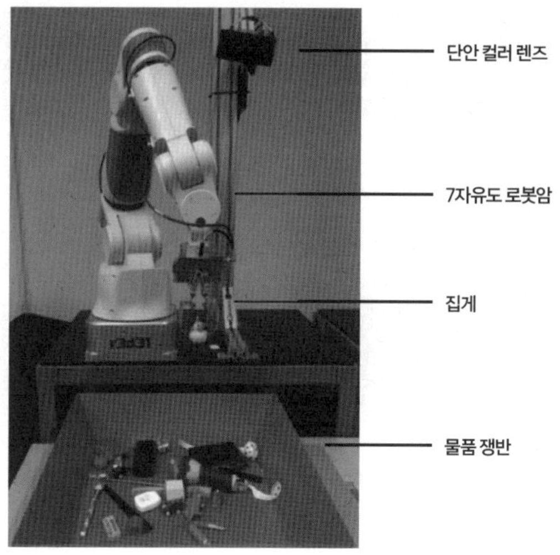

• 출처: https://spectrum.ieee.org

집단학습과 광속 공유

로봇암Robot Arm 학습에 관한 흥미로운 실험이 있다. 〈그림 6-12〉를 보면 접시에 여러 모양의 물체가 있다. 어떤 프로그래밍 명령 없이 로봇암이 상부의 카메라로 모든 물체를 탐색하여 접시에서 꺼내도록 한다. 이 학습 과정은 많은 시간이 필요해 보인다. 처음에는 로봇암이 공중에서 허우적거리다 하나를 대략 추측하고 나서야, 영역을 파악할 수 있고 다른 형상의 물체를 잡는 법도 배울 수 있기 때문이다. 더 복잡한 것은, 한 물체가 다른 물체에 바싹 붙어 있을 때 로봇암이 먼저 물체를 옆으로 옮기는 법을 배우는 것이다. 이 로봇은 학습을 위해 대략 80만 번의 탐색을 해야 한다. 10초에 한 번씩으로 잡으

〈그림 6-13〉 상호 네트워킹으로 동시에 학습하여 물체를 잡는 구글의 14대의 로봇암

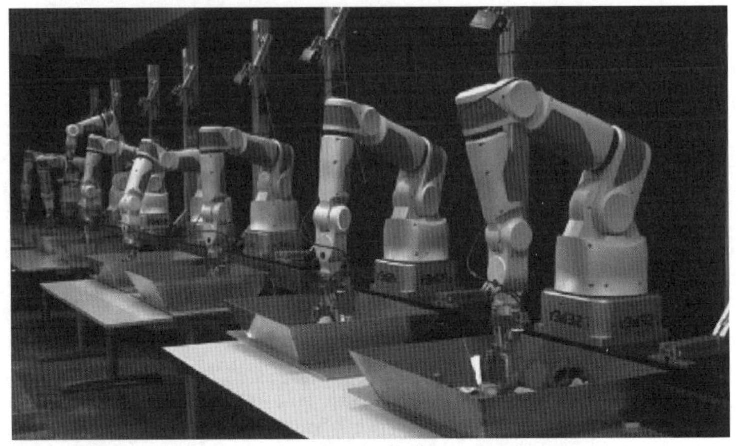

• 출처: https://spectrum.ieee.org

면 24시간 쉬지 않고 100일 동안 학습해야 하는 것이다.

하지만 구글이 14대의 기계를 함께 학습하도록 했을 때, 학습 시간은 '100÷14=7'일로 줄어들었다. 14대의 기계는 서로 네트워킹이 되어 1대가 장소를 찾거나 스킬을 습득할 때 다른 13대의 기계도 순식간에 학습할 수 있었다. 이런 기계 간 교류는 아무런 장애도 없을 뿐만 아니라 광속으로 진행되었다(〈그림 6-13〉).

인류가 지식을 전파할 때는 항상 장애가 있었고 비용 문제와 이해 문제가 있었다. 학습자의 흡수력 문제였다. 그러나 미래 기계 간 집단학습, 공평한 공유, 광속 전파는 기적을 가져올 것이다. 우리가 현재 상상할 수 있는 기적은 다음과 같다.

(1) 기계는 매우 짧은 시간 안에 아주 어려운 기능을 파악할 수 있다. 비행

기를 조종하는 것은 보통 수백 시간의 비행 훈련이 필요하다. 전투기는 더 긴 시간이 필요하다. 만약 1만 개의 기계 모형이 다른 데이터를 함께 학습한다면, 1초 안에 에이스 파일럿 수준에 이르게 된다.

(2) 몇 년 안에 수천만 명의 실업자가 발생할 것이다. 현재 실리콘밸리의 기업 바이캐리어스는 로봇암의 범용 소프트웨어를 개발했다. 어떠한 유형에도 구애받지 않고 장착할 수 있는 로봇암은 현재 각종 가공, 선별, 검사, 물류 인력을 대체할 수 있다. 이 같은 소프트웨어가 발전하게 되면 인건비를 대체한 비용은 플라스틱과 기어, 칩에 쓰이게 될 것이다.

(3) 초대형 규모의 협동 행동이 나타날 것이다. 인류의 대규모 행동을 조율하는 것은 어려운 일이다. 세계 각국에 흩어진 100만 명의 사람이 같은 시간에 같은 노래를 부르는 것은 거의 불가능한 미션이다. 하지만 100만 대의 기계가 동시에 춤을 추게 하는 것은 식은 죽 먹기다. 인류의 최대 규모 협동 행동은 보통 전쟁이었다. 미래의 전쟁은 아마 항공에서 갑자기 수만 대의 무인기가 나타나 몇 초 만에 끝날 것이다.

(4) 범용 로봇의 지적 성장은 매우 놀랍다. 미래에는 세계 각지에 흩어져 각종 업무에 종사하는 로봇의 대뇌가 서로 연결되는, 범용 로봇이 출현할 것이다. 그 로봇들이 몇 분 만에 새로운 것을 학습하는 것을 보게 된다면 분명 놀랄 것이다. 신생아부터 성인까지 수십 년 동안 학습한 것을 몇 분, 심지어 몇 초 안에 끝낼 수 있다. 전원을 연결하자마자 새 로봇이 수만 권의 책을 읽고 수만 시간을 지낸 '노인'이 되는 것이다.

어떤 분야에서 인간이 기계보다 뛰어난가?

지금까지 읽은 독자는 답답함을 느낄 것이다. 그렇다면 우리 인간이 기계보다 나은 점이 없다는 말인가? 이성적으로 지력과 지능만 놓고 인간이 기계보다 강한 부분은 어디일까? 이 문제는 두 부분으로 나누어 이야기할 수 있다. 하나는 현재 인간이 기계보다 강한 분야는 무엇인가? 둘째는 인간이 기계보다 영원히 강한 분야는 무엇인가? 현재 시점의 신경망과 비교해 인간이 인지에서 기계보다 강한 분야는 다음과 같다.

(1) 사물 인식 학습에는 빅데이터가 필요 없다. 기계가 고양이 한 마리를 인식하려면 수만 장의 사진이 필요하다. 또한 사진의 색상 또는 구도가 조금씩 바뀌거나 가려지고 불완전하면 기계는 인식하지 못한다. 하지만 인간은 작은 데이터에서도 신속하게 규칙을 추출해낸다. 아이가 고양이 한 마리를 보면 모든 고양이를 인식하는 것처럼 말이다. 고급 추리에 필요한 연산량은 많지 않다. 오히려 기초적인 감각운동 기능에 방대한 계산 자원이 필요하다.

(2) 기계는 상식과 물리 세계의 모형이 없다. 인간은 낯선 환경에서 탐색을 거치면 대뇌에서 빠르게 모형을 세울 수 있다.

(3) 기계는 자주적이며 자발적인 범용 언어 능력(현재 인간이 입력한 문법 규칙 또는 데이터 훈련을 통해 얻은 '언어' 능력은 한정적인 환경에서만 처리할 수 있다. 그렇지 않으면 튜링 테스트를 통과해야 한다)이 없다.

(4) 기계는 상상력이 없다(방대한 양의 상식, 반사실 가설, 추리 능력이 필요하다).

(5) 기계는 자의식이 없다.

(6) 기계는 감정이 없고 감정이입을 할 수 없다.

전체적으로 신경망에 기초한 머신러닝의 주요 기능은 기억과 식별이다. 나머지 모든 능력은 이 기초 위에 세워진 것이다. 신경망에 기초한 기계의 대뇌는 하등동물의 대뇌와 같이 외부에 대한 반응 능력만을 가지고 있다. 이러한 반응 능력은 정밀하고 복잡한 정도가 인간과 기타 동물을 훨씬 뛰어넘는다.

미래 인공지능의 기초나 신경망이 데이터 집합 훈련의 증대와 처리 능력의 강화에 따라 (1)번이 개선되고 인간의 수준에 닿을 수 있다. (2)번 역시 궁여지책이 있다. 하지만 기계가 통용 언어 능력과 상상력을 가진다고는 상상하기 어렵다. 하물며 자의식은 말할 것도 없다. 간단하게 말해 신경망에 기초한 인공지능은 기억과 식별, 2개의 기초 지능 측면에서 인간을 뛰어넘었지만 추리와 상상 등 고급 지능 측면에서 인간을 따라오려면 한참 멀었다. 미래의 가장 좋은 결합은 인간과 기계의 합작으로 서로 장점을 살리고 단점을 보완하는 것이다.

인간과 기계의 협업

인간과 기계는 어떻게 협력해야 할 것인가? 뇌-컴퓨터 인터페이스(Brain-Computer Interface, BMI)는 인간 또는 동물 대뇌와 외부 설비

사이에 세워진 직접적인 연결 통로로 과학연구의 중요한 방향 중 하나이다. BMI로 연결된 인간의 뇌는 외부 설비와 상호 신호를 전송하고 정보를 교환한다. 이 기술이 일정한 정도에 도날하면 사람들은 외부 설비를 '추가'하는 방식으로 생물 뇌의 감지, 연산 등 능력을 제고하고, 뇌 전자파를 통해 더 직접적으로 외부 기계에 명령을 내리거나 또는 다른 사람과 함께 협동할 수 있다.

가장 급진적인 방법 중 하나는 일론 머스크가 뉴럴링크Neural Link라는 스타트업을 세우면서 제기한 것이다. 이는 일종의 '신경 레이스'가 인간 뇌 신경망에 도킹하여 뇌의 신호를 직접 수신하는 것이다. 머스크는 기계는 '사고'와 입출력이 빠른 반면 언어나 키보드를 통한 인간의 입출력은 기계보다 몹시 느린데, 이는 기계와 비교했을 때 인간의 최대 약점이라고 생각했다. 또한 이 문제를 해결하지 않으면 인류는 언젠가 기계에 의해 통제될 것이라고 생각했다. 뉴럴링크가 해결하려고 하는 것은 인간의 신호 입력과 출력의 한계를 돌파하는 것이지만, 머스크의 아이디어는 한 가지 기본적인 허점이 있었다. 인간의 고급 사고는 언어에 의존해야만 한다는 것이다. 언어를 벗어나면 인간은 고급 사고(논리적 추리, 장면 묘사 등)를 전혀 할 수 없다. 앞에서 설명한 바와 같이 현재 신경망에 기반을 둔 머신러닝 능력은 주로 환경에 대한 식별 능력이며, 아직 언어와 논리적 추론으로 승화되지 않았다. 인간은 언어를 통해서만 의사소통을 할 수 있다. 그리고 인류의 '명시적 지식'은 기계의 '어두운 지식'과 소통할 수 없다.

실리콘밸리에서 성공한 또 한 명의 사업가인 브라이언 존슨Bryan Johnson은 커널Kernel이라는 회사를 설립했다. 그는 신경망의 하위 기능에 대해 직접 읽고 쓸 수 있다고 확신하며 1억 달러를 이 기술에 투자했다. 커널과 뉴럴링크의 주요 목적은 기계와 인간의 뇌가 함께 일하도록 하는 것인데, 이 장치들이 뇌의 질병을 치료하는 데 사용될 때 치료의 수단으로써 병의 특징 데이터를 수집하기 위해 뇌에 사용된다. 존슨이 말했듯이 이 장비들은 인간 뇌의 작업 원리에 대한 엄청난 양의 데이터를 수집할 수 있었고, 결과적으로 모든 신경과학의 연구 분야에 공헌할 수 있었다. 존슨은 만약 우리가 대뇌의 더 넓은 영역, 더 높은 질의 신경 데이터를 보유한다면 신경과학의 연구에 더 많은 가능성을 가져다줄 것이며, 지금은 단지 데이터를 획득할 적절한 도구가 없을 뿐이라고 말했다.

하지만 커널의 기술 고문이자 스탠포드대학교 신경과학자 데이비드 이글먼 교수는 건강한 사람의 뇌에 수술을 통해 컴퓨터 인터페이스를 삽입하는 것은 불가능하다고 말한다. 사망, 감염, 면역거부반응 등의 위험은 말할 것도 없고 현재는 어디에 연결해야 할지도 모른다는 것이다. 뇌수술이나 뇌신경 수술은 환자의 대뇌에 심각한 질병이 있거나 손상이 있는 어쩔 수 없는 상황에서만 진행해야 한다고 뇌신경과의 의사는 말한다. 이글먼은 과학자가 외부에서 대뇌를 읽고 시뮬레이션하는 더 나은 방법을 발견할 가능성이 크다고 밝혔다. 오늘날 의사는 기능성 자기공명영상기FMRI 등을 통해 뇌의 정보를 읽고 뇌 자극 등을 통해 행동을 바꾼다. 이글먼은 과학자들이 인간의 뇌에 대해 더 잘 이해할 수 있다면 방법을 크게 개선하여 그것들에 기반을 두고 더 유용한 방법을 발명할 수 있을 것이라고 생각했다. 예를 들어 과학자들이 유전자 기술을 통해 뉴런을 변형시켜 기계가 체외에서 뉴런에 대해 '읽고 쓰기'를 할 수 있게 하거나 나노 로봇을 '삼켜' 같은 목적을 실현할 수 있게 하는 것이다. 이러한 모든 방법이 신경망을 삽입하는 것보다 더 낫다.

사실 일론 머스크가 이 구상을 처음 제기한 사람은 아니다. 이 분야 연구 역사는 적어도 100년 이상 계속되었으며 상업화 노력도 계속되어 왔다. 외과 의사들은 이미 이러한 장치를 인체에 이식할 수 있으며 뇌신경과의 수술은 현재 주로 심신경 자극 신호를 삽입하여 뇌전증, 파킨슨병 등 환자의 시각, 운동 능력을 재건하는 방식이다. 예를 들어 전극을 삽입하여 뇌전증 발병 시 신경 뇌전 신호를 억제하는 것이다. 질병의 치료에서 약간의 위험을 무릅쓰는 것은 가치가 있다. IBM의 한 과학자는 뇌전증 발작 시 대뇌 신호를 분석하여

〈그림 6-14〉 뇌전증 치료에 사용되는 RNS 시스템 설비

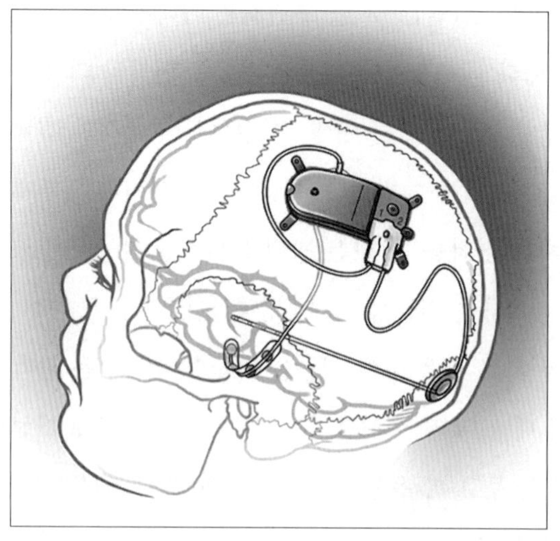

• 출처: IBM Treat epilepsy with RNS

인체에 삽입할 수 있고, 뇌전증 발작을 억제할 수 있는 기기를 만드는 유사한 프로그램을 개발하고 있다(〈그림 6-14〉).

현재 주요 성공 사례는 윌리엄 도벨William Dobelle이라는 과학자에게서 시작되었다. 1978년 도벨은 한 시각장애인의 뇌에 68개 전극으로 이루어진 배열을 삽입해 시각장애인에게 눈섬광(망막이 자극을 받을 때 생기는 느낌)을 발생시켰다. 이어진 실험에서 이 같은 치료를 받은 시각장애인이 제한된 시야에서 저해상도, 저갱신율의 도트 매트릭스 도형을 볼 수 있었다. 2002년 차세대 시스템 치료를 받은 환자들은 연구센터 근처에서 천천히 차를 몰수 있을 정도로 시력이 회복되었다. 같은 단계의 운동 기능 회복에서 뇌-컴퓨터 인터페이스 연구 역시 눈에 띄는 성과를 거두었다(〈그림 6-15〉).

〈그림 6-15〉 두 눈을 실명한 옌스가 인공눈의 도움으로 어느 정도 시력을 회복했다

• 출처: https://www.jensnaumann.green-first.com

전극을 삽입하는 것 외에 또 다른 가능성 있는 방법은 머리에 '전극모자'나 '검은 박스'를 쓰고 뇌를 해독하는 방법이다. 머리에 전극모자를 쓰면 대뇌에서 안정적으로 매우 복잡한 신호를 검사할 수 있다. 이때 인간의 언어 또는 동작을 출력으로, 머신러닝의 방법을 통해 입력(검사한 뇌의 전기 신호)과 출력(언어 또는 동작)을 일일이 대응한다. 이 가설은 각각의 출력에 대응하는 입력이 모두 같거나 유사(예를 들면 엄지손가락을 세울 때의 뇌 전파는 모두 같다)하며 안정적으로 신호를 검사한다는 것이다. 하지만 이런 방식은 대뇌에 전극을 삽입하지 않기 때문에 신호가 그다지 선명하지 않으며, 데이터양도 크지 않다. 또한 안정적이지 않아 강한 간섭을 받을 수 있다.

머리에 쓰는 장비를 통해 미약한 뇌 전파 신호를 받는 방식은 난이도가 높지만, 수십 년의 발전을 거쳐 과학자들이 이미 성과를 얻었다. 특히 그 성과는 장애인의 일부 기능 재건에서 두드러졌다. 1988년에 미국의 한 과학자는 대뇌로 가상의 타자기를 조작할 수 있었으며, 스웨덴의 과학자는 휠체어를 뇌 의식대로 앞으로 갈 수 있게 하였다. 2006년 일본은 '혼합보조 다리'를 연구했다. 이를 통해 장애인이 시속 4km의 속도로 보행할 수 있었다. 2014년 월드컵에서 하반신 마비에 걸린 브라질 청년 줄리아노 핀투는 기적의 로봇에 몸을 싣고 스텝의 도움을 받아 월드컵 시축을 했다. '뇌-컴퓨터 인터페이스의 기술+외골격'을 통해 하반신 마비 환자를 다시 움직일 수 있게 한 것이다(〈그림 6-16〉).

그밖에도 이 기술은 원격제어 기기, 게임 등에서 이미 실현되고 있다. 2008년 1월 미국 노스캐롤라이나주 더럼의 듀크대학교 연구

〈그림 6-16〉 브라질 월드컵에서 시축하는 줄리아노 핀투

• 출처: http://hiphotos.baidu.com/feed/pic/item/f603918fa0ec08fab12d60f453ee3d6d55fbdab0.jpg

진은 실험실 원숭이의 의식을 통제해, 일본 교토 실험실에 있는 로봇이 움직이도록 했다. 2013년 3월 영국 연구원은 우주선 시뮬레이터를 제어하는 최초의 '뇌-컴퓨터 인터페이스' 장치를 개발했다. 미국의 과학자는 머리에 쓰는 방식으로 뇌의 의식을 통해 우주선 시뮬레이션 비행을 제어할 수 있는 컴퓨터 시뮬레이션 프로그램을 만들었다. 2017년 10월 미국 애리조나주립대학교 파나지오티스 아르테미아디스 교수는 조종사가 자신의 사고에만 의지해 동시에 한 그룹의 무인기를 조종할 수 있는 내비게이션 시스템을 연구·개발하고 있다고 발표했다.

뇌-컴퓨터 인터페이스 기술의 의미는 인간의 대뇌 능력을 신

장시키거나 기능을 재건하고 심지어 원격제어를 실현하는 데 있다. 본질적으로 일반인은 의식만으로 자신의 신체를 제어할 수 있지만, 뇌-컴퓨터 기술은 인류에게 의식제어를 통해 천 리 밖의 로봇을 제어할 수 있도록 해준다. 더욱 중요한 것은 로봇(지체)의 센서를 통해 감각이 인간의 뇌로 되돌아와 어떤 의미에서 인류가 육체의 무한한 확장과 공간의 초월을 실현할 수 있도록 해주며, 이는 인류의 인지 개념을 완전히 뒤집는 것이다. 뇌-컴퓨터 인터페이스의 원격제어는 다양한 분야에서 응용될 수 있다. 스마트 로봇이 위험한 화재, 재난, 구조 등 분야에서 활동할 수 있도록 하거나 지질탐사, 농업, 물류 등 분야에서 활용할 수 있다.

| 클라우드 연결을 통한 언어 능력의 신장 |

구글의 기술 총괄 레이 커즈와일은 스마트폰이 방대한 양의 계산과 데이터를 제공하면서 우리를 20년 전 사람보다 똑똑하게 만들었으며, 언젠가는 손에 들고 다닐 필요 없이 대뇌 피질에 칩을 이식해 스스로를 클라우드에 연결할 수 있게 될 것이라고 말했다. 그렇게 되면 우리는 인공지능과 결합해 더 스마트해지고 더 많은 잠재적인 방식을 통해 언어를 공유(즉시 영어 사전에 접속하는 등)할 수 있게 된다. 커즈와일은 이것이 우리의 습관과 차이가 크지 않고 단지 대뇌의 칩이 번역을 대신한다고 설명했다.

| 죽은 자의 부활 |

인공지능 시스템에 어떤 사람의 사진, 영상, 오디오, 편지, 일기, 이메일, 청구서, 그리고 그의 개성을 표현할 수 있는 모든 물건을 주입함으로써 죽은 자의 '화신'을 만들어낼 수도 있다. 특별히 만들어진 헬멧을 쓰면 가상 세계에서 그와 교감할 수도 있다. 커즈와일은 몇 년 전 세상을 떠난 아버지의 '화신'을 만들었으며, 이것이 아버지를 가족 곁으로 데려오는 방식이라고 말했다. 현재 죽은 자를 인공지능 세계로 데려오는 것이 아직 완전하지 않지만 머지않아 실현될 것이라고 덧붙였다.

제 7 장

비범한 사람과 한가한 사람 _AI 시대의 사회와 윤리

AI가 가져온 변화는 경제와 과학 기술 분야에 그치지 않는다. 인터넷과 마찬가지로 오늘날의 사회구조와 심지어 윤리 도덕에까지 변화를 일으켜, 이 사회를 살아가는 모든 사람들이 그 영향을 받게 될 것이다. 7장은 앞부분을 읽지 않고 먼저 읽어도 상관없다.

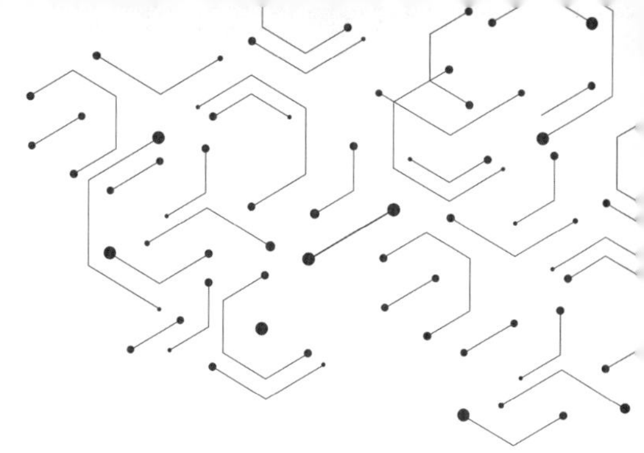

AI 기기의 부상이 대규모 실업으로 이어지지 않을까? 지금까지는 역사적인 커다란 기술의 발전이 인류의 직업에 치명적인 타격을 주지는 않았다. 증기기관의 탄생은 노새를 대신했고 인쇄기의 탄생은 필사원을 대체했다. 농업 자동화 시설은 많은 농민들의 일을 대체했지만, 이것이 사람들을 실업으로 내몰지는 않았다. 오히려 사람들은 인간에게 더 적합한 일을 찾았다.

그렇다면 이번에도 같을까? 스마트 기기의 부상은 반복적인 대량의 노동을 대체했다. 이 사회에서 인간은 기술의 도움으로 더 많은 일을 할 수 있고, 그래서 새로운 사물을 만들어냈다. 하지만 기존의 반복적인 노동을 하던 근로자가 안정적으로 새로운 일을 찾도록 하는 것은 어려운 과제이다. 결국 이번 혁명의 충격은 역사상 어떤 혁명보다도 거셀 것이다. 각국 정부는 곧 다가올 빈부격차의 가속화에 대비해야 한다.

『호모 데우스』의 저자 유발 하라리는 몇 년 후 인류사회의 가장 큰 문제는 인공지능이 가져올 '무용(無用)한 인간'이며 동시에 '초인간Superhuman'의 탄생을 재촉할 것이라고 예측했다. 그는 일부 초인류가 과학 기술이 끊임없이 자신을 '업데이트'하도록 돕고 유전자를 조작하며 인간의 뇌와 컴퓨터를 연결하여 불사의 상태를 얻도록 할 것이라고 말했다. 그는 "이전의 역사에서 빈부격차는 부와 권력에서만 나타났지 생물학에서는 아니었다. 제왕과 농민의 신체 구조는 모두 같았다. 하지만 인간이 초인류로 변한 후에 기존의 인간성은 더 이상 존재하지 않고, 인간은 체력과 지능에서 절대 우위를 차지하는 초인 계층과 수천, 수만 명의 쓸모없는 평범한 인간으로 분화하게 된다"고 우려했다. 유발 하라리의 우려는 현실이 될까?

기계가 일으킨 사고는 누구의 책임인가? 자주화 무기, 무인 자동차, 생산 로봇 등은 코드 오류나 급변하는 환경으로 인해 통제 불능의 재앙으로 이어질 수도 있다. 스마트한 제품들이 점점 더 널리 보급되면서 그것들에 대한 의존이 더욱 심해지고 있다. 기계가 난관에 부딪혔을 때 종종 조종권을 인간에게 넘기는데, 인간은 갑자기 넘어오는 일을 순식간에 잘 인수하기가 어렵다. 예를 들어 인간이 자율주행을 인계받을 때 잠이 들거나 주의가 산만해져 사고를 당할 수 있다. 이 같은 사고의 발생은 인간과 기계 사이에서 책임을 가리기 어렵다.

미래의 전쟁에서 군은 사상자를 줄이기 위해 최대한 자주화 무기를 사용해 인간이 실시하는 군사 활동을 대신할 것이다. 자주화 무기는 배후 조종자들이 각각의 구체적인 결과에 대해 책임을 지지 않아도 되게 한다. 게다가 자주화 무기 임무가 복잡해짐에 따라 배후 조종자가 점점 더 많아져 한 사람이 한 가지 임무 중 작은 일부만을 완수할 뿐이다. 이러한 것들은 '살육'에 대한 인간의 마음 부담을 덜어준다.

누가 먼저 실업자가 될 것인가?

옥스퍼드대학교의 연구 보고서에 따르면, 다음에 나오는 직업이 가장 먼저 인공지능으로 대체될 것이라고 말한다. 각각의 확률은 다음과 같다.

(1) 텔레마케터: 99%

(2) 계산원: 97%

(3) 패스트푸드 조리사: 96%

(4) 법률 비서: 94%

(5) 여행 가이드: 92%

(6) 버스와 택시 기사: 89%

(7) 보안요원: 84%

(8) 파일 관리자: 76%

AI로 대체되는 일과 직업은 앞에 나온 8개 예시에 그치지 않는다. 맥킨지가 발표한 연구 보고서에 따르면 중국의 노동력이 세계 어느 나라보다 자동화될 가능성이 높다고 말했다. 보고서는 20년 내에 중국의 51% 일이 자동화될 것이라고 했는데, 이는 3억 9,400만 명의 근로자에 해당한다. AI로 가장 쉽게 대체될 직업은 반복적이고 예측가능하며 프로그래밍이 가능한 일이다. 19세기의 기계가 주로 육체 노동자들을 대체했다면, 이번에는 수많은 사무직 근로자들을 대체할 것이다. 중급 기능의 전문 인력들도 거센 변화의 바람을 피할 수 없을 것이다. 하지만 프로그래밍하기 어려운 일, 예를 들어 베이비시터와 같은 일은 오히려 대체되기 어렵다. 수많은 고급 기능의 고소득 직업 역시 충격을 피할 수 없다. 충격은 2가지 면에서 나타난다. 첫째는 직접적으로 대체되는 것이다. 중급 정도의 X-레이 판독 의사와 변호사 사물실 비서 같은 경우이다. 두 번째는 강화되는 것이다. 예를 들면 AI가 의사의 진단을 돕는 식이다. 수많은 임무가 자동화되거나 시간을 대폭 줄여줘 변화가 발생하는 직업이 생길 것이다. 컴퓨터가 생긴 후 회계가 사라지지 않고 오히려 회계를 더욱 효율적으로 만들어, 과거에 분석할 수 없었던 방대한 양의 데이터를 분석하고, 과거에는 만들 수 없었던 수많은 그래프와 표를 만들 수 있게 된 것처럼 말이다. AI는 수많은 업종에 이와 유사한 영향을 미치게 될 것이다.

같은 맥락에서 표준화와 프로그래밍이 어려운 일들은 AI로 대체되지 않을 것이다. 다음은 가장 대체되기 어려운 직업과 대체될 확률이다.

(1) 고고학자: 0.07%

(2) 심리상담사와 중독치료사: 0.3%

(3) 직업 병리치료사: 0.35%

(4) 영양사: 0.39%

(5) 의사(특히 외과 수술 의사): 0.42%

(6) 성직자: 0.81%

AI로 대체되기 어려운 직업의 한 가지 특징은 인간의 감정과 정신에 대한 이해가 필요하다는 점이다. 이것은 현재 AI가 전혀 할 수 없는 일이다.

아이들은 무엇을 배워야 할까?

현재 AI 시장은 매우 치열해져서 각 회사가 경쟁적으로 높은 연봉을 내걸고 AI 인재, 특히 고급 인재를 유치하고 있다. 이러한 상황을 한몫 챙기는 기회로 삼으려는 교육기관 때문에 수많은 대학생, 대학원생들이 AI 관련 과목을 수강하고 있다. 이 분야에 진입한 사람의 증가와 AI 계산력의 '프로그래밍화'로, 5년 안에 일반 AI 인력의 과잉 현상이 나타날 전망이다. 친구들이 내게 "우리 아이에게 AI를 배우게 해야 할까?"라고 물으면 나는 항상 이렇게 대답한다. "수학, 물리, 화학을 잘하면 무서울 게 없죠."

현대 과학의 모든 기초는 2500년 전 그리스의 기하학 책 『원론』에 담겨 있다. 과학이라고 말할 만한 학문은 반드시 2개의 특징을 가지고 있어야 한다. 첫째, 『원론』과 같은 공리 체계를 갖는다. 둘째, 실험을 통해 가설을 검증할 수 있다. 물리학은 수학 위에 세워졌고, 화학은 다시 물리 위에 세워졌으며, 생물학은 물리와 화학 위에 세워졌다. 결국 모든 현대 과학의 기초는 수학이다. 인공지능 역시 예외가 아니다. 신경망에 기초한 머신러닝의 모든 수학 기초는 편미분방정식과 선형대수(이 두 과목은 공대 필수과목이다)이며, 인공지능의 다른 학과도 확률론(대학 기초과목)과 추계과정(대학 및 대학원 과정)에 관련된다. 현재 초등학생, 중학생이 대학을 졸업할 때쯤 인공지능이 어느 정도 발전할지 모르지만, 그 수학의 기초는 앞에서 언급한 과목이다. 10~20년 후 아마도 신경망에 기초한 머신러닝은 한계에 직면할 수 있다. 하지만 수학, 물리, 화학 공부를 열심히 한 아이들이라면 다른 다양한 선택을 할 수 있다. AI라는 분야에 국한될 필요는 없다.

수학 말고도 다른 중요한 과목이 있다. 바로 국어와 언어이다. 국어는 표현 능력을 키워줄 뿐만 아니라 더 중요한 것은 공감 능력을 키울 수 있다. 인간과의 소통의 기초는 바로 이 공감 능력이다. 즉 자신의 감각에 따라 다른 사람을 이해하는 능력이다. 기계는 공감 능력이 없기 때문에, 미래에 대체되기 어려운 직업이 바로 인간과 소통이 필요한 일이다.

능력 면에서 소통 능력 이외에 미래에 가장 중요한 능력이 상상력과 창의력이다. 미래에 필요한 것은 '기술 장인'이 아니다.

AI 시대의 새로운 직업

| 뉴 블루칼라 |

과거의 신기술처럼 AI는 새로운 직업들을 탄생시킬 것이다. 예측 가능한 뉴 블루칼라는 다음과 같다.

1. 데이터 라벨러

AI 비전Vision 발전 역사에서 이미지넷의 방대한 데이터는 중요한 역할을 했다. 이 데이터베이스에는 수천에서 수만 장의 인공적으로 라벨링된 이미지(예를 들면 개 사진에 '독일 셰퍼드'라고 표시)가 있다. 이미지넷의 창립자이자 스탠포드대학교의 리 페이페이 교수는 인터넷을 통해 수만 명의 데이터 라벨러를 모집했다. 현재 많은 AI 알고리즘의 훈련은 라벨링된 방대한 양의 데이터에 의존한다. 구글과 같은 대기업에서 이미지와 영상 등에 라벨링을 할 직원을 고용하기 시작했다. 이 일은 얼마나 많은 사람이 필요할까? 원칙적으로는 식별할 종류의 모든 상황에 대해 표시해야만 기계가 '전체적으로 파악'할 수 있다. 자율주행이라면 판단이 필요한 모든 상황에 표시가 필요한 것이다. 이러한 상황은 무궁무진하다.

2. 데이터 수집원

자율주행을 위해서는 한 나라의 모든 도로의 정확한 지도를 수집해야 한다. 수백 대의 데이터 수집 차량이 일 년 내내 수집한다. 우리의 일과 일상생활 속에는 데이터 수집이 필요한 일은 무수히 많다. 필드에서 데이터를 수집하고 또 수많은 데이터를 백그라운드에서 정리도 해야 한다. 이런 부분에도 인공적인 참여가 불가피하다.

3. AI 훈련사

AI 알고리즘이 정확하게 상황을 인식했지만 어떻게 행동해야 할지 모르는 경우 사람이 지도해야 한다. 자동차 주행 시뮬레이터에서 변화하는 도로 장면을 무작위로 만들어 사람이 시뮬레이션을 조종하게 한다. 기계는 상황과 사람의 반응 동작을 기록한다. 또 주행 훈련원이 매일 차를 몰고 혼잡한 도시의 도로를 뚫고 다니면, 차 안의 센서(카메라, 레이다 등)가 각종 복잡한 장면과 이에 대응하는 운전자의 움직임을 기록할 수 있다.

공장의 생산라인에서는 인간 훈련사가 '직접' 로봇암 또는 로봇에게 특정 순서의 동작을 가르칠 수도 있다.

| 뉴 화이트칼라 |

최근 미국 정부가 발표한 보고서에서는 미래 AI과 관련된 일을 다음 4가지로 분류하였다.

(1) 복잡한 임무를 수행할 수 있도록 AI 시스템과 함께 참여하는 작업(AI 보조 의료 진단)

(2) AI 기술과 애플리케이션 개발 작업(데이터베이스 과학자와 소프트웨어 개발자)

(3) AI 시스템 모니터링과 유지·보수하는 작업(AI 로봇 유지·보수 엔지니어)

(4) AI 구동의 패러다임 변환에 부응하는 작업(변호사가 AI와 관련된 법률 프레임을 만들거나, 자유주행차를 포함한 도시 계획을 수립하는 사람)

| 뉴 핑크칼라 |

기계가 가장 대체하기 어려운 것이 육아와 교육, 사회사업, 심리 상담과 같은 고도의 감정을 요구하는 작업이다. 사회가 고령화되면서 노인들의 보살핌과 간호의 수요가 크게 늘고 있다. 현재 이 수요를 만족시킬 수 없는 원인은 대부분 노인들이 지불 능력이 부족하기 때문이다. 미국이 저소득층에게 제공하는 식권처럼 노인에게 '노후 돌봄권(지불하는 것과 부정수급을 차단하는 것 모두 휴대폰으로 간단히 해결할 수 있다)'을 지급하는 것을 생각해볼 수 있다. 미래에는 심지어 '맞춤형 전화 돌봄'이나 '가정 심리상담사' 등도 나타날 수 있다. 전화 돌보미가 오늘날의 채팅 서비스나 심리 상담사와 다른 건, 그들이 고정 고객층을 타깃으로 하며 지속적인 서비스를 제공한다는 점이다. 또한 미래에는 전문 팬클럽이 생길 수도 있다. 이들은 스타만이 아니라 박수를 필요로 하는 모든 사람을 위한 팬일 수 있다.

| 여성의 장점 |

인간이 느끼는 '생이별과 사별'의 감정은 모두 육체의 나약함과 생명의 한계에서 비롯된다. 하지만 이런 감정적 한계가 없는 기계는 감정을 느끼지 못한다. 기계가 이런 감정들을 시뮬레이션한다고 해도 결국 그것은 가짜에 불과하다. 여성은 남성보다 감성이 풍부하다. 때문에 남성이 기계로 대체되기 쉽다. 인간이 기계로 대체되는 난이도는 '사지(체력)—소뇌(모방 업무)—대뇌(추리·논리·상식)—마음(감정)' 순으로 높아진다.

미래의 새로운 직업 중 여성에 적합한 것이 바로 '기계 해석사'이다. 예를 들어 우리가 병원에 갔을 때 권위 있는 의사가 '큰 병이 아니니 돌아가서 물을 많이 마시고 이틀 정도 푹 쉬면 좋아질 것'이라고 말했다면, 별다른 약을 먹지 않아도 절반 정도는 그냥 좋아질 것이다. 인체의 수많은 질병이 자신의 면역체계로 치유되기 때문이다. 면역체계의 기능은 심리 상태와 직결된다. 기계가 냉정한 진단 보고서를 내밀 때 환자는 연륜이 많은 의사가 어깨를 두드리면 위로해주는 안정감은 느낄 수 없다. 로봇이 인간의 말을 흉내 낸다고 해도 그것은 거짓일 뿐이다. 최소한 예측할 수 있는 미래의 기계는 진짜 감정을 느낄 수 없다. 더욱이 동질감이나 동정심 등 인간의 복잡한 심리 활동은 기대할 수 없다. 이때 기계의 진단 결과에 대해 여성이 따뜻한 목소리로 환자에게 설명해줄 필요가 있다. 이 여성이 의사라면 금상첨화겠지만 의학 교육을 받은 간호사도 충분하다. 이 '기계 통역사'는 의학적 지식이 있어야 한다. 하지만 더욱 중요한 것은 환자의 배경을 이해하거나 환자의 언어 행동을 관찰하는 등 환자의 마음도 이해할 수 있어야 한다.

산업시대 여성의 사회적 지위가 농업사회보다 높아진 이유는 기계가 육체를 대신했기 때문이다. 여성은 남성과 동등하게 수많은 기계를 조작할 수 있다. 정보화 시대 여성의 지위는 한층 더 높아졌다. 정보화 시대가 육체에 대한 의존을 말살했기 때문이다. 미래 스마트 시대에 기계는 논리보다는 감정에 약하기 때문에 여성이 남성보다 월등히 우위에 설 수 있다.

AI가 대량의 실업을 초래할지는 AI 기술 발전의 속도에 달려 있다. 대체 속도가 느리다면 실업 인구는 다른 업무에 차츰 흡수되어 다시 기술을 배울 시간이 생긴다.

1840년 농업 인구는 미국 전체 노동 인구 중 70%를 차지했지만, 현재는 단 2%만을 차지한다. 170여 년 동안 농업 인구는 매년 0.7%씩 감소했다. 이럴 경우 빠르게 발전하는 산업에 흡수되기 쉽다. 현재 미국에서는 매년 24만 명의 농업 인구가 농촌을 떠나고 있다. 이러한 것을 보면 AI 기술이 빠르게 발전하여 한 세대의 시간 동안 대규모로 기계가 인간을 대체했을 때, 어떤 사회를 보게 될 것인지 미리 생각하고 대비해야 한다.

새로운 분배제도 : 무상소득이냐 무상교육이냐

사회적으로 대규모 실업이 발생한다면 한 가지 해결방안으로 '보편적 기본 소득(Universal Basic Income, 이하 UBI)'을 생각해볼 수 있다. 이 제도는 간단하다. 성별, 수입, 직업, 교육 정도에 상관없이 정부가 취업자를 포함한 모든 사람에게 매월 일정 금액의 기본 생활비를 지급하는 것이다. 미국과 브라질, 캐나다, 핀란드, 나미비아, 케냐, 인도 등에서 UBI를 실험하고 있다. 스위스에서는 2016년 여름에 UBI에 관한 투표가 한 차례 진행되었다. 이 안은 정부가 모든 성인 국민에게 매월 2,500달러, 미성년자에게는 매월 600달러의 생활비를 지급하는 내용이었다. 표결 결과 23%가 찬성하고 77%가 반대해 부결되었다.

UBI를 지지하는 이유는 다음과 같다.

(1) 사회에는 가치 있는 일을 하지만 수입을 전혀 받지 못하는 사람들이 많이 있다. 대표적인 사례가 바로 전업주부이다. UBI는 이러한 일의 가치를 인정한다.

(2) 빈부격차를 크게 줄일 수 있다. 미국 각 주의 소득 평등 수준을 나타내는 순위에서 알래스카주는 30위(숫자가 높을수록 불평등)를 차지했다. 1976년 주 정부는 석유 수입이 뒷받침되는 영구기금을 조성하여 모든 알래스카 주민에게 1,000~2,000달러(당시 석유 가격 반영)를 지급했다. 그 후 알래스카 주의 평균 수입은 2위로 뛰어올랐다. 나미비아는 2007~2012년에 UBI 실험을 진행했다. 1년 후 빈곤율이 76%에서 37%로 떨어졌다. 6개월 이내 아동 영양실조율은 42%에서 17%까지 떨어졌다. 미국 '경제 안보 프로젝트'의 한 연구는 미국의 모든 성인에게 매월 1000달러를 지급하고 미성년자에게 매월 300달러를 지급하면 빈곤을 완전히 없앨 수 있다고 밝혔다(2017년 기준 미국 인구는 3억 2,400만 명이고 이 중에서 성인이 2억 5,000만 명이므로, 매년 이들에게 지급되는 금액은 3조 3,000억 달러이다. 현재 미국 연방 정부 총예산은 4조 달러이고, 연방, 각 주 및 모든 지방 정부의 재정 예산 총액은 약 7조 달러로 GDP의 35%를 차지한다).

(3) 건강 수준을 향상시키고 아동의 학업 중단을 줄이며 취업을 촉진할 수 있다. 우간다의 '청년 기회 계획'은 청년이 자신의 기술 교육에 투자하도록 장려하면서 수입을 38% 향상시켰다. 나미비아의 실험은 40%에 달하는 학업중단율을 제로로 낮추었다.

UBI에 반대하는 사람들의 이유는 다음과 같다.

(1) 가난한 사람에게 돌아가야 할 돈을 필요하지 않은 사람에게 준다.

(2) 거저먹는 삶을 권장한다.

(3) UBI에 필요한 자금을 어디에서 충당하는가?

가난한 사람에게만 준다면 비용을 대폭 줄일 수 있다고 생각하는 독자도 있을 것이다. 사실 이것이 바로 현재 각국에서 실시하는 실업 구제금과 저소득층 보장이다. 문제는 누가 실업자이고 구제가 필요한 사람인지 감별하는 비용이 너무 많이 들어, 대규모 실업이 갑자기 찾아올 때 대응하기 어렵다는 점이다.

UBI는 비용이 많이 든다는 점 빼고 다른 것은 문제되지 않는다. 그래서 필자는 보편적 기본 소득보다는 '보편적 기본 교육(Universal Basic Training, UBT)'을 제안한다. 직업을 원하는 모든 성인에게 교육비를 제공하는 것이다. 이 돈은 개인에게 주는 것이 아니라 교육기관(부정을 방지할 조치가 필요)에 지급하다. 교육을 받은 성인은 제3의 시험기관에서 실시하는 시험에 통과해야만 교육비를 면제받을 수 있다. 현재 시험은 지문인식이나 안면인식 등 식별 기술을 통해 온라인으로도 충분히 실시될 수 있다. 이 교육은 실업자를 대상으로 실시한다. 재취업을 위한 기술을 배우는 데 시간과 노력이 필요하기 때문에, 정말 일이 필요한 사람이 아니거나 이미 괜찮은 소득을 받는 사람들은 혜택을 받을 수 없다. 예를 들어 미국의 경우 2018년 기준으로 실업률이 3.9%에 달하고 있으며 약 608만 명이 완전고용률에 도달했으며 현재 실업률이 10%이고 4%에 달한다고 가정하면, 약 960만 명이 훈련을 통해 고용되어야 한다. 1인당 연간 직업 훈련 비용이 1만 달러라고 가정하면 연간 총 훈련비용은 960억 달러이며, 이는 UBI 3조 3,000억 달러의 3%, 미국 GDP의 0.5%에 불과하다. 실업률이 20%에 이르러 교육비용이 2,560억 달러에 달한다고 해도 각각 UBI 비용의 8%, 미국 GDP의 1.3%에 불과하다.

빈부격차 해소의 길 : 민간 공익

지난 100년 동안의 기술 진보는 모든 사람들에게 혜택을 주었지만, 분포는 지극히 불균형적이었다. 각각의 절대적인 생활수준은 크게 향상되었지만 상대적 차이는 줄어들지 않고 오히려 확대되었다. 〈그림 7-1〉은 미국 지도 면적을 미국이 가진 총 부(富)로 간주하여 다양한 계층의 사람들이 총 부에서 차지하는 비중을 가시적으로 보여 준다.

도표의 그림을 보면 미국에서 가장 부유한 1%의 인구가 부의 40%를 차지했으며, 10%의 부유한 인구가 80%의 부를 차지했음을 알 수 있다. 40%의 가난한 인구가 차지한 부는 겨우 1%에 불과하다. 심지어 미국이 빈부격차가 가장 심각한 나라도 아니다. 중국, 브라질, 멕시코가 미국보다 빈부격차가 더 심하다. 〈그림 7-2〉는 세계 각국의

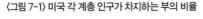

〈그림 7-1〉 미국 각 계층 인구가 차지하는 부의 비율

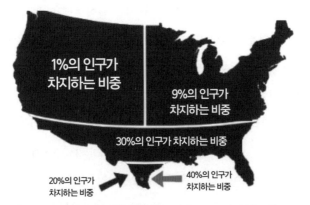

• 출처: http://owsposters.tumblr.com/post/11944143747/if-us-land-mass-were-distributedlike-us

〈그림 7-2〉 세계 각국의 지니계수

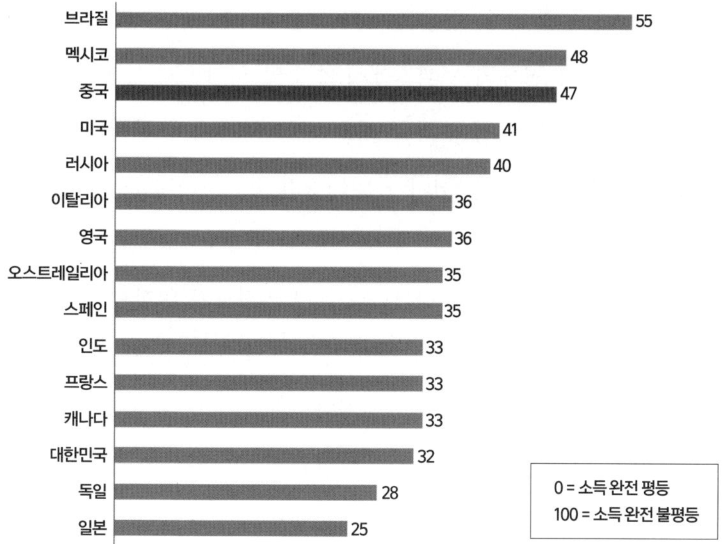

• 출처: http://www.kkr.com/global-perspectives/publications/china-transition

지니계수이다.

미국의 빈부격차는 주로 3가지 원인으로 발생한다. 첫 번째는 가난의 대물림이다. 부자는 자녀에게 유산을 물려준다. 자본 증식은 노동 증식보다 훨씬 빠르므로 부자는 더 부유하게 빈자는 더욱 가난하게 된다. 두 번째는 글로벌 노동력의 유동성 증가로 가공업과 제조업이 중국 등 신흥국가로 옮겨가면서 대규모의 블루칼라 실업이 초래되었다. 세 번째는 과학 기술이 부를 첨단 과학 분야에서 성공한 사람들에게 고도로 집중된 것을 꼽을 수 있다. 중국의 빈부격차 역시 3가지 원인이 있다. 그중 2개는 미국과 다르고 하나는 같다. 다른 2가지 중 첫 번째는 과거 도농 이원 정책으로, 이때 발생한 수

억에 달하는 농촌의 대규모 빈곤 인구 중 여전히 상당 부분이 빈곤을 벗어나지 못했다. 두 번째는 국가가 통제하는 자원 중 상당 부분이 돈과 권력이 교체되는 과정에서 소수의 사람에게 집중되었다는 점이다. 미국과 같은 점은 과학 기술이 이 분야에서 성공한 사람들에게 부를 집중시켰다는 점이다. 앞의 2가지는 취약계층이나 빈곤계층에 대한 박탈이 수반된다. 즉 부자를 더 부자로 가난한 사람을 더 가난하게 한다는 것이다. 하지만 과학 기술 진보로 인한 빈부격차는 부자를 더 부자로 만들기는 하지만 가난한 사람을 더 가난하게 만들지는 않는다. 빈곤 구제 계획의 전개와 이전거래가 확대되면서 농촌의 절대 빈곤인구는 점차 줄어들 것이다. 법치의 완성으로 돈과 권력의 교체는 점점 더 어려워졌다. 과학 기술의 발전으로 초래된 빈부격차만이 현재 적절한 해결방안을 찾지 못했다.

프랑스 경제학자 토마 피케티는 『21세기 자본』에서 '부자세'를 징수하는 방안을 제시했다. 사람들이 보유한 모든 재산(부동산, 주식, 현금, 보험 등)에 대해 매년 1~2%의 세금을 징수하는 것이다. 하지만 이 세금은 기업가의 혁신 동력을 심하게 억제할 뿐만 아니라 돈이 정부로 들어가는 효율도 매우 낮다. 덴마크도 한때 부자세를 징수한 적이 있는데, 1980년대 후반 당시에 이 부자세는 최고 2.2%에 달했다. 그러나 만약 이 부를 증식시키지 않으면 45년 후에는 모두 국가에서 가져가버리는 꼴이다. 이 세금은 경제 발전을 억제하는 동시에 빈부격차를 줄이지도 못하다는 것이 증명되었다. 덴마크는 1997년에 이것을 폐지했다. 다른 부유한 유럽 국가 역시 유사한 시도를 했지만 결국 모두 폐지했다.

빈부격차를 줄이는 한 가지 가능한 방안은 민간 공익을 통한 방법이다. 빌 게이츠는 현재 공익을 위해 일하고 있다. 그와 워런 버핏은 99%의 재산을 기부해 남은 생을 전부 공익에 쏟기로 했다. 정부가 쓰는 돈보다 훨씬 더 많은 돈을 쓰는 셈이다. 성공한 기업가인 그는 자신이 인정한 항목을 선택했고 집행하고 평가하는 능력이 일반 정부 관료보다 훨씬 뛰어나다. 여기에는 탈세나 부정부패도 없다. 더 중요한 것은 성공한 많은 기업가가 공익에 투자할 때 자연스럽게 '공익 시장'을 형성한다는 점이다. 기업가는 자신의 자원, 취미, 장점에 따라 공익의 방향을 선택하며 효율이 떨어지는 공익사업은 자연이 도태된다.

빌 게이츠나 마윈이 그들 개인과 가정에서 소비할 수 있는 부는 그들 재산 중 극히 일부에 불과하다. 현명한 가장은 자녀에게 너무 많은 유산을 물려주는 것이 오히려 독이 된다는 것을 알고 있다. 각국의 많은 성공한 기업가는 대부분의 부를 그들이 살아있는 동안 전부 자신이 중요하다고 생각하는 공익사업에 쏟는다. 정부는 법률 정책을 통해 민간의 공익사업을 장려하여 공익 시장과 공익 생태계의 형성을 지원해야 한다. 이렇게 하면 높은 세금으로 인해 창업에 대한 의욕 저하도 막고 세금 징수비용과 지불 과정 중의 손실을 피할 수 있다. 가장 중요한 것은 최상의 효율과 최고의 혁신으로 빈부격차를 줄일 수 있다는 점이다.

빈부격차를 개선할 수 있는 두 번째 방안은 공휴일을 늘리고 휴가를 연장하는 것이다. 상식적으로 이해하기 어렵지만, 중국이 주6일 근무제에서 주5일 근무제로 변경한 후 GDP가 1/6만큼 줄어들기는커녕 오히려 증가한 것이 이를 잘 보여준다. 경제학자의 해석에 따르면 하루를 더 쉼으로써 소비가 늘어난다는 것이다. 하지만 보편적으로 저축액은 있지만 시간이 없어서 소비하지 못한다는 전제가 필요하다. 같은 원리로 주5일 근무제에서 주4일 또는 주3일 근무제로 변경할 수 있다. 또는 휴가기간을 늘리는 방법이 있다. 추석이나 설 명절 외에도 연휴로 만드는 것이다. 매년 연차를 3주, 4주로 늘리거나 아예 아이들의 방학에 맞추어 함께 쉬도록 할 수도 있다. 휴일이 늘어날수록 소비도 늘어나기 때문에 전체 GDP는 하락하지 않는다. 기업 입장에서 근로자 근무시간이 줄어들지만 같은 양의 업무량을 완수해야 한다는 것은 더 많은 일손이 필요하다는 뜻이다. 이렇게 되면 실업률이 하락할 수 있다. 아마도 이 책을 읽다가 기업의 비용이 늘어난다고 문제 제기를 하는 독자가 있을 것이다. 사회 전체가 똑같은 근로시간을 갖는다면 기업 이윤의 장기적인 결정 요소는 시장이 지불하고자 하는 가격이 된다. 기업이 일정한 이윤을 유지하고자 한다면 효율을 올리거나 임금을 삭감해야 한다. 전자는 혁신을 자극하고 후자는 일종의 시장화로 손실이 없는 이전 지출이 된다.

'보편적 기본 소득'이든 휴일을 늘리든 모두 대규모 실업에 대응하는 급진적인 방법에 속한다. 필자는 유발 하라리가 우려하는 대규모 실업이 돌연 찾아올 것이라고 생각하지는 않는다. 현재 기술에 대한 이해와 최근의 상업적 발전을 감안하면 산업에 대한 AI의 영향이 파격적일 수는 있지만, 하루아침에 발생하지는 않을 것이다.

권력의 재분배

역사적으로 기술 혁명이 발생할 때마다 권력 분배가 바뀌었다. 지난 40년간 정보 혁명으로 모든 사람은 실시간으로 정보를 얻을 수 있었고 사고를 전파할 수도 있었다. 그리고 이것은 개인의 역량을 크게 향상시켰다. 기술 혁명은 심지어 지역 정치까지 바꾸었다. 자동차 시대 이전에 중동은 세계적으로 가장 빈곤한 지역 중 하나였다. 또한 강대국이 관심을 갖지 않는 지역이었다. 하지만 세계가 석유에 의존하는 시대에 진입하자 중동의 산유국은 순식간에 거부가 되었다. 이러한 전략적 부는 수많은 전쟁을 야기했다. 미래의 어느 날 거리의 모든 차가 전기차로 바뀔 때 중동은 다시 아무도 관심을 갖지 않는 사막이 될 수도 있다. 반면에 전지 원료가 풍부한 콩고는 전략적 요충지로 변할 것이다.

기술 혁명은 정부, 기업, 개인, 3자간의 권력을 재배치했다. 항상 개인에게 기울어지지는 않았다. 예를 들어 컴퓨터가 대형 기기였던 시절에, 당시 패권자인 IBM은 미국에서 권력을 장악한 회사 중 하나였다. 퍼스널 컴퓨터 혁명의 사회적 동력은 정보화 시대가 특정 회사(당시 IBM)에게 통제 당할지도 모른다는 공포를 느낀 미국의 청년으로부터 비롯되었다. 때문에 첫 번째 마이크로프로세서 칩이 등장했을 때 젊은이들의 열렬한 환호를 받았다. 스티브 잡스, 빌 게이츠는 모든 사람들이 개인 컴퓨터를 갖는 꿈을 꾸었다. 퍼스널 컴퓨터와 인터넷은 의심할 여지없이 개인에게 능력을 부여하고 개인의 권력을 신장시켰다.

하지만 그 후의 빅데이터와 클라우드 컴퓨팅은 반대로 권력을 대기업과 정부의 손에 넘겨주었다. 수많은 나라의 정부가 인터넷에 대해 처음에는 회의적이고 신중한 태도를 보였다. 하지만 빅데이터와 클라우드 컴퓨팅에 대해서는 처음부터 뜨겁게 반응했다. 빅데이터와 클라우드 컴퓨팅이 거대한 리소스를 필요로 할 뿐만 아니라, 한데 모아(데이터 센터) 통제하기 쉬우며 더 중요한 것은 빅데이터가 사회에 대한 정부의 관리와 통제력을 강화시킬 수 있기 때문이다.

그렇다면 이번 AI 물결은 어떤 권력 분배로 이어질까? 지난 몇 년 동안 우리는 AI가 권력을 대기업과 정부에 한층 더 집중시키는 것을 목격했다. AI의 핵심 자원은 칩과 데이터를 처리하는 것으로, 현재 칩은 엔비디아를 선두로 하는 소수의 몇몇 칩 회사에 집중되어 있다. 데이터는 3종류로 분류된다. 첫 번째는 인터넷 사용자 또는 소비자의 데이터로 현재 세계적인 대규모 인터넷 회사에 집중되어 있다. 두 번째는 산업 데이터로 의료, 금융 등이 포함된다. 이는 산업의 대기업에 집중되어 있다. 세 번째는 사회적 데이터로 정부의 손에 집중되어 있다. 수많은 AI의 응용은 빅데이터와 분리될 수 없기 때문에 자연스럽게 대기업과 정부에 에너지(능력)를 부여한다. 예를 들어 안면인식 기술은 처음부터 중국 정부의 대대적인 지지를 받아 전국으로 확산되었다. 몇 년 사이에 결제 서비스에서 쇼핑, 차량공유(이동)까지 안면인식은 모든 영역에 진입했다. 현재 중국에는 이미 수억 대의 CCTV가 설치되어 있으며 미래에는 더욱 빈틈없이 설치될 것이다.

AI 기술이 개인에게 능력을 부여할 가능성이 있을까? 현재 2가지 방향을 예측할 수 있다. 하나는 휴대폰의 AI 기능으로 사물 식별, 스마트 개인 비서, 자연어 이해 등이 있다. 휴대전화가 개인에게 능력을 부여하기 때문에 휴대전화의 성능을 확장하면 개인의 능력도 신장될 수 있다. 두 번째 방향은 AI 리소스의 오픈이다. 여기에는 소스 코드, 라이브러리, 클라우드 AI 능력 등이 포함된다. AI 자원의 보급은 사람들이 AI 분야에서의 창업비용을 낮춰 몇몇 똑똑한 아이들은 대기업에서 할 수 없는 일을 할 수 있게 될 것이다.

기계의 결정을 신뢰할 수 있는가?

머신러닝의 성능이 향상되고 어두운 지식이 대폭발하면서 앞으로 점점 더 많은 결정을 기계에 맡기게 될 것이다. 이런 결정은 질병의 진단에서부터 직업의 선택, 상업적인 의사결정 정책 수립, 심지어 전쟁의 결정까지 이르며, 많은 결정들이 거대한 경제적 이익 심지어 인명과 연관되기도 한다. 그런데 인간이 적절한 결정을 내릴 수 없을 때 과연 기계의 결정을 신뢰할 수 있는가?

이에 대한 대답을 하려면 우선은 기계가 결정할 상황을 2가지로 분류해야만 한다.

첫 번째는 전형적인 자율주행이다. 기계에 대한 인간의 믿음은 오늘날 대형 여객기의 소프트웨어에 대한 믿음과 본질적으로 다르지 않다. 장면이 반복되고 테스트할 시간이 있다면, 우리는 긴 시간의 테스트를 통해 기계의 신뢰성을 시험할 수 있다. 이는 오늘날 모든 자율주행 회사가 하고 있는 일이다. 몇 개월 혹은 몇 년에 걸쳐 큰 도로를 주행하며 지속적으로 신뢰성을 향상시킨다. 이와 유사한 것이 질병에 대한 진단이다. 기계가 어떤 환자에게 처음으로 진단을 내릴 때도, 사실 이 기계는 이미 유사한 환자를 수없이 정확하게 진단했었다.

그러므로 개인 생활 속의 결정이나 사업적인 결정 모두 기계가 유사한 상황에서 수많은 테스트를 거쳤다면 신뢰할 수 있다. 물론 여기서는 기계 오류의 확률을 배제하지 않는다. 이는 경력이 오래된 의사가 오진을 할 확률을 배제하지 않는 것, 대형 여객기의 소프트웨어가 고장 날 확률을 배제하지 않는 이유와 같다.

두 번째는 전쟁에 대한 결정을 전형적인 예로 들 수 있다. 기계가 실제 전쟁에서 반복적으로 테스트할 기회를 갖기는 어렵다. 있다고 하더라도 각각의 전쟁은 성격이 크게 다르다. 이런 경우에는 사람이 반드시 책임을 져야 한다. 그렇다면 기계가 완전히 쓸모없다는 뜻인가? 아니다. 만약 전쟁의 영상이나 위성사진 등 과거 전쟁의 데이터가 있다면 기계는 수많은 정보 중 숨겨진 관계, 즉 어두운 지식을 발견할 수 있다. 오늘날의 자율주행시스템이 가상 환경에서 훈련할 수 있는 것과 같이 기계 역시 전쟁 상황을 시뮬레이션할 수 있다. 그러므로 기계가 실제 환경에서 테스트할 수 없다고 해도 여전히 인간의 결정에 보조적인 지원을 제공할 수 있다.

데이터의 공유

AI 애플리케이션은 데이터에 의존하며, 데이터가 많으면 많을수록 또 광범위할수록 AI 최적화의 효과는 좋아진다. 현재의 데이터는 모두 하나하나의 외딴 섬과 같다. 데이터를 점유하고 있는 기관이 반드시 데이터를 가장 효과적으로 활용할 수 있는 것은 아니다. 데이터를 점유하고 있는 기업은 자신의 데이터를 다른 사람과 공유할 원동력이 없으며, 데이터 공유를 해결하려면 다음에 나오는 2가지 문제를 해결해야만 한다.

첫째, 원동력 메커니즘이다. 공유의 이점이 무엇이며 공유하지 않을 때의 단점은 무엇인가? 한 가지 방법은 데이터 거래 플랫폼을 구축하는 것이다. 데이터를 제공하면 돈을 벌 수 있고 데이터를 이용하려면 비용을 지불해야 한다. 여기서 핵심은 데이터의 양과 질에 따라 가격을 정하는 것이다.

둘째, 개인정보와 보안이다. 기업의 데이터는 개인정보 또는 기업 기밀과 연관된다. 사용자의 신원 정보는 반드시 숨겨야 하며 이렇게 하면 정보가 해독되어도 사용자에게 해를 끼치지 않는다. 기업의 데이터도 암호화해야 하는데, 이렇게 되면 데이터 공유 플랫폼에서도 정보를 볼 수 없다. 어떻게 암호화도 하고 데이터도 이용할 수 있는지가 현재 연구의 이슈이다. 분산식 데이터 기술로 기업의 데이터는 자신의 서버나 데이터 센터를 떠날 필요가 없으며, 이렇게 데이터를 공유하면 기업이 더 안정된다.

같은 원리로 정부 역시 상술한 원칙대로 최대한 데이터를 공개해야 한다. 데이터는 본래 공개된 자원이며 금광보다 더 가치 있는 자원이다. 금광은 한 사람이 다 발굴하면 두 번째 사람은 발굴할 것이 없다. 하지만 데이터 광산은 수천, 수만 명이 다른 방법으로 다른 보물을 캘 수 있다.

인간 자존감의 근원

어떠한 조치를 취하든지 기계가 인간을 대체하는 추세는 거스를 수 없다. 대규모의 구조적 실업은 결코 피할 수 없을 것이다. 극단적인 예로 산업 전체가 철저하게 기계로 대체되어, 해당 산업의 상당 부분 종사자가 다른 산업으로 이직할 수 있는 기능을 갖출 수 없는 상황이 생길 수 있다. 만약 이 집단의 규모가 매우 크다면 하나의 사회문제로 대두될 것이다. 이 사람들에게 기본 생계 지원금을 지급하는 것 외에 그들의 심리 건강에도 관심을 가져야 한다. 그중 가장 중요한 것이 자존감을 찾아주는 것이다. 오랜 기간 실직한 사람은 기본적인 생활이 보장되더라도 가치감을 상실한다. 가정이나 사회에서 열등감을 느낄 수 있으며, 이때 우울증을 초래하고 알코올 중독과 마약 복용까지 이어질 수 있다. 개인의 자존감은 사회와 타인에 대한 공헌으로부터 나온다. 금전과는 무관할 수 있다. 그러므로 자존감을 얻는 중요한 경로는 각종 사회 공익단체에 참여하는 것이다. 공익단체를 통해 자신의 가치를 찾으면서 단체에 대한 소속감을 느낄 수 있다. 사회가 다양한 유형의 공익단체를 육성해 누구나 원하는 공익 활동을 찾을 수 있도록 장려해야 한다. 어느 사회에나 상업적으로 완성될 수 없는 방대한 양의 복지 업무가 있다. 산업은 이윤을 발생시켜야 하는 반면 취약계층이나 노인 등 이러한 복지를 받는 사람들은 대가를 지불할 능력이 없다. 이렇게 '한가한 사람'끼리의 서비스 수요도 상당해, "내 어깨를 주물러주면, 당신 등도 두드려주겠어" 같은 농담을 하기도 한다.

자존감의 두 번째 근원은 개인의 특별한 가치이다. 여기에는 주변 사람보다 더 나은 기술(스포츠, 게임, 음악, 댄스, 그림, 독서, 유머, 동물 기르기, 헬스, 수공예 등)이 포함된다. 재능의 개발과 발휘하는 것 역시 사회 공익단체가 필요하다. 다양한 취미 모임을 조직할 수도 있다. 형형색색의 사회 공익단체는 부유한 사람들의 후원으로 이루어질 수도 있다.

만약 정부가 재취업이 불가능한 이들에게 기초 생활을 보장해주고 다양한 사회 공익단체를 통해 그들에게 자존감과 소속감을 심어준다면, 그들의 행복감은 더욱 커질 것이다.

기계에게 자의식이 생길까?

일론 머스크와 스티븐 호킹은 언젠가 AI가 인간을 통제하는 날이 올 것이라고 대단히 우려했다. 기계가 인간을 통제하려면 그 전에 반드시 자의식이 생성되어야 한다. 공인된 엄격한 정의는 아직까지 없지만, 대체로 자의식이란 자신의 존재에 대한 지각 또는 자신과 주변 환경(타인)의 차이를 명확히 아는 것이다. 하지만 실제로는 이렇게 간단하지 않다. 인간의 자의식은 태어나면서부터 생기지 않는다. 아동은 대략 18개월 정도에 자의식이 생기기 시작한다.

뉴욕주립대학교 올버니캠퍼스의 고든 갤럽 교수는 1970년 간단하고도 교묘한 자의식 실험을 설계했다. 실험은 이렇게 진행되었다. 먼저 한 아동에게 거울 속의 자신을 보게 하고 눈치 채지 못한 상태에서 그의 뺨에 선명한 마크(눈에 띄는 물방울무늬 종이)를 붙인 다음, 아이에게 다시 거울을 보여주었다. 아이가 자기 얼굴의 마크를 만지거나 떼어내려고 한다면 이 아이는 자의식을 가진 것으로 여겼다. 실험을 통해 일정 연령(약 18개월)에 도달한 아이는 자의식이 생긴다는 것을 알게 되었다. 과학자는 원숭이를 포함한 10여 종의 동물을 대상으로도 이 실험을 진행했다. 그러자 침팬지만이 이 실험을 통과했다. 다른 동물들은 거울 앞에 아무리 오래 있어도 거울에 비친 자신을 '남'처럼 여겼다.

자의식은 영장류와 다른 동물을 구분하는 본질적인 차이이다. 이는 인류 진화 과정에서 큰 강점을 얻게 했다. 인간은 '자신'의 시간에서 세상을 관찰하고 인지하고 이해할 수 있으며, 결국 자신의 의식에 따라 세상을 바꿀 수 있었다. 인류는 자신의 지각 기억 선명도에 따라 '시간'의 개념을 갖기 시작했다. '시간'의 개념이 생기면서 인간은 다양한 '미래'를 상상할 수 있었다. 즉 아직 발생하지 않은 일을 상상할 수 있게 되었고 창의력이 생겨났다. 인간이 자의식을 얻으면서 치른 최대 대가는, 바로 자의식이 사라지면 '자신'이 죽는다는 이해할 수 없는 사실에 직면해야 한다는 것이었다. 죽음에 대한 공포는 인생에 대한 공포이다. 자의식을 얻은 '자신'은 '자신'의 소멸을 이성적으로 이해할 수 없다. 그래서 적어도 죽음에 대한 공포심을 줄이기 위한 해석을 제공할 수 있도록 거의 모든 세계의 종교가 '비이성' 또는 '초존재'의 각도에서 죽음의 문제에 응답한다.

최근 몇 년간 뇌 영상기기가 발전하면서 의식에 관한 연구도 수많은 실험적인 발견을 하게 되었다. 대뇌 연구에 사용되는 주요 영상기기는 기능성 자기공명영상기FMRI이다. 이 기기의 원리는 이렇다. 대뇌 어떤 부분의 뉴런 활성화가 전기 펄스 신호를 생성할 때, 산소 함량이 높은 신선한 혈액이 그 부분 뇌로 흘러가 이미 산소가 소진된 혈액을 대체하는 것이다. 산소가 부족한 혈액이 산소가 풍부한 혈액보다 자성이 높기 때문에 자기장에서 다른 신호 강도를 보인다. 이 같은 원리에 따라 MRI는 대뇌 중 어떤 부분의 뉴런이 활성화되는지 볼 수 있다. 과학자는 기능성 MRI를 이용해 개인이 의식이 있는지를 판단할 수 있다. 이 실험은 피실험자가 테니스를 치는 등 어떤 동작을 생각하게 하고, 영상기기를 통해 정상적으로 깨어 있는 사람의 대뇌 피질의 어떤 특정 부위가 활성화되는지 보는 것이다. 실험을 통해 대부분 사람이 같은 동작을 생각할 때 뇌의 같은 부분이 활성화된 것을 알 수 있었다. 이렇게 되면 실험을 통해 외부의 신호에 대해 어떤 지체와 표정 반응도 없는 '식물인간'이 이미 의식을 상실했는지 여부를 판단할 수 있다. 만약 식물인간이 명령어를 들은 후 대응하는 대뇌 피질 부위가 활성화된다면, 그에게는 여전히 의식이 있다고 판단할 수 있다.

캘리포니아 공과대학의 크리스토프 코흐 교수는 단일 뉴런 신호를 검사해 피실험자에게 자신이 익숙한 영상(좋아하는 배우 등)을 보여주었을 때, 어떤 뉴런은 활성화되고 다른 뉴런은 활성화되지 않는 것을 발견하였다. 특정 배우의 다른 사진을 보여줄 때마다 같은 뉴런이 활성화되었고, 이 배우의 이름을 보았을 때조차 같은 뉴런이 활성화되었다. 하지만 해당 배우와 다른 사람이 같이 있는 사진을 보았을 때는 이 뉴런이 활성화되지 않았다.

단일 뉴런은 외부 자극과 일대일의 대응관계를 맺을 수 있지만 아직 자의식이라고 할 수는 없다. 현재 공인된 자의식은 수많은 뉴런이 함께 작용한다. 미국 위스콘신주 정신의학연구소에서 의식이 대뇌에서 일부가 아니라 완전한 상태로 존재한다는 것을 확인하기 위해 아주 정밀한 실험을 설계했다. 이때 사용한 기기는 앞서 언급했던 '전극 커버'와 유사하다. 전극 커버는 전극으로 이뤄져 있어 대뇌피질의 각기 다른 부분의 전기신호를 수신할 수 있다. 그리고 자기장을 발사하는 전극이 머리의 각기 다른 부위에 자기 펄스를 발사한다. 모든 자기 펄스는 대뇌 뉴런을 활성화시킨다. 머리의 다른 부위에 분포된 전극을 통해 대뇌의 각기 다른 부위의 뉴런의 활동을 관찰할 수 있다. 실험을 통해 피실험자가 깨어 있을 때 뇌의 외부 자극 신호가 뇌의 각기 다른 부위를 활성화시킨다는 사실을 발견했다. 먼저 자극 전극으로부터 가장 가까운 부위가 활성화되었고, 이 자극은 차례로 대뇌 피질의 다른 부위로 전달되었다. 활성화 부위는 복잡한 도안을 형성하였다. 피실험자가 잠이 든 후 다시 자극하면 전극이 자극한 부근의 부위만 활성화되고 다른 부위에는 전달되지 않는 것을 발견하였다. 이 실험은 의식이란 대뇌의 각기 다른 부위가 서로 전달되어 연결된 후의 공동 결과이지 일부분이 아니라는 것을 증명했다.

유감스럽게도 앞에서 설명한 뇌신경연구를 통해서도 의식이 대뇌에서 도대체 어떤 방식으로 생성되고 존재하는지 여전히 정확하게 밝혀지지 않았다. 하지만 이러한 연구는 '신경망을 기초로 한 인공지능이 머지않아 자의식을 생성할 수 있는가?'라는 시사점을 던져주었다.

만약 '자의식'이 방대한 뉴런 간의 복잡한 활성화와 연결에 지나지 않는다는 사실을 확인할 수 있다면, 미래 반도체나 생물 칩에 기초한 신경망이 상당히 복잡해졌을 때 기계가 완전히 자의식을 생성할 수 있을 것이라고 예측할 수 있다. 하지만 신경망은 도대체 얼마나 복잡한 것일까?

첫 번째 문제는 뉴런의 수량이다. 인간의 뇌에는 대략 1,000억 개의 뉴런이 있고, 각각의 뉴런에는 수천 개의 시냅스가 다른 뉴런과 연결되어 있다. 다시 말해 사람의 뇌에는 약 100조 개의 연결이 있다는 뜻이다. 현재 구글 브레인은 이미 1조 개의 연결에 도달했으며, 칩 트랜지스터 밀도의 증가 속도는 이미 느려지기 시작했다. 무어의 법칙(18개월마다 2배)보다 훨씬 둔화된 속도로 발전하고 있다. 컴퓨팅 능력의 증가는 주로 멀티 코어, 수많은 CPU/GPU 패키징에 달려 있다. 기계 신경망은 현재의 발전 속도를 보면 최대 20~30년 안에 인간 뇌의 연결 수에 도달할 수 있다. 하지만 뉴런과 연결 수량은 하나의 필요조건에 불과하다. 미래의 어느 순간에 설령 도달한다고 해도, 심지어 인간 뇌의 수량을 뛰어넘는다고 해도 자의식을 만들 수 있을지는 미지수이다.

두 번째 문제는 신경망 간의 연결 방식이다. 현재의 기계 신경망은 수학적으로 분석하고 공학적인 편의를 위해 간단하고 분명하게 여러 층으로 나누었다. 각각의 뉴런은 하위 레벨의 뉴런과만 연결되어 있거나(예를 들면 완전 접속망 또는 합성곱 신경망), 자신과만 연결(RNN)하였다. 하지만 인간 뇌 속 신경망은 뚜렷한 층이 없는 3차원 공간에서 임의적이고 복잡한 상호 연계를 하고 있다. 알려진 연결에는 짧은 연결과 긴 연결이 있는데, 전자는 근처의 뉴런 사이의 연결, 후자는 멀리 있는 뉴런과의 연결이다.

세 번째 문제는 현재 인공지능 신경망의 신호 출력이 상위 레벨 입력 가중치 합을 구한 후, 하나의 임계값에 의해 잘린 신호라는 점이다. 인간 뇌 속 모든 뉴런의 신호 강약, 임계값의 높고 낮음은 모두 다를 수 있다. 다시 말해 현재 인공 신경망은 인간의 뇌를 대폭 간소화하여 모방한 것으로, 이는 똑같은 뉴런과 연결수를 실현한다고 해서 인간 뇌의 복잡한 정도에 이를 수 있는 것이 아니다.

앞의 3가지 문제보다 더욱 중요한 것이 네 번째 문제이다. 인간의 뇌는 임의성이 크고 외부 환경의 영향을 많이 받는다. 이런 복잡한 시스템에서의 임의성은 '창발'이 생기는 중요한 조건이다(창발은 복잡한 시스템의 한 개념으로, 매우 복잡한 무기화합물의 '침체 상태'가 번개의 작용에 의해 유기 생명을 생성하는 것이다). 현재 인공 신경망은 확실한 시스템으로 신경망에 임의성을 삽입할 수는 있지만 어디에 어떻게 삽입할지는 알지 못한다. 임의성이 가능한 조합의 수는 무한에 가깝다. '틀린' 조합은 '창발'을 생성할 수 없다. 인간의 뇌는 동물이 수억 년 동안 진화한 결과물이다. 그중 의식을 생성할 수 없는 무수히 많은 임의의 조합이 도태되었다. 이러한 점에서 볼 때 인공 신경망이 마침내 자의식을 '창발'해낼지에는 커다란 의문이 생긴다. 이 과정에는 아주 긴 시간과 운이 필요할 것이다.

종장

인류는 어떻게 해야 하는가?

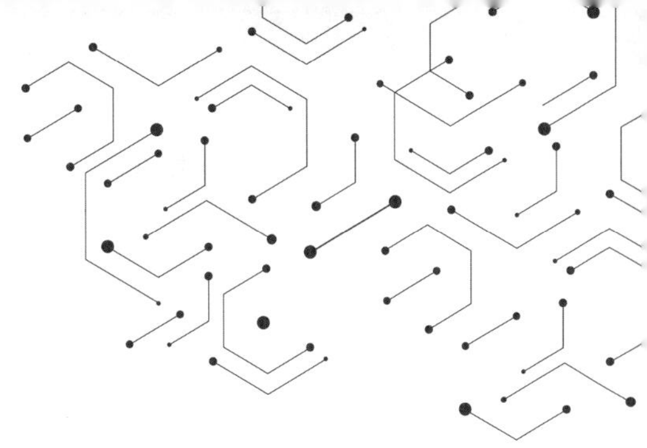

모든 것은 사물 사이에 숨겨진 연관성을 발견하고 파악하는 데 기계가 인간을 훨씬 능가한다는 사실을 분명히 보여준다. 머신러닝은 현재 인류가 자신이 이해할 수 없는 어두운 지식을 이용해 문제를 해결할 수 있도록, 인류 지식의 새로운 방향으로 확장한다. 어두운 지식의 총량은 인류가 그동안 축적해온 전부를 훨씬 초월한다. 컴퓨팅 성능이 향상되고 각종 알고리즘이 발전하면서 머신러닝은 점점 더 신기한 성능을 선보일 것이다. 이 과학 기술 진보의 거대한 풍랑은 가까운 시일 내에 쉽게 잦아들 것 같지 않다.

지식이 그다지 중요하지 않게 된다는 것을 과연 인간이 이해할 수 있을까? 과거 수만 년 동안 인류의 대뇌는 줄곧 지식을 획득하는 회로에 있었고, 이 인지 행위의 주체인 '인간'을 빼고 지식을 말할 수 없었다. 하지만 오늘날은 모든 것들이 바뀌었다. 기계도 인지의 주체가 되어 데이터에서 직접 지식을 추출할 수 있고, 지식을 세계 속에서 응용할 수도 있다. 인간의 뇌가 처음으로 지식 획득의 회로에서 벗어났다. 심지어 기계는 압도적인 인지의 주체가 되어 복잡한 문제일수록 더 큰 활약을 했다.

인류가 자신보다 뛰어난 도구를 발명한 것은 이번이 처음이 아니다. 처음으로 나뭇가지를 꺾어 몽둥이를 만든 것을 시작으로 인간은 자신의 능력을 초월하는 무수히 많은 도구를 만들어왔다. 단지 이번엔 그저 인간의 팔꿈치보다 힘이 세고 인간의 다리보다 빠르며 인간의 눈보다 더 멀리 보는 데 그치는 것이 아니라, 만물의 숨겨진 관계를 인간의 뇌보다 훨씬 더 잘 감지할 수 있는 것뿐이다. 기계가 자의식을 진화시키지만 않는다면, 그것은 여전히 인간의 노고와 불만을 덜어주는 도구일 뿐이다.

세대를 거듭하며 등장하는 더 똑똑한 기계가 밤낮을 가리지 않고 일하면서 우리는 시시각각 데이터를 생성하는 생활, 생산 및 소비하는 과정에 진입하게 되었다. 기계는 이 과정에서 새로운 지식을 계속 발견했고, 개선하는 데 사용해 효율을 향상시켰다. 중요한 분야에서 기계의 손이 뻗치지 않는 곳이 없으며 기계의 영향을 받지 않는 사람도 없다.

기계 지식에 대한 점유는 권력의 분배를 바꾸어놓을 뿐만 아니라 권리의 정의까지 바꿀 수 있다. 자유, 평등, 공평, 정의와 같이 우리에게 익숙한 사회 규범은 어두운 지식의 테두리 안에서 원래의 의미가 바뀔 것이다. 우리는 과거 익숙했던 개념을 다시 돌아보고 무엇이 '좋은' 사회인지 다시 생각해봐야 한다.

기계는 지식의 지도를 다시 썼지만 인간의 본성을 바꾸지는 못했다. 인류는 여전히 이타적이면서도 이기적이고 동정심을 가지면서도 냉정하다. 새로운 강력한 도구에 대한 생존 본능은 인류를 이익 추구로 몰아가고 곤경에 빠지면 분명 타인을 해치게 될 것이다. 기계에 대한 지배와 어두운 지식의 파악은 현재의 지리학적 균형을 바꾸게 될 것이다.

인간에게 도움이 되는 동시에 과거 500년 대부분의 새로운 과학 기술이 그랬던 것처럼, 기계는 계측할 수 없는 변화와 도전을 불러올 것이다. 이러한 변화는 막을 수 없으므로 그저 순응하는 수밖에 없다. 도전은 피할 수 없으며 창의적으로 대응할 수밖에 없다. 인류는 과거 500년 동안 무수히 많은 도전에 직면해왔다. 그와 비교하면 지금의 도전이 그리 감당 못할 것도 아니다. 예측할 수 있는 미래에 인류가 걱정해야 할 것은 기계가 아니라, 인류 사회의 가장 큰 위험이 여전히 인간 자체에서 나온다는 사실이다.

감사의 말

이 책은 많은 사람들의 도움으로 빛을 보게 되었다. 민생은행 홍기 회장은 최고의 출판사를 추천해주었다. 출판 기획에 참여한 베이징 정보사회연구소 왕쥔슈 소장은 AI 시장의 자료 수집을 돕고 관련 장과 절을 편집했다. CEG ChinaEquity Group Ventures의 류천은 일부 자료 번역과 도표 작성을 도왔다. 중신출판그룹 챠오웨이빙 편집장은 본문에 나오는 '어두운 지식'을 서명으로 쓸 것(이 책의 원제는 『어두운 지식: 기계의 인지, 경제와 사회의 판을 바꾸다』이다-옮긴이)과 책 전체의 콘셉트를 제안했다. 이 책의 편집자인 커우이밍은 내용 편집, 표지 디자인부터 출판 발행까지 심혈을 기울여주었다.

집필 과정에서도 많은 사람의 도움을 받았다. 지식공유 앱 '더다오'의 개발자인 뤄전위 박사와 그의 동료 샤오헝, 치우타이선, 구샤오솽이 분명한 표현을 사용할 것을 제안해주고, 기술 개념에 대한 해석을 좀 더 이해하기 쉽게 하기 위해 노력했다.

스탠포드대학교에서 박사학위를 공부하던 시절의 교수님이셨던 버나드 위드로 교수님의 지도에 대해 이번 기회에 다시 한번 감사드린다. 그때 씨앗을 심지 못했다면 이 책은 세상에 나오지 못했을 것이다. 진관타오, 류칭펑, 두 교수님께도 당시 철학과 사상사 연구 수업에서 보여주신 사상적 감동과 승화에 감사드린다. 그때의 깨달음 덕분에 이 책에서 다양한 사고를 펼칠 수 있었다.

그리고 이 책을 전폭적으로 지지해주고 추천해준 나의 친구들, 시노베이션벤처(Sinovation Ventures, 创新工场)의 이사장 겸 CEO이자 인공지능 공정원 원장인 리카이푸 박사, 지식공유 앱 더다오의 개발자 뤄전위 박사, 전거펀드 창립자 쉬샤오핑, 중국 금융박물관서원 이사장 런즈챵, 온라인 서점 당당왕의 이사장 겸 CEO인 위위에게 감사를 전한다.

마지막으로 대학 동창과 스탠포드대학교 친구들, 그리고 나의 아내인 리우징 박사에게 감사를 전한다. 아내의 격려와 신속한 피드백, 냉철한 평가가 없었다면 이 책은 순조롭게 완성되지 못했을 것이다.

왕웨이자

2019년 3월

부록 1: 고전적인 5층 신경망 르넷-5

다음에 나오는 〈그림 1〉은 인공지능의 신 중 한 명인 얀 르쿤(합성곱 신경망의 발명가) 교수가 제기한 고전적인 합성곱 신경망 르넷-5이다. 이 신경망의 좌측은 식별해야 할 이미지를 입력한 것이고 가장 오른쪽에는 10개의 출력이 있다. 그러면 필기체 0, 1, 2, …, 10과 같은 10 종류의 다른 이미지를 식별할 수 있다.

입력 이미지의 크기는 32×32이다. 신경망의 첫 번째 층은 합성곱 층이다. 합성곱은 여러 가지 다른 필터(〈그림 1〉의 필터 크기는 5×5)가 한 장의 큰 이미지에서 움직이며 유사한 도형(모든 필터는 삼각형, 사각형, 직선, 호와 같은 특정 도형)을 찾는 것이다. 필터는 큰 이미지에서 하나하나의 픽셀을 움직이게 하고, 움직이는 모든 위치는 큰 이미지의 픽셀값과 필터에 대응하는 픽셀값을 곱해 다시 전부 합한다. 이 합한 값을 새로운 출력 픽셀로 한다. 필터가 모든 픽셀을 움직

〈그림 1〉 얀 르쿤이 제기한 합성곱 신경망 르넷-5

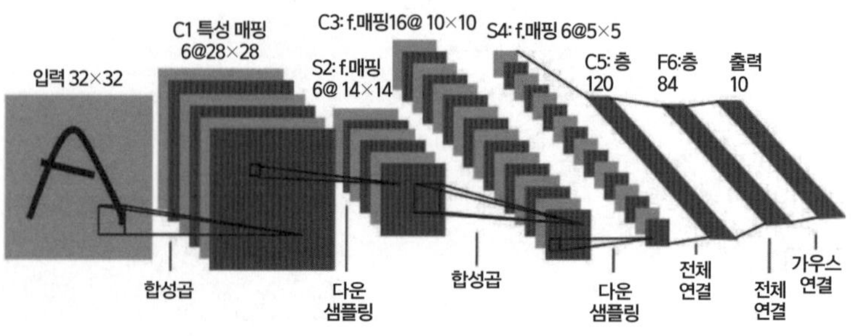

• 출처: http://yann.lecun.com/exdb/lenet/

일 때 새로운 픽셀은 새로운 큰 이미지를 구성한다. 필터가 움직이는 과정에서 큰 이미지의 유사한 필터의 도형을 만나면(큰 이미지에서 이 구역의 도형과 필터의 중합도가 높을 때) 새로운 픽셀값은 커질 수 있다. 〈그림 1〉의 필터 크기는 5×5이므로 32×32의 입력 도형에서 가로와 세로가 모두 28번만 움직일 수 있다. 그러므로 합성곱 결과는 한 장이 28×28인 이미지이다. 이 신경망에서 제1층은 6개의 필터를 사용했으므로 제1층의 합성곱 후 나온 것은 6장의 28×28 이미지이다.

합성곱 결과가 나온 후 각각의 픽셀에 대해 '비선형' 처리를 해야 한다. 일종의 '비선형' 처리 방법은 모든 영보다 작은 픽셀값을 0으로 대체하는 것이다. 이렇게 하면 신경망을 더 복잡하게 하기 때문에 좀 더 복잡한 도형을 식별할 수 있다.

신경망의 두 번째 층은 다운 샘플링 층 또는 풀링 층이다. 간단히 설명하면 다운 샘플링 층은 큰 이미지를 작은 이미지로 만든다. 이 신경망에서 샘플링하는 방법은 2×2의 투명 창을 사용하여 이미지에서 움직이게 해, 한 번에 2개의 픽셀을 움직인다. 움직이는 모든 위치는 작은 창 안 4개 필터의 최대값을 추출하여 다음 층 이미지 중 하나의 픽셀로 한다. 이러한 샘플링 과정을 거치면 다음 층에 6장의 14×14 이미지가 생긴다.

신경망의 제3층은 또 하나의 합성곱 층이다. 이번에는 16개의 5×5 크기의 필터가 있으며, 14×14의 이미지에 16장의 10×10 이미지(5×5의 필터는 14×14의 이미지의 가로 세로 방향으로 10번만 움직인다)가 생긴다.

제3층의 비선형 처리 완료 후 제4층은 또 다시 다운 샘플링 층이다. 16장의 10×10 이미지를 16장의 5×5 이미지로 바꾼다.

제5층에서 다시 120개의 5×5 필터를 사용해 16장의 5×5 이미지에 대해 합성곱을 한다. 모든 필터는 16장의 이미지에 동시에 합성곱 되며 모든 필터에 하나의 픽셀이 생성되어 총 120의 픽셀이 생성된다. 이 120개의 픽셀은 다음 층의 입력이 된다. 여기에서부터 맨 처음 한 장의 32×32 입력 이미지는 120개 픽셀로 변한다. 모든 픽셀은 어떤 특징을 대표한다. 이 층에서부터 더 이상 합성곱과 다운 샘플링을 진행하지 않고 '완전 연결'의 표준 신경망으로 변한다. 즉 제5층의 120개 뉴런과 제6층의 80개 뉴런 중 각각의 1개에 연결된다 (제6층은 왜 79개나 81개가 아니라 80개인지 묻지 않길, 큰 의미는 없다).

제6층의 80개 뉴런과 제7층(마지막 층으로 출력층에 해당)의 10개 뉴런에 하나하나 연결된다.

이상 합성곱+비선형+다운 샘플링은 합성곱 신경망의 하나의 유닛으로 볼 수 있다. 이 유닛의 작용이 바로 '특징 추출+압축'이다. 하나의 합성곱 신경망에서 유닛을 계속 중복하여 사용할 수 있다. 오늘날 대형 합성곱 신경망은 수백 번 이 같은 중복을 거칠 수 있지만 이 예에서는 한번만 중복했다.

합성곱 신경망은 왜 이렇게 설계하는가? 왜 합성곱과 완전 연결, 2개의 다른 부분으로 나누는가? 간단히 설명하면 계산을 줄이기 위해서이다. 완전 연결 다층 신경망을 사용할 경우 입력층에는 32×32=1024개의 뉴런이 필요하다. 르넷에서 마지막으로 120개로 압축된다. 압축의 원리는 1장의 이미지를 식별하는 데 이미지 중 어떤 특징만이 연관된다는 데 있다. 예를 들어 안면인식의 경우 주로는 오관의 특징이 유용하며 배경에 파란 하늘에 흰 구름이 있거나 푸른 나무와 붉은 꽃이 있는지는 상관없다. 합성곱의 필터는 바로 가장 연관 있는 특징을 추출하는 것이다. 여기에서 필터는 사전 설계할 필요가 없다. 필터 중 각종 픽셀 값이 바로 신경망 각층의 가중치이다. 훈련 데이터에 따라 앞서 설명한 경사 하강법을 진행하면 필터 각 픽셀의 최종값은 달라진다(즉 훈련 데이터가 모두 얼굴인 것과 훈련 데이터가 모두 동물인 것의 최종 진화한 필터는 다르다). 각 층이 몇 개의 필터를 사용하는지는 인식율과 연산량 간에 균형을 잡을 필요가 있으며, 필터가 많을수록 식별은 정확하지만 연산량 또한 많아진다.

부록 2: 순환 신경망과 장단기 메모리 방식 LSTM

| 순환 신경망 RNN |

합성곱 신경망CNN(이하 CNN)은 이미지 처리에 적합하다. 각각 이미지 간에는 그다지 큰 연관성이 없기 때문에 한 폭씩 CNN에 입력할 수 있다. 하지만 언어, 일기예보, 주식시장 등 이미지가 아닌 수많은 정보는 연속적인 수치 서열로 부분씩 입력을 할 수 없을 뿐만 아니라 전후 간에 강한 연관성이 있다. 예를 들어 다음 문장에서 빈칸을 채워보자. '나는 한국인입니다. _____ 어를 할 수 있습니다.' 여기서 만약 첫 구절인 '나는 한국인입니다'를 보지 못했다면 빈칸을 채우기 쉽지 않을 것이다. 이 문제를 처리하는 가장 효과적인 신경망이 바로 순환 신경망RNN(이하 RNN)이다. 〈그림 2〉는 가장 단순한 RNN이다.

〈그림 2〉 X_t에서 t는 시간의 입력 벡터, A는 신경망, h_t에서 t는 시간의 출력이다. A에는 셀프 피드백의 화살표가 있으며 신경망 A의 다음 시간 상태는 전 시간 상태에 의존한다. 이것이 RNN과 CNN, 완전 연결 신경망의 가장 큰 차이이다. 〈그림 2〉를 더 분명히 이해하

〈그림 2〉 가장 단순한 RNN

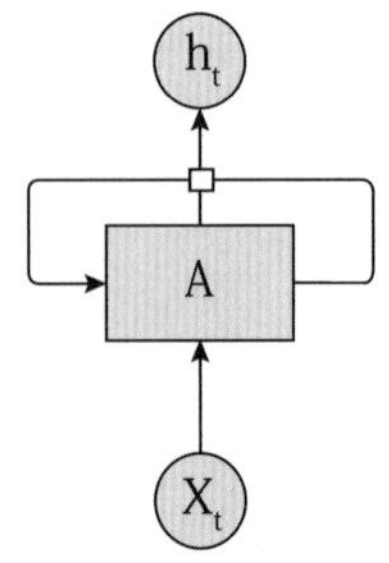

〈그림 3〉 시간 전개에 따른 RNN

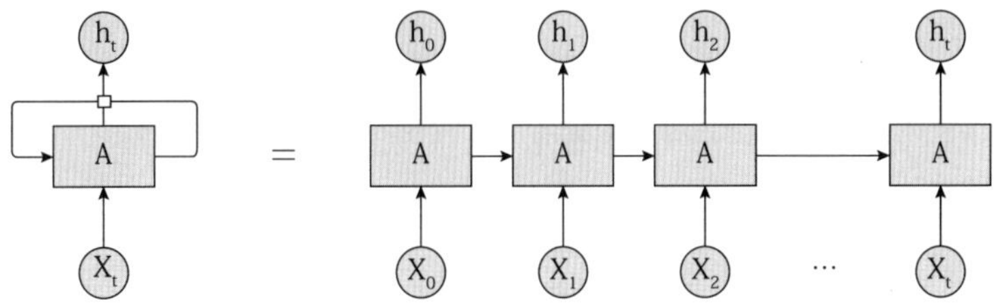

기 위해서 개별 시간 네트워크의 상태를 〈그림 3〉과 같이 그려볼 수 있다.

사슬 모양 구조로 전개된 RNN은 리스트, 데이터 흐름 등 직렬화 데이터의 긴밀한 관계를 보여주며, 이 같은 데이터 처리 역시 RNN과 같은 신경망을 사용한다. 과거 몇 년 동안 RNN은 수많은 문제에 적용한 후 상상 이상의 성공을 거두었다. 또한 음성인식, 언어 모델링, 번역, 그래픽 캡처 등과 같이 RNN을 활용하는 영역은 계속 증가하고 있다.

이제 우리는 RNN이 무엇인지, 그리고 그 기본적인 원리를 알게 되었다. 다음은 흥미로운 예로 RNN에 대한 이해를 심화한 것이다. 문자열에 기초한 RNN 언어모델링을 훈련하는 것이다. RNN에 큰 단락의 문자를 피딩하고, 앞 단락의 문자에 기초해 다음 문자의 확률 분포를 만들도록 함으로써, 앞 글자를 통해 다음 글자를 예측할 수 있다. 이렇게 하면 한 글자 한 글자 새로운 문자를 생성할 수 있다.

알파벳 라이브러리에서 4개의 알파벳 'h' 'e' 'l' 'o'만을 선택할 수 있다고 가정하고, 'hello' 순서를 생성할 수 있는 RNN을 훈련한다고 하자. 이 훈련 과정은 사실 4개의 독립적인 훈련으로 조합된다.

(1) 알파벳 'h' 뒤에 올 확률이 가장 큰 것은 알파벳 'e'이다.

(2) 알파벳 'he' 뒤에 올 확률이 가장 큰 것은 알파벳 'l'이다.

(3) 알파벳 'hel' 뒤에 올 확률이 가장 큰 것은 'l'이다.

(4) 알파벳 'hell' 뒤에 올 확률이 가장 큰 것은 'o'이다.

구체적으로 각각의 알파벳을 하나의 벡터로 코드화할 수 있는데, 이 벡터는 알파벳 시퀀스가 1, 나머지 위치가 0(예를 들어 'h'의 경우 첫 번째 위치는 1, 나머지 위치는 모두 0이다. 하지만 'e'는 두 번째 위치가 1이고 나머지 위치가 0인 것이다)이다. 그 후 이 벡터를 한 번에 한 개씩 RNN에 '피딩'한다. 이러면 하나의 4차원 출력 벡터 서열(각 차원이 하나의 알파벳에 대응)을 얻을 수 있다. 벡터 서열은 RNN이 현재 각각의 글자가 다음에 나타날 것이라고 생각할 확률로 인식할 수 있다.

〈그림 4〉는 입력과 출력층이 4차원이고 은닉층이 3개의 셀(뉴런)인 RNN이다. 그림에서 RNN은 문자 'hell'이 입력으로 '피딩'된 후 순방향 전달이 어떻게 활성화되었는지 보여준다. 출력층은 RNN이 다음에 나타날 수 있는 알파벳(알파벳 표에는 h, e, l, o, 4개 밖에 없음)에 할당된 확률을 포함하며, 출력층의 굵은 글씨체 숫자가 클수록 좋고 출력층의 다른 숫자는 작을수록 좋다. 예를 들어 첫 단계에서 RNN이 알파벳 'h'를 보고 다음 알파벳을 'h'라고 생각할 확률은 1.0이다. 'e'일 확률은 2.2, 'l'일 확률은 -3.0, 'o'일 확률은 4.1이다. 훈련 데이터(문자열 'hello')에서 정확한 다음 알파벳은 'e'이므로

〈그림 4〉 RNN이 "hello"를 학습하는 과정

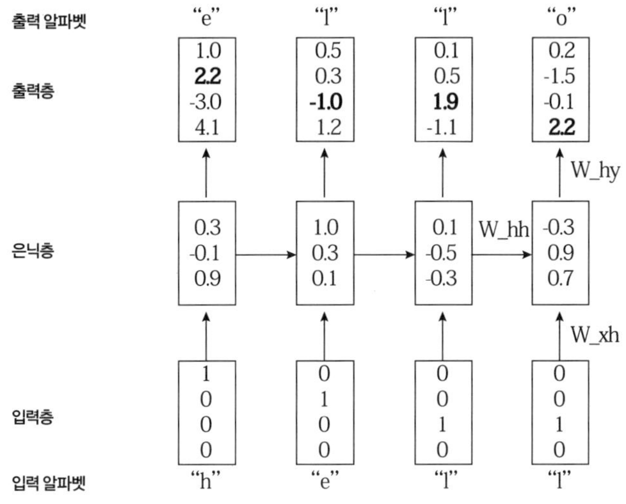

'e'의 확률을 올리고 다른 알파벳의 확률을 낮추고 싶어 한다. 마찬가지로 4단계 중 각 단계에 대해 신경망이 목표 알파벳의 확률을 높이기를 바란다. RNN이 완전히 분리 가능한 조작으로 구성되어 있기 때문에 정확한 목표의 확률(출력층 안의 굵은 숫자)을 높이기 위해 역전파 알고리즘을 통해 어떤 방향으로 각각 가중치를 조정해야 하는지 계산할 수 있다.

다음으로 파라미터를 조정할 수 있다. 각각의 가중치를 방금 말한 사다리 방향으로 조금씩 조정한 후 입력한 문자를 RNN에 피딩하면, 정확한 알파벳(첫 번째 단계의 'e') 값이 올라가고(2.2에서 2.3으로 향상) 다른 알파벳 값은 떨어지는 것을 볼 수 있다. 그런 다음 전체 신경망의 예측 결과가 최종적으로 훈련 데이터와 일치할 때까지,

즉 각 단계가 다음에 올 알파벳을 정확히 예측할 때까지 이를 계속 반복한다. 주의해야 할 것은 처음 알파벳 'l'을 입력할 때 목표 출력은 'l'이다. 하지만 두 번째 목표 출력이 'o'로 변한다. 그리므로 RNN은 입력 판단에만 따르는 것이 아니라 반복적으로 나타나는 관계를 이용하여 언어 환경을 이해하여 임무를 완성할 수 있다.

| LSTM 메모리 강화 버전 RNN |

RNN은 앞 글자를 보고 다음 알파벳을 예측할 수 있다. 하지만 때로는 더 앞의 정보가 필요할 때도 있는데, 예를 들면 '나는 한국에서 태어나서 고등학교를 졸업할 때까지 살았기 때문에 _____ 어를 할 수 있습니다'의 빈칸을 채울 때 그렇다. 만약 첫 번째 문장인 '나는 한국에서 태어났다'를 보지 못했다면 빈칸의 내용을 추측하기 어려웠을 것이다. 이 문제를 해결하기 위해 더 긴 기억을 가질 수 있도록 RNN을 개선했다. 이것이 바로 장단기 메모리 방식(Long Short Term Memory, LSTM)이다.

〈그림 5〉 표준 RNN에서 중복된 모듈의 단순 구조

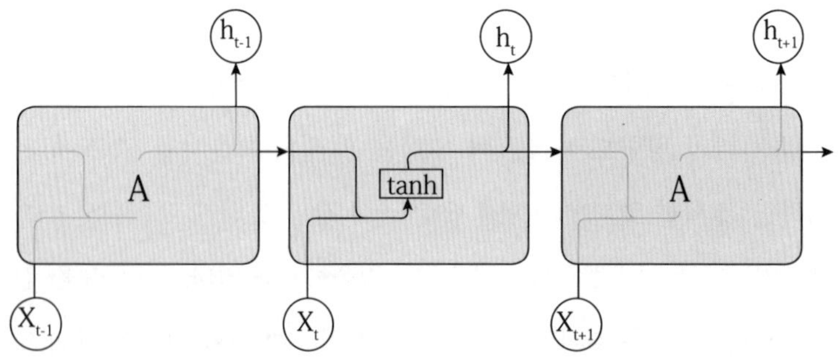

〈그림 6〉 LSTM에서 중복 모듈에 포함되는 상호작용하는 4층 신경망

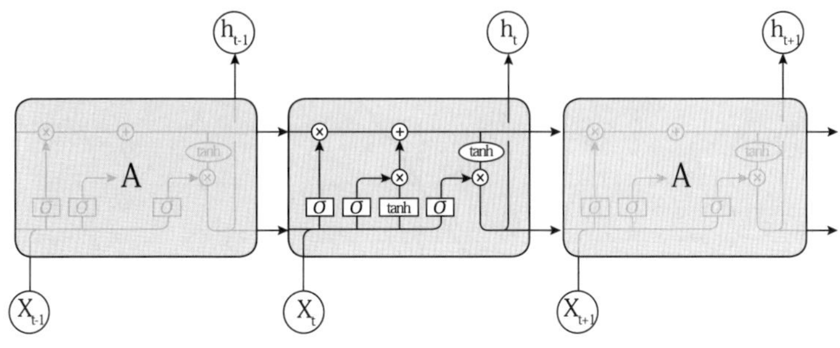

모든 RNN은 체인 형식으로 모듈이 끊임없이 반복되는 신경망이며 표준 RNN에서 중복된 모듈 구조는 단순하다. 〈그림 5〉에서 모든 모듈이 하나의 하이퍼볼릭 탄젠트 함수층으로 된 것을 볼 수 있다.

LSTM 역시 체인 형식인데 RNN과 비교하면 중복 모듈 중 신경망이 단층이 아닌 4층으로 되어 있고, 이 4층은 특수한 형식으로 상호작용한다(〈그림 6〉). 〈그림 6〉에서 σ(시그마)는 시그모이드 함수로 그 정의는 다음과 같다.

$$\sigma(x) = \frac{1}{1+e^{-x}}$$

시그모이드 함수의 그래프는 〈그림 7〉 같다.

하이퍼볼릭 탄젠트 함수는 시그모이드 함수 평행이동의 확대 버전이다. 그들의 관계는 다음과 같다.

$$\tanh(x) = 2\sigma(2 \cdot x) - 1$$

〈그림 7〉 시그모이드 함수 그래프

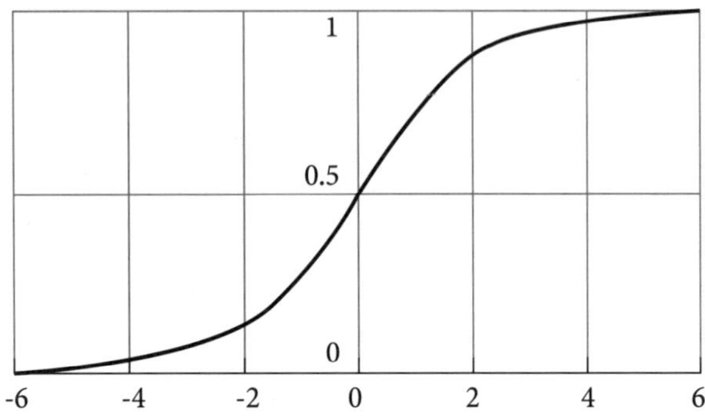

〈그림 8〉 시그모이드 함수와 하이퍼볼릭 탄젠트 함수의 곡선

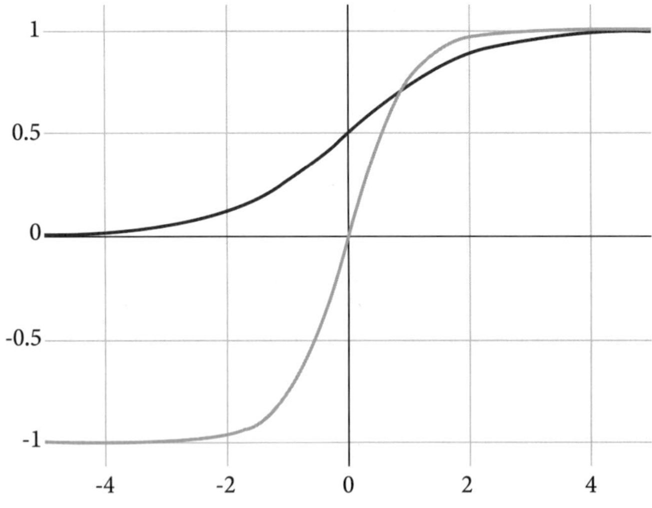

〈그림 9〉 LSTM에서 사용하는 기호

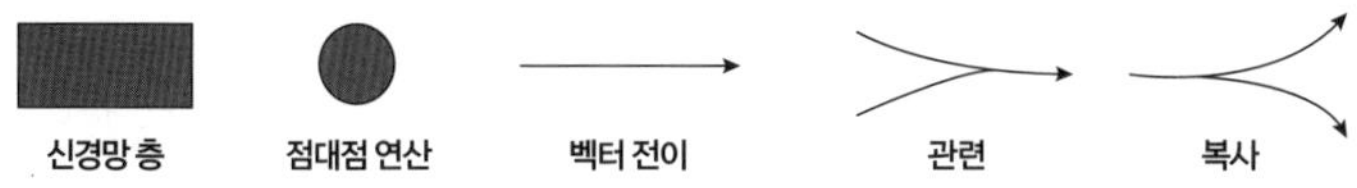

〈그림 10〉 LSTM 유닛 상태

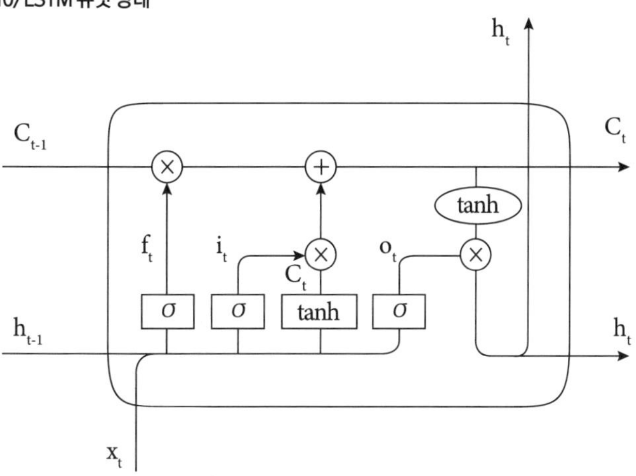

〈그림 11〉 LSTM 유닛의 게이트 구조

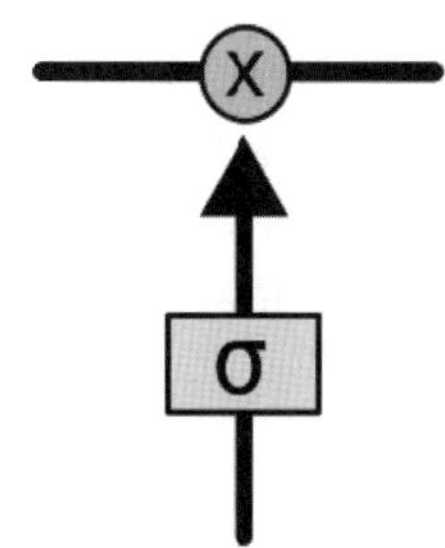

복잡한 설명에 놀랐다면 다음에서 자세히 설명할 LSTM 구조를 보면 도움이 될 것이다. 지금부터 사용할 기호들에 익숙해지고 적응해보자.

〈그림 9〉의 왼쪽 직사각형은 이미 학습한 신경망 층이다. 동그라미는 점대점 연산으로 벡터 덧셈과 같다. 단일 화살표는 완전한 벡터를 의미하고 하나의 노드 출력이 다른 노드의 입력을 향한다. 합쳐지는 화살표는 관련을 의미하며, 갈라지는 화살표는 똑같은 내용을 다른 곳으로 복사하여 발생하는 것을 의미한다.

| LSTM 배후의 핵심 |

LSTM의 핵심은 유닛/셀 상태이다. 즉 〈그림 10〉의 위쪽에 유닛을 관통하는 선이 있다. 유닛 상태는 컨베이어 벨트와 유사하다. 그것은 전체 체인에서 계속 전송되며 몇 개의 노드만 그것에 영향을 미친다. 정보는 편리하게 전송하면서 그대로 유지될 수 있다.

LSTM은 유닛 상태에 대해 정보를 추가하거나 제거할 수 있다. 하지만 '게이트'라고 불리는 구조 안에서 일정한 규범에 따라야 한다. 게이트는 조건부로 정보를 통과하게 하는 경로로, 시그모이드 신경망 층과 점대점 곱셈 연산으로 구성된다.

시그모이드 층은 0~1의 값을 출력하여 각 요소의 통과할 수 있는 정도를 표시한다. 0은 '아무것도 통과하지 못한다', 1은 '모두 통과한다'를 나타낸다. 하나의 LSTM에는 유닛 상태를 보호하고 제어하는 데 사용되는 3개의 게이트가 있다.

부록 3: CPU, GPU, 그리고 TPU

GPU는 신경망 컴퓨팅의 엔진이다. 〈그림 12〉는 전형적인 신경망으로 출력오차를 이용해 각 층의 가중치를 조절하며 입력 배열 X는 파라미터 행렬 연산을 통해 다음 층 연산으로 진입한다. 각 층의 연산은 모두 한 번씩 행렬 연산으로 나타낸다. 행렬 연산이란 숫자를 먼저 곱한 다음 다시 더하는 것이다.

행렬을 배우지 않은 독자들은 〈그림 13〉 좌측 입력과 제1층 중에서 하나의 뉴런의 관계만을 보면 된다. 각각의 입력 숫자와 원 안의 가중치를 곱한 다음 모든 곱을 더하면 값을 얻을 수 있다. 예를 들어 3개의 유닛 (2, 5, 8)을 입력한다면 대응하는 가중치는 각각 (2, -1, 0.5)이고, 그들을 곱한 후 다시 더한 값은 2×2+5×(-1)+8×0.5=4-5+4=3이다. 이 값에 다시 '비선형' 처리를 거친다. 이 값이 0보다 크면 원래 값은 얻고 0보다 작으면 0을 얻는다. 여기에서 모든 곱셈은

〈그림 12〉 전형적인 심층 신경망

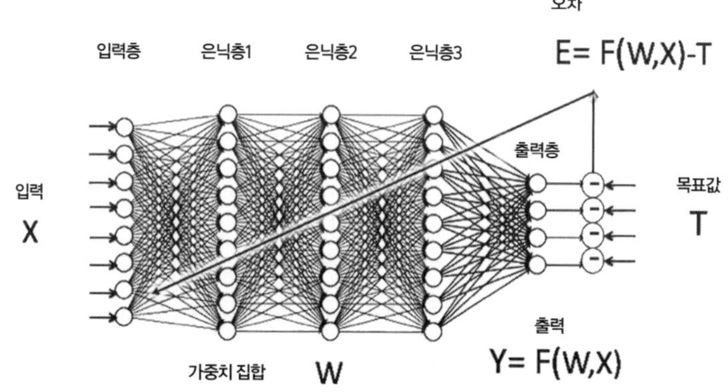

〈그림 13〉 신경망 1개 유닛에서의 계산

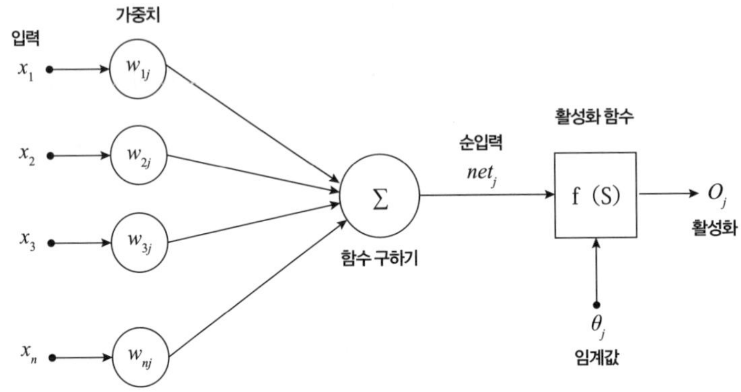

동시에 이루어진다는 점에 유의해야 한다. 이것이 소위 '병렬 연산'이다. 방금 설명한 것이 하나의 유닛의 계산 방법이다. 다른 유닛의 계산 방법도 같다. 하나의 유닛의 계산을 병행할 수 있을 뿐 아니라 모든 유닛의 계산을 동시에 진행할 수 있다.

CPU에 대한 GPU의 장점이 바로 여기에 있다. 처음 컴퓨터 프로그램을 실행하기 위해 CPU를 설계할 때 대부분의 컴퓨터 프로그램은 모두 직렬이었다. 다시 말해 다음의 명령이나 계산은 앞의 명령 또는 계산 결과가 나온 후에 수행할 수 있는 것이다. 반면에 GPU는 맨 처음 이미지를 처리하기 위해 사용하였다. 이미지 처리의 특징 중 하나는 병렬이 가능하다는 것이다. 예를 들어 하나의 이미지의 모든 검은 점을 찾아내면 한 장의 그림을 여러 작은 이미지로 분할하여 동시에 검은 점을 찾을 수 있다. 〈그림 14〉는 CPU와 GPU의 구조를 비교한 것이다. 좌측의 CPU는 일반적으로 하나의 컨트롤로 소수의 몇 가지 기능을 강화하는 산술연산ALU으로 임무를 분배한다. 하지

〈그림 14〉 CPU 구조와 GPU 구조의 비교

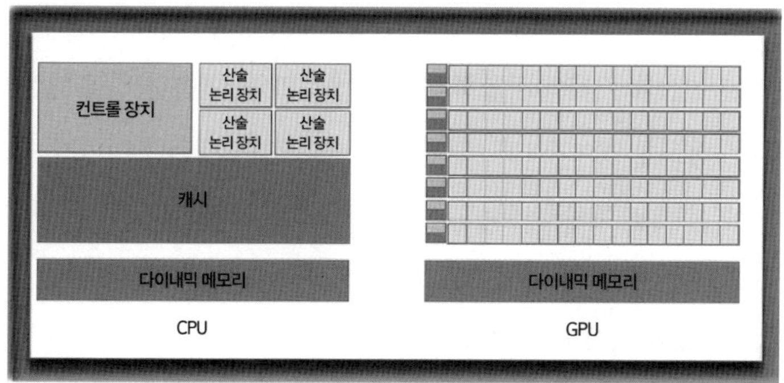

• 출처: https://www.quora.com/Does-CPU-vendors-feel-the-competition-from-GPUs-computational-power

만 우측의 GPU는 일반적으로 수많은 단순 컨트롤(우측 그림 가장 왼쪽 열)로 더 많은 산술연산 유닛 구성(작은 네모)을 제어한다. 도형과 이미지 처리에서 사용하는 방대한 양의 연산은 모두 행렬 연산이다. 그러므로 GPU는 행렬 연산을 위해 설계된 것이다. 수십 년 후 딥러닝이 행렬 연산을 사용할 줄은 생각하지 못했다. 그야말로 '굴러들어온 호박'인 셈이다.

그렇다면 신경망 딥러닝 컴퓨팅에서 GPU는 CPU보다 얼마나 유용할까? 극단적인 예를 들면 딥러닝에서 GPU를 사용하기 전에 구글은 〈그림 15〉처럼 1만 6,000개의 CPU로 슈퍼 딥러닝망을 만들었다. 비용은 수백만 달러에 달했다.

불과 몇 년 후 스탠포드대학교에서 몇 개의 GPU만으로 같은 성능을 실현했고, 비용은 3만 달러에 불과했다. 몇 년간 칩 자체의 발전을 고려하더라도 이는 매우 놀라운 수준이다. 물론 이 비교는 딥러닝의 행렬 연산에만 해당하는 것으로 구글 브레인은 여전히 많은 다른 연산을 하고 있다. 예를 들면 강화학습 등이 그렇다. 그래서 CPU는 직렬 연산에 적합하여 항공에서 휴대폰에 이르는 각종 다른 복잡한 연산과 처리에 적합하다. 반면에 GPU는 단순한 병렬 연산에 주로 사용되는 것이지 CPU를 대체할 수는 없다. 그러나 이미지 처리와 심층 신경망 컴퓨팅에서 GPU는 CPU보다 10배, 심지어 100배 빠를 수 있다. 엔비디아에서 2017년 출시한 자율주행 칩 자비에는 이미 초당 20만 회의 부동 소수점 계산이 가능하다.

2006부터 2017년까지 단일 CPU 처리 성능은 50배나 향상되었다. 50배 성장은 클록 속도(즉 단일 연산이 빨라짐)에서 온 것이 아니라, 칩 안에 더 많은 프로세서가 포함되었기 때문이다. 코어 수는 4개에서 28개로 늘어나 원래의 7배나 된다. 그밖에 성능의 향상은 명

〈그림 15〉 1만 6,000개의 CPU를 이용해 구축한 구글 브레인

• 출처: https://amp.businessinsider.com/images/507ebdd2ecad045603000001-480-360.jpg

〈그림 16〉 2006-2017 CPU 연산속도의 발전

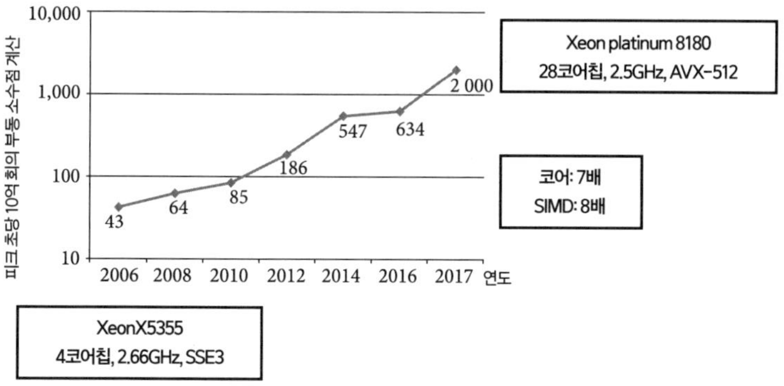

• 출처: 홍콩 침회대학교 추샤오원 교수

령의 폭에 기인한다. 2006년 명령 하나를 처리하는 데 2개의 단정도Single Precision 부동 소수점 계산을 할 수 있었고, 오늘날에는 512자리의 명령어 집합에서 하나의 명령은 16개 단정도의 부동 소수점 계산을 동시에 처리할 수 있다. 성능이 8배 향상된 셈이다. 7×8=56, 더 많은 프로세스에 의해 연산속도가 약 50배 향상된 것이다.

〈그림 17〉에서 GPU와 CPU의 성능을 비교한 것을 보면 최근 10년 동안 GPU의 발전을 확인할 수 있다. 2006년 엔비디아는 처음으로 범용 컴퓨팅을 위한 GPU 8800GTX를 발표했다. 당시 그 성능은 이미 0.5조 회의 부동 소수점 연산(500GFLOPS)이 가능했다. 이어진 10년 동안 GPU가 CPU보다 계산력이 10~15배 앞선 상태를 유지하고 있었다는 것을 알 수 있다. GPU는 과거 128개 코어에서 5,376개 코어로 바뀌었고 그 성장 속도는 CPU와 같다. 그러므로 GPU와

〈그림 17〉 2006-2017년 CPU와 GPU 연산 성능 비교

➤ GPU 30배의 피크 성능 성장, 에너지 효율 17배 상승
➤ 2006년의 0.5조 회의 부동 소수점 계산에서 2017년 15조 회로 향상(단정도)
➤ 코어 수 128개에서 5,376개로 증가

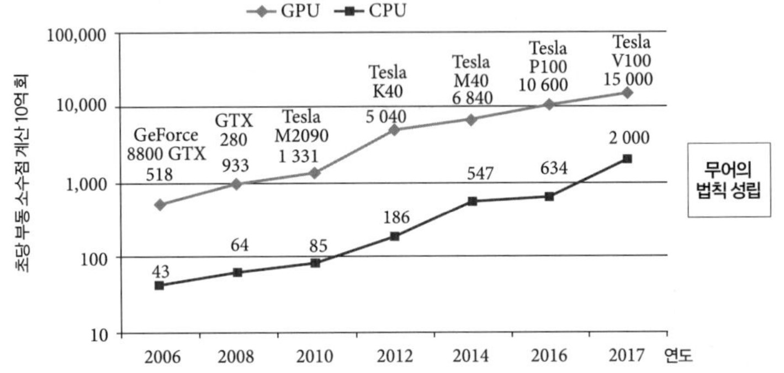

• 출처: 홍콩 침회대학교 추샤오원 교수

CPU의 연산속도의 상대적 차이는 동일하게 유지되고 있는 셈이다.

다른 몇몇 인터넷 기반 대기업도 엔비디아가 딥러닝의 명맥을 장악하는 것을 두 눈 뜨고 바라보기만 하지는 않았다. 구글은 자체적으로 사용할 TPU를 만들었다. 이는 '어차피 GPU가 범용성을 희생하여 이미지 처리에서 CPU보다 15배 빠른 성능을 취했다면, 신경망에서 필요한 행렬 연산을 통해 속도를 더 높이는 데 주력할 수 없을까?'라는 구상에서 시작되었다. TPU 설계의 핵심 노하우는 다음 4가지이다.

첫째, 도형과 이미지 처리에 높은 정밀도(일반적으로 32비트 부동 소수점 정도)가 요구된다. 하지만 식별에 사용되는 네트워크의 파라미터는 높은 정밀도가 요구되지 않는다. 그러므로 구글의 첫 번째 TPU는 식별을 위해서 특별히 설계되었다고 볼 수 있다. 연산에서

32비트의 부동 소수점 연산을 포기하고 전체적인 8비트의 정수 연산을 택했다.

둘째, 8비트의 곱셈기가 32비트보다 4×4=16배 단순하다. 그러므로 동등한 칩 면적에 더 많은 연산 유닛을 배치할 수 있다. 구글의 첫 번째 TPU에는 6만 5,000개의 곱셈 연산 유닛이 있다. 가장 빠른 GPU가 5,300의 유닛이 있는 것을 감안하면 10배 이상이다.

셋째, 멀티 코어 CPU나 GPU 모두 현재 연산속도의 문제는 메모리의 읽기와 쓰기에서 나타난다. 연산되는 데이터가 모두 CPU 안에 저장되는데, 이러한 숫자는 연산할 때 수백 수천 개의 연산 유닛에 할당되어 메모리에서 연산 유닛까지 그야말로 '천 리 길'을 왕복하며 시간을 소비하기 때문이다. 이 문제를 해결하기 위하여 TPU 안에 연산 유닛을 아예 행렬처럼 배치하고 연산된 데이터(예를 들어 신경망의 입력 데이터)를 이 연산 유닛에 흐르게 하였다. 그리고 메모리에서 하나의 데이터를 추출하여 그와 모든 가중치를 곱했다. 기존의 CPU 또는 GPU와 같이 하나의 데이터를 뽑아서 한 번 연산하고 메모리로 돌아가고 다음 연산 때 또 다시 천 리 길을 와 메모리에서 추출하는 것이 아니다. 이러한 데이터는 파도처럼 한 차례씩 밀려와 펄스 연산이라고 한다.

넷째, 행렬 연산에 주력하는 칩은 도형을 처리할 때 다중 스레드, 분기 분석, 건너뛰기 실행 등 수많은 다른 사항을 고려할 필요가 없다. 이것은 펄스 연산으로 스크래치 패드, 캐시 등을 생략했기 때문이다. 전체 연산의 명령은 행렬 연산과 비선형 추출 몇 개뿐이다. 예를 들면 데이터 읽기, 파라미터 읽기, 곱하기, 누산, 비선형, 쓰기

〈그림 18〉 벡터(1차원) 연산, 행렬(2차원) 연산, 텐서(3차원) 연산

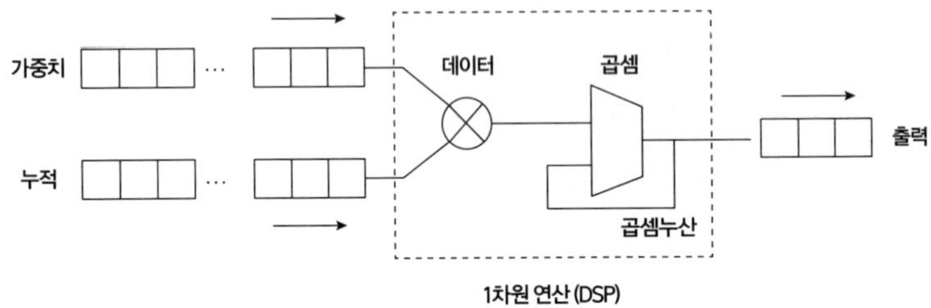

1차원 연산 (DSP)

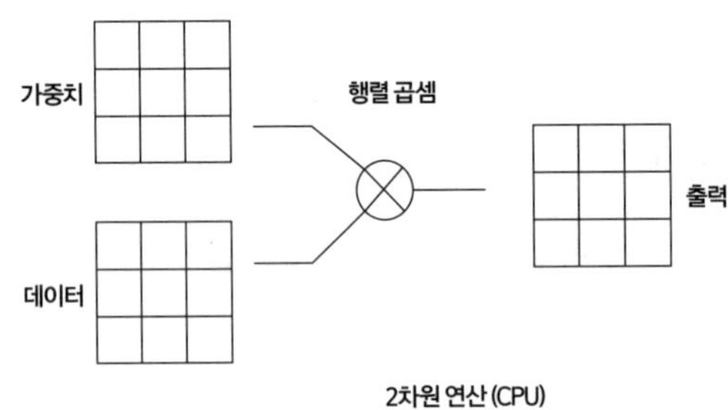

2차원 연산 (CPU)

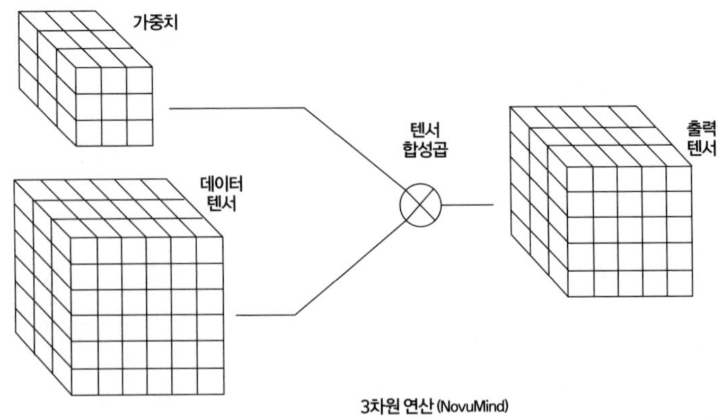

3차원 연산 (NovuMind)

- 출처: https://mp.weixin.qq.com/s/e333KjLavEvvpNIL3u1Y4Q

데이터 등이다. 전체 칩과 소프트웨어가 매우 간단해지므로 클록 사이클마다 하나의 명령을 실행할 수 있다.

이제 우리는 TPU가 도대체 GPU보다 얼마나 빠른지 계산해 보자. 구글 1세대의 TPU에는 256×256=65,536개의 8비트 곱셈기가 있으며 클록은 700MHz이므로, 초당 8비트 연산은 65536×700 $\times 10^6 = 46 \times 10^{12}$회 곱셈누산이 가능하다. 즉 92조 회의 정수 연산(92 TOPS, 1회 곱셈누산은 2번의 연산)이다. 구글이 GPU보다 빠르다고 했을 때는 정수 연산 횟수OPS와 부동 소수점 연산 횟수FLOPS을 비교한 것이다. GPU는 부동 소수점 연산을 측정 기준으로 한다. 앞서 설명한 최신의 엔비디아 자비에 연산속도는 20TFLOPS에 달할 수 있다.

2가지를 직접적으로 비교할 수는 없다. 하지만 신경망을 식별에 사용(훈련이 아니라)한다면, 부동 소수점과 정수 연산이 초래한 식별 정확도 차이는 크지 않다. 그러므로 TPU가 GPU보다 92÷20=4.6배 빠르다고 말할 수 있다. 구글과 같이 이렇게 방대한 행렬 연산이 필요한 회사는 많은 GPU를 구매할 비용을 절약할 수 있고 식별 속도(구글 번역, 이미지 식별 등 수억 명에 달하는 사용자는 처리 속도에 민감하다)를 높일 수 있으며 더욱 중요한 것은 핵심 능력을 자신들의 손으로서 통제할 수 있다.

구글은 클라우드 서비스 방면에서 아마존에게 뒤처져 현재 고군분투하고 있다. TPU가 있으면 사용자에게 더 빠르고 편리한 딥러닝 클라우드 서비스를 제공할 수 있으므로, 구글의 TPU는 현재 자체적으로만 사용할 뿐 판매하지는 않는다. 구글의 2세대 TPU는 이미 32비트의 단정도 부동 소수점 연산이 가능하다. 이렇게 되면 훈련에서 인식까지 모두 타 회사의 GPU를 구매할 필요가 없게 된다. 부동 소수점 연산을 식별에 사용하면 한 가지 장점이 더 있는데, 바로 부동 소수점 연산으로 훈련한 모형을 직접 식별에 사용할 수 있다는 것이다. 1세대 TPU처럼 32비트 파라미터 집합을 우선 8비트로 계량화할 필요가 없다.

하지만 방금 설명한 것처럼 TPU가 더 빠른 중요한 이유는 바로 부동 소수점 연산을 포기했기 때문이다. TPU 역시 부동 소수점 연산이 필요할 때 GPU에 비해 성능 향상은 그렇게 크지 않다. 구글의 2세대(TPU 2.0)는 초당 45조 회 단정도 부동 소수점 연산이 가능하다. 엔비디아 자비에 칩보다 2배(TPU 2.0이 자비에 이후 출시된 것을 감안하면 2배 빠른 것은 그다지 대단한 것이 아니다) 빠를 뿐이다. 2018년 구글 개발자 대회에서 구글은 TPU 2.0보다 8배 빠른 3세대(TPU 3.0)를 발표했다. 전력 소비가 높기 때문에 3세대 칩은 수랭식으로 변경했다. 하나의 3세대 TPU그룹(하나의 캐비닛)에 64개 보드가 있고 각각의 보드에는 4개의 TPU가 올라간다. 총 연산속도는 초당 8×45×4×64=92,160조 회 부동 소수점 연산이 가능하다.

부록 4: 머신러닝의 주요 프레임워크

TensorFlow

| 텐서플로 |

텐서플로TensorFlow는 구글 브레인 팀에서 개발한 것으로, 주로 머신러닝과 심층 신경망의 연구에 사용된다. 2016년 5월 구글은 토치(일종의 프레임워크)에서 텐서플로로 갈아탔다. 이것은 다른 프레임워크, 특히 토치와 테아노에 큰 충격을 안겨주었다. 많은 사람들이 텐서플로를 테아노보다 더 현대적인 버전으로 묘사하며, 최근 새로운 분야와 기술의 중요한 경험들을 흡수했다.

텐서플로는 스마트하고 유연한 방식으로 알려져 있다. 일종의 고도로 확장 가능한 머신러닝 시스템으로, 다른 신구 제품과 연구에 더 쉽게 적응하도록 했으며 설치도 간단하고 초보자에게는 신경망 기초 이론과 실제 응용을 포함한 교본도 제공한다. 텐서플로는 테아노나 토치보다 느리지만 구글과 오픈소스 커뮤니티가 이 문제를 해결하고 있다. 텐서보드는 텐서플로의 가시화 모듈로, 연산 경로의 뷰어를 제공하였다. 딥러닝 라이브러리 케라스는 텐서플로로 옮겨져 실행되었다. 이는 케라스를 사용하는 모든 모델이 현재 텐서플로에서 실행될 수 있다는 뜻이다. 마지막으로 짚고 넘어갈 것은 텐서플로가 여러 하드웨어에서 실행 가능하다는 점이다. 그 특징은 다음과 같다.

(1) GPU 가속: 지원

(2) 언어/인터페이스: 파이썬, 넘파이, C++

(3) 플랫폼: 크로스플랫폼

(4) 유지·보수: 구글

| 테아노 | theano

테아노theano는 2007년 몬트리올대학교의 딥러닝 연구소인 MILA Montreal Institute for Learning Algorithm에서 유래했으며, 파이썬으로 작성된 CPU/GPU 기호 표현 방식의 딥러닝 컴파일러이다. 테아노의 기능은 강력하고 속도가 매우 빠르며 유연하지만, 보통 하위 프레임으로 알려져 있다. 원래의 테아노는 플랫폼이나 생태계를 연구하는 것에 가깝고 딥러닝 라이브러리는 아니었다. 고급 라이브러리의 하위 플랫폼으로 사용되었으며, 이 고급 라이브러리는 사용자에게 단순한 API를 제공했다. 테아노는 케라스, 라자냐, 블록과 같이 인기 있는 라이브러리를 제공한다. 테아노의 단점 중 하나는 여전히 여러 GPU를 지원하는 솔루션이 필요하다는 점이다. 테아노의 특징은 다음과 같다.

(1) GPU 가속: 지원

(2) 언어/인터페이스: 파이썬, 넘파이

(3) 플랫폼: 리눅스, 맥 OS X, 윈도우

(4) 유지·보수: 몬트리올대학교 MILA

| 토치 |

모든 프레임워크 중 토치torch가 가장 쉽게 작동되고 실행된다. 특히 우분투(일종의 오픈소스 컴퓨터 OS)를 사용하는 환경에서는 더욱 그렇다. 토치는 하드웨어 레벨에서 코딩될 필요 없이 신경망에 기초한 알고리즘이 GPU 하드웨어에서 실행되는 것을 허용한다. 토치는 2002년 뉴욕대학교에서 개발되어 페이스북과 트위터 등 대형 IT 회사에서 광범위하게 사용되었으며 엔비디아의 지원을 받았다. 토치는 루아라는 스크립트 언어로 작성되었는데, 이 언어는 읽기는 쉽지만 파이썬처럼 통용되지는 않는다. 유용한 에러 알림, 대량의 예시 코드/교본 및 루아의 단순함이 토치의 장점이다. 특징은 다음과 같다.

(1) GPU 가속: 지원

(2) 언어/인터페이스: 루아

(3) 플랫폼: 리눅스, 안드로이드, 맥 OS X, iOS, 윈도우

(4) 유지·보수: 로난, 클레망, 코레이, 수미스

Caffe

| 카페 |

카페Caffe는 합성곱 신경망을 이용한 이미지 분류/머신 비전Vision에 사용되기 위해 개발되었다. 1,000여 명의 개발자가 발전을 유지해오고 있다. 카페에서 가장 유명한 것은 Model Zoo로 개발자는 어떠한 코드도 작성할 필요 없이 바로 사용할 수 있다.

카페는 주로 산업용 애플리케이션에 초점을 둔 반면, 토치와 테아노는 연구를 위해 맞춘 것이다. 카페는 텍스트, 음성 또는 시간 시계열 데이터 등 컴퓨터 비전 딥러닝 응용이 아닌 곳에는 적용하지 않는다. 카페는 여러 하드웨어에서 실행될 수 있으며 CPU와 GPU 간 호환도 간단하다. 실행 속도는 테아노나 토치보다 느리다. 특징은 다음과 같다.

(1) GPU 가속: 지원

(2) 언어/인터페이스: C, C++, 파이썬, 매트랩, CLI

(3) 플랫폼: 우분투, 맥 OS X, 윈도우 베타버전

(4) 유지·보수: 버클리 비전 및 학습센터(BVLC)

| 마이크로소프트 코그니티브 툴킷 |

CNTK Microsoft Cognitive Toolkit는 마이크로소프트의 딥러닝 툴킷이며 오픈소스 딥러닝의 프레임워크이다. 일반 딥러닝 커뮤니티에서보다 음성 커뮤니티에서 더 유명하지만, 이미지와 텍스트 훈련에 사용할 수 있다. CNTK는 피드 포워드, CNN, RNN, LSTM, 시퀀스 투 시퀀스 등 다양한 알고리즘을 지원한다. GPU를 포함한 서로 다른 하드웨어 유형에서 작동할 수 있다. 특징은 다음과 같다.

(1) GPU 가속: 지원

(2) 언어/인터페이스: 파이썬, C++, C#, CLI

(3) 플랫폼: 윈도우, 리눅스

(4) 유지·보수: 마이크로소프트 연구소

| H_2O |

H_2O는 H_2O.ai라고도 불리며 세계에서 가장 널리 사용되는 오픈소스 딥러닝 플랫폼 중 하나이다. 전 세계적으로 8만 명의 데이터 과학자와 연구원 및 9,000곳이 넘는 기업과 단체에서 사용하고 있다. 여기에는 전 세계적으로 가장 영향력 있는 일부 회사의 핵심 미션 데이터 개발 제품도 포함된다. H_2O는 웹에 기반을 둔 사용자 인터페이스를 제공하며 동시에 머신러닝 소프트웨어 라이브러리를 방문하여 머신러닝의 과정을 시작할 수 있다.

위키피디아에는 주요 프레임워크의 사양과 특징이 자세히 나와 있으므로 다음 링크를 참고해도 좋다.

https://en.wikipedia.org/wiki/Comparison_of_deep-learning_software

1. Polanyi, Michael, *Personal Knowledge : Towards a Post Critical Philosophy*, London: Routledge, 1958.
2. 마이클 폴라니, 『개인적 지식』, 아카넷, 2001.
3. 마이클 폴라니, 『암묵적 영역』, 박영사, 2015.
4. F.A.Hayek, *The Sensory Order*, University Chicago Press, 1952.
5. "知识的僭妄". 哈耶克1974年12月11日荣获诺贝尔经济学奖时的演说. 摘录自《哈耶克文选》(冯克利译), 河南大学出版社, 2015年版.
6. 哈耶克. 通往奴役之路[M]. 王明毅, 冯兴元等译. 北京:中国社会科学出版社, 1997.
7. Lakna Panawala, *Difference Between Hormines and Neurotransmitters*, PEDIAA ReserchGate June 2017.
8. 卡斯帕罗夫自述. http://www.dataguru.cn/article-11122-1.html
9. Deep Learning 101——Part 1: History and Background. https://beamandrew.github.io/deeplearning/2017/02/23/deep_learning_101_part1.html
10. History of Neural Networks. http://www.psych.utoronto.ca/users/reingold/courses/ai/cache/neural4.html
11. 인공지능 60년 부침사. http://news.zol.com.cn/576/5763702.html
12. 한 번에 이해하는 인공지능의 과거와 현재. http://tech.163.com/16/0226/15/BGOQVQP000094P0U.html
13. 오늘날 머신러닝을 통제하는 심층 신경망은 과거에 2번의 슬럼프를 겪었다. http://news.zol.com.cn/632/6327901.html
14. 다트머스 회의: 인공지능의 기인. http://www.sohu.com/a/63215019_119556
15. "Large-scale Deep Unsupervised Learning using Graphics Processors" Proceedings of the 26th International Conference on Machine Learning, Montreal, Canada, 2009.
16. *A fast learning algorithm for deep belief nets*, Geoffrey Hinton, Neural Computation 2006 Jul;18(7):1527.1554.
17. 尼克. 人工智能简史. 北京:人民邮电出版社, 2017.
18. An Interactive Node-Link Visualization of Convolutional Neural Networks. Adam W. Harley(B)Department of Computer Science, Ryerson University,

Toronto, ON M5B 2K3, Canada.

19. Hopfield Network. http://www.doc.ic.ac.uk/~ae/papers/Hopfield-networks-15.pdf

20. An Intuitive Explanation of Convolutional Neural Networks Posted on August 11 , 2016 by ujjwalkarn.

21. Visualizing and Understanding Convolutional Networks. Matthew D.Zeiler zeiler@cs.nyu.edu Dept. of Computer Science, Courant Institute, New York University Rob Fergus fergus @ cs.nyu.edu Dept. of Computer Science, Courant Institute, New York University.

22. Colah's Blog: Understanding LSTM Networks Posted on August 27, 2015.

23. Reinforcement Learning and its Relationship to Supervised Learning by Andrew G. Barto.

24. UCLA 朱松纯： 正本清源: 初探计算机视觉的三个源头, 兼谈人工智能. 2016年11月刊登于《视觉求索》微信公众号.

25. Chelsea Finn. Learning to Learn. http://bair.berkeley.edu/blog/2017/07/18/learning-to-learn/

26. Geoffrey Hinton. Deep Belief Net. https://www.cs.toronto.edu/~hinton/nipstutorial/nipstut3.pdf

27. Geoffrey Hinton. A Faster Algorithm of Deep Belief Net. https://www.cs.toronto.edu/~hinton/absps/fastnc.pdf

28. 香港浸会大学褚晓文： 基准评测TensorFlow, Caffe, CNTK, MXNet, Torch 在三类流行深度神经网络上的表现.

29. An in-depth look at Google's First TPU. https://cloud.google.com/blog/big-data/2017/05/an-in-depth-look-at-googles-first-tensor-processing-unit-tpu

30. 노부마인드 이형 스마트 AI칩 노부텐서, 세계 2위. https://www.leiphone.com/news/201710/GG9umC93Gtav2Eac.html

31. MIT 특급 보고서: 한 번에 이해하는 AI 상업화의 현재와 미래. https://mp.weixin.qq.com/s/OoqwZfpqSL-g2-VoFI5HMg

32. 한 번에 이해하는 인공지능의 산업 사슬, 미래 10년 2,000억 달러의 시장. https://mp.weixin.qq.com/s/CSOn1aukXscBio66F9Yoow

33. 보안 강자 하이크비전, AI칩 생산을 넘보다. https://baijiahao.baidu.com/s?id=1589110122686931084&wfr=spider&for=pc

34. 易中天. 艰难的一跃［M］. 济南： 山东画报出版社, 2004.

35. Open AI Report:AI and Compute. https://blog.openai.com/ai-and-compute/

36. SAE International J3016.

37. 300만 마일을 달린 구글 무인차 팀. http://www.12365auto.com/news/20170512/284472.shtml

38. Boston Consulting Group Research Report, "The End of Car O-wnership" quoted by WSJ 6/21/17 article.

39. Car Ownership Cost. https://www.usatoday.com/story/news/nation/2013/04/16/aaa-car-ownership-costs/2070397/

40. Car Sharing Reduces Car Ownership. https://techcrunch.com/2016/07/19/car-sharing-leads-to-reduced-car-ownership-and-emissions-in-cities-study-finds/

41. Only 20% American Will Own Car in 15 Years. http://www.businessinsider.com/no-one-will-own-a-car-in-the-future-2017-5

42. 전국 지하철 평균 속도. http://tieba.baidu.com/p/2810501188

43. KPMG: Auto Insurance Market Shrink 60% in 2040. http://www.insurancejournal.com/news/national/2015/10/23/385779.htm

44. China Plug-in Sales for 2017-Q4 and Full Year-Update. http://www.ev-volumes.com/country/china/

45. Uber Statistics. https://expandedramblings.com/index.php/uber-statistics/

46. Deep Learning in Identifying Skin Cancer. https://news.stanford.edu/2017/01/25/artificial-intelligence-used-identify-skin-cancer/

47. 2015 중국 암 통계 데이터. http://www.medsci.cn/article/show_article.do?id=06d5626900b

48. 중국 의료산업 인공지능 데이터 지도. https://36kr.com/p/5070264.html

49. AI Beats Doctor in Predicting Heart Attack. http://www.sciencemag.org/news/2017/04/self-taught-artificial-intelligence-beats-doctors-predicting-heart-attacks

50. 英国 放射学(Radiology) 杂志文章.

51. AI learns to Predict Heart Failure. https://lms.mrc.ac.uk/artificial-intelligence-learns-predict-heart-failure/

52. CB인사이트가 발표한 가장 우수한 AI 기업 Top 100, 의료기업은 무엇을 했나? https://www.leiphone.com/news/201701/VrAtqlG49GLdUIEF.html

53. 의료산업에 들어온 로봇, 스마트 진단 정확도 95% 이상. http://www.qudong.com/article/392391.shtml

54. AI 차세대 신약 개발의 돌파구가 될 것인가? https://mp.weixin.qq.com/s/7PqysjFqaYzuLwlcMY6mWQ

55. 금융업에서 인공지능의 응용에 대한 초보적 사고. http://36kr.com/p/5051729.html

56. 금융업에서의 AI 응용| 'AI+전통산업' 전반. https://www.leiphone.com/news/201703/bSH09UT2DUaXyV90.html

57. 第一财经研究院和埃森哲联合调研完成的《未来银行创新报告 2017》.

58. 彭兰|智媒化： 未来媒体浪潮——新媒体发展趋势报告(2016). http://www.jfdaily.com/news/detail?id=45095

59. 매년 15억 건의 경제 기사를 쓰다. https://automatedinsights.com/blog/natural-language-generation-101

60. The Multi-Billion Robtics Market. http://fortune.com/2016/02/24/robotics-market-multi-billion-boom/

61. 교육 분야에서의 AI 응용| 'AI+전통산업' 전반. http://news.zol.com.cn/631/6315925.html

62. 음악교육. https://mp.weixin.qq.com/s/kMUdbs6-Iz9Nv1iO9UwGrA.

63. AI+교육에 대한 4가지 생각: 인공지능 발전이 교육에 미치는 영향. http://www.woshipm.com/ai/621701.html

64. Identification and Recognition. https://www.axis.com/files/feature_articles/ar_id_and_recognition_53836_en_1309_lo.pdf

65. IBM 보고서 분석—인간과 기계의 융합: 스마트 자동화는 어떻게 업무 방식을 바꿀 것인가? https://mp.weixin.qq.com/s/TiAAkgB0OzU6speto34dYQ

66. '딥러닝에 대한 10가지 우려': 인공지능 업계에 '지진'을 일으킨 글. https://mp.weixin.qq.com/s/Tt3ipVPWDc17DoM0l995kw

67. A Faster Way to Make Bose-Einstein Condensates. http://news.mit.edu/2017/faster-way-make-bose-einstein-condensates-1123

68. Self Improving AI. https://singularityhub.com/2017/05/31/googles-ai-building-ai-is-a-step-toward-self-improving-ai/

69. 金观涛. 控制论与科学方法论[M]. 北京：新星出版社, 2005.

70. 金观涛, 刘青峰. 中国思想史十讲[M]. 北京：法律出版社, 2015.

71. 金观涛, 凌锋, 鲍遇海等. 系统医学原理[M]. 北京：中国科学技术出版社, 2017.

72. M.A. 阿尔贝尔 . 大脑, 机器和数学[M]. 朱熹豪, 金观涛译.北京：商务印书馆, 1982.

73. The Unreasonable Effectiveness of Recurrent Neural Networks. http://karpathy.github.io/2015/05/21/rnn-effectiveness/

74. Generating Chinese Classical Poems with Statistical Machine Translation Models: Proceedings of the Twenty-Sixth AAAI Conference on Artificial Intelligence.

75. AI가 예술을 만났을 때: 기계 시 쓰기 총론. https://zhuanlan.zhihu.com/p/25084737

76. AI Painting. https://www.instapainting.com/ai-painter-2.

77. Creative Adversary Network, CAN. https://news.artnet.com/art-world/rutgers-artificial-intelligence-art-1019066.

78. AI Art Looks More Convincing that Art Basel. https://news.artnet.com/art-world/rutgers-artificial-intelligence-art-1019066

79. AI Artist Can Create Its Own Style. http://www.dailymail.co.uk/sciencetech/article-4652460/The-AI-artist-create-painting-style.html

80. Facebook CAN: AI가 부여한 예술 창의력. http://www.sohu.com/a/152530599_651893

81. AI Can Write Music. https://futurism.com/a-new-ai-can-write-music-as-well-as-a-human-composer/

82. AI Bests Airforce Expert. https://arstechnica.com/information-technology/2016/06/ai-bests-air-force-combat-tactics-experts-in-simulated-dogfights/

83. Artificial Intelligence and the Future of Warfare. https://www.chathamhouse.org/publication/artificial-intelligence-and-future-warfare

84. 인공지능, 미래 전쟁 구도 재편. https://mp.weixin.qq.com/s/SVwJIEfqgc218zGqIMuorg.

85. 哈耶克.通往奴役之路[M]. 北京：中国社会科学出版社, 2015.

86. 哈耶克.致命的自负[M]. 北京：中国社会科学出版社, 2015.

87. How Much Information Is There in the World? http://www.lesk.com/mlesk/ksg97/ksg.html

88. Google Robotics Arms. https://www.theverge.com/2016/3/9/11186940/google-robotic-arms-neural-network-hand-eye-coordination

89. 일론 머스크의 뉴럴링크는 도대체 무엇인가? https://www.guokr.com/article/442222/

90. 미국 신기술 연구 개발: 뇌-컴퓨터 인터페이스를 통해 생각으로 무인기를 컨트롤하다. https://www.cnbeta.com/articles/science/663209.htm

91. 뇌-컴퓨터 인터페이스에서 해커 제국까지, 당신이 알아야 할 사실. https://baijiahao.baidu.com/s?id=1574051565362550

92. 뇌-컴퓨터 인터페이스 해독. http://www.sohu.com/a/164734099_650049

93. 뇌-컴퓨터 인터페이스를 통해 생각으로 무인기 그룹을 컨트롤하다. https://www.cnbeta.com/articles/science/663209.htm

94. Wealth Taxation and Wealth Inequality. Evidence from Denmark, 1980-2014.